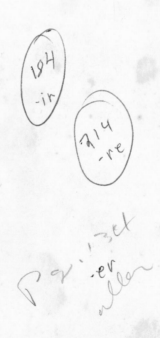

French for Mastery 1

Salut, les amis!

JEAN-PAUL VALETTE **REBECCA M. VALETTE**

D.C. HEATH AND COMPANY Lexington, Massachusetts/Toronto, Ontario

EXECUTIVE EDITOR, MODERN LANGUAGES
Roger Coulombe

PROJECT EDITORS
Valentia Dermer
Lawrence Lipson
Reem Kettaneh

DESIGN AND PRODUCTION
Jane Miron, Designer
Irene Elios, Assistant Designer
Sally Raymond, Production Coordinator
Marianna Frew Palmer, Editorial Services
Russell Lappa, Photo Researcher
Richard W. Hannus, Cover Designer
M.L. Dietmeier, Illustrator

NATIONAL MODERN LANGUAGE COORDINATOR
Teresa Carrera-Hanley

D.C. HEATH CONSULTANTS
Alison King
Karen Ralston
Ramón Morales-Sánchez

Contents

Unité 4 En ville   180

Unité 5 Au jour le jour   220

Unité 6

Un fana de football   **268**

Unité 7

Nous et les autres   **308**

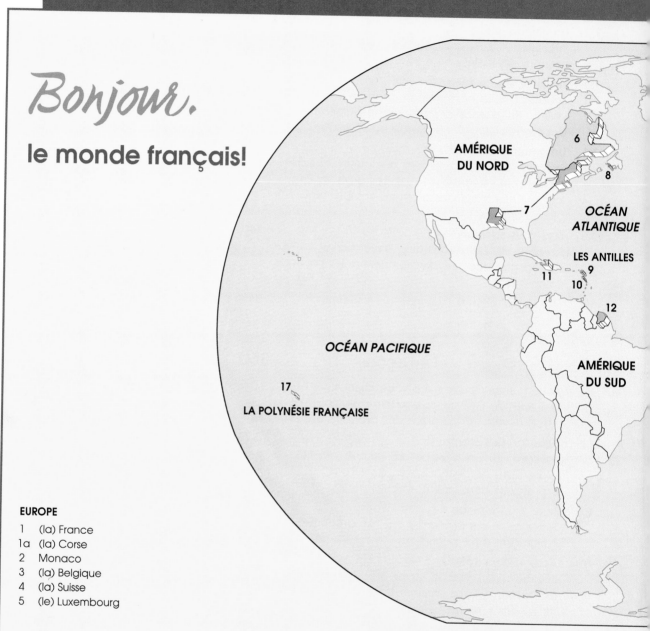

Bonjour.
le monde français!

AMÉRIQUE DU NORD

OCÉAN ATLANTIQUE

LES ANTILLES

6

8

7

9

10

11

12

OCÉAN PACIFIQUE

AMÉRIQUE DU SUD

17

LA POLYNÉSIE FRANÇAISE

EUROPE

1 (la) France
1a (la) Corse
2 Monaco
3 (la) Belgique
4 (la) Suisse
5 (le) Luxembourg

AMÉRIQUE DU NORD

6 (le) Canada:
  (le) Québec
7 (les) États-Unis:
  (la) Louisiane
  (la) Nouvelle-Angleterre
8 Saint-Pierre-et-Miquelon

AMÉRIQUE CENTRALE, AMÉRIQUE DU SUD

9 (la) Guadeloupe
10 (la) Martinique
11 Haïti
12 (la) Guyane française

ASIE ET OCÉANIE

13 (le) Cambodge (Kampuchéa)
14 (le) Laos
15 (le) Viêt-nam
16 (la) Nouvelle-Calédonie
17 (la) Polynésie française: Tahiti

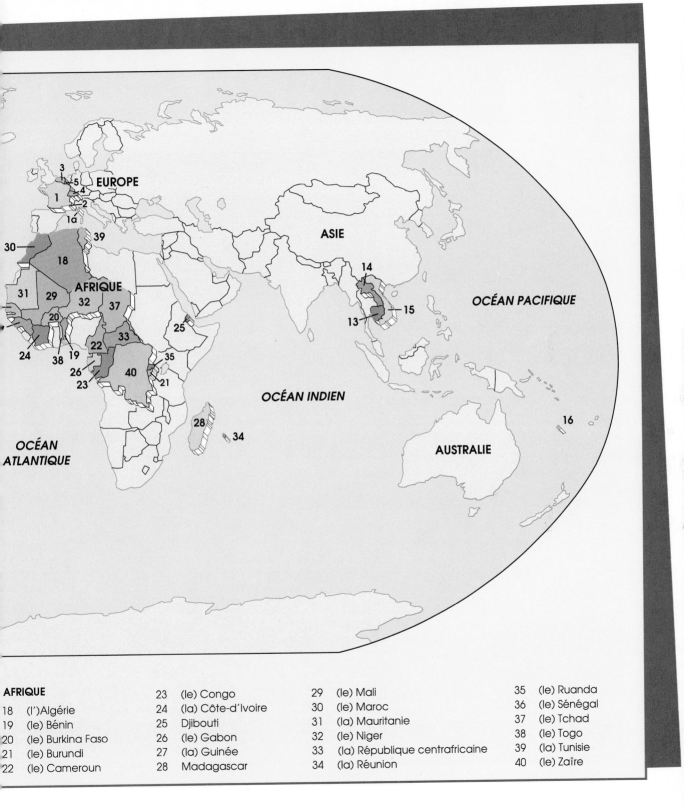

EUROPE

ASIE

OCÉAN PACIFIQUE

AFRIQUE

OCÉAN INDIEN

OCÉAN
ATLANTIQUE

AUSTRALIE

AFRIQUE

18	(l')Algérie	23	(le) Congo	29	(le) Mali	35	(le) Ruanda
19	(le) Bénin	24	(la) Côte-d'Ivoire	30	(le) Maroc	36	(le) Sénégal
20	(le) Burkina Faso	25	Djibouti	31	(la) Mauritanie	37	(le) Tchad
21	(le) Burundi	26	(le) Gabon	32	(le) Niger	38	(le) Togo
22	(le) Cameroun	27	(la) Guinée	33	(la) République centrafricaine	39	(la) Tunisie
		28	Madagascar	34	(la) Réunion	40	(le) Zaïre

ix

Bonjour.

la France !

ANGLETERRE

ALLEMAGNE

BELGIQUE

Lille •

La Manche

LUXEMBOURG

Le Havre •

Seine

Meuse

• Brest

Paris ★

Nancy •

Strasbourg •

VOSGES

Colmar •

Loire

Dijon •

Saône

Nantes •

• Tours

JURA

SUISSE

OCÉAN
ATLANTIQUE

FRANCE

Vichy •

Annecy •

Clermont-Ferrand •

Lyon •

Aix-les-Bains •

ITALIE

Grenoble •

• Bordeaux

Valence •

ALPES

Garonne

MASSIF
CENTRAL

Rhône

Avignon •

MONACO

Toulouse •

Aix-en-Provence •

Nice •

Cannes •

Marseille •

Toulon •

PYRÉNÉES

CORSE

ESPAGNE

MER MÉDITERRANÉE

Ajaccio •

Bonjour.

Paris !

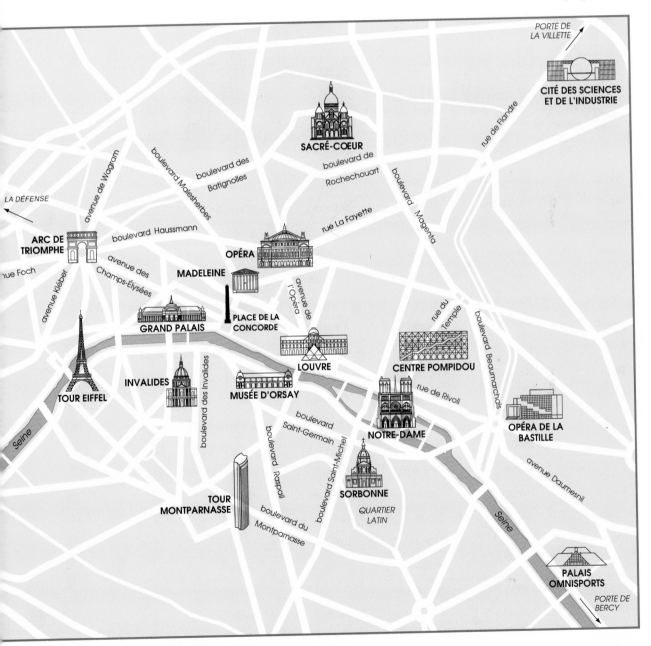

PORTE DE
LA VILLETTE

CITÉ DES SCIENCES
ET DE L'INDUSTRIE

rue de Flandre

SACRÉ-COEUR

boulevard Malesherbes

boulevard des
Batignolles

boulevard de
Rochechouart

avenue de Wagram

boulevard Magenta

rue La Fayette

LA DÉFENSE

boulevard Haussmann

ARC DE
TRIOMPHE

rue Foch

avenue Kléber

avenue des
Champs-Élysées

OPÉRA

MADELEINE

avenue de
l'Opéra

GRAND PALAIS

PLACE DE LA
CONCORDE

LOUVRE

rue du
Temple

CENTRE POMPIDOU

boulevard Beaumarchais

TOUR EIFFEL

INVALIDES

boulevard des Invalides

MUSÉE D'ORSAY

rue de Rivoli

NOTRE-DAME

OPÉRA DE LA
BASTILLE

Seine

boulevard
Saint-Germain

avenue Daumesnil

boulevard Raspail

boulevard Saint-Michel

SORBONNE

QUARTIER
LATIN

Seine

TOUR
MONTPARNASSE

boulevard du
Montparnasse

PALAIS
OMNISPORTS

PORTE DE
BERCY

Bonjour!

Je m'appelle . . .

Marianne		Marc
Marie		Matthieu
Marie-Anne		Michel
Marie-Hélène		Nicolas
Marie-Louise		Olivier
Marie-Thérèse		Patrick

Agnès	Dominique	Marion	Alain	Gilbert	Paul
Alice	Élisabeth	Marthe	Albert	Grégoire	Philippe
Andrée	Émilie	Mélanie	André	Guillaume	Pierre
Anne	Emmanuelle	Michèle	Antoine	Henri	Raphaël
Anne-Marie	Ève	Monique	Arnaud	Hervé	Rémi
Annette	Françoise	Nathalie	Bernard	Jacques	Richard
Annie	Frédérique	Nicole	Charles	Jean	Robert
Barbara	Geneviève	Patricia	Christian	Jean-Claude	Roger
Béatrice	Hélène	Pauline	Christophe	Jean-François	Samuel
Brigitte	Irène	Rachel	Claude	Jean-Louis	Simon
Caroline	Isabelle	Rose	Daniel	Jean-Paul	Thomas
Catherine	Janine	Sophie	David	Jean-Philippe	Vincent
Cécile	Jeanne	Stéphanie	Denis	Jean-Pierre	Yves
Chantal	Joséphine	Suzanne	Édouard	Jérôme	
Charlotte	Judith	Sylvie	Éric	Joël	
Christine	Laure	Thérèse	Étienne	Joseph	
Claire	Lise	Valérie	François	Julien	
Delphine	Louise	Véronique	Frédéric	Laurent	
Denise	Lucie	Virginie	Geoffroy	Louis	
Diane	Marguerite	Viviane	Georges	Luc	

French for Mastery 1

Salut, les amis!

Prélude
Bonjour, les Français!

UNIT OBJECTIVES

LEARNING TO COMMUNICATE

In *Prélude,* you will learn how
- to greet French people
- to introduce yourself
- to use the numbers from 0 to 60
  (for making purchases, phone calls, etc.)
- to tell the time
- to say the day, the month, and the date
- to talk about the weather and the seasons

LEARNING ABOUT CULTURE

You will become familiar with the different ways of greeting people in France. You will learn about France and some of its important cities: Lyon, Tours, Annecy, and Dijon. You will also learn about French holidays and the French money system.

Leçon 1

Bonjour!

À Lyon... le premier jour de classe
— Bonjour, Éric!
— Bonjour, Anne!

— Salut, Paul!
— Salut, Catherine!

— Au revoir, Philippe!
— Au revoir, Janine!

— Qui est-ce?
— C'est Martine.

— Voici Laurence.
— Bonjour!

— Voilà Nathalie.
— Salut!

Anne

Éric

Catherine

Paul

Janine

Philippe

Laurence

Nathalie

Martine

— Voici Monsieur Lucet.
— Voici Madame Lucet.
— Voici Mademoiselle Mercier.

— Bonjour, Monsieur!
— Bonjour, Madame!
— Bonjour, Mademoiselle!

— Au revoir, Monsieur!
— Au revoir, Madame!
— Au revoir, Mademoiselle!

Monsieur Lucet

Mademoiselle Mercier

Madame Lucet

Hello!
In Lyon... the first day of school

Hello, Éric!
Hello, Anne!

Hi, Paul!
Hi, Catherine!

Good-by, Philippe.
Good-by, Janine.

Who's that?
It's Martine.

Here's Laurence.
Hello!

There's Nathalie.
Hi!

Here's Mr. Lucet.
Here's Mrs. Lucet.
Here's Miss Mercier.

Good morning, (Sir).
Good morning, (Ma'am).
Good morning, (Miss).

Good-by, (Sir).
Good-by, (Ma'am).
Good-by, (Miss).

NOTE CULTURELLE

Lyon

After Paris and Marseille, Lyon is the third-largest city in France, with a population of about 1,220,000. Lyon is a very old city. (It was founded by the Romans in 43 B.C.) Today it is an important commercial, industrial, and educational center. Lyon is also famous for its good food and many fine restaurants.

VOCABULAIRE PRATIQUE **Salutations** (*Greetings*)

Bonjour!	*Hello!*	**Bonjour,** Jacques!
	Good morning! Good afternoon!	
Salut!	*Hi!*	**Salut,** Nathalie!
Au revoir!	*Good-by!*	**Au revoir,** Marc!
Voici ...	*This is ... Here's ... Here comes ...*	**Voici** Suzanne.
Voilà ...	*That is ... There's ...*	**Voilà** Monsieur Laval.
Qui est-ce?	*Who's that? Who is it?*	**Qui est-ce?**
C'est ...	*That's ... It's ...*	**C'est** Paul.
Monsieur	*Mr.*	Voici **Monsieur** Dumas.
Madame	*Mrs.*	Voilà **Madame** Pascal.
Mademoiselle	*Miss*	Voilà **Mademoiselle** Rochette.

Note: **Monsieur, Madame,** and **Mademoiselle** are often abbreviated **M., Mme,** and **Mlle** in writing.

NOTES CULTURELLES

1. Bonjour!   In many situations the Americans and the French behave and react in very similar ways. However, in certain situations their behavior is different. Every morning, for instance, French children greet their parents not only by saying **bonjour**, but also by kissing them. Whenever French people meet, they shake hands, even if they meet more than once during the day. Teenagers, especially boys, also shake hands. Girls often greet one another with a kiss on each cheek.

2. Bonjour, Monsieur! Bonjour, Madame! Bonjour, Mademoiselle!   On the whole, the relationships between adults and teenagers are much more formal in France than in the United States. It is, for instance, perfectly proper for American students to greet their teacher with "Good morning" or "Hi." French students, however, do not greet their teachers with a simple **Bonjour** and would not think of using the informal **Salut**. To a teacher it is customary to say **Bonjour, Monsieur** (or **Bonjour, Madame** or **Bonjour, Mademoiselle**).

You may have noted that the French do not use the last name when greeting a person. They say **Bonjour, Madame,** whereas English-speaking people would say "Hello, Mrs. Jones" or "Hello, Mrs. Smith."

Prononciation

Les lettres muettes *(The silent letters)*

Many letters in written French are not pronounced. These are called *silent letters*.

The **e** at the end of a word is silent.[1]

Moniqu~~e~~   Ann~~e~~

The **s** at the end of a word is silent.

Deni~~s~~   Jacque~~s~~

The letter **h** is not pronounced.

T~~h~~omas   Nat~~h~~alie

Usually a consonant at the end of a word is not pronounced.
Exceptions: **c, f, l,** and sometimes **r** (the consonants of **careful**).

SILENT	PRONOUNCED
Bernar~~d~~	Mar<u>c</u>, Lu<u>c</u>
Rober~~t~~	Madam~~e~~ Resti<u>f</u>, Mad~~e~~moisell~~e~~ Lebeu<u>f</u>
Vincen~~t~~	Miche<u>l</u>, Danie<u>l</u>
Roge~~r~~	Bonjou<u>r</u>, Victo<u>r</u>!

Note: French is a relatively easy language to learn because it contains many words which are similar to English words. French, however, is *not* pronounced like English, and every letter is *not* pronounced as it is written. The **Prononciation** sections of your book will help you learn the French sound system. However, the best way to acquire a good French pronunciation is to listen to your teacher, listen to the tapes, and, whenever possible, listen to French people and French records.

ACTIVITÉ 1   Bonjour! Au revoir!

It is the first day of school. The following French boys and girls meet and say "hello." After classes they say "good-by." Play the roles of these students, using the words in parentheses.

→ (bonjour)
    Paul / Louis   Paul: **Bonjour, Louis!**
                       Louis: **Bonjour, Paul!**

(bonjour)
1. Annie / Philippe
2. Isabelle / Monique
3. Louise / Denise
4. Jacques / Nicolas
5. Louis / Denis

(salut)
6. Nathalie / Thomas
7. Janine / Charles
8. Georges / Anne
9. Yves / Élisabeth
10. Marc / Sylvie

(au revoir)
11. Luc / Michel
12. Paul / Victor
13. Chantal / Catherine
14. Louis / Louise
15. Denis / Denise

[1]The slash line is used to remind you that a letter is not pronounced.

ACTIVITÉ 2 Présentations (*Introductions*)

Annie is a new student, and Pierre is introducing his friends to her. Annie says
"hello" to each one. Play the roles of Pierre and Annie according to the model.

→ Thomas Pierre: **Voici Thomas.**
Annie: **Bonjour, Thomas!**

1. Albert
2. Bernard
3. Charles
4. Édouard
5. Robert
6. Roger
7. Denis
8. Vincent

ACTIVITÉ 3 Les professeurs

Annie now asks Pierre who the teachers are. She greets them. Play the roles
according to the model.

→ Madame Dumas Annie: **Qui est-ce?**
Pierre: **C'est Madame Dumas.**
Annie: **Bonjour, Madame!**

1. Madame Camus
2. Mademoiselle Ledoux
3. Monsieur Simonet
4. Madame Michaud
5. Monsieur Denis
6. Mademoiselle Dupont
7. Madame Brunet
8. Monsieur Lucas

Pour communiquer ◢

Expressions pour la conversation

The French often use the following expressions:

Je sais. *I know.*
Je ne sais pas. *I don't know.*

Mini-dialogues

Look at the first picture and the sample dialog; then create
new dialogs based on the pictures below.

NATHALIE: Qui est-ce?
PHILIPPE: Je ne sais pas.
NATHALIE: Ah, je sais . . . C'est Brigitte.

Brigitte

Bernard

Monique

Monsieur Simon

Madame Pascal

Mademoiselle Thomas

Leçon 2

Une coïncidence

À Annecy . . . à la Maison des Jeunes

—Ça va, Jean-Paul?
—Ça va. Et toi?
—Ça va bien.

—Je m'appelle Hélène. Et toi?
—Je m'appelle Marie-Noëlle.

—Comment t'appelles-tu?
—Je m'appelle Jean-Michel.
—Moi aussi. Jean-Michel Vallée.
—Moi, je m'appelle Jean-Michel Valette.
—Quelle coïncidence!

NOTE CULTURELLE

Annecy

Annecy, one of the most beautiful cities in France, is situated in the Alps on the shores of the **Lac d'Annecy.** Like many other French cities and towns, it has a modern youth center (**Maison des Jeunes**), which offers a wide variety of cultural and sports activities.

VOCABULAIRE PRATIQUE · Présentations *(Introductions)*

Je m'appelle . . .	*My name is . . .*
Comment t'appelles-tu?	*What's your name?*
Ça va?	*How are you? How's everything?*
Ça va.	*Fine. I'm OK. Everything's all right.*
Et toi?	*And you?*
Moi aussi.	*Me too.*

Ça va . . .   **bien**   **très bien**

mal   **très mal**   **comme ci, comme ça**

A coincidence

In Annecy . . . at the Youth Center

How's everything, Jean-Paul?
Fine. And you?
Everything's fine (going well).

My name is Hélène. And yours?
My name is Marie-Noëlle.

What's your name?
My name is Jean-Michel.
Mine too. Jean-Michel Vallée.
My name is Jean-Michel Valette.
What a coincidence!

NOTE CULTURELLE

Niveaux de langue *(Levels of language)*

French teenagers are much more formal with adults than with their friends. This level of formality (or familiarity) is reflected in the way they speak. French students, for instance, use **Ça va?** when talking to their friends. When talking to their teachers, they would say **Comment allez-vous?** which is the more formal way of asking *How are you?* As you will learn later on, the French have two ways of addressing people: a *formal* form and a *familiar* form.

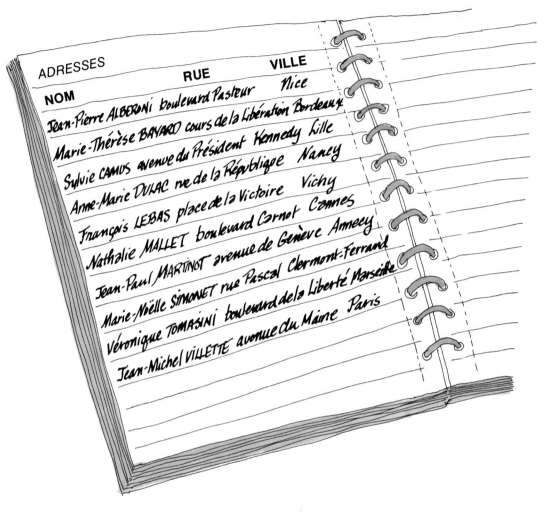

ADRESSES

NOM	RUE	VILLE
Jean-Pierre ALBERONI	boulevard Pasteur	Nice
Marie-Thérèse BAYARD	cours de la Libération	Bordeaux
Sylvie CAMUS	avenue du Président Kennedy	Lille
Anne-Marie DULAC	rue de la République	Nancy
François LEBAS	place de la Victoire	Vichy
Nathalie MALLET	boulevard Carnot	Cannes
Jean-Paul MARTINOT	avenue de Genève	Annecy
Marie-Noëlle SIMONET	rue Pascal	Clermont-Ferrand
Véronique TOMASINI	boulevard de la Liberté	Marseille
Jean-Michel VILLETTE	avenue du Maine	Paris

NOTE CULTURELLE

Les noms français (French names)

Many French names have English equivalents:

Jean	*John*	**Jacques**	*James*	**Guillaume**	*William*	**François**	*Frank*
Hélène	*Helen*	**Suzanne**	*Susan*	**Monique**	*Monica*	**Marie**	*Mary*

It is not uncommon for French people to have two first names, usually beginning with **Jean** (for boys) or **Marie** (for girls). These names are hyphenated.

Jean-Pierre	**Jean-Marc**	**Jean-Paul**	**Jean-Michel**	**Jean-Philippe**
Marie-Hélène	**Marie-Laure**	**Marie-Claire**	**Marie-France**	**Marie-Louise**

Nicknames or shortened names are generally not used in France, except for young children.

Jojo (for **Georges**)	**Pierrot** (for **Pierre**)	**Dédé** (for **André**)
Mimi (for **Michèle**)	**Gigi** (for **Ginette**)	**Kiki** (for **Christine**)

ACTIVITÉ 1 Je m'appelle . . .

Introduce yourself and ask the student next to you to do the same.

→ **Je m'appelle Nancy Martin.
Comment t'appelles-tu?**

ACTIVITÉ 2 À la Maison des Jeunes *(At the Youth Center)*

The following young people are introducing themselves. Play the roles of
each pair according to the model.

→ Paul / Sylvie   Paul: **Je m'appelle Paul. Et toi?**
  Sylvie: **Je m'appelle Sylvie.**
  Paul: **Ça va?**
  Sylvie: **Ça va bien.**

1. Jean / Marie
2. Thomas / Anne
3. Michel / Suzanne
4. Hélène / Philippe
5. Denis / Monique

6. François / Marie-Louise
7. Jean-Michel / Anne-Marie
8. Jean-Claude / Marie-Solange
9. Jean-Philippe / Marie-France
10. Jean-Louis / Mélanie

ACTIVITÉ 3 Ça va?

Sometimes we feel good, sometimes we don't. What would you say to a
French friend who asked you **Ça va?** in each of the situations described
below? Use an appropriate expression from the **Vocabulaire pratique**.

→ You have the flu.   **Ça va comme ci, comme ça.**

1. You received an A in French.
2. Your grandparents sent you a check.
3. Your best friend invited you to a party.
4. You lost your wallet.
5. You bent a wheel on your bicycle.
6. You won a prize in a photo contest.
7. You received a B on an English paper.
8. It is your birthday.

Prononciation

L'alphabet et les signes orthographiques *(spelling marks)*

1. L'alphabet

Repeat after the teacher:

A	a	H	hache	O	o	V	vé
B	bé	I	i	P	pé	W	double vé
C	cé	J	ji	Q	ku	X	ixe
D	dé	K	ka	R	erre	Y	i grec
E	e	L	elle	S	esse	Z	zède
F	effe	M	emme	T	té		
G	gé	N	enne	U	u		

2. Les signes orthographiques

Four spelling marks may appear on vowels:

(´)	l'accent aigu *(acute accent)*	René
(`)	l'accent grave *(grave accent)*	Voilà Michèle.
(^)	l'accent circonflexe *(circumflex accent)*	Jérôme, dîner
(¨)	le tréma *(diaeresis)*	Noël, naïf

One spelling mark may appear under the letter c:

(¸)	la cédille *(cedilla)*	Ça va, François?

Note: These marks are part of the spelling of words. They cannot be left out.

ACTIVITÉ 4   Au bureau des réservations *(At the reservation desk)*

Imagine that you are an employee at the reservation desk of **Air France**, the French national airline. As you confirm the reservations of the following passengers, spell their last names in French.

Monsieur Marin   **Monsieur Marin. M.A.R.I.N.**

1. Mademoiselle Lucas
2. Monsieur Thomas
3. Mademoiselle Duval
4. Monsieur Marty
5. Madame Maubrey
6. Mademoiselle Aziza

madame FIGARO
LE MAGAZINE
DES VALEURS
SURES

Pour communiquer

Expressions pour la conversation

To ask about someone's health you would use one of the following expressions:

    (to a friend)   **Comment vas-tu?**   *How are you?*

    (to an adult)   **Comment allez-vous?**   *How are you?*

Mini-dialogues

Create new dialogs by replacing the underlined words with the words suggested in the pictures.

        PAUL: Bonjour, <u>Madame</u>.

MADAME LAVAL: Bonjour, Paul.

        PAUL: <u>Comment allez-vous, Madame?</u>

MADAME LAVAL: <u>Très bien.</u> Et toi?

Madame Laval

Janine   **Monsieur Roland**   **Jean-Pierre**   **Mademoiselle Calmas**

Leçon 3

Combien?

À Tours . . .

Dans une librairie

— Donnez-moi *Paris-Match,* s'il vous plaît.
— Voici, Mademoiselle.
— C'est combien?
— Neuf francs, Mademoiselle.
— Voilà neuf francs, Monsieur.
— Merci, Mademoiselle.

Dans un café

— Un Coca-Cola, s'il vous plaît!
— Oui, Mademoiselle. Et pour vous, Monsieur?
— Un café, s'il vous plaît . . . et un sandwich.
— Mais oui, Monsieur!

How much?

In Tours . . .

In a bookstore

Give me *Paris-Match,* please.
Here you are, (Miss).
How much is it?
Nine francs, (Miss).
Here are nine francs, (Sir).
Thank you, (Miss).

In a café

A Coca-Cola, please.
Yes, (Miss). And for you, (Sir)?
A cup of coffee, please . . . and a sandwich.
All right, (Sir).

NOTES CULTURELLES

1. Tours The city of Tours is located on the Loire River in a region known for its castles, its gardens, and the purity of the French spoken there. It is an excellent starting point for bicycle trips.

2. Paris-Match *Paris-Match* is one of the most popular French magazines.

3. Le Coca-Cola Coca-Cola is very popular among French teenagers. Although few young people have Coke with their meals, many order it at cafés. When ordering it, one may simply ask for **un coca**.

VOCABULAIRE PRATIQUE

Les achats et les nombres de 0 à 10
(Purchases and the numbers from 0 to 10)

0	zéro	4	quatre	8	huit
1	un	5	cinq	9	neuf
2	deux	6	six	10	dix
3	trois	7	sept		

Combien?	*How much?*
C'est combien?	*How much is it?*
C'est dix francs.	*It's ten francs.*
Oui	*Yes*
Non	*No*
Pardon.	*Excuse me.*
Merci.	*Thank you.*
s'il vous plaît	*please* (formal form)
s'il te plaît	*please* (familiar form)
Donnez-moi . . .	*Give me . . .* (formal form)
Donne-moi . . .	*Give me . . .* (familiar form)

Note: The French expressions corresponding to "please" and "give me" have both a
formal and a *familiar* form. Be sure to use the formal form when speaking to your
teacher or other adults, and the familiar form when speaking to your friends.

NOTE CULTURELLE

L'argent français (*French money*)

The French franc (**le franc français**) is the monetary unit of France. The franc, which is worth about 15 cents, is divided into 100 **centimes.**

French money is issued as follows:

Pièces (*Coins*)
5 centimes, 10 centimes, 20 centimes, ½ franc (50 centimes),
1 franc, 2 francs, 5 francs, 10 francs

Billets (*Bills*)
20 francs, 50 francs, 100 francs, 200 francs, 500 francs

Belgium and Switzerland, where French is one of the national languages, also use the franc as the monetary unit. The value of these currencies—**le franc belge** and **le franc suisse** — is different from that of the French franc.

Prononciation

Les nombres de 1 à 10 *(The numbers from 1 to 10)*

Numbers are used alone, for instance in counting: 1, 2, 3, etc., or they are used with nouns: **1 centime, 2 francs, 3 dollars,** etc. Note how numbers are pronounced when they are used alone and when they are used with nouns.[1] Repeat after your teacher.

NUMBER ALONE	NUMBER + CONSONANT SOUND	NUMBER + VOWEL SOUND
1 un	un franc	un /n/ objet
2 deux	deux francs	deux /z/ objets
3 trois	trois francs	trois /z/ objets
4 quatre	quatre francs	quatre objets
5 cinq /k/	cinq francs	cinq /k/ objets
6 six /s/	six francs	six /z/ objets
7 sept /t/	sept francs	sept /t/ objets
8 huit /t/	huit francs	huit /t/ objets
9 neuf /f/	neuf francs	neuf /f/ objets
10 dix /s/	dix francs	dix /z/ objets

When numbers are used alone—
    the final consonants of the numbers 5 to 10 are pronounced;
    the **x** of **six** (6) and **dix** (10) is pronounced /s/.

When numbers are followed by nouns which begin with a consonant sound—
    the final consonant of the number is *not* pronounced, except for the numbers **sept** (7) and **neuf** (9).

When numbers are followed by nouns which begin with a vowel sound, that is, **a, e, i, o, u, h,** and **y** + consonant—
    the final consonant of the number is pronounced as if it were the first letter of the next word;
    the **x** of **deux** (2), **six** (6), and **dix** (10) is pronounced /z/.

ACTIVITÉ 1   Séries

Continue the following series:

1. 1, 2, 3, . . .
2. 1, 3, 5, . . .
3. 2, 4, 6, . . .
4. 10, 9, 8, . . .
5. 10, 8, 6, . . .
6. 9, 7, 5, . . .

[1]Sounds are given between diagonal lines.

ACTIVITÉ 2 La loterie *(The raffle)*

Imagine that you are attending a French school. The school has organized a raffle for the benefit of the choir, and you have been chosen to draw the winning numbers. Announce each one, beginning with **le** *(the)*.

→ 8 – 0 – 2 – 9   **le huit – zéro – deux – neuf**

1. 4 – 0 – 5 – 8
2. 9 – 4 – 8 – 1
3. 7 – 8 – 3 – 6
4. 3 – 1 – 0 – 2

5. 7 – 0 – 5 – 2
6. 1 – 3 – 5 – 6
7. 7 – 4 – 8 – 2
8. 3 – 6 – 7 – 9

ACTIVITÉ 3 Au café «Le Floride»

Imagine you are working in a large French café. Call out the following orders.

1. 8 cafés *(coffees)*
2. 3 chocolats
3. 5 thés *(teas)*
4. 6 sandwichs
5. 2 Coca-Colas
6. 10 chocolats
7. 5 cafés
8. 6 thés
9. 2 orangeades
10. 6 orangeades
11. 10 orangeades
12. 5 orangeades

ACTIVITÉ 4 S'il te plaît, Papa . . .

Imagine that you want to do the following things, but you do not have any money. Estimate the price of each item in dollars, and ask your father for what you need. Follow the model.

→ to buy a magazine   **S'il te plaît, Papa, donne-moi deux dollars.**

1. to buy two magazines
2. to buy a record
3. to buy a paperback
4. to go to the movies
5. to invite a friend to the movies

6. to rent a video movie
7. to go out for pizza
8. to invite two friends to have ice cream
9. to buy a pair of sunglasses
10. to buy a cassette

VOCABULAIRE PRATIQUE Les nombres de 11 à 60 (The numbers from 11 to 60)

11	onze	21	vingt et un	31	trente et un
12	douze	22	vingt-deux	32	trente-deux
13	treize	23	vingt-trois	33	trente-trois ...
14	quatorze	24	vingt-quatre	40	quarante
15	quinze	25	vingt-cinq	41	quarante et un
16	seize	26	vingt-six	42	quarante-deux ...
17	dix-sept /s/	27	vingt-sept	50	cinquante
18	dix-huit /z/	28	vingt-huit	51	cinquante et un
19	dix-neuf /z/	29	vingt-neuf	52	cinquante-deux ...
20	vingt	30	trente	60	soixante

Notes: 1. The word **et** (and) is used only with the numbers 21, 31, 41, 51.
2. You have seen that the numbers 1-10 are pronounced differently, depending on how they are used. The same changes in pronunciation also occur when these numbers are used in combination.

six /s/	six francs	six objets /z/
trente-six /s/	trente-six francs	trente-six objets /z/

ACTIVITÉ 5 Nouvelles séries (New series)

Complete the following series:

1. 10, 20, . . . 60
2. 14, 16, . . . 40
3. 13, 15, . . . 41
4. 11, 21, . . . 51
5. 15, 25, . . . 55
6. 16, 26, . . . 56
7. 18, 22, 26, . . . 58
8. 19, 22, 25, . . . 58

ACTIVITÉ 6 Le standard (The switchboard)

Imagine that you are working at IBM-France in Paris. Ask the switchboard operator for the following numbers:

→ 56.10.20.30 à Bordeaux **Donnez-moi le cinquante-six, dix, vingt, trente à Bordeaux, s'il vous plaît.**

1. 59.20.23.25 à Poix
2. 47.30.40.60 à Tours
3. 46.14.18.16 à La Rochelle
4. 40.42.32.52 à Nantes
5. 50.55.60.40 à Annecy
6. 22.23.33.53 à Amiens
7. 38.18.28.58 à Orléans
8. 42.41.51.11 à Marseille

ACTIVITÉ 7 S'il te plaît, Maman . . .

Imagine that you want to buy the following things, but you do not have any money. This time ask your mother to give you what you need for your purchases. Estimate the price of each item in dollars.

→ a tennis racket   **S'il te plaît, Maman, donne-moi trente dollars.**

1. a used bicycle
2. a walkman
3. a pair of jeans
4. running shoes
5. a bathing suit
6. a cassette

Pour communiquer ▶

Expression pour la conversation

To express *surprise*, the French often say:

Oh là là!   *Oh dear! Wow! Whew!*

Mini-dialogues

Imagine that you are in a French café. Create new dialogs by replacing the underlined words with the words suggested in the pictures.

CLAIRE: <u>Un café</u>, s'il vous plaît.
LE GARÇON (*waiter*): Oui, Mademoiselle.
CLAIRE: C'est combien?
LE GARÇON: <u>Onze francs</u>.
CLAIRE: Oh là là! C'est cher!
(*That's expensive!*)

un café — 11 francs

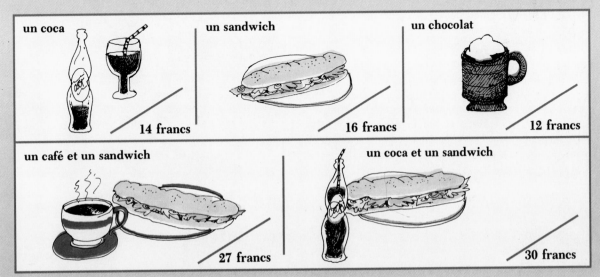

un coca — 14 francs

un sandwich — 16 francs

un chocolat — 12 francs

un café et un sandwich — 27 francs

un coca et un sandwich — 30 francs

Leçon 4

Conversations dans un café

À Dijon . . . dans un café

Conversation numéro 1: Hélène et Paul

HÉLÈNE: Quelle heure est-il?
PAUL: Il est une heure.
HÉLÈNE: Et à quelle heure est le concert?
PAUL: À deux heures!
HÉLÈNE: Ça va. Nous avons le temps!

NOTES CULTURELLES

1. Dijon Dijon, in eastern France, is the capital of Burgundy **(la Bourgogne)**, a region famous for its wines.

2. Le café The café plays an important role in French social life. From early in the morning until late at night, people can go there to have something to drink and a roll or sandwich to eat. Mainly the café is a place where people come together to talk and where an individual can sit quietly reading a newspaper, waiting for a friend, or watching the people go by. The café has three sections: **la terrasse**, with sidewalk tables, **la salle** (inside section), and **le comptoir** (counter).

Conversation numéro 2: André et François

ANDRÉ: Quelle heure est-il?

FRANÇOIS: Il est deux heures.

ANDRÉ: Deux heures?

FRANÇOIS: Oui, deux heures. Pourquoi?

ANDRÉ: J'ai rendez-vous avec Michèle . . .

FRANÇOIS: À quelle heure?

ANDRÉ: À deux heures dix.

FRANÇOIS: Et Michèle est ponctuelle?

ANDRÉ: Oui, très ponctuelle . . . et très impatiente.

FRANÇOIS: Oh là là!

ANDRÉ: Au revoir, François!

FRANÇOIS: Au revoir, André!

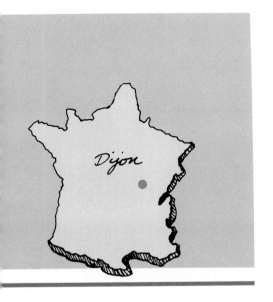

Conversations in a café

In Dijon . . . in a café

Conversation number 1: Hélène and Paul

What time is it?

It's one o'clock.

And at what time is the concert?

At two.

Good. We have (the) time.

Conversation number 2: André and François

What time is it?

It's two o'clock.

Two o'clock?

Yes, two. Why?

I have a date with Michèle . . .

At what time?

At two ten. (At ten past two.)

And is Michèle on time?

Yes, (she is) very punctual . . . and very impatient.

Oh dear!

Good-by, François.

Good-by, André.

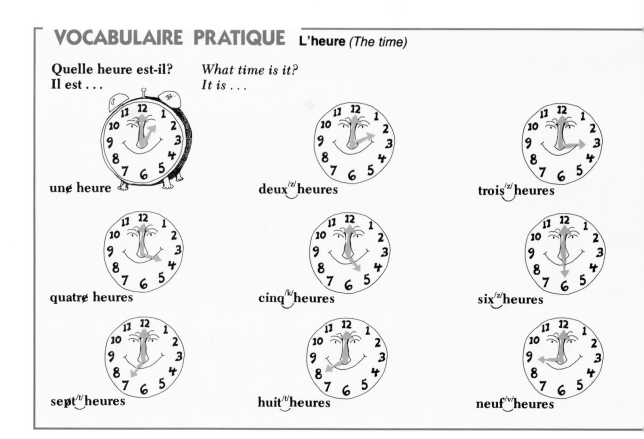

VOCABULAIRE PRATIQUE L'heure *(The time)*

Quelle heure est-il? *What time is it?*
Il est . . . *It is . . .*

une heure

deux /z/ heures

trois /z/ heures

quatre heures

cinq /k/ heures

six /z/ heures

sept /t/ heures

huit /t/ heures

neuf /v/ heures

Prononciation

La liaison

As you know, the final consonant of a word is usually silent in French. However, if the next word begins with a *vowel sound*, the final consonant is sometimes pronounced as if it were the first letter of this word. This is called **liaison.** Liaison means linking two words.

Liaison occurs only after *certain* words, such as numbers followed by nouns.

In written French, liaison is not marked by any sign. As a learning aid, new liaisons will be indicated with: ‿

In liaison, a final **s** or **x** is pronounced /z/.

→ Il est trois /z/ heures.   Il est six /z/ heures.

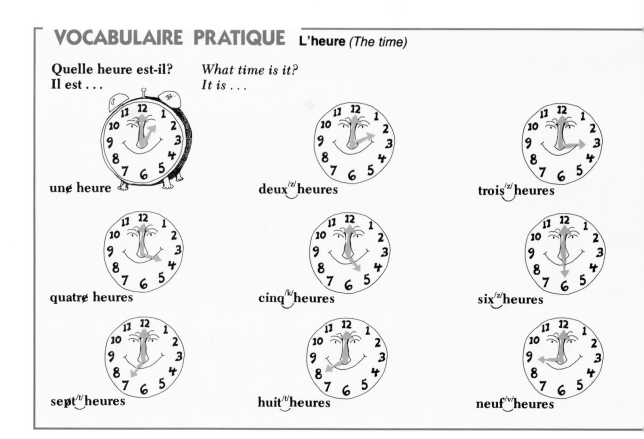

dix /z/ heures

onze heures

midi   minuit

À quelle heure est le concert?
À onze heures.

At what time is the concert?
At eleven (o'clock).

Notes: 1. In English the expression *o'clock* may be left out. In French the word **heure(s)** may *not* be left out.
      2. The word **heure(s)** is abbreviated as **h.**
          Il est 3 h.
      3. To distinguish between A.M. and P.M., French speakers use the following expressions:

          du matin *in the morning*   Il est trois heures **du matin.**
          de l'après-midi *in the afternoon* Il est deux heures **de l'après-midi.**
          du soir *in the evening*   Il est dix heures **du soir.**

ACTIVITÉ 1   Quelle heure est-il?

Paul has a watch that does not work very well. He often asks Hélène what time it is. Play both roles according to the model.

→ 3 h.   Paul: **Quelle heure est-il?**
            Hélène: **Il est trois heures.**

1. 4 h.   3. 1 h.   5. 10 h.   7. 6 h.
2. 5 h.   4. 11 h.   6. 9 h.   8. 7 h.

ACTIVITÉ 2   À quelle heure?

Hélène is always well informed. This is why François asks her when certain activities take place. Play both roles according to the model.

→ le concert: 3 h.   François: **À quelle heure est le concert?**
                   Hélène: **À trois heures.**
                   François: **Merci.**

1. la classe: 2 h.   4. le match *(game)* de tennis: 7 h.   7. le bus: 1 h.
2. le récital: 6 h.   5. le match de football: 5 h.   8. le train: 11 h.
3. le film *(movie)*: 8 h.   6. le programme de télévision: 9 h.

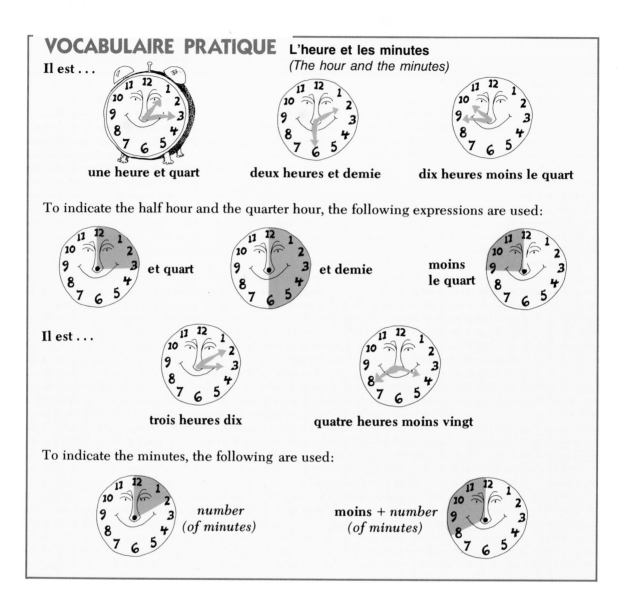

VOCABULAIRE PRATIQUE   L'heure et les minutes
(The hour and the minutes)

Il est . . .

une heure et quart

deux heures et demie

dix heures moins le quart

To indicate the half hour and the quarter hour, the following expressions are used:

et quart

et demie

moins le quart

Il est . . .

trois heures dix

quatre heures moins vingt

To indicate the minutes, the following are used:

number (of minutes)

moins + number (of minutes)

ACTIVITÉ 3   L'heure exacte

François checks the time with Caroline, who has a new watch. Play both roles according to the model.

→   1 h. 15   François: **Il est une heure et quart?**
                   Caroline: **Oui, il est une heure et quart.**

1. 1 h. 30
2. 2 h. 15
3. 3 h. 30

4. 5 h. 30
5. 6 h. 20
6. 8 h. 25

7. 9 h. 26
8. 10 h. 14
9. 11 h. 12

ACTIVITÉ 4   À la gare *(At the train station)*

Imagine that you are working at the information desk of a French train station. Travellers ask you the departure time of the trains listed below. Answer them according to the schedule.

→ le train de Nice
  Le train de Nice est à six heures dix.

1. le train de Cannes
2. le train de Lyon
3. le train de Tours
4. le train de Dijon
5. le train de Toulon
6. le train de Colmar
7. le train d'Annecy
8. le train de Marseille
9. le train de Paris

DÉPARTS			
Nice	6:10	Toulon	9:35
Lyon	7:15	Colmar	10:40
Cannes	7:30	Annecy	10:45
Tours	8:12	Marseille	10:50
Dijon	8:25	Paris	10:55

Pour communiquer ▰▰▰◣

Expressions pour la conversation

To express their *disappointment* or their *displeasure*, French speakers use the following expressions:

Zut!
Zut alors!   *Darn (it)! Rats!*

Mini-dialogues

Paul asks Anne what time it is. When she tells him, he realizes that he is five minutes late. Read the model dialog carefully. Then create new dialogs by replacing the underlined words, using the information contained in the pictures. Make all necessary changes.

PAUL: Quelle heure est-il?
ANNE: Il est <u>une heure cinq</u>!
PAUL: <u>Une heure cinq</u>?
ANNE: Oui! Pourquoi? *(Why?)*
PAUL: <u>Le film</u> commence *(begins)* à <u>une heure</u>!
ANNE: Zut alors!

1:00   le film

4:30   la classe

9:50   le concert

10:20   l'opéra

2:20   le match

Leçon 5

Le calendrier de Jacqueline

Voici Jacqueline.

Et voici le calendrier de Jacqueline.

l'anniversaire de Maman: le 3 octobre
l'anniversaire de Papa: le 10 septembre
l'anniversaire de Paul: le 21 décembre
l'anniversaire de Brigitte: le 4 janvier
l'anniversaire de Marie-Louise: le 22 juillet
la Saint Valentin: le 14 février
le premier jour de classe: le 15 septembre
le premier jour de vacances: le premier juillet
rendez-vous avec Marc: le 2 décembre
rendez-vous avec Michel: le 10 février

NOTE CULTURELLE

Les fêtes françaises *(The French holidays)*

Many French holidays are of Catholic origin. Here are some that French people celebrate:

Mardi Gras	*Shrove Tuesday*	(February or March)
Pâques	*Easter*	(March or April)
la Toussaint	*All Saints' Day*	(November 1)
Noël	*Christmas*	(December 25)

There are other French holidays that are not of religious origin:

le Jour de l'An	*New Year's Day*
le premier mai	*Labor Day*
le 14 juillet	*Bastille Day* (the French national holiday)
le 11 novembre	*Armistice Day*

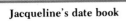

Jacqueline's date book

Here's Jacqueline.

And here's Jacqueline's date book.

Mom's birthday	October 3
Dad's birthday	September 10
Paul's birthday	December 21
Brigitte's birthday	January 4
Marie-Louise's birthday	July 22
Valentine's Day	February 14
the first day of class	September 15
the first day of vacation	July 1
date with Marc	December 2
date with Michel	February 10

VOCABULAIRE PRATIQUE La date

Les jours (m.) **de la semaine** (*The days of the week*)

lundi	*Monday*
mardi	*Tuesday*
mercredi	*Wednesday*
jeudi	*Thursday*
vendredi	*Friday*
samedi	*Saturday*
dimanche	*Sunday*
aujourd'hui	*today*
demain	*tomorrow*

Les mois (m.) **de l'année** (f.) (*The months of the year*)

janvier	avril	juillet	octobre
février	mai	août	novembre
mars	juin	septembre	décembre

La date

Quel jour est-ce?	*What day is it?*
C'est le 10 septembre.	*It's September 10th.*
Aujourd'hui, c'est le 3 octobre.	*Today is October 3rd.*
Noël est le 25 décembre.	*Christmas is December 25th.*
Mon anniversaire est le 2 mars.	*My birthday is March 2nd.*
L'anniversaire de Marc est le premier juin.	*Marc's birthday is June 1st.*
J'ai rendez-vous avec Paul le 4 juin.	*I have a date with Paul on June 4th.*

Notes: 1. To express a date, French speakers use the construction:

> **le** + number + month

Exception: the *first* (of the month) is **le premier**.

2. When dates are abbreviated, the day is always given before the month:

2/8   le 2 août   1/10   le premier octobre

ACTIVITÉ 1 Un jour de retard *(A day behind)*

François has trouble keeping up with the calendar. He is always one day behind when thinking of the date. Sylvie corrects him. Play both roles.

→ samedi   François: **Aujourd'hui, c'est samedi.**
                  Sylvie: **Non, c'est dimanche.**

1. lundi
2. mardi

3. jeudi
4. vendredi

5. dimanche
6. mercredi

ACTIVITÉ 2 Un jour d'avance *(A day ahead)*

Philippe has the opposite problem. He is always one day ahead. Again Sylvie corrects him. Play both roles.

→ 12 oct.   Philippe: **C'est le douze octobre.**
                  Sylvie: **Non, c'est le onze octobre.**

1. 14 déc.
2. 24 jan.
3. 5 fév.

4. 8 avr.
5. 12 août
6. 21 oct.

7. 9 juin
8. 6 juil.
9. 2 mai

10. 17 sep.
11. 30 mars
12. 1 nov.

ACTIVITÉ 3 Dates importantes

Give the following dates in French according to the model.

→ Noël (25/12)   **C'est le 25 décembre.**

1. la Saint Valentin (14/2)
2. la fête *(holiday)* nationale américaine (4/7)
3. le premier jour de l'année (1/1)
4. l'anniversaire de George Washington (22/2)
5. la fête de Christophe Colomb (12/10)
6. la fête nationale française (14/7)

JANVIER
Lun 2 9 16 23 30
Mar 3 10 17 24 31
Mer 4 11 18 25
Jeu 5 12 19 26
Ven 6 13 20 27
Sam 7 14 21 28
Dim 1 8 15 22 29

FEVRIER
Lun 6 13 20 27
Mar 7 14 21 28
Mer 1 8 15 22
Jeu 2 9 16 23
Ven 3 10 17 24
Sam 4 11 18 25
Dim 5 12 19 26

MARS
Lun 6 13 20 27
Mar 7 14 21 28
Mer 1 8 15 22 29
Jeu 2 9 16 23 30
Ven 3 10 17 24 31
Sam 4 11 18 25
Dim 5 12 19 26

AVRIL
Lun 3 10 17 24
Mar 4 11 18 25
Mer 5 12 19 26
Jeu 6 13 20 27
Ven 7 14 21 28
Sam 1 8 15 22 29
Dim 2 9 16 23 30

MAI
Lun 1 8 15 22 29
Mar 2 9 16 23 30
Mer 3 10 17 24 31
Jeu 4 11 18 25
Ven 5 12 19 26
Sam 6 13 20 27
Dim 7 14 21 28

JUIN
Lun 5 12 19 26
Mar 6 13 20 27
Mer 7 14 21 28
Jeu 1 8 15 22 29
Ven 2 9 16 23 30
Sam 3 10 17 24
Dim 4 11 18 25

JUILLET
Lun 3 10 17 24 31
Mar 4 11 18 25
Mer 5 12 19 26
Jeu 6 13 20 27
Ven 7 14 21 28
Sam 1 8 15 22 29
Dim 2 9 16 23 30

AOÛT
Lun 7 14 21 28
Mar 1 8 15 22 29
Mer 2 9 16 23 30
Jeu 3 10 17 24 31
Ven 4 11 18 25
Sam 5 12 19 26
Dim 6 13 20 27

Prononciation

Rythme et accent *(Rhythm and stress)*

The *rhythm* of French is very *regular*. Within a group of words all syllables are short and even. There is no pause or break between words. The *stress* or accent falls on the *last syllable* of a word or group of words, making that last syllable a little longer than the others.

(This is the opposite of English, where each word of two or more syllables has its own stress pattern and where the rhythm is irregular because of long [–] and short [∪] syllables.)

Contrast: *even rhythm and final stress*   *uneven rhythm*

Bonjour, Madame.   Good morning, Ma'am.

Comment t'appelles-tu?   What is your name?

ACTIVITÉ DE PRONONCIATION

TWO SYLLABLES	THREE SYLLABLES	FOUR SYLLABLES
Papa	Nathalie	Sylvie Dumas
Maman	Mélanie	Philippe Vallée
Madame	Mademoiselle	Madame Dulac
Jean-Paul	Jean-Michel	Je m'appelle Jean.
Bonjour	Bonjour, Paul.	Bonjour, Thomas.
Salut	Salut, Marc.	Salut, Suzanne.
Voici	Voici Lise.	Voici Michèle.
Voilà	Voilà Jacques.	Voilà Philippe.
Ça va.	Ça va mal.	Ça va très mal.
jeudi	un dollar	Il est midi.
mardi	deux dollars	Il est une heure.
demain	cinq dollars	Comme ci, comme ça.

FIVE SYLLABLES	SIX SYLLABLES
Voici Isabelle.	Voici Madame Lavoie.
Voilà Mélanie.	Voilà Sylvie Dumas.
C'est Monsieur Cardin.	C'est Mademoiselle Rochette.
Comment t'appelles-tu?	Je m'appelle Marc Rémi.
Je m'appelle Michèle.	Je m'appelle Jean-François.
Donne-moi un dollar.	Donne-moi vingt-cinq dollars.
Donnez-moi cinq francs.	Donnez-moi dix-huit francs.
le dix-sept avril	le vingt et un avril
C'est demain lundi.	C'est aujourd'hui dimanche.

Pour communiquer

Expression pour la conversation

To express *surprise*, you may say:

Vraiment?   *Really?*

— Demain c'est le quinze octobre. C'est mon anniversaire.
— **Vraiment?** C'est aussi *(also)* l'anniversaire de Maman.

Mini-dialogues

Create new dialogs, using the suggestions in the pictures to replace the underlined words.

a) JACQUELINE: J'ai rendez-vous avec <u>Marc</u>.

    CHARLOTTE: Vraiment? Quand? *(When?)*

    JACQUELINE: <u>Le deux décembre</u>.

b) CAROLINE: Quand est-ce, l'anniversaire de <u>Marc</u>?

    SUZANNE: C'est en <u>décembre</u>.

    CAROLINE: Quel jour?

    SUZANNE: Le <u>deux</u>.

**Marc
le 2 décembre**

**Brigitte
le 4 janvier**

**Marie-Louise
le 22 juillet**

**Pierre
le 1 avril**

**Georges
le 16 août**

La carte du temps

Aujourd'hui c'est le premier décembre.
Quel temps fait-il en France?
Ça dépend . . .

À Bordeaux:
Il fait bon.
Il fait dix degrés.

À Toulon:
Il fait douze degrés.
Il fait bon.
Il fait beau.
C'est magnifique!

À Paris:
Il fait beau à Paris en automne?
Aujourd'hui, non!
Il pleut.

À Grenoble:
Brrrr . . .
Il fait moins deux
  et il neige.
Oh là là! Il fait froid aujourd'hui!

BORDEAUX

The weather map

Today is December first.
How's the weather in France?
It all depends . . .

In Bordeaux:
The weather is (It's) fine.
It's ten degrees.

In Toulon:
It's twelve degrees.
The weather is (It's) fine.
The weather is (It's) nice.
It's great!

In Paris:
The weather is (It's) nice in Paris in the fall?
Not today!
It's raining.

In Grenoble:
Brrr . . .
It's minus two (two below zero)
  and it's snowing.
Oh dear! It's cold today.

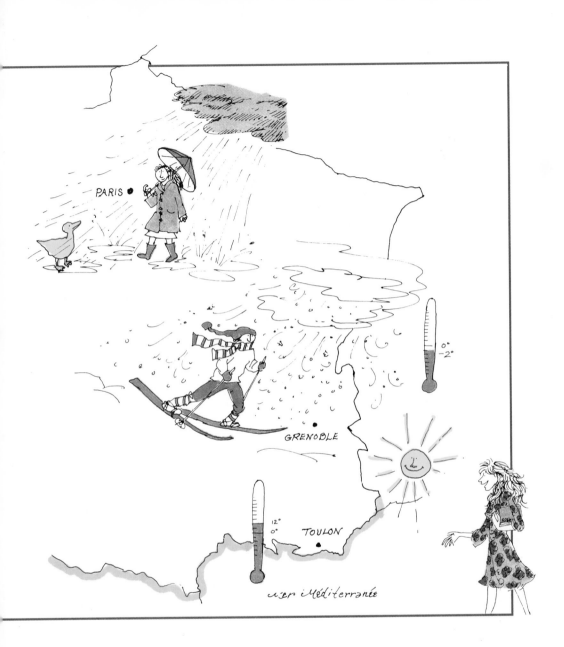

PARIS

GRENOBLE

0°
-2°

12°
0°

TOULON

mer Méditerranée

NOTE CULTURELLE

Bonjour, la France!

Have you ever looked at a map of France? In size France is smaller than Texas, yet it is the largest country in Western Europe. It is also a land of many contrasts. It has plains, high mountains, and a long coastline. You can ski in the Alps, fish in the Atlantic, or relax on the beaches along the Mediterranean Sea. In this book you will learn more about France, its people, and the many other peoples of the world who also speak French.

VOCABULAIRE PRATIQUE

Le temps et les saisons
(The weather and the seasons)

Quel temps fait-il?   *How's the weather?*

Il fait			
beau.	*It's nice.*	**en été**	*in (the) summer*
bon.	*It's fine (pleasant).*	**en automne**	*in (the) fall*
chaud.	*It's hot.*	**en hiver**	*in (the) winter*
frais.	*It's cool.*	**au printemps**	*in (the) spring*
froid.	*It's cold.*		
mauvais.	*It's bad.*		

Il pleut.   *It's raining.*
Il neige.   *It's snowing.*

AUTOMNE HIVER

SUPPLÉMENT PUBLIÉ
LE 31 AOÛT

PUBLICITÉ SEULEMENT
RENSEIGNEMENTS ET RÉSERVATIONS

LOCAL: / NATIONAL:
Phil. Laurier, 382-8800 / Gérald Dufour, 382-1317

Quelle température fait-il?   *What's the temperature?*

Il fait dix degrés.	10°	*It's ten degrees.*
Il fait zéro.	0°	*It's zero.*
Il fait moins cinq.	−5°	*It's five below.*

NOTE CULTURELLE

Le système métrique

Don't be surprised if a French person tells you that the weather is nice because the temperature outside has reached 15 degrees. The French use a Celsius thermometer. In fact, the French have been measuring distances in meters, liquids in liters, weights in grams, and temperatures in degrees Celsius for nearly two hundred years! They are the ones who invented the metric system!

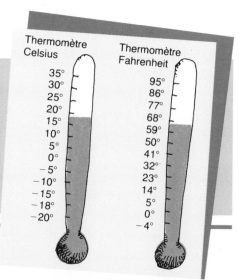

Thermomètre Celsius	Thermomètre Fahrenheit
35°	95°
30°	86°
25°	77°
20°	68°
15°	59°
10°	50°
5°	41°
0°	32°
−5°	23°
−10°	14°
−15°	5°
−18°	0°
−20°	−4°

ACTIVITÉ 1   Quel temps fait-il?

What we do often depends on the weather. We go skiing when there is
snow and swimming when the weather is warm. Read what the following
people are doing, and say what the weather is like.

→ Suzanne is putting on a sweater.   **Il fait froid. (Il fait frais.)**

1. Nathalie is going swimming.
2. Pierre is taking off his sweater.
3. Anne has her bathing suit on.
4. Caroline is shivering.

5. Pascal is trying to get a suntan.
6. Jacques does not want to go out.
7. Hélène is putting on her raincoat.
8. Sylvie will be able to go skiing.

ACTIVITÉ 2   La carte du temps (The weather map)

Imagine that you are the weather announcer for a French TV station. Study
the weather map and present the noon bulletin for each of the cities listed below.

→ À Bordeaux . . .   **À Bordeaux il fait six degrés. Il fait beau.**

1. À Lille . . .
2. À Lyon . . .
3. À Paris . . .
4. À Grenoble . . .
5. À Strasbourg . . .
6. À Toulon . . .
7. À Nice . . .
8. À Toulouse . . .
9. À Brest . . .

ACTIVITÉ 3   Votre ville (Your town)

Imagine that Christine, a French girl, is planning to spend a year in your
town as an exchange student. Tell her what the weather is like during the
months listed below.

→ En juillet . . .   **En juillet il fait chaud.**

1. En août . . .
2. En septembre . . .
3. En novembre . . .

4. En janvier . . .
5. En mars . . .
6. En mai . . .

ACTIVITÉ 4 Les quatre saisons *(The four seasons)*

Describe the weather in the following cities for each of the four seasons.

en été   en automne   en hiver   au printemps

→ À Miami   **En été il fait chaud. En automne ...**

1. À New York
2. À Chicago
3. À San Francisco
4. À Los Angeles
5. À Houston
6. À Denver

Prononciation

L'intonation

When you speak, your voice rises and falls. This is called *intonation.* In French, as in English, your voice goes down at the end of a statement. In the middle of a sentence your voice *rises* at the end of each group of words. (In English your voice levels off or drops at the end of each group of words.)

Voilà Nathalie.

L'anniversaire de Nathalie est en janvier.

L'anniversaire de Nathalie est le trente et un janvier.

ACTIVITÉ DE PRONONCIATION

Repeat after the teacher:

1. Voici Paul.
   Voici Philippe.
   Voici Marie-Hélène.
   Voici Jean-François Dumas.

2. Ça va.
   Ça va mal.
   Ça va très mal.
   Ça va comme ci, comme ça.

3. Je m'appelle Anne.
   Je m'appelle Anne-Marie.
   Je m'appelle Anne-Marie Dupont.

4. Il est deux heures.
   Il est deux heures dix.
   Il est deux heures et quart.
   Il est deux heures et quart du matin.

5. Il fait mauvais.
   Il fait mauvais en hiver.
   Il fait mauvais en hiver à Toulouse.

Pour communiquer ►

Expression pour la conversation

When French speakers pause or hesitate, they often say:

Euh . . . *Er . . . Uh . . .*

Mini-dialogues

Nathalie asks Philippe to check the weather outside.
Read the sample dialog carefully, then create new dialogs by replacing the
underlined words with the expressions suggested in the pictures.

NATHALIE: Quel temps fait-il aujourd'hui?
PHILIPPE: Il fait beau!
NATHALIE: Et quelle température fait-il?
PHILIPPE: Euh . . . Il fait vingt degrés!

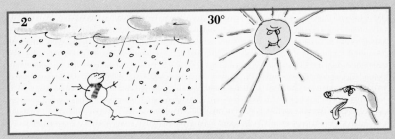

Unité

1

Parlez-vous français?

UNIT OBJECTIVES

LEARNING TO COMMUNICATE

In this unit, you will learn how

- to describe your daily activities
- to talk about your friends' activities
- to ask and answer questions
- to address friends, family members, and others
- to say what you like and do not like to do

EXPRESSING YOURSELF ACCURATELY

You will learn how to express what action is going on by using the present tense of regular verbs (ending in **-er**) and the verb **être** *(to be)*. You will also learn how to form questions and give a variety of answers.

LEARNING ABOUT CULTURE

You will learn where French is spoken outside of France: in other European countries, in Canada, in North and West Africa, and on the French islands of Martinique and Guadeloupe in the Caribbean Sea.

41

Leçon 1

Au Canada

Bonjour!
Je m'appelle Suzanne Lavoie.
Je parle français.
Je parle anglais aussi.
C'est normal!
J'habite à Montréal!

Salut!
Je m'appelle Philippe Beliveau.
J'habite au Canada, mais je n'habite pas à Montréal.
J'habite à Québec.
Je parle anglais, mais je ne parle pas très bien.
Je parle français.
Vous aussi?
Magnifique!

In Canada	Hi!
Hello!	My name is Philippe Beliveau.
My name is Suzanne Lavoie.	I live in Canada, but I don't live in Montreal.
I speak French.	I live in Quebec City.
I also speak English.	I speak English, but I don't speak very well.
That's logical (normal)!	I speak French.
I live in Montreal.	You too?
	Great!

CONVERSATION

Suzanne is talking about herself. Start a conversation with her by saying whether you do the same things (column A) or whether you don't (column B).

Suzanne:	A	B
Je **parle** anglais.	Je **parle** anglais.	Je ne **parle** pas anglais.
Je **parle** français.	Je **parle** français.	Je ne **parle** pas français.
En hiver, je **skie.**	En hiver, je **skie.**	En hiver, je ne **skie** pas.

OBSERVATIONS

Most sentences have a *subject* and a *verb*.

The *subject* is the word (or group of words) which tells who is doing the action. The *verb* is the word (or group of words) which tells what action is going on.

In French the *ending* of the verb depends on the subject of the sentence. Reread the above sentences in which Suzanne speaks about herself. In these sentences and in your replies the subject is **je** *(I),* and the verb is the word in heavy type.

• Which letter does the verb end in when the subject is **je**?

Now look at the suggested negative replies in column B.

• In a negative sentence, which word comes immediately *before* the verb?

• Which word comes immediately *after* the verb?

NOTE CULTURELLE

Les Canadiens français

Did you know that Montreal is the second-largest French-speaking city in the world after Paris? Over one third of the twenty-six million citizens of Canada are of French origin and speak French. The French Canadians are very much attached to their language and their culture. This may explain why the coat of arms of the city of Quebec still bears the motto «Je me souviens» *("I remember").* The French Canadians remember their traditions.

Structure

A. Les verbes en -er

When you look up a verb in the end vocabulary of this book, you will find it listed in the infinitive form: **parler** = *to speak*. The *infinitive* is the basic form of the verb. All other forms are derived from it. French verbs are grouped according to their *infinitive endings*. The most common infinitive ending is **-er:**

> **parler** *to speak*   **skier** *to ski*

Verbs ending in **-er** are called **-er** *verbs*.

B. Le pronom sujet je

In a French sentence the ending of the verb depends on who the subject is.

parler	*to speak*	Je **parle** anglais.	*I speak English.*
skier	*to ski*	Je **skie**.	*I ski.*
visiter	*to visit*	Je **visite** Québec.	*I visit Quebec City.*

In a sentence where the subject is **je**, the verb is formed by replacing the **-er** ending of the infinitive with the ending **-e** .

VOCABULAIRE PRATIQUE Activités

parler   français   anglais   espagnol   italien
to speak, talk

jouer   au tennis   au football   au hockey
to play

ACTIVITÉ 1   Suzanne et Philippe

Suzanne tells Philippe what she does. Philippe tells her that he does different things. Play both roles according to the model.

→ parler anglais (français)

   Suzanne: **Je parle anglais.**
   Philippe: **Je parle français.**

1. parler espagnol (italien)
2. jouer au tennis (au hockey)
3. jouer au football (au volleyball)
4. téléphoner à Marc (à Denise)
5. dîner à six heures (à sept heures)
6. visiter Québec (Montréal)

skier
to ski

dîner
to have dinner

téléphoner   à Suzanne   à Paul
to call, phone

visiter   Paris
to visit

C. L'élision

In the sentences on the left, each verb begins with a consonant sound.
In the sentences on the right, each verb begins with a vowel sound.
Compare the form of the subject in each pair of sentences.

Je parle français.	**J'**habite à Québec.
Je téléphone à Paul.	**J'**invite Paul et Suzanne.
Je joue au hockey.	**J'**arrive de Montréal.

> **Je** becomes **j'** before a vowel sound.

In French the final **e** of a few short words, such as **je**, is dropped when the next word begins with a *vowel sound.* In written French the dropped **e** is replaced by an *apostrophe* ('). This is called *elision.* (Elision means that the final vowel is eliminated.)

VOCABULAIRE PRATIQUE Activités

habiter   à Québec   à New York
  to live

arriver   de Montréal   de Paris   **inviter**   Paul et Marie
  to arrive, come   *to invite*

ACTIVITÉ 2   La conférence des jeunes *(The youth conference)*

The following young people are attending the World Youth Conference. After introducing themselves, they tell which language they speak and where they live. Play the roles according to the model.

→ Suzanne (français / Québec)   **Je parle français.**
                                J'habite à Québec.

1. Paul (français / Paris)
2. Sylvie (français / Montréal)
3. Jacqueline (anglais / New York)
4. Thomas (anglais / Chicago)

5. Pietro (italien / Milan)
6. Maria (italien / Rome)
7. Teresa (espagnol / Mexico)
8. Paco (espagnol / Porto Rico)

ACTIVITÉ 3   Nathalie

Nathalie does many things. Complete her statements with **Je** or **J'**, as appropriate.

→ — joue au tennis.   **Je joue au tennis.**
   — invite Pierre.   **J'invite Pierre.**

1. — skie en hiver.
2. — parle italien.
3. — téléphone à Paul.
4. — dîne à six heures.

5. — arrive de Paris.
6. — habite à Montréal.
7. — parle espagnol.
8. — invite Monique.

VOCABULAIRE PRATIQUE   Mots utiles *(Useful words)*

à	*at*	J'arrive **à** midi.
	in	J'habite **à** Montréal.
	to	Je parle **à** Pierre.
de	*from*	J'arrive **de** Québec.
	of, about	Je parle **de** Paris.
aussi	*also, too*	Je joue au tennis. Je joue au golf **aussi**.
bien	*well*	Je parle **bien** français.
mal	*poorly, badly*	Je parle **mal** espagnol.
très	*very*	Je joue **très** bien au football.
et	*and*	Voici Paul **et** voilà Sylvie.
ou	*or*	J'invite Suzanne **ou** Michèle.
mais	*but*	Je parle italien, **mais** je parle très mal.
avec	*with*	Je joue **avec** Suzanne.

Note: There is elision with **de** when the next word begins with a vowel sound:
      J'arrive **d'**Annecy.

D. La négation avec ne . . . pas

Paul does not do what Sylvie does. Compare what each one says.

Sylvie:	Paul:	
Oui, je parle anglais.	Non, je **ne** parle **pas** anglais.	*I don't speak English.*
Oui, je joue au tennis.	Non, je **ne** joue **pas** au tennis.	*I don't play tennis.*
Oui, j'habite à Québec.	Non, je n'habite **pas** à Québec.	*I don't live in Quebec.*
Oui, j'invite Marc.	Non, je n'invite **pas** Marc.	*I don't invite Marc.*

To make a sentence negative, French speakers use the following construction:

> subject + **ne** + verb + **pas** + (rest of sentence)
> ↓
> **n'** (before a vowel sound)

ACTIVITÉ 4   Hélas! *(Too bad!)*

Janine is a very active person. Her friend Thomas is not. Play both roles
according to the model.

→ Je joue au tennis.   Janine: **Je joue au tennis.**
Thomas: **Hélas, je ne joue pas au tennis!**

1. Je joue au volleyball.
2. Je joue avec Suzanne.
3. Je parle espagnol.
4. Je parle italien.

5. Je téléphone à Sylvie.
6. Je dîne avec Philippe.
7. Je visite Québec.
8. Je skie.

ACTIVITÉ 5   Oui, mais . . .

One cannot do everything. Philippe does certain things, but he does not do
others. Play the role of Philippe according to the model.

→ J'invite Suzanne. (Monique)   Philippe: **J'invite Suzanne, mais je n'invite pas Monique.**

1. Je joue au tennis. (au hockey)
2. J'habite à Québec. (à Montréal)
3. Je parle à Paul. (à Marc)
4. J'invite Hélène. (Catherine)

5. Je téléphone à Jean-Paul. (à François)
6. Je joue avec Jacques. (avec Paul)
7. Je visite Paris. (Nice)
8. Je dîne avec Michèle. (Sylvie)

ACTIVITÉ 6   Et toi?

Marie-Noëlle tells you what she does and asks whether you do the same
things. Answer her according to the model.

→ Je danse très bien. Et toi?   **Je danse très bien aussi. (Non, je ne danse pas très bien.)**

1. Je parle espagnol. Et toi?
2. Je parle très bien français. Et toi?
3. J'habite au Canada. Et toi?
4. J'habite à Montréal. Et toi?

5. Je joue bien au tennis. Et toi?
6. Je joue mal au ping-pong. Et toi?
7. Je dîne à six heures et demie. Et toi?
8. Je skie en hiver. Et toi?

Prononciation

1. Le son *(The sound)* /i/[1]

Model word: Philippe

Practice words: il, Mimi, Sylvie, visite, dîne, Yves, skie, hiver

Practice sentences: Philippe visite l'Italie.

Yves habite à Nice.

The French sound /i/ as in **Mimi** is shorter than the English vowel *e* of *me*.

Comment écrire /i/ *(How to write* /i/): **i, î, y**

2. Le son /a/

Model word: Madame

Practice words: Annie, Max, Cannes, Canada, Panama, ça va, Jacques

Practice sentences: Madame Laval habite à Panama.

Ça va, Nathalie?

The French sound /a/ is shorter and more precise than the English vowel *a* of *father*.

Comment écrire /a/: **a, à, â**

Pour communiquer

Expressions pour la conversation

To express their feelings about a situation French speakers often say:

Magnifique!	*Great!*
C'est magnifique!	*That's great!*
Dommage!	*Too bad!*
C'est dommage!	*That's too bad!*

Mini-dialogue

There are many things that Jacques cannot do very well.

JACQUES: Je joue au tennis.

MONIQUE: Magnifique!

JACQUES: Mais je ne joue pas bien!

MONIQUE: Dommage!

L'art du dialogue

a) Act out the dialog between Jacques and Monique.

b) Act out new dialogs where Jacques talks about his *playing volleyball*, his *speaking English*, his *speaking Spanish*. Replace **joue au tennis** and **ne joue pas** with the appropriate expressions.

[1]In this book French sounds are transcribed in phonetic symbols that you will find in many French dictionaries. One sound may have several different spellings. It may also happen that one letter or group of letters has several pronunciations. The sound-spelling correspondence table of the French language is listed on pages 399-400.

Leçon 2

À la Martinique

Voici Denis.
Il habite à Fort-de-France.
Est-ce qu'il parle français?
Oui, bien sûr!
Mais il parle créole aussi.

Voici Hélène.
Elle joue au tennis.
Est-ce qu'elle habite à
   Fort-de-France?
Non, elle habite à Saint-Pierre.

Voici Antoine et Jean-Philippe.
Ils jouent au football.
Est-ce qu'ils jouent bien?
Oui, ils jouent très bien.

Voici Marie et Sylvie.
Elles habitent à Sainte-Anne.
Est-ce qu'elles dansent bien?
Ah oui! Elles dansent très,
   très bien!

CONVERSATION

Are the following statements correct? If a statement is true, say **C'est vrai.**
If it is false, say **C'est faux.**

1. Denis par**le** français.
2. **Il** habit**e** à Fort-de-France.
3. Hélène jou**e** au tennis.
4. **Elle** habit**e** à Fort-de-France.
5. Antoine et Jean-Philippe jou**ent** au football.
6. **Ils** jou**ent** mal.
7. Marie et Sylvie habit**ent** à Fort-de-France.
8. **Elles** dans**ent** bien.

OBSERVATIONS

Look at the even-numbered sentences. The names of the young people have been replaced by *pronouns*.

• Which pronoun is used to replace the following names:

Denis? Hélène? Antoine et Jean-Philippe? Marie et Sylvie?

Sentences 1 to 4 tell what *one* person is doing. They have *singular* subjects.

• Which letter does each verb end in?
• Is this letter pronounced?

Sentences 5 to 8 tell what *two* people are doing. They have *plural* subjects.

• Which three letters does each verb end in?
• Are these letters pronounced?

NOTE CULTURELLE

La Martinique

Have you ever heard of Martinique? It is an island in the Caribbean Sea, south of Puerto Rico. The inhabitants of Martinique **(les Martiniquais)** are primarily of African origin. They speak French, as well as a language of their own, **créole.** Both Martinique and the nearby island of Guadeloupe are French **départements,** and the people who live there are French citizens. Did you realize that part of France is located so close to the United States?

In Martinique

Here is Denis.
He lives in Fort-de-France.
Does he speak French?
Yes, of course.
But he also speaks Creole.

Here are Antoine and
  Jean-Philippe.
They play soccer.
Do they play well?
Yes, they play very well.

Here is Hélène.
She plays tennis.
Does she live in Fort-de-France?
No, she lives in Saint-Pierre.

Here are Marie and Sylvie.
They live in Sainte-Anne.
Do they dance well?
Oh yes! They dance very,
  very well!

Structure

A. Les pronoms sujets: *il, elle, ils, elles*

In column A the subjects are *nouns*. In columns B and C these nouns have been replaced by *pronouns*. Note the forms of these pronouns and the corresponding verb endings.

A	B	C
Philippe téléphon**e**.	**Il** téléphone à Anne.	**Il** ne téléphone pas à Sylvie.
Mélanie jou**e**.	**Elle** joue au tennis.	**Elle** ne joue pas au volleyball.
Paul et Marc parl**ent**.	**Ils** parlent français.	**Ils** ne parlent pas anglais.
Annie et Louise ski**ent**.	**Elles** skient bien.	**Elles** ne skient pas très bien.
Paul et Anne dans**ent**.	**Ils** dansent mal.	**Ils** ne dansent pas bien.

To replace a noun subject, the French use the following subject pronouns:

	SINGULAR		PLURAL	
Masculine		**il** *he*		**ils** *they*
Feminine		**elle** *she*		**elles** *they*

➜ The French have two pronouns which correspond to the English *they*. **Ils** refers to a group of boys or a group including both boys and girls. **Elles** refers to a group composed only of girls.

➜ There is liaison after **ils** and **elles** when the next word begins with a vowel sound.

NO LIAISON	LIAISON
Ils parlent français.	Ils habitent à la Martinique.
Elles téléphonent à Anne.	Elles invitent Anne.

The verb is formed by replacing the **-er** ending of the infinitive with the ending which corresponds to the subject.

When the subject is:			the ending is:
(singular)	**il, elle**	(*one* person)	**-e**
(plural)	**ils, elles**	(*two* or more people)	**-ent**

➜ The endings **-e** and **-ent** are both *silent* in spoken French. Therefore the singular and plural verb forms, like **joue** (**Anne joue**) and **jouent** (**Anne et Marie jouent**), sound the same.

ACTIVITÉ 1   Paul? ou Marc et Sylvie?

Who is doing the following things? Look carefully at the ending of each verb
and complete the sentences with **Paul** or with **Marc et Sylvie,** as appropriate.

→ — joue au tennis.   **Paul joue au tennis.**

1. — jouent au ping-pong.
2. — parle français.
3. — parlent créole.
4. — téléphonent à Denis.
5. — invite Antoine.

6. — dînent avec Jean-Philippe.
7. — habitent à la Martinique.
8. — habite à Québec.
9. — visite Montréal.
10. — dansent bien.

ACTIVITÉ 2   Aussi

Friends often share the same interests. Read what the following people are
doing and say that their friends (indicated in parentheses) do the same things.

→ Philippe parle créole. (Marc et Antoine)   **Marc et Antoine parlent créole aussi.**

1. Hélène joue au tennis. (Lucie et Annie)
2. Paul et Jacques parlent avec Suzanne. (Denis)
3. Antoine téléphone à Paul. (Isabelle et Claire)

4. Marc invite Suzanne. (Philippe)
5. Jacques et Denis habitent à Fort-de-France. (Paul)
6. Nicole arrive à une heure. (Monique et Lise)

ACTIVITÉ 3   Français ou anglais?

The following students speak the language of the country where they live.
Say whether they speak French or English, using subject pronouns.

→ Paul habite à New York.   **Il parle anglais.**

1. Caroline habite à Paris.
2. Jacques habite à Québec.
3. Antoine habite à Fort-de-France.
4. Sylvie habite à Chicago.

5. Denis et Charles habitent à Miami.
6. Hélène et Claire habitent à la Martinique.
7. Jacqueline et Robert habitent à Dallas.
8. Paul, Jacques et Anne habitent à Annecy.

ACTIVITÉ 4   Avec qui? *(With whom?)*

The following teenagers are doing things together with their friends.
Express this according to the model, using appropriate subject pronouns.

→ Hélène joue au tennis. (avec Mélanie)   **Elle joue au tennis avec Mélanie.**

1. Paul et Jean-Marc jouent au volleyball. (avec Isabelle)
2. Annette et Sylvie parlent français. (avec Antoine)
3. Philippe et Monique dînent. (avec Jean-Pierre)
4. Marc, Sylvie et Brigitte jouent au football. (avec Thomas)

5. Jean-Claude et François habitent à Paris. (avec Paul)
6. Thérèse et Monique habitent à Québec. (avec Lucie)
7. André et Jean-Paul arrivent à New York. (avec Jacques)
8. Monique et Albert arrivent à Boston. (avec Claire)

ACTIVITÉ 5 Oui et non

Read what the following people are doing; then say that they are not doing
something else. Use the expression in parentheses and the appropriate
subject pronoun.

→ Monsieur Ballard téléphone à Paris. (à Québec)   **Il ne téléphone pas à Québec.**

1. Hélène parle à Paul. (à Jacques)
2. Monique et Sylvie skient en hiver.
   (au printemps)
3. Thomas et Jean-Luc jouent au tennis.
   (au ping-pong)
4. Jacqueline dîne avec Lucie. (Anne-Marie)
5. Paul et Marc invitent Mélanie. (Thérèse)

6. Madame Beliveau habite à Québec.
   (à Paris)
7. Monsieur et Madame Vallée habitent à
   Fort-de-France. (à Montréal)
8. Suzanne arrive de San Francisco.
   (de Chicago)

VOCABULAIRE PRATIQUE   Activités

étudier (le français, l'anglais, la musique)
to study

danser
to dance

rentrer
*to come back,
go back, go home*

ACTIVITÉ 6   Les vacances sont finies. *(Vacation is over.)*

Read what the following students do during their vacation. Now that the
vacation is over, they are studying and are not doing these things anymore.
Express this according to the model.

→ Paul skie.   **Aujourd'hui il étudie.**
              Il ne skie pas.

Marc et Anne dansent.   **Aujourd'hui ils étudient.**
                        Ils ne dansent pas.

1. Thérèse joue au tennis.
2. Henri dîne au restaurant.
3. Jean et Paul jouent au football.

4. Sylvie et Annie skient.
5. Catherine et Jacques dansent.
6. François et Robert visitent Paris.

B. Questions à réponse affirmative ou négative *(Yes / no questions)*

The questions below ask for a *yes* or *no* answer. Such questions are called
yes/no questions. Compare these questions with the statements on the right.

QUESTIONS	STATEMENTS
Est-ce que Denis habite à Fort-de-France?	Oui, Denis habite à Fort-de-France.
Est-ce qu'il parle français?	Oui, il parle français.
Est-ce que Marie joue au tennis?	Oui, Marie joue au tennis.
Est-ce qu'elle étudie avec Paul?	Oui, elle étudie avec Paul.

To transform a statement into a yes/no question, French speakers use the
following construction:

> **est-ce que** + (rest of statement) ?
> ↓
> **est-ce qu'** (+ vowel sound)

→ Note the elision **est-ce qu'** when the next word begins with a vowel sound.

→ In informal questions you can change a statement into a yes/no question by
simply letting your voice rise at the end of the sentence. This is like English.

QUESTIONS	STATEMENTS
Ça va?	Ça va.
Philippe parle français?	Philippe parle français.
Il parle bien?	Il parle bien.

ACTIVITÉ 7 Les étudiants français *(French students)*

Imagine that you are the president of the French Club. Your school is
hosting the following French-speaking students for a month. Before
welcoming them, you would like to know more about them. Ask questions
according to the model.

→ Philippe parle anglais.   **Est-ce que Philippe parle anglais?**

1. Jeanne parle italien.
2. Marc joue au tennis.
3. Francine skie bien.
4. Claire étudie la musique.
5. Jacqueline habite à Paris.
6. Jean-Paul habite à Lyon.
7. Lucie et Charles jouent au volleyball.
8. Paul et Louis jouent au football.

ACTIVITÉ 8 À la boum (*At the party*)

The following teenagers are at a party. Ask whether they dance well. Use subject pronouns.

→ Philippe **Est-ce qu'il danse bien?**

1. Annie
2. Jean-Paul
3. Jacques et André
4. Nathalie et Suzanne
5. Robert et Sylvie
6. Isabelle et Mélanie
7. Frédéric
8. Lucie et Jean-Philippe

Prononciation

Le son /r/

Model word: Paris

Practice words: Marc, Marie, Patrick, arrive, rentre, parle

Practice sentences: Marie arrive à Fort-de-France.
Marc parle créole.

The French /r/ is pronounced at the back of the throat. To pronounce a French /r/, say /ga/ and then clear your throat while keeping your tongue in the same position. The resulting sound is an /r/. Practice the French /r/ by pronouncing the French word **garage.**

Pour communiquer ▶

Expressions pour la conversation

To attract a friend's attention you can say:

Tiens! *Look! Hey!*   **Tiens,** voilà Marc!

There are many ways of saying *yes* or *no* in French:

Oui!	*Yes!*	**Oui,** Marc parle français.
Mais oui!	*Certainly!*	**Mais oui,** il parle français.
Bien sûr!	*Sure! Of course!*	**Bien sûr,** Marie parle français aussi.
Non!	*No!*	**Non,** Marc n'habite pas à Montréal.
Mais non!	*Of course not!*	**Mais non,** il n'habite pas à Québec.
Pas du tout!	*Not at all!*	**Pas du tout!** Il parle très bien français.
Au contraire!	*On the contrary!*	**Au contraire!** Il danse très bien.

Mini-dialogue

Philippe and Annie are at a party at an international school. Annie knows many of the guests.

PHILIPPE: Bonjour, Annie!

ANNIE: Bonjour, Philippe! Ça va?

PHILIPPE: Ça va, merci!

ANNIE: Tiens, voilà Jacqueline!

PHILIPPE: Est-ce qu'elle parle français?

ANNIE: Bien sûr! Elle habite à Montréal!

PHILIPPE: Est-ce qu'elle parle avec un accent?

ANNIE: Mais non! Au contraire, elle parle très bien!

L'art du dialogue

a) Act out the dialog between Annie and Philippe.
b) Now imagine that Patrick drops in. Patrick is from Fort-de-France. Act out the new dialog, replacing Jacqueline by **Patrick,** and Montréal by **Fort-de-France.** Make all necessary changes.
c) Now **Alice** and **Robert,** who are from **Québec,** show up. Act out the new dialog between Annie and Philippe, and make all necessary changes.

Leçon **3**

Au club international

The International Club is having a big party.
Michèle meets several students from Africa there.

Michèle parle à Abdou.

MICHÈLE: Bonjour! Je m'appelle Michèle!
Et toi? Comment est-ce que tu t'appelles?

ABDOU: Je m'appelle Abdou.

MICHÈLE: Où est-ce que tu habites?

ABDOU: J'habite à Dakar.

Michèle parle à Adjoua et à Aya.

MICHÈLE: Est-ce que vous habitez à Dakar aussi?

ADJOUA: Non! Nous habitons à Abidjan.

MICHÈLE: Quand est-ce que vous rentrez à Abidjan?

AYA: Nous rentrons demain.

MICHÈLE: Pourquoi demain?

ADJOUA: Parce que les vacances sont finies.

MICHÈLE: Dommage!

At the International Club

Michèle is talking to Abdou.

Michèle: Hello! My name is Michèle!
And you? What's your name?

Abdou: My name is Abdou.

Michèle: Where do you live?

Abdou: I live in Dakar.

Michèle is talking to Adjoua and Aya.

Michèle: Do you live in Dakar also?

Adjoua: No! We live in Abidjan.

Michèle: When are you going back to Abidjan?

Aya: We are going back tomorrow.

Michèle: Why tomorrow?

Adjoua: Because vacation is over.

Michèle: Too bad!

CONVERSATION

Michèle is asking you questions. Answer her by completing the sentences.

1. **Où** est-ce que **tu habites?** (à Philadelphie? à Akron? à . . .?)
   J'habite à . . .
2. **À quelle heure** est-ce que **tu dînes?** (à cinq heures et demie? à six heures? à . . .?)
   Je dîne à . . .
3. **Quand** est-ce que **tu joues** au tennis? (en été? en hiver? au printemps? . . .?)
   Je joue au tennis . . .

OBSERVATIONS

Reread Michèle's questions carefully.

- How does she say *you* in her questions?
- Which two letters do the verbs end in when the subject is **tu**?

In these questions Michèle is asking for information.

- Which interrogative expression does she use to say *where? at what time? when?*
- What expression does she use immediately after the interrogative expression?

NOTE CULTURELLE

Qui parle français en Afrique?

French is spoken in many countries of central and western Africa. These countries are former French or Belgian colonies which have maintained French as their official language. Dakar is the capital of Senegal **(le Sénégal)**, a country whose inhabitants are predominantly Moslem. Abidjan is the capital of the Ivory Coast **(la Côte d'Ivoire)**, one of the most prosperous and dynamic countries of western Africa.

Although not the official language, French is also spoken by many people in the North African countries of Morocco **(le Maroc)**, Algeria **(l'Algérie)**, and Tunisia **(la Tunisie)**.

Abdou is a boy's name typical of Senegal. **Adjoua** and **Aya** are girls' names typical of the Ivory Coast.

SÉNÉGAL

Bureau National du Tourisme Sénégalais
30, av. George V. 75008 Paris- Tél.(1) 47.23.78.08

Structure

A. Les pronoms sujets: *je, tu, nous, vous*

In Lesson 2 of this Unit you learned four subject pronouns: **il, elle, ils, elles.**
The other four subject pronouns are: **je** (which you learned in Lesson 1), **tu, nous,** and **vous.** Note the verb endings that correspond to these pronouns in the sentences below.

SINGULAR			PLURAL		
je	*I*	Je parl**e** français.	**nous**	*we*	Nous parl**ons** français.
↓					
j'	(+ vowel sound)	J'habit**e** à Paris.			Nous‿habit**ons** à Dakar.
tu	*you*	Tu parl**es** français.	**vous**	*you*	Vous parl**ez** français.
		Tu habit**es** à Dakar.			Vous‿habit**ez** à Québec.

➜ In French there are two pronouns which correspond to the English *you:*

tu when speaking to *one* person
vous when speaking to *two* or more people

➜ There is liaison after **nous** and **vous** when the next word begins with a vowel sound.

➜ The following **-er** verb endings are used with the above subject pronouns:

(je) **-e**   (tu) **-es**   (nous) **-ons**   (vous) **-ez**

The **je** and **tu** endings are silent. The **nous** and **vous** endings are pronounced.

ACTIVITÉ 1 Tennis?

Imagine that you are looking for tennis partners at the Roland Garros tennis club in Paris. Ask the following people if they play tennis, using **tu** or **vous,** as appropriate.

➜ Charles et Émilie   **Est-ce que vous jouez au tennis?**

1. Paul
2. Hélène
3. Jean-Paul et Marie-Anne
4. Claire
5. Sylvie et André
6. Suzanne, Édouard et Philippe

VOCABULAIRE PRATIQUE   Mots utiles *(Useful words)*

beaucoup	*much, very much, a lot*	Nous étudions **beaucoup.**
un peu	*a little, a little bit*	Vous parlez **un peu** français.
maintenant	*now*	J'étudie **maintenant.**
rarement	*rarely, seldom*	Tu joues **rarement** au tennis, Jacqueline?
souvent	*often*	Charles invite **souvent** Nathalie.
toujours	*always*	Nous skions **toujours** à Grenoble.

Note: The above expressions usually come after the verb. They *never* come between the subject and the verb. Compare:

> Nous <u>parlons</u> **toujours** français.   *We always <u>speak</u> French.*
>
> Tu <u>ne joues pas</u> **souvent** au tennis.   *You <u>don't</u> often <u>play</u> tennis.*

ACTIVITÉ 2   Dialogue

Be curious! Ask the person next to you if he or she does the following things. Use the pronoun **tu.** Your neighbor will answer you.

→ Il / elle étudie l'espagnol?   — **Est-ce que tu étudies l'espagnol?**
                                  — **Oui, j'étudie l'espagnol.**
                                     (**Non, je n'étudie pas l'espagnol.**)

1. Il / elle danse?
2. Il / elle danse souvent?
3. Il / elle étudie la musique?
4. Il / elle joue au tennis?
5. Il / elle téléphone beaucoup?
6. Il / elle étudie rarement?
7. Il / elle parle toujours français?
8. Il / elle parle un peu français?

ACTIVITÉ 3   En Amérique

A French journalist is writing an article about American high school students. Imagine he is asking questions about you and your friends. Answer him, using the pronoun **nous.**

→ Est-ce que vous étudiez beaucoup?
    Oui, en Amérique nous étudions beaucoup.
    (**Non, en Amérique nous n'étudions pas beaucoup.**)

1. Est-ce que vous jouez au baseball?
2. Est-ce que vous jouez au golf?
3. Est-ce que vous étudiez le français?
4. Est-ce que vous skiez en hiver?
5. Est-ce que vous dansez souvent?
6. Est-ce que vous téléphonez beaucoup?

B. Questions d'information

The questions in the chart below cannot be answered by *yes* or *no*. Since they ask for specific information, they are called *information questions*.

où?	*where?*	— **Où** est-ce que tu habites?	— À Dakar.
quand?	*when?*	— **Quand** est-ce qu'Aya rentre?	— Le 15 août.
à quelle heure?	*at what time?*	— **À quelle heure** est-ce que nous dînons?	— À six heures.
comment?	*how?*	— **Comment** est-ce que tu joues au tennis?	— Très bien!
pourquoi?	*why?*	— **Pourquoi** est-ce que tu invites Janine?	
parce que ...	*because ...*	— **Parce que** Janine danse très bien.	

To form an information question, French speakers often use the following construction:

> interrogative expression + **est-ce que** + subject + verb + (rest of sentence) ?
> ↓
> **est-ce qu'** (+ vowel sound)

→ The interrogative expression indicates what type of information is requested.

→ The expression **parce que** becomes **parce qu'** before a vowel sound.

   J'invite Adjoua **parce qu'**elle danse bien.

ACTIVITÉ 4 Le club français

The president of the French Club wants to know the addresses of some of the members. The secretary tells her where each one lives. Play both roles according to the model.

→ Sylvie (à Québec)   La présidente: **Où est-ce que Sylvie habite?**
                     La secrétaire: **Elle habite à Québec.**

1. Jacques (à Montréal)   3. Aya et Adjoua (à Abidjan)   5. Jacqueline (à Paris)
2. Abdou (à Dakar)   4. Suzanne et Michèle (à Nice)   6. Louis et Antoine (à Toulouse)

ACTIVITÉ 5 Curiosité

Annie says that her friends are doing certain things. Philippe wants more information. Play both roles according to the model.

→ Jacques arrive à Paris. (quand?)   Annie: **Jacques arrive à Paris.**
                        Philippe: **Quand est-ce qu'il arrive à Paris?**

1. Aya rentre à Abidjan. (quand?)   5. Thomas joue au tennis. (comment?)
2. Sylvie visite Abidjan. (quand?)   6. Hélène parle anglais. (comment?)
3. Louise dîne au restaurant. (à quelle heure?) 7. François étudie l'espagnol. (pourquoi?)
4. Paul téléphone à Marie. (à quelle heure?)   8. Isabelle parle avec Henri. (pourquoi?)

Prononciation

Le son /ɔ̃/

Model word: n**on**

Practice words: **on**ze, Sim**on**, dîn**on**s, visit**on**s, b**on**jour, b**om**be

Practice sentences: B**on**jour, Sim**on**!

Nous jou**on**s avec Yv**on**.

The sound /ɔ̃/ is a nasal vowel. When you pronounce a nasal vowel, air passes through your nasal passages. Be sure not to pronounce an /n/ or /m/ after a nasal vowel.

Comment écrire /ɔ̃/: **on** (**om** before **b** or **p**)

Pour communiquer

Expression pour la conversation

In addition to using **est-ce que** or letting your voice rise at the end of a sentence, there is another way to make a yes/no question in French, especially when you expect the other person to agree with you. You simply add **n'est-ce pas?** to the end of the sentence.

Aya habite à Abidjan, **n'est-ce pas?**	*Aya lives in Abidjan, **doesn't she?***
Vous parlez français, **n'est-ce pas?**	*You speak French, **don't you?***

Mini-dialogue

The evening before Aya's departure for Abidjan, Philippe invites her to a restaurant. Madame Leblanc, Philippe's mother, asks her son about his plans.

MME LEBLANC:	Tu dînes avec *nous*, n'est-ce pas?	*us*
PHILIPPE:	Non, Maman. *Ce soir* je dîne *en ville*.	*Tonight; in town*
MME LEBLANC:	Avec *qui* est-ce que tu dînes?	*whom*
PHILIPPE:	Je dîne avec Aya. Elle rentre demain à Abidjan.	
MME LEBLANC:	Où est-ce que vous dînez?	
PHILIPPE:	Nous dînons «Chez Simone».	
MME LEBLANC:	Quand est-ce que tu rentres?	
PHILIPPE:	À onze heures.	
MME LEBLANC:	Au revoir. Et *amusez-vous bien*.	*have a good time*

L'art du dialogue

a) Act out the dialog between Madame Leblanc and Philippe.

b) Imagine that Madame Leblanc is talking to her two sons, **Philippe** and **Pascal**. Act out the new dialog.

Leçon 4

À Bruxelles

Marc, un étudiant belge, parle avec Irène Arnold, une étudiante suisse.
Marc parle aussi avec Monsieur Arnold, le père d'Irène.
Monsieur Arnold travaille pour une compagnie internationale.

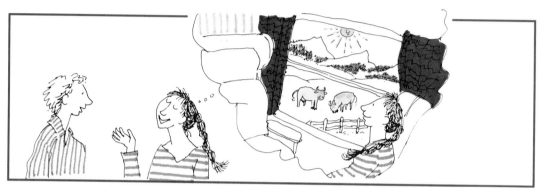

Marc et Irène

MARC: Irène, tu parles bien français.
IRÈNE: Je parle souvent français.
En famille nous parlons toujours français.
MARC: Tu aimes voyager?
IRÈNE: J'adore voyager. Mais hélas, je voyage rarement.

Marc et Monsieur Arnold

MARC: Monsieur Arnold, pourquoi est-ce que vous habitez à Bruxelles?
M. ARNOLD: Parce que je travaille pour une compagnie internationale.
MARC: Alors, vous voyagez souvent?
M. ARNOLD: Hélas oui. Je voyage souvent. Je déteste voyager.

CONVERSATION

Imagine that Marc, an exchange student from Belgium, is talking to you. Answer his questions.

1. Est-ce que **tu** parles français?
2. Est-ce que **tu** skies?
3. Est-ce que **tu** joues au tennis?
4. Est-ce que **tu** étudies la musique?

Now imagine that Mademoiselle Pascal, a teacher from Belgium, is talking to you. Answer her.

5. Est-ce que **vous** parlez français?
6. Est-ce que **vous** skiez?
7. Est-ce que **vous** jouez au tennis?
8. Est-ce que **vous** étudiez la musique?

OBSERVATIONS

Marc, the student, and Mademoiselle Pascal, the teacher, ask you the same questions, but in different ways.

Marc, like you, is a student. He talks to you in an *informal* way.

• Which pronoun does he use?

Mademoiselle Pascal talks to you in a more *formal* way.

• Which pronoun does she use?

NOTE CULTURELLE

Qui parle français en Europe?

Have you heard of Brussels? Geneva? Luxemburg? Monaco? These are all cities outside France where the inhabitants speak French. Brussels **(Bruxelles)** is the capital of Belgium **(la Belgique)**, a country with two national languages: French and Flemish. Since many European organizations have their offices there, Brussels is considered one of the capitals of Europe.

Geneva **(Genève)** is the second largest city in Switzerland **(la Suisse)**. It is the seat of the International Red Cross and of many United Nations agencies.

In spite of its small size, Luxemburg **(le Luxembourg)** is a very prosperous and dynamic country. It is also an important international center. **Monaco** is a popular resort, located on the French Riviera. It is known for its Grand Prix car race and its casino.

In Brussels

Marc, a Belgian student, is talking with Irène Arnold, a Swiss student.
Marc is also talking with Mr. Arnold, Irène's father.
Mr. Arnold works for an international company.

Marc: Irène, you speak French well.
Irène: I often speak French.
At home we always speak French.
Marc: Do you like to travel?
Irène: I adore traveling. But unfortunately (alas), I rarely travel.

Marc: Mr. Arnold, why do you live in Brussels?
M. Arnold: Because I work for an international company.
Marc: So you travel often?
M. Arnold: Unfortunately (alas), yes. I travel often. I hate to travel.

Structure

A. *Tu* ou *vous?*

Compare the pronouns which Marc uses when he speaks to his classmate
Anne and when he speaks to Madame Robert, his English teacher.

Marc parle à Anne:	Marc parle à Madame Robert:	
Tu parles bien anglais!	**Vous** parlez bien anglais!	*You speak English well!*
Où est-ce que **tu** habites?	Où est-ce que **vous** habitez?	*Where do you live?*

When talking to one person, French speakers sometimes say **tu** and sometimes **vous**.

> **Tu** is used to address a child, a member of the family, a close friend, or a classmate.
> **Tu** is called the *familiar* form of address.
> **Vous** is used to address everyone else. **Vous** is called the *formal* form of address.

→ **Vous** is also the plural of both the familiar and the formal forms:

FAMILIAR	FORMAL
Salut, Paul! Salut, Suzanne!	Bonjour, Monsieur! Bonjour, Madame!
Est-ce que **vous** parlez espagnol?	Est-ce que **vous** parlez anglais?

→ In the **Questions personnelles** and in most **Conversation** sections you
will be addressed as **vous**. You should use **vous** when talking to your
teacher. However, when talking to your classmates, you should use **tu**.

ACTIVITÉ 1   À qui est-ce qu'il parle? *(To whom is he speaking?)*

François is spending his vacation in the home of his friend Marc. Note the
form of address he uses in the following questions and decide whether he is
speaking to Marc or to Madame Rémi, Marc's mother.

→ Est-ce que vous jouez très bien au tennis?   **François parle à Madame Rémi.**

1. À quelle heure est-ce que tu téléphones?
2. Est-ce que vous dînez souvent au restaurant?
3. Quand est-ce que tu rentres?
4. Est-ce que vous parlez espagnol?
5. Quand est-ce que vous rentrez à Paris?
6. Pourquoi est-ce que tu étudies aujourd'hui?

ACTIVITÉ 2   Une enquête *(A survey)*

Imagine that a French magazine has asked you to make a survey of how
widely French is spoken in this country. Ask the following people if they
speak French, using the familiar or formal form of address, as appropriate.

→ your cousin   **Est-ce que tu parles français?**

1. your math teacher
2. the principal
3. your best friend
4. your best friend's mother
5. your uncle
6. your neighbor's little boy
7. the student seated next to you
8. that student's father

B. Le présent des verbes réguliers en -er

Forms

Most verbs in **-er** form their present tense like **parler.**

Infinitive		parler	INFINITIVE STEM	ENDINGS
Present	je	**parle**		-e
	tu	**parles**		-es
	il/elle	**parle**	(infinitive minus **-er**)	-e
			parl- +	
	nous	**parlons**		-ons
	vous	**parlez**		-ez
	ils/elles	**parlent**		-ent

The present tense forms of **parler** consist of two parts:

    (1) a part which does not change: the *stem* (which is the infinitive minus **-er**)

    (2) a part which changes to agree with the subject: the *ending*

Verbs conjugated like **parler** are called *regular* **-er** verbs because their forms can be predicted.

Uses

Note the English equivalents of the French verbs in the present tense:

Irène **parle** français.
$\left\{\begin{array}{l}\textit{Irène \textbf{speaks} French.} \\ \textit{Irène \textbf{does speak} French.} \\ \textit{Irène \textbf{is speaking} French.}\end{array}\right.$

Irène **ne parle pas** anglais.
$\left\{\begin{array}{l}\textit{Irène \textbf{does not speak} English.} \\ \textit{Irène \textbf{is not speaking} English.}\end{array}\right.$

Est-ce qu'Irène **parle** italien?
$\left\{\begin{array}{l}\textbf{\textit{Does}} \textit{ Irène \textbf{speak} Italian?} \\ \textbf{\textit{Is}} \textit{ Irène \textbf{speaking} Italian?}\end{array}\right.$

→ In French the present tense consists of *one* word. It is used to describe what people *do* (regularly) or *are doing* (at the moment).

ACTIVITÉ 3   Voyage en France *(A trip to France)*

A group of American students are on a tour of France. During the trip they do the following things:

> **arriver à Paris / téléphoner à Paul / visiter la tour Eiffel / inviter Sylvie /
> parler français / arriver à Annecy / skier / visiter Toulouse / rentrer à New York**

Describe the trips of the following people.

1. Paul   (begin with: **Il arrive à Paris. ...**)
2. Hélène et Louise   (begin with: **Elles arrivent à Paris. ...**)
3. you   (begin with: **J'arrive à Paris. ...**)
4. you and your best friend   (begin with: **Nous arrivons à Paris. ...**)

VOCABULAIRE PRATIQUE   Activités

chanter
to sing

nager
to swim

écouter (la radio)
to listen to (the radio)

travailler
to work

regarder (la télé)
to watch (TV)

voyager
to travel

regarder (Paul)
to look at

Note: **Regarder** has two meanings: *to look at* and *to watch*.
    Paul **regarde** Sylvie.   Sylvie **regarde** la télé.

ACTIVITÉ 4 Activités

Ask your classmates whether they do the following things.

→ jouer au tennis — **Est-ce que tu joues au tennis?**
— **Bien sûr, je joue au tennis.**
(Mais non, je ne joue pas au tennis.)

1. danser
2. skier
3. nager
4. étudier

5. voyager
6. regarder la télé
7. écouter la radio
8. jouer au football

9. parler français
10. parler anglais
11. travailler
12. chanter

ACTIVITÉ 5 Et maintenant?

Ask your classmates whether they are doing the things in **Activité 4** right now.

→ jouer au tennis — **Et maintenant, est-ce que tu joues au tennis?**
— **Non! Maintenant je ne joue pas au tennis.**

C. La construction verbe + infinitif

Note the use of the infinitive in the sentences of the chart below:

adorer	to love, adore	J'adore nager.
aimer	to like	J'aime voyager.
désirer	to wish, want	Nous désirons visiter Bruxelles.
détester	to dislike, hate	Vous détestez regarder la télé.

In French the infinitive is used after verbs like those listed above. Note the English equivalents of the French infinitive.

Nous détestons **voyager**. $\begin{cases} \textit{We hate to travel.} \\ \textit{We hate travelling.} \end{cases}$

→ In the negative the expression **ne ... pas** goes around the first verb.

- Je n'aime **pas** travailler. *I don't like to work.*

ACTIVITÉ 6 Expression personnelle

Do you have plans for the future? Say whether or not you wish to do the following things.

→ visiter Paris **Je désire visiter Paris.**
(Je ne désire pas visiter Paris.)

1. visiter Québec
2. habiter en France
3. voyager en Chine

4. travailler à Bruxelles
5. étudier l'italien
6. visiter le Japon

J'♥ PARIS

ACTIVITÉ 7 Dialogue

Ask your classmates whether or not they like to do the following things.
Your friends will answer.

→ skier — **Est-ce que tu aimes skier?**
— **Oui, j'aime skier. (Oui, j'adore skier.)**
(Non, je n'aime pas skier.) (Non, je déteste skier.)

1. nager
2. chanter
3. écouter la radio
4. regarder la télé
5. travailler
6. voyager
7. étudier
8. parler anglais
9. parler français en classe
10. jouer au tennis
11. téléphoner
12. danser

ACTIVITÉ 8 Une excellente raison *(An excellent reason)*

Say that the following people are doing certain things because they like to do them.

→ Aya voyage. **Aya voyage parce qu'elle aime voyager.**

1. Monique chante.
2. Charles étudie la musique.
3. Henri téléphone.
4. Isabelle chante.
5. Marc et Sylvie nagent.
6. Annie et Paul dansent.
7. Suzanne et Claire jouent au tennis.
8. Jacques et Philippe écoutent la radio.
9. Nous travaillons.
10. Nous parlons espagnol.
11. Vous regardez la télé.
12. Vous voyagez.

Prononciation

1. Le son /u/

Model word: v<u>ou</u>s

Practice words: <u>où</u>, n<u>ou</u>s, d<u>ou</u>ze, Abd<u>ou</u>, Adj<u>ou</u>a, j<u>ou</u>e, t<u>ou</u>j<u>ou</u>rs, s<u>ou</u>vent

Practice sentences: Min<u>ou</u> habite à T<u>ou</u>l<u>ou</u>se.

Abd<u>ou</u> j<u>ou</u>e avec n<u>ou</u>s.

The French sound /u/ is similar to but shorter than the vowel in the English word *do.*

Comment écrire /u/: **ou, où**

2. Le son /y/

Model word: t<u>u</u>

Practice words: sal<u>u</u>t, aven<u>u</u>e, ét<u>u</u>die, min<u>u</u>te, L<u>u</u>cie, S<u>u</u>zanne, s<u>û</u>r

Practice sentences: S<u>u</u>zanne et <u>U</u>rsule ét<u>u</u>dient.

Sal<u>u</u>t, L<u>u</u>cie. Comment vas-t<u>u</u>?

L<u>u</u>c habite aven<u>u</u>e d<u>u</u> Maine.

The sound /y/ has no English equivalent. To produce this new sound, try to say the sound /i/ while keeping your lips rounded as if to whistle.

Comment écrire /y/: **u, û**

Pour communiquer

Expressions pour la conversation

To get someone's attention, you can say:

Eh!	*Hey!*	**Eh,** Paul! Quand est-ce que tu rentres?
Dis! } **Dis donc!** }	*Say! Hey!* (**tu** form)	**Dis donc,** Nathalie, est-ce que tu aimes voyager?
Dites! } **Dites donc!** }	*Say! Hey!* (**vous** form)	**Dites,** Marc et Irène, pourquoi est-ce que vous travaillez?

Mini-dialogue

Sometimes Nicole is a bit too enthusiastic.

MARC: Dis, Nicole, est-ce que tu aimes les *boums?*   *parties*

NICOLE: Bien sûr! J'adore les boums. J'adore danser!

MARC: Est-ce que tu danses bien?

NICOLE: Je danse très, très bien.

MARC: Et Sylvie, est-ce qu'elle aime danser?

NICOLE: Oh, Sylvie *aime bien* danser, mais elle ne danse pas bien.   *really likes*

MARC: *Dans ce cas,* c'est Sylvie *que* j'invite à la boum.   *In that case; whom*

NICOLE: Pourquoi Sylvie? *Pourquoi pas moi?*   *Why not me?*

MARC: Parce que je ne danse pas très bien. Je préfère inviter une fille qui ne danse pas bien. C'est normal, non?

L'art du dialogue

a) Act out the dialog between Marc and Nicole.

b) Imagine that Marc is thinking of playing tennis. Act out a new dialog, replacing **les boums** by **le tennis**, and **danser** by **jouer**. Leave out **à la boum**.

Hélène est suisse. Elle vous parle. Écoutez.

Vous êtes étudiants, n'est-ce pas?
Moi, je ne suis pas étudiante.
Je suis interprète.
Je travaille pour Swissair.
D'habitude je suis à Genève.
Mais aujourd'hui, je ne suis pas à Genève.
Je suis à Tahiti.
Oui! À Tahiti!
Pourquoi?
Parce que je suis en vacances.
Et vous? Êtes-vous en vacances?
Non?
Où êtes-vous alors?
En classe?
Dommage!

CONVERSATION

Hélène, the young person from Switzerland, is going to ask you a few questions about your summer activities. Answer her.

1. Voyagez-vous?
2. Nagez-vous?
3. Jouez-vous au tennis?

4. Travaillez-vous?
5. Étudiez-vous?

OBSERVATIONS

Est-ce que vous voyagez? and **Voyagez-vous?** are two ways of asking the same question: *Do you travel?*

- In these two questions, which word is the *subject?* which word is the *verb?*

Reread Hélène's questions carefully.

- Which word comes first — the subject or the verb?
- Which word comes second?
- What connects the verb and the subject?

NOTE CULTURELLE

Qui parle français dans le monde?
(Who speaks French in the world?)

How many people in the world speak French? Maybe 100 million, maybe more. French is spoken in France, of course, but it is spoken and understood on every continent of the earth. It is spoken by many Europeans and Africans, and it is also spoken by people in Vietnam, in the Middle East, and in the Caribbean. It is spoken as far away as Tahiti, in the South Pacific, and as close as the eastern provinces of Canada. In fact, within the United States it is spoken by many families in New England and Louisiana.

Yes, French is truly an international language!

On vacation

Hélène is Swiss. She is speaking to you. Listen.
You are students, aren't you?
I'm not a student.
I'm an interpreter.
I work for Swissair.
Usually I am in Geneva.
But today I am not in Geneva.
I am in Tahiti.
Yes! In Tahiti!
Why?
Because I am on vacation.
And you? Are you on vacation?
No?
Where are you then?
In class?
Too bad!

Structure

A. Le verbe *être*

Note the forms of **être** *(to be)* in the present tense.

être	to be		
je **suis**	*I am*	Je **suis** à Paris.	Je **ne suis pas** à Genève.
tu **es**	*you are*	Tu **es** là?	Tu **n'es pas** à la maison?
il/elle **est**	*he/she is*	Il **est** avec Hélène.	Il **n'est pas** avec Lucie.
nous **sommes**	*we are*	Nous **sommes** en classe.	Nous **ne sommes pas** en ville.
vous **êtes**	*you are*	Vous **êtes** ici.	Vous **n'êtes pas** là-bas.
ils/elles **sont**	*they are*	Ils **sont** avec Jean.	Ils **ne sont pas** avec Yves.

→ The verb **être** does not follow a predictable pattern as do the regular **-er** verbs. **Être** is called an *irregular* verb.

→ Liaison is required in the form **vous êtes.**

→ Liaison is frequently heard after **est** and **sont,** and sometimes after other forms of **être.**

ACTIVITÉ 1   En vacances!

It is vacation time. Say where the following students are. Say also that they are not in class.

→ Paul (à Toulon)   **Paul est à Toulon. Il n'est pas en classe.**

1. Suzanne (à Nice)
2. Abdou (à Dakar)
3. tu (à la Martinique)
4. je (à Montréal)
5. Pierre et Jean-Marc (à Québec)
6. nous (à Genève)
7. Aya et Adjoua (à Abidjan)
8. vous (à Tahiti)
9. Philippe et André (à Annecy)
10. Jacques (à Lyon)

VOCABULAIRE PRATIQUE   Où?

ici	*here*	François travaille **ici.**
là	*there*	Pierre n'est pas **là.**
là-bas	*over there*	Qui est-ce, **là-bas?**
à la maison	*at home, home*	Nous regardons la télé **à la maison.**
au restaurant	*at the restaurant*	Vous dînez **au restaurant?**
en classe	*in class*	**En classe** nous parlons toujours français.
en vacances	*on vacation*	Jacques est **en vacances** à Tahiti.
en ville	*downtown, in town*	Je suis **en ville** avec Mélanie.

ACTIVITÉ 2 Où sont-ils?

What we do often depends on where we are. Express this, using the appropriate form of **être** and one of the following expressions:

en classe   en ville   en vacances   à la maison   au restaurant

→ Paul nage.   **Il est en vacances.**

1. Caroline regarde la télé.
2. Nous écoutons la radio.
3. Vous dînez avec Anne et Michèle.
4. Je joue au tennis.
5. Tu voyages beaucoup.
6. Philippe visite Genève.
7. Suzanne et Marc parlent avec le professeur.
8. Nous étudions.
9. Louis et Mathieu skient.
10. Vous nagez.

B. Qui?

The following questions begin with **qui?** (*who?*). Note the word order.

Qui travaille?	Jean-Pierre travaille.
Qui joue au tennis?	Suzanne et Henri jouent au tennis.
Qui aime voyager?	Nous aimons voyager.

To ask who is doing something, French speakers generally use the following construction:

$$\boxed{\textbf{qui} \quad + \quad \text{verb} \quad + \quad \dots \text{(rest of sentence)} \quad ?}$$

→ In **qui** questions the verb is singular, even if the expected answer is plural.

ACTIVITÉ 3 Un sondage d'opinion (An opinion poll)

Imagine that you are taking a class survey about the leisure activities of young Americans. Ask who does the following things.

→ écouter la radio   **Qui écoute la radio?**

1. voyager
2. voyager souvent
3. aimer chanter
4. danser
5. aimer danser
6. regarder la télé
7. détester regarder la télé
8. jouer au tennis
9. jouer au bridge
10. skier

C. Expressions interrogatives avec *qui*

Note the interrogative expressions in the questions below:

à qui	*to whom*	**À qui** est-ce que tu téléphones?
avec qui	*with whom*	**Avec qui** est-ce que vous voyagez?
de qui	*of (about) whom*	**De qui** est-ce que Pierre parle?
pour qui	*for whom*	**Pour qui** est-ce que Michèle travaille?

Qui *(who, whom)* may be used with prepositions such as **à, avec, de,** and **pour** *(for)*, to form interrogative expressions.

→ Information questions of this kind must *always begin with the preposition.*

ACTIVITÉ 4 Curiosité

Hélène is telling Georges what she does. Georges wants more details. Play both roles according to the model.

→ visiter Tahiti (avec)   Hélène: **Je visite Tahiti.**
Georges: **Avec qui est-ce que tu visites Tahiti?**

1. aimer danser (avec)
2. téléphoner souvent (à)
3. voyager (avec)
4. rentrer (avec)
5. travailler (pour)
6. regarder la télé (avec)
7. chanter (pour)
8. parler beaucoup (de)
9. parler français (à)

D. L'interrogation avec inversion

Look at the two sets of questions below. They both ask the same thing. Compare the positions of the subject pronouns in each pair of questions.

Est-ce que **vous** parlez anglais?   Parlez-**vous** anglais?
Où est-ce que **tu** habites?   Où habites-**tu**?
À quelle heure est-ce que **nous** dînons?   À quelle heure dînons-**nous**?
Quand est-ce qu'**il** est en vacances?   Quand est-**il** en vacances?

In conversational French, questions are frequently formed with **est-ce que.** However, when the subject of the sentence is a pronoun, French speakers often prefer using the following construction:

interrogative expression (if any) + verb + subject pronoun + (rest of sentence) ?

→ This is called *inversion,* since the subject and verb have been inverted, or turned around. Note that the verb and subject pronoun are connected with a hyphen.

→ There is liaison before **il/elle** and **ils/elles** in inversion.

ACTIVITÉ 5 Questions personnelles

1. Êtes-vous en vacances maintenant?
2. Aimez-vous chanter?
3. Jouez-vous bien au tennis?
4. Nagez-vous souvent en été?
5. Pourquoi regardez-vous la télé?
6. Avec qui étudiez-vous?
7. Où habitez-vous?
8. À quelle heure arrivez-vous en classe?

ACTIVITÉ 6 Le club des sports

Imagine that you are the president of a sports club. Ask the new members (indicated in parentheses) if they can do the following. Use **tu** or **vous**, as appropriate.

→ (Pierre) nager bien   **Nages-tu bien?**
(Anne et Suzanne) jouer au ping-pong?   **Jouez-vous au ping-pong?**

1. (Caroline) nager?
2. (André et Pierre) nager le crawl?
3. (Hélène) skier?

4. (Albert et Thomas) skier bien?
5. (Marie-Thérèse) jouer au football?
6. (Jacques et Paul) jouer au tennis?

ACTIVITÉ 7 Interview

Olivier interviewed Charlotte, but forgot to write down his questions. Ask the questions again, using inversion and the interrogative expression in parentheses.

→ J'habite *à Tours*. (où?)   **Où habites-tu?**

1. Je travaille *à Paris*. (où?)
2. Je travaille *avec Madame Charron.* (avec qui?)
3. Je rentre à Tours *le 2 octobre*. (quand?)
4. Je voyage *en train*. (comment?)

5. J'arrive à Tours *à minuit.* (à quelle heure?)
6. J'habite à Tours *parce que j'aime Tours.* (pourquoi?)

Prononciation

1. Le son /e/

Model word: et

Practice words: Léa, Mélanie, Édith, téléphoner, écoutez, Québec, télé, mai

Practice sentences: Léa téléphone à Édith.
Dédé déteste la télé.

The French vowel sound /e/ is much more tense than the English vowel sound in *day*. Smile when you say /e/. Keep your lips tight.

Comment écrire /e/: **é; et, ez, er** (final); **ai** (final)

2. Le son /ɛ/

Model word: elle

Practice words: sept, Ève, Annette, Estelle, aime, déteste, Michel, Michèle, être

Practice sentences: Michel aime Estelle.
Michèle déteste être avec Annette à Québec.

The French vowel sound /ɛ/ is pronounced with the mouth somewhat more open than for /e/. It is more tense than the English vowel sound in *get*.

Comment écrire /ɛ/: **è, ê; e** (+ pronounced final consonant); **e** (+ two consonants); **ai** (+ pronounced final consonant)

Pour communiquer ▶

Expressions pour la conversation

The French often begin or end sentences with:

alors	*then, well then, so*	—Sylvie n'est pas en ville.
		—**Alors**, où est-elle?
et alors?	*so what?*	—Sylvie est avec Michel.
		—**Et alors?**

Mini-dialogue

Marc is frantically looking for his girlfriend Sylvie. He calls Sylvie's friend Annie.

MARC: Allô, Annie?

ANNIE: Oui! Allô, Marc. Ça va?

MARC: Ça va! Dis, Annie, je *cherche* Sylvie.   *am looking for*
      Est-ce qu'elle est en ville?

ANNIE: Non, elle n'est pas en ville.

MARC: Est-ce qu'elle est en classe, alors?

ANNIE: Non, elle n'est pas en classe.

MARC: Alors, elle est avec Michel?

ANNIE: Mais non, elle n'est pas avec Michel.

MARC: Tu es sûre?

ANNIE: Mais oui, elle n'est pas avec Michel.

MARC: Alors, où est-elle?

ANNIE: C'est simple. Elle est ici avec *moi*.   *me*

L'art du dialogue

a) Act out the phone conversation between Annie and Marc.
b) Act out a new phone conversation in which Marc is looking for his brother **Henri**.
c) Now imagine that Marc is looking for two girls: **Sylvie** and **Nathalie**. Act out the new conversation, making all the necessary changes.

SECTION
MAGAZINE

1

Le monde français

AIR AFRIQUE
une grande compagnie dans un grand continent

AIR CANADA

AIR FRANCE

VOYAGE!

DÉPARTS	
ruxelles	9h.10
enève	9h.25
akar	9h.35
unis	9h.55
lger	10h.20

ARRIVÉES	
ontréal	9h.22
bidjan	9h.32
asablanca	9h.41
uxembourg	9h.57
ort-de-France	10h.08

CARTE D'ACCÈS A BORD
BOARDING PASS

AIR FRANCE

56   VALETTE   PTY

BAGAGES
BAGGAGE IDENTIFICATION   3/ 33 AF456201 / 03

CORRESPONDANCE
CONNECTING FLIGHT

EMBARQUEMENT
BOARDING

25 SEP BOS Y

AF 011   33A   09 H 40
HEURE / TIME

VOL / FLIGHT   SIÈGE / SEAT   17
PORTE / GATE

Départs Departures

Départs Departures   16 58

swissair

EN FRANCE

AÉROPORT
HÔPITAL
RESTAURANT
PHARMACIE
HÔTEL
TAXIS
SNACK-BAR
AUTOBUS
DISCOTHÈQUE
GARAGE
TOILETTES
PARIS
AGENCE DE TOURISME
BORDEAUX
STRASBOURG

CAFÉ 6 francs
THÉ 8 francs
CHOCOLAT 9 francs
COCA-COLA 10 francs
SANDWICH 10 francs

16ᵉᵐᵉ ARRᵗ
AVENUE
DU PRÉSIDENT KENNEDY

RUE
FRANKLIN

AVENUE
DU GÉNÉRAL
EISENHOWER

DANGER
SILENCE
STOP
ATTENTION

PARIS

RESTAURANT
····· Le Train Bleu
GARE DE LYON
1ᵉʳ étage
SON MENU AFFAIRES ● RÉSERVATION : 43 43 09 06

83

Parlez-vous français?

Est-ce que vous parlez français?

Mais oui, vous parlez français. Tous les jours!° Tous les jours vous utilisez° des° expressions d'origine française.° Voici des exemples:

Domaine	Expressions
Unités de mesure	mètre, kilomètre, gramme, kilogramme
Automobile	auto, limousine, chauffeur
Cuisine	restaurant, café, chef, hors-d'œuvre, entrée, margarine, mayonnaise, bouillon, salade, purée, mousse, sauté, sauce, casserole
Mode°	chic, élégance, boutique, eau de cologne, eau de toilette
Art	théâtre, musique, sculpture, concert; flûte, clarinette; crayon, collage, papier-mâché
Danse	ballet, plié, tour-jeté, pirouette

Combien de ces° expressions connaissez-vous?°

Et connaissez-vous les villes suivantes° aux États-Unis?°

Bâton Rouge, la Nouvelle-Orléans, Louisville, Beaumont, Montpelier, Détroit, Terre Haute, Prairie du Chien, Des Moines, Pierre, Butte

Formidable! *Great!* **Tous les jours!** *Every day!* **utilisez** *use* **des** *some* **d'origine française** *of French origin* **Mode** *Fashion* **Combien de ces** *How many of these* **connaissez-vous** *do you know* **les villes suivantes** *the following cities* **aux États-Unis** *in the United States*

Bonjour, Christine!

Bonjour, les amis!°
Je m'appelle Christine Descroix.
J'ai seize ans° et je suis une Sagittaire.
J'habite à Toulon avec mes° parents.
J'étudie l'anglais et l'espagnol
parce que je veux° travailler
dans une agence de voyages.°
J'aime voyager.
En juillet, je vais° visiter la Grèce°
avec ma° famille.
J'aime aussi danser.
J'aime le jazz et la musique pop.
Mon° musicien préféré° est
Bruce Springsteen.
Et vous?

Christine

les amis *friends* **J'ai seize ans** *I'm sixteen* **mes** *my* **veux**
want **dans une agence de voyages** *in a travel agency* **vais**
am going **la Grèce** *Greece* **ma** *my* **mon** *my* **préféré** *favorite*

BOÎTE AUX LETTRES°

JANINE LEVASSEUR
PÉDIATRE

Docteur en Médecine

JEAN-PIERRE ALQUIER
DENTISTE

RAYMOND CICCOLI
INGÉNIEUR

FRANÇOISE SIMONET
PROFESSEUR DE PIANO

OLIVIER MUELLER
ARCHITECTE

SYLVIE LAMBERT
JOURNALISTE

Jacqueline MALLET
PHARMACIENNE

ALBERT DUCLOS
PHOTOGRAPHE

SYLVIE LONGCHAMP
PROGRAMMATRICE IBM

ROBERT PECOUL
OPTICIEN

Mademoiselle Dupuis est canadienne. Elle habite à Québec et elle travaille dans une agence de voyages.° Elle parle français et anglais.

Monsieur Lamy est français. Il habite à Fort-de-France, la capitale de la Martinique. Il est professeur d'éducation physique.

boîte aux lettres *mailbox* **dans une agence de voyages** *in a travel agency* **allemand** *German* **médecin** *doctor* **belge** *Belgian*

Madame Kubler est suisse. Elle habite à Genève. Elle est pharmacienne. Elle parle français et allemand.°

Monsieur Teritaau habite à Tahiti. Il travaille pour le gouvernement français. Il parle tahitien et français.

Oui, ils parlent français!

Madame Kouadio habite à Dakar, la capitale du Sénégal. Elle est médecin.°

Monsieur Belkora est tunisien, mais il n'habite pas en Tunisie. Il habite à New York. Il est économiste et il travaille pour les Nations Unies. Il parle français, anglais et arabe.

Monsieur Pons est belge.° Il habite à Bruxelles. Il est ingénieur et il travaille pour une compagnie d'électronique. Il parle français.

LA CARTE DU TEMPS°

PARIS

Température[1]: 5°   *Temps*: pluie

GENÈVE

Température: 1°   *Temps*: nuages

DAKAR

Température: 15°   *Temps*: soleil

ABIDJAN

Température: 24°   *Temps*: soleil

QUÉBEC

Température: −12°   *Temps*: neige

MONTRÉAL
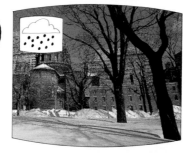
Température: −8°   *Temps*: neige

FORT-DE-FRANCE

Température: 22°   *Temps*: soleil

PORT-AU-PRINCE

Température: 16°   *Temps*: nuages

PAPEETE

Température: 25°   *Temps*: soleil

Le premier janvier dans le monde francophone.°

[1]**Température = degrés centigrades**

la carte du temps *the weather map*
dans le monde francophone *in the French-speaking world*

88

Ils parlent français!

Ouah! Ouah! — le chien

Miaou! — le chat

Meuh! — la vache

Hi....han! — l'âne

Cot... cot... codèt! — la poule

Coin ... coin! — le canard

Cui! Cui! — l'oiseau

Glou...glou... — le poisson

PROJETS CULTURELS

Projets individuels

1. *Select a French-speaking country or area and make a poster advertising it. (Source of pictures: travel brochures, travel magazines, the travel section of the Sunday paper)*
2. *Prepare a chart listing eight countries which use French as their official language. For each country, give the following information: population, size, capital, unit of currency, principal products. (Source: almanac)*

Projets de classe

1. *Imagine that your class is going to take a trip around the world. On this trip, you will stop in six French-speaking countries or areas (including islands). On a world map, draw the route which you will take. For each stop, prepare a display of travel brochures and plan a list of things you would like to do there. (Source: travel agencies, travel magazines, tour books)*
2. *Prepare a bulletin board exhibit of stamps from French-speaking countries. You may use a world map as a background. For each country, select stamps representing famous people and places, typical animals, flowers, plants, etc. (Source: actual stamps, reproductions of stamps from catalogs and stamp magazines)*

Unité

2

Salut, les amis!

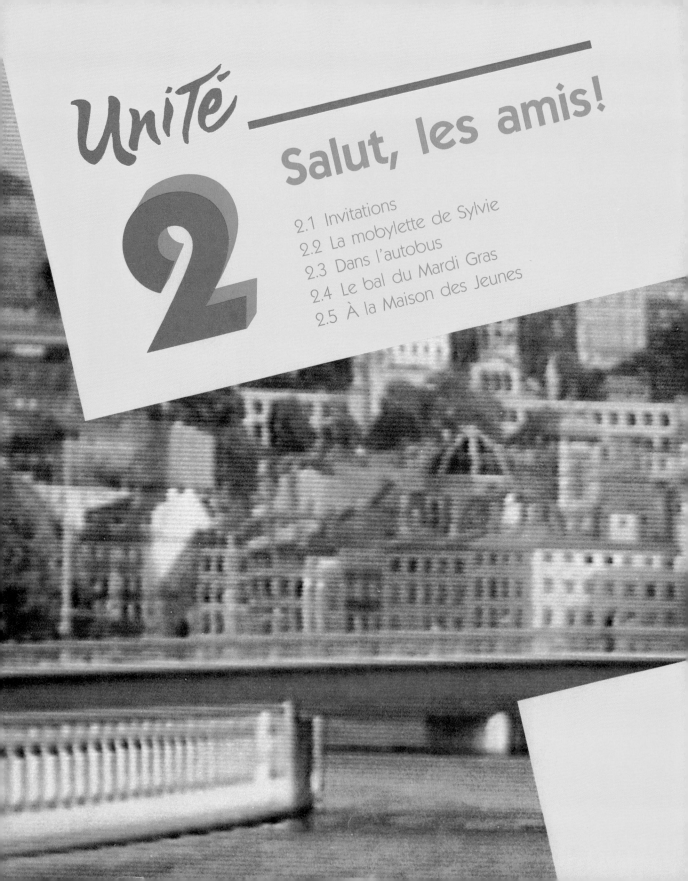

UNIT OBJECTIVES

LEARNING TO COMMUNICATE
In this unit, you will learn how
- to describe yourself and your friends
- to describe everyday objects
- to talk about objects you may own
- to talk about countries and nationalities

EXPRESSING YOURSELF ACCURATELY
You will learn how to talk about people and objects by using masculine and feminine articles and nouns, as well as various forms of adjectives. You will learn how to talk about ownership by using the verb **avoir** *(to have)*. In addition, you will learn a new kind of pronoun called the "stress pronoun."

LEARNING ABOUT CULTURE
In this unit, you will learn about French teenagers, their pastimes, their friends, the parties they organize, and about the municipal youth center called **La Maison des Jeunes et de la Culture (MJC).**

Leçon 1

Invitations

Suzanne and Michèle are organizing a party with their brothers, Marc and Alain. Whom are they going to invite? Suzanne and Marc each have special guests in mind.

Suzanne et Michèle

SUZANNE: Est-ce que nous invitons Claude Dumas?
MICHÈLE: Claude Dumas? Qui est-ce? Un *garçon* ou une *fille?*   *boy; girl*
SUZANNE: Un garçon!
MICHÈLE: Un *ami?*   *friend*
SUZANNE: *Plus ou moins.* C'est le garçon avec qui je joue au tennis. *More or less.*
MICHÈLE: *Comment est-il?*   *What's he like?*
SUZANNE: Il est *grand* et blond . . .   *tall*
MICHÈLE: Et bien sûr, il est très *beau* . . .   *good-looking*
SUZANNE: Euh . . . non. Mais il est *amusant* et très *sympathique*.   *amusing; nice*
MICHÈLE: Alors, d'accord! Nous invitons Claude à la boum.

NOTES CULTURELLES

1. Claude et Dominique Claude and Dominique are names that can be given either to boys or girls. There are other names that may also be given to boys or girls, but although they sound the same, they are spelled differently:

boys: **Michel**   **Daniel**   **Joël**   **Noël**   **René**
girls: **Michèle** **Danièle** **Joëlle** **Noëlle** **Renée**

2. Une boum This is an informal party where young people gather to listen to music and dance. Usually there is a buffet with various kinds of sandwiches and soft drinks.

Marc et Alain

MARC: Est-ce que tu invites Dominique Laroche?

ALAIN: Dominique Laroche? Qui est-ce? Un garçon ou une fille?

MARC: Une fille.

ALAIN: Une amie?

MARC: Oui!

ALAIN: Est-ce que c'est la fille à qui tu téléphones *tout le temps?*   *all the time*

MARC: C'est ça!

ALAIN: Elle est grande et blonde, n'est-ce pas?

MARC: Elle est blonde, mais elle n'est pas très grande.

ALAIN: Et bien sûr elle est très belle . . .

MARC: *Pas spécialement!* Mais elle est très amusante et très   *Not especially!*
sympathique! *C'est l'essentiel,* n'est-ce pas?   *That's the important thing*

ALAIN: D'accord! J'invite Dominique!

VOCABULAIRE

NOM:	**une boum**	*(informal) party*	
EXPRESSIONS:	**c'est ça!**	*that's it! that's right!*	Tu arrives demain? Oui, **c'est ça!**
	d'accord?	*okay? all right?*	J'invite Paul. **D'accord?**
	d'accord!	*okay! fine!*	Oui, **d'accord!**
	être d'accord	*to agree*	Tu es **d'accord?**

1. Qui est Claude? **Un** <u>garçon</u> ou **une** <u>fille</u>?
2. Qui est Dominique? **Un** <u>garçon</u> ou **une** <u>fille</u>?
3. Qui êtes-vous? **Un** <u>garçon</u> ou **une** <u>fille</u>?
4. Qui enseigne (*teaches*) le français? **Un** <u>monsieur</u> (*man*) ou **une** <u>dame</u> (*woman*)?

OBSERVATIONS

The underlined words above are *nouns*. In French, nouns are often introduced by *articles*. The words in heavy type are called *indefinite articles*.

- Does **garçon** refer to a male or female? Which article is used to introduce it? What about **monsieur?**
- Does **fille** refer to a male or female? Which article is used to introduce it? What about **dame?**

Structure

A. Noms masculins, noms féminins; l'article indéfini: *un/une*

All French nouns have a *gender*. They are either *masculine* or *feminine*. Note the following masculine and feminine nouns:

	MASCULINE			FEMININE	
	un garçon	*a boy*		**une** fille	*a girl*
	un ami	*a friend* (male)		**une** amie	*a friend* (female)
	un artiste	*an artist* (male)		**une** artiste	*an artist* (female)

Nouns referring to men and boys are usually masculine.
Nouns referring to women and girls are usually feminine.

Nouns are often introduced by *indefinite articles:*

    un (*a, an*) introduces *masculine* nouns
    une (*a, an*) introduces *feminine* nouns

→ There is liaison after **un** when the next word begins with a vowel sound.

→ You can often determine the gender of a noun from the form of the word that introduces it. For instance:

If someone says: "Je téléphone à **un ami**," you know that person is calling a boy.
If someone says: "Je téléphone à **une amie**," you know that person is calling a girl.

This is because **un** signals that a noun is masculine, and **une** signals that a noun is feminine.

ACTIVITÉ 1   Qui est-ce?

Can you tell which of the two people (indicated in parentheses) is being introduced? (Your clue is **un** or **une**.) Respond according to the model.

→ Voici un ami. (Philippe, Jacqueline)   **Voici Philippe.**

1. Voici une amie. (Jean-Paul, Thérèse)
2. Voici un pianiste. (Marc, Suzanne)
3. Voici une artiste. (Pierre, Stéphanie)
4. Voici un touriste. (Monsieur Smith, Madame Jones)
5. Voici une journaliste. (Tom Brokaw, Jane Pauley)

VOCABULAIRE PRATIQUE   Personnes

un ami	(close) friend	une amie	(close) friend
un camarade	classmate, school friend	une camarade	classmate, school friend
un élève	(high school) student	une élève	(high school) student
un étudiant	(college) student	une étudiante	(college) student, coed
un garçon	boy	une fille	girl
un homme	man	une femme	woman
un monsieur	gentleman, man (polite term)	une dame	lady, woman (polite term)
un professeur	teacher	une personne	person

Comment s'appelle . . .?	What's . . .'s name?		
Comment s'appelle-t-il?	What's his name?	Comment s'appelle-t-elle?	What's her name?

Notes: 1. The noun **un professeur** is always masculine, whether it refers to a man or a woman. The noun **une personne** is always feminine, whether it refers to a male or female.

> Voici **Monsieur** Brun.   Qui est-ce? C'est **un** professeur.
> Voici **Madame** Lamblet.   Qui est-ce? C'est **un** professeur.

2. To help you remember genders, the *masculine* nouns in the vocabulary sections are listed in the *left* column; the *feminine* nouns in the *right* column.

ACTIVITÉ 2   À l'école (At school)

Imagine that you are an exchange student in a French school. Introduce the following classmates according to the model, using the suggested noun.

→ Catherine (amie)   **Catherine est une amie.**

(ami/amie)
1. Jean-Paul
2. Antoine
3. Sylvie
4. Nathalie

(camarade)
5. Marie-Noëlle
6. Pierre
7. Jean-Marc
8. Christine

(élève)
9. Suzanne
10. Philippe
11. Isabelle
12. Thomas

B. L'article défini: le/la

Compare the words which introduce the nouns in each pair of sentences.

Voici **un** garçon.	Qui est **le** garçon?
Voici **une** fille.	Qui est **la** fille?
Voici **un** ami.	Qui est **l'**ami?
Voici **une** amie.	Qui est **l'**amie?

Nouns can also be introduced by *definite articles:*

    le *(the)*   introduces *masculine* nouns
    la *(the)*   introduces *feminine* nouns

→ **Le** and **la** become **l'** when the next word begins with a vowel sound.

The definite article **le / la** usually corresponds to the English *the.*

→ However, French speakers also use **le / la** with nouns in a general sense, while English usually leaves *the* out.

    L'homme aime **la liberté.**   *Man loves liberty.*
    La femme aussi!   *Woman too!*

ACTIVITÉ 3   Au café

Paul is looking at the people who come into the café. Express this according to the model.

→ une fille   **Paul regarde la fille.**

1. un garçon
2. une dame
3. un professeur
4. une personne
5. un monsieur
6. une femme
7. un étudiant
8. une étudiante
9. un élève
10. une élève
11. une camarade
12. un homme

ACTIVITÉ 4   Comment s'appelle . . . ?

Paul and Hélène are meeting after class. As Paul points out people, Hélène wants to know their names. Play both roles according to the model.

→ garçon   Paul: **Voici un garçon.**
               Hélène: **Comment s'appelle le garçon?**

1. fille
2. monsieur
3. dame
4. professeur
5. personne
6. femme
7. étudiant
8. étudiante
9. homme

C. L'accord des adjectifs *(Adjective agreement)*

Adjectives are used to describe nouns and pronouns. In the sentences below, the words in heavy type are adjectives. Compare the forms of the adjectives used to describe Marc and Suzanne.

Marc est **blond**.	Suzanne est **blonde**.
Il est **grand**.	Elle est **grande**.
Il est **intelligent**.	Elle est **intelligente**.

An *adjective* modifying a *masculine* noun or pronoun must be in the *masculine* form. An *adjective* modifying a *feminine* noun or pronoun must be in the *feminine* form. This is called *noun-adjective agreement*.

In written French, feminine adjectives are usually formed as follows:

masculine adjective + **e** → feminine adjective

→ If the masculine adjective already ends in **-e**, the feminine form is the same as the masculine form.

Marc est **sincère**.   Suzanne est **sincère**.

→ Adjectives which follow the above pattern are called *regular* adjectives. Those which do not are *irregular* adjectives.

Marc est **beau**.   Suzanne est **belle**.

The vocabulary lists all adjectives in their masculine form. However, if an adjective is irregular, the feminine form is given in parentheses.

Notes de prononciation

1. If the masculine adjective in the written form ends in a *vowel*, the feminine and masculine adjectives sound the same:

   sincère; bleu, bleue *(blue)*

2. If the masculine adjective in the written form ends in a *pronounced consonant*, the masculine and feminine adjectives sound the same:

   noir, noire *(black)*

3. If the masculine adjective in the written form ends in a *silent consonant*, that silent consonant is pronounced in the feminine form:

   grand, grande; intelligent, intelligente[1]

---

[1] If the silent consonant in the masculine form is an **n**, the masculine adjective ends in a nasal vowel. In the corresponding feminine form, which ends in **-ne**, the final vowel is not nasal, and the adjective ends in the sound / n /: **brun, brune**.

VOCABULAIRE PRATIQUE   La description

Voici Alain.
Comment est-il?

Voici Suzanne.
Comment est-elle?

ADJECTIFS:

beau (belle)	*good-looking, beautiful*	Il est assez **beau**.	Elle est **belle**.
brun	*dark-haired*	Il est **brun**.	Elle n'est pas **brune**.
blond	*blond*	Il n'est pas **blond**.	Elle est **blonde**.
grand	*tall, big*	Il est assez **grand**.	Elle est **grande**.
petit	*short, little*	Il n'est pas **petit**.	Elle n'est pas **petite**.
amusant	*amusing*	Il est **amusant**.	Elle est **amusante**.
intelligent	*intelligent*	Il est **intelligent**.	Elle est **intelligente**.
intéressant	*interesting*	Il est **intéressant**.	Elle est **intéressante**.
sincère	*sincere*	Il est **sincère**.	Elle est très **sincère**.
sympathique	*nice, pleasant*	Il est **sympathique**.	Elle est **sympathique**.

ADVERBES:

assez	*rather*	Tu es **assez** intelligent.
très	*very*	Je suis **très** sincère.

ACTIVITÉ 5   Les jumeaux *(The twins)*

The following pairs of twins have the same characteristics. Describe the girl
in each pair.

→ Louis est brun. (Louise)   **Louise est brune aussi.**

1. Daniel est petit. (Danièle)
2. Michel est grand. (Michèle)
3. Denis est blond. (Denise)
4. André est beau. (Andrée)

5. René est sincère. (Renée)
6. Charles est sympathique. (Charlotte)
7. François est amusant. (Françoise)
8. Martin est intelligent. (Martine)

ACTIVITÉ 6   Personnes célèbres *(Famous people)*

Select four of the following well-known people. Describe each one in three
affirmative or negative sentences.

→ Woody Allen   **Il est assez petit.   Il n'est pas très beau.   Il est très amusant.**

1. Bill Cosby
2. Mel Gibson
3. la Princesse Diana

4. Meryl Streep
5. Eddie Murphy
6. Tom Cruise

7. Jane Fonda
8. Cher
9. Mickey Mouse

10. Dracula
11. King Kong
12. Superman

Prononciation

Le son /ɛ̃/

Model word: Al<u>ain</u>

Practice words: <u>cin</u>q, <u>in</u>vite, bi<u>en</u>, s<u>ym</u>pathique, <u>in</u>telligent, cous<u>in</u>

Practice sentences: Al<u>ain</u> <u>in</u>vite Juli<u>en</u> Dup<u>in</u>.

Mart<u>in</u> est un cous<u>in</u> améric<u>ain</u>.

The nasal vowel /ɛ̃/ sounds somewhat like the vowel sound in the American word *bank*, but it is shorter. Be sure not to pronounce an /n/ or /m/ after /ɛ̃/.

Comment écrire /ɛ̃/: **in** (**im** before **b** or **p**); **yn** (**ym** before **b** or **p**); **ain** (**aim** before **b** or **p**); **en** (in the letter combination **ien**)

Pour communiquer

Expressions pour la conversation

To express surprise, the French use:

Ah!   **Ah!** Voici Christophe.   **Oh!**   **Oh!** Dis donc! Il est grand!

To express doubt (or to show that they have not quite understood), the French use:

Comment? *What?* (polite form)   **Comment?** Tu n'es pas à la boum?
Quoi? *What?* (less polite)   **Quoi?** Tu n'invites pas Claude?

Mini-dialogue

Irène is talking to Christophe about someone she has just met.

IRÈNE: Dis! *J'ai fait la connaissance d'un garçon . . .*   *I met*
CHRISTOPHE: Ah? Comment est-il?
IRÈNE: Il est très beau!
CHRISTOPHE: Oh?
IRÈNE: Et très sympathique!
CHRISTOPHE: Brun ou blond?
IRÈNE: Très brun.
CHRISTOPHE: Grand ou petit?
IRÈNE: Assez grand.
CHRISTOPHE: Comment s'appelle-t-il?
IRÈNE: Claude Masson.
CHRISTOPHE: *Eh bien, tu perds ton temps.*
IRÈNE: Comment?
CHRISTOPHE: C'est *mon cousin.* Il est *idiot!*

Well, you're wasting your time.

my cousin; stupid

L'art du dialogue

a) Act out the dialog.
b) Imagine that Claude Masson is a girl. Reverse the roles of Irène and Christophe and make the necessary changes. Note: **Comment s'appelle-t-il?** becomes **Comment s'appelle-t-elle?** **un garçon** becomes **une fille**; **mon cousin** becomes **ma cousine**; **idiot** becomes **idiote**.

Leçon 2

La mobylette de Sylvie

Jean-Paul has been invited to a picnic, but he has trouble finding transportation.

Jean-Paul et Philippe

JEAN-PAUL:	Est-ce que tu as un vélo?
PHILIPPE:	Non, je n'ai pas de vélo, mais
	j'ai une *mobylette!*
JEAN-PAUL:	Une mobylette? *Formidable!*
	Où est-ce qu'elle est?
PHILIPPE:	Elle n'est pas *là*...
	Elle est à la maison et...
JEAN-PAUL:	Et quoi?
PHILLIPPE:	*Elle ne marche pas!*
JEAN-PAUL:	Zut alors!
PHILIPPE:	*Écoute!* Téléphone à Sylvie.
	Elle a une mobylette *qui* marche.

motorbike

Great!

here

It doesn't work!

Listen!
that

Jean-Paul et Sylvie

JEAN-PAUL:	Dis, Sylvie! Tu as une mobylette, n'est-ce pas?
SYLVIE:	Oui, bien sûr! J'ai une mobylette. Pourquoi?
JEAN-PAUL:	Écoute... Je suis *invité* à un pique-nique,
	et je n'ai pas de...
SYLVIE:	Un moment! Est-ce que tu as un *casque?*
JEAN-PAUL:	Euh...non! Je n'ai pas de casque!
SYLVIE:	*Pas de* casque, pas de mobylette!
JEAN-PAUL:	Et pas de pique-nique!
SYLVIE:	*C'est la vie!*

invited

crash helmet

No

That's life!

CONVERSATION

In the questions below you are asked whether you have certain things.
Answer *yes* or *no*.

1. Avez-vous une radio?
    Oui, j'ai une radio.
    (Non, je n'ai pas **de** radio.)
2. Avez-vous une guitare?
3. Avez-vous un piano?
4. Avez-vous une raquette?
5. Avez-vous un téléviseur *(TV set)?*

OBSERVATIONS

In the above questions, **radio, guitare, piano, raquette,** and **téléviseur** are
nouns referring to *things.*

• Which of these nouns are *masculine?* Which are *feminine?*

Reread the negative sentence in the model.

• What word is used instead of **un** / **une** after the negative word **pas?**

NOTE CULTURELLE

La mobylette

Very few French teenagers have cars, but many have a
moped or motorbike (**une mobylette** or just "**une mob**").
The motorbike has the advantage of being very economical . . . and easy to handle in traffic jams. While driving a
motorbike, one is required to wear a helmet (**un casque**).

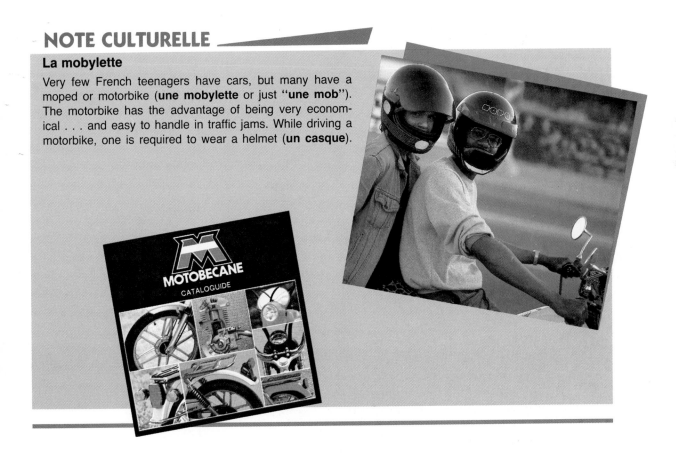

Structure

A. Le genre des noms: les objets

All French nouns, those referring to *things* as well as those referring to *people*, are either *masculine* or *feminine*. In the sentences below, note how the gender of the underlined noun is reflected in the words in heavy type.

MASCULINE	FEMININE	
Voici **un** <u>téléviseur</u>.	Voici **une** <u>bicyclette</u>.	*Here is a TV set/bicycle.*
Paul regarde **le** téléviseur.	Paul regarde **la** bicyclette.	*Paul looks at the TV set/ bicycle.*
Il marche bien.	**Elle** marche bien.	*It works well.*
Est-ce qu'**il** est **grand**?	Est-ce qu'**elle** est **grande**?	*Is it big?*
Non, **il** est **petit**.	Non, **elle** est **petite**.	*No, it is small.*

A *masculine* noun is introduced by a *masculine article* (**un, le,** or **l'**) and is modified by *masculine adjectives*. It can often be replaced by the *subject pronoun* **il**.

A *feminine* noun is introduced by a *feminine article* (**une, la,** or **l'**) and is modified by *feminine adjectives*. It can often be replaced by the *subject pronoun* **elle**.

→ When you learn a new noun, learn it together with the article that indicates its gender. Think of **un ordinateur, une bicyclette** (rather than just **ordinateur, bicyclette**).

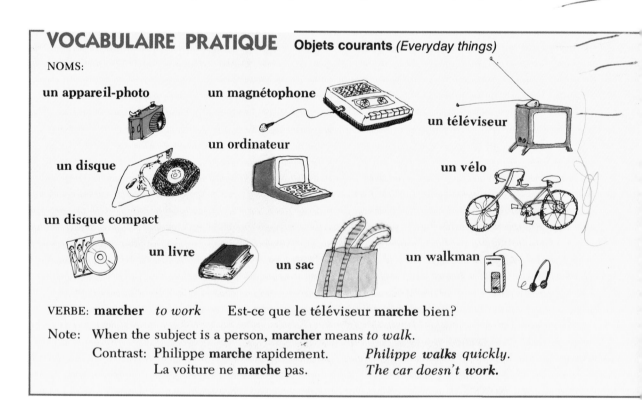

VOCABULAIRE PRATIQUE Objets courants *(Everyday things)*

NOMS:

un appareil-photo

un magnétophone

un téléviseur

un ordinateur

un disque

un vélo

un disque compact

un livre

un sac

un walkman

VERBE: **marcher** *to work* Est-ce que le téléviseur **marche** bien?

Note: When the subject is a person, **marcher** means *to walk*.

Contrast: Philippe **marche** rapidement. *Philippe walks quickly.*
La voiture ne **marche** pas. *The car doesn't work.*

ACTIVITÉ 1 Où?

Alain wonders where certain things are. Michèle tells him. Play both roles according to the model.

→ un sac / ici   Alain: **Où est le sac?**
                       Michèle: **Il est ici.**

1. un disque / ici
2. une guitare / là
3. une cassette / là-bas

4. une raquette / ici
5. un livre / là
6. un ordinateur / là-bas

7. un vélo / à la maison
8. une voiture / à la maison
9. une mobylette / là-bas

ACTIVITÉ 2 Tout marche bien. *(Everything is working well.)*

Alain shows Michèle various things he owns. Michèle asks whether these things are working well, and Alain says they are. Play both roles according to the model.

→ une radio   Alain: **Voici une radio.**
                  Michèle: **Est-ce qu'elle marche bien?**
                  Alain: **Oui, elle marche très bien.**

1. un appareil-photo
2. un magnétophone

3. une chaîne stéréo
4. une montre

5. un walkman
6. un téléviseur

7. une automobile
8. une moto

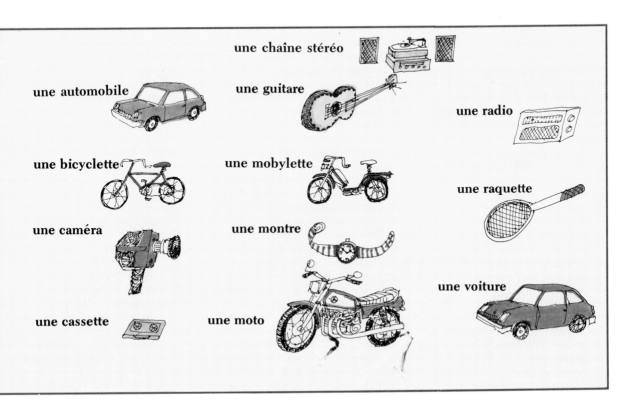

une chaîne stéréo

une automobile

une guitare

une radio

une bicyclette

une mobylette

une raquette

une caméra

une montre

une voiture

une cassette

une moto

ACTIVITÉ 3   En ville

Alain and Michèle are window-shopping. Whenever Michèle points out
something, Alain gives his opinion. Play both roles according to the model.
Be sure to use the appropriate form of the adjective in parentheses.

→   une guitare (beau)   Michèle: **Regarde la guitare!**
                           Alain: **Elle est belle!**

1. un sac (grand)
2. un livre (amusant)
3. une radio (petit)

4. une montre (petit)
5. un téléviseur (grand)
6. une caméra (petit)

7. une raquette (beau)
8. un ordinateur (petit)
9. un appareil-photo (beau)

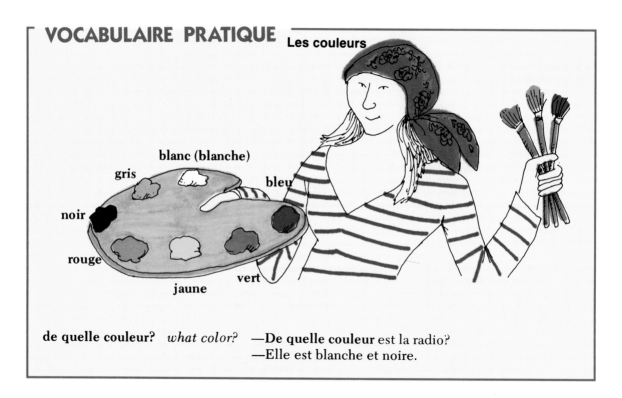

VOCABULAIRE PRATIQUE   **Les couleurs**

blanc (blanche)
gris
bleu
noir
rouge
vert
jaune

de quelle couleur? *what color?*   —**De quelle couleur** est la radio?
                                        —**Elle est blanche et noire.**

ACTIVITÉ 4   De quelle couleur . . .?

Give the colors of the following items which you have at home or in class.
Be sure to make the necessary agreements.

→   la radio   **Elle est bleue (blanche, verte . . .).**

(à la maison)
1. le téléviseur
2. la voiture
3. le téléphone

(en classe)
4. la table
5. la lampe
6. le livre de français

B. Le verbe *avoir*

The verb **avoir** *(to have, own)* is irregular. Note the forms of this verb in the present tense.

	avoir	to have	
j'	ai	*I have*	J'ai un ami à Québec.
tu	as	*you have*	**As-tu** une guitare?
il/elle	a	*he/she has*	Est-ce que Philippe **a** une radio?
nous	avons	*we have*	Nous **avons** un ordinateur.
vous	avez	*you have*	**Avez-vous** une montre?
ils/elles	ont	*they have*	Ils n'**ont** pas la cassette.

→ There is liaison in the forms **nous͜ avons, vous͜ avez, ils͜ ont, elles͜ ont.**

ACTIVITÉ 5   Qui a une guitare?

Jean-Paul wants to borrow a guitar. Tell him that each of the following people has one.

Roger   **Roger a une guitare.**

1. Lucie
2. Marc et François
3. nous
4. vous
5. Isabelle
6. Denise et Sylvie
7. je
8. tu

ACTIVITÉ 6   Qui a le téléphone?

Marc is trying to reach his friends, but they don't all have a telephone. Tell him who has a phone and who does not.

François / non   **François n'a pas le téléphone.**

1. Sylvie / oui
2. André / non
3. Anne et Suzanne / oui
4. Jean et Louis / non
5. nous / oui
6. vous / non
7. je / oui
8. tu / non

C. L'article indéfini dans les phrases négatives

Note the form of the indefinite article in negative sentences:

pas un pas une } becomes	pas de ↓ pas d' (+ vowel sound)	(un sac?) (une radio?) (un ordina- teur?)	Tu n'as **pas de** sac. Il n'a **pas de** radio. Je n'ai **pas d'**ordina- teur.

Exception: After **être, pas un** and **pas une** do not change.

Dominique n'est **pas un** garçon. Dominique est une fille!

ACTIVITÉ 7 Dialogue

Ask your classmates if they own the following things (1-4) or have the following pets at home (5-8).

→ une caméra — **Est-ce que tu as une caméra?**
— **Oui, j'ai une caméra. (Non, je n'ai pas de caméra.)**

1. un appareil-photo   3. une Mercédès   5. un boa   7. un éléphant
2. un hélicoptère   4. une trompette   6. un cobra   8. un canari

ACTIVITÉ 8 Oui et non

Anne owns the following things. Pierre does not. Express this according to the model.

→ un sac   **Anne a un sac. Pierre n'a pas de sac.**

1. un vélo   3. un disque compact   5. une caméra   7. un appareil-photo
2. une radio   4. une guitare   6. un ordinateur   8. une raquette

ACTIVITÉ 9 Oui ou non?

We need certain objects to do certain things. Read what the following people are or are not doing. Then say whether or not they have the objects indicated in parentheses.

→ Paul ne joue pas au tennis. (une raquette?)   **Il n'a pas de raquette.**
Henri joue au ping-pong. (une raquette?)   **Il a une raquette.**

1. François étudie. (un livre?)
2. Sylvie n'étudie pas. (un livre?)
3. Suzanne écoute la symphonie. (une radio?)
4. Jacques n'écoute pas le concert. (un walkman?)
5. Albert regarde le film. (un téléviseur?)
6. Nathalie ne regarde pas la comédie. (un téléviseur?)
7. Jean-Pierre est ponctuel. (une montre?)
8. Jean-Paul n'est pas ponctuel. (une montre?)

Prononciation

Le son /ã/

Model word: qu<u>an</u>d

Practice words: gr<u>an</u>d, Fr<u>an</u>ce, d<u>an</u>ser, H<u>en</u>ri, <u>An</u>dré, l<u>am</u>pe

Practice sentences: <u>An</u>dré et Fr<u>an</u>cine d<u>an</u>sent.
<u>An</u>dré r<u>en</u>tre <u>en</u> Fr<u>an</u>ce <u>en</u> déc<u>em</u>bre.

The sound /ã/ is a nasal vowel. Be sure not to pronounce an /n/ or /m/ after a nasal vowel.

Comment écrire /ã/: **an** (or **am** before **b** or **p**); **en** (or **em** before **b** or **p**)

Pour communiquer ▶

Expressions pour la conversation

To express admiration or appreciation, the French use words like:

Fantastique!
Formidable!
Super! } *Great! Terrific!*   Tu as une voiture?   **Super!**
Sensationnel!
Génial!

Mini-dialogue

Christophe, who is in charge of the class picnic, thought that he had solved the transportation problem.

CHRISTOPHE: Dis, Albert, tu as une mobylette?

ALBERT: Non, je n'ai pas de mobylette, mais j'ai une voiture.

CHRISTOPHE: Super! Elle marche?

ALBERT: Oui, elle marche très bien.

CHRISTOPHE: Sensationnel! Dis, *tu peux l'amener au*   *can you bring it to the*
           pique-nique?

ALBERT: C'est impossible.

CHRISTOPHE: Impossible? Pourquoi?

ALBERT: Elle n'est pas ici.

CHRISTOPHE: Où est-elle?

ALBERT: Elle est *chez ma grand-mère* qui habite en Alaska.   *at my grandmother's*

CHRISTOPHE: Zut alors!

L'art du dialogue

a) Act out the dialog between Christophe and Albert.

b) Act out a new dialog in which you replace **une mobylette** by **une moto**, and **une voiture** by **un vélo**. Make all other necessary changes.

Leçon 3

Dans l'autobus

The students of the Lycée Carnot are going on a bus trip. Everyone is looking out the window, except Jean-Pierre and Catherine, who are busy looking at the people in the bus.

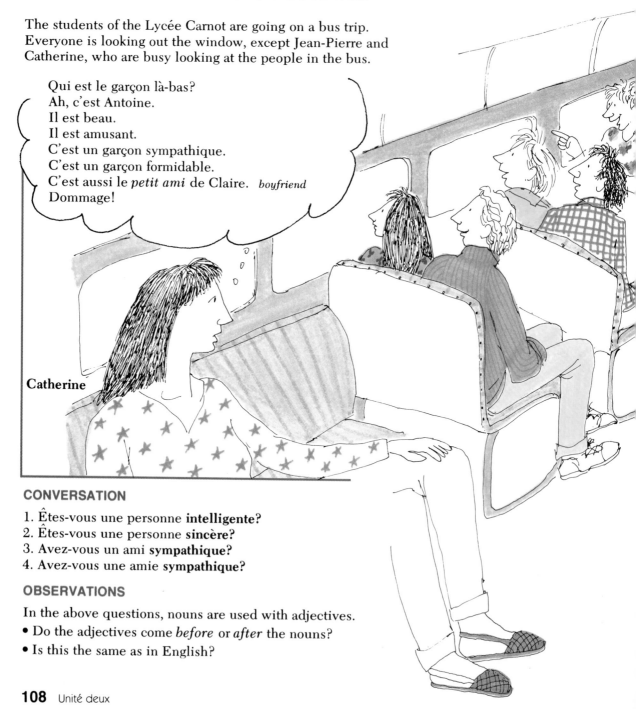

Qui est le garçon là-bas?
Ah, c'est Antoine.
Il est beau.
Il est amusant.
C'est un garçon sympathique.
C'est un garçon formidable.
C'est aussi le *petit ami* de Claire.   *boyfriend*
Dommage!

Catherine

CONVERSATION

1. Êtes-vous une personne **intelligente**?
2. Êtes-vous une personne **sincère**?
3. Avez-vous un ami **sympathique**?
4. Avez-vous une amie **sympathique**?

OBSERVATIONS

In the above questions, nouns are used with adjectives.

• Do the adjectives come *before* or *after* the nouns?
• Is this the same as in English?

Où est Claire?
Ah, elle est là-bas.
Elle est très *jolie*.　*pretty*
Elle est *drôle*.　*funny*
C'est une fille sympathique.
C'est une fille extraordinaire . . .
　　mais c'est la *petite amie* d'Antoine.　*girlfriend*
Zut alors!

Claire

Antoine

Jean-Pierre

NOTES CULTURELLES

1. Les amis   Who is a friend? For French teenagers, **un ami** or **une amie** is much more than just an acquaintance. It is a close friend, a person with whom you enjoy spending time now and with whom you will keep in touch over the years.

　Le meilleur ami *(best male friend)* or **la meilleure amie** *(best female friend)* is the person with whom you share your problems as well as your joys, the person who is always there when you need someone to talk to.

　Le petit ami *(boyfriend)* or **la petite amie** *(girlfriend)* is the very special person whom you are dating exclusively.

　Un camarade or **une camarade** is a classmate or school friend.

　Un copain *(pal)* or **une copine** is a friend whom you see often.

2. Le lycée   The **lycée** is the equivalent of the American senior high school.

Structure

A. La place des adjectifs

In French, descriptive adjectives generally come *after* the noun they modify.

> Suzanne est une fille **intelligente** et **sympathique**.
> Paul a une bicyclette **bleue** et une guitare **noire**.

Only *a few* adjectives come *before* the noun. Here are some of these adjectives:

beau (belle)	*beautiful, handsome*	Antoine est un **beau** garçon.
joli	*pretty*	Sylvie est une **jolie** fille.
grand	*big, large*	J'ai un **grand** /t/ ordinateur.
petit	*little, small*	J'ai un **petit** appareil-photo.
bon (bonne)	*good*	Nous avons un **bon** ordinateur.
mauvais	*bad*	Vous avez un **mauvais** /z/ appareil-photo.

→ There is liaison between **grand, petit, bon,** and **mauvais,** and the noun which follows. In liaison, **-d** is pronounced /t/, and **-s** is pronounced /z/.
Also, in liaison, **bon** is pronounced like **bonne**.

→ Note the special meanings: **un petit ami** (*boyfriend*), **une petite amie** (*girlfriend*).

ACTIVITÉ 1 Photos

Paul is showing pictures of his friends and commenting on each one. Play the role of Paul according to the model. Use the nouns **garçon** and **fille**, as appropriate.

→ Jacques (drôle)   **Jacques est un garçon drôle.**
Mélanie (intelligente)   **Mélanie est une fille intelligente.**

1. Marie-Noëlle (amusante)
2. Jacqueline (sympathique)
3. Jean-François (sincère)
4. Isabelle (intéressante)
5. Henri (optimiste)
6. Suzanne (indépendante)

VOCABULAIRE PRATIQUE La personnalité

joli
pretty

bon (bonne)
good

mauvais
bad

ACTIVITÉ 2 Les amies

The following boys have girlfriends with similar characteristics.
Describe the girls.

→ Paul est sympathique. **Il a une amie sympathique.**

1. Pierre est brun.
2. Charles est blond.
3. Philippe est amusant.

4. Jean-François est sincère.
5. Robert est intelligent.
6. Denis est élégant (*well-dressed*).

ACTIVITÉ 3 La course de vélos (*The bicycle race*)

A group of friends have organized a bicycle race. Describe the bicycle of
each participant, using the adjectives in parentheses and the noun **vélo**.

→ Mélanie (vert) **Mélanie a un vélo vert.**
  Michel (mauvais) **Michel a un mauvais vélo.**

1. François (rouge)
2. Caroline (petit)
3. Isabelle (beau)
4. Robert (bleu)
5. Claire (bon)

6. Philippe (blanc)
7. Catherine (grand)
8. Albert (jaune)
9. Sylvie (joli)
10. Sophie (mauvais)

drôle
funny

pénible
annoying

bête
silly, stupid

B. *Il est ou c'est?*

The sentences below describe **Paul** and **Anne.** Note the constructions in heavy type.

	Comment est-il/elle?	Qui est-ce?	
Paul {	**Il est** amusant	**C'est** un ami.	**C'est** un ami amusant.
	Il est intelligent.	**C'est** un élève.	**C'est** un élève intelligent.
Anne {	**Elle est** sympathique.	**C'est** une amie.	**C'est** une amie sympathique.
	Elle est intelligente.	**C'est** une élève.	**C'est** une élève intelligente.

In descriptions French speakers use **être** in the following constructions:

> **Il est**
> **Elle est** } + adjective   and   **C'est** + article + noun + adjective (if any)

→ The above constructions are used to describe things as well as people.

Voici un vélo.   **Il est** grand.   **C'est** un vélo français.
Voilà une voiture.   **Elle est** belle.   **C'est** une voiture américaine.

→ In negative sentences **c'est** becomes **ce n'est pas.**

Ce n'est pas Paul.   **Ce n'est pas** le professeur.

→ **C'est** is also used with the names of people.

C'est Nicole!   **C'est** Madame Lamblet!

ACTIVITÉ 4   D'accord!

Alain and Suzanne are often of the same opinion when they discuss people
they know. Play both roles according to the model.

→   Philippe est un ami sympathique.   Alain: **C'est un ami sympathique!**
                                      Suzanne: **D'accord! Il est sympathique!**

1. Paul est un garçon intelligent.
2. Thérèse est une fille amusante.
3. Richard est un beau garçon.
4. Annie est une jolie fille.
5. Monsieur Rigolot est un professeur amusant.
6. Madame Chouette est une femme sympathique.
7. Mademoiselle Callet est une personne intelligente.
8. Monsieur Gentil est une personne sincère.

ACTIVITÉ 5   Descriptions

Complete the following descriptions with **Il/Elle est** or **C'est,** as appropriate.

A. Antoine

1. — grand.
2. — blond.
3. — un garçon sympathique.
4. — un mauvais élève.

B. Suzanne

5. — une fille blonde.
6. — une camarade sympathique.
7. — très amusante.
8. — assez petite.

C. La moto d'Antoine (*Antoine's motorcycle*)

9. — une moto confortable.
10. — une bonne moto.
11. — rouge et jaune.
12. — très moderne.

D. Le vélo de Suzanne

13. — bleu.
14. — très joli.
15. — un bon vélo.
16. — assez moderne.

ACTIVITÉ 6 **Le salon de la voiture** *(The car show)*

Imagine that you are attending the annual car show as a reporter for an automobile magazine. You look at the following cars. First say that each one has the characteristic indicated in parentheses. Then give your opinion of each one, using **bonne** or **mauvaise** and the noun **voiture.**

> Voici une Cadillac. (grande) **Elle est grande. C'est une bonne (mauvaise) voiture.**

1. Voici une Renault. (petite)
2. Voici une Mustang. (jolie)
3. Voici une Toyota. (économique)
4. Voici une Rolls Royce. (élégante)
5. Voici une Citroën. (moderne)
6. Voici une Peugeot. (belle)

Prononciation

Le son /ɔ/

Model word: b<u>o</u>nne

Practice words: P<u>au</u>l, R<u>o</u>ger, téléph<u>o</u>ne, m<u>o</u>derne, <u>o</u>rdinateur

Practice sentences: Yv<u>o</u>nne est b<u>o</u>nne et j<u>o</u>lie.
À N<u>o</u>ël, Nic<u>o</u>le téléph<u>o</u>ne à C<u>o</u>lette.

The sound /ɔ/ is pronounced somewhat like the *o* in the English words *model* and *honest*, but the French sound /ɔ/ is both shorter and more tense.

Comment écrire /ɔ/: **o;** (sometimes) **au**

Pour communiquer ►

Expression pour la conversation

To emphasize a statement or an answer, you may say:

Eh bien! *Well!* —**Eh bien,** François, est-ce que tu as une moto?
—**Eh bien,** non!

Mini-dialogue

Suzanne is at the window describing someone she sees in the street.
Alain is trying to guess who it is.

SUZANNE: Tiens! Voilà un garçon. Il arrive *à* vélo.   *by*
ALAIN: Est-ce que c'est un bon vélo?
SUZANNE: Non, il est mauvais.
ALAIN: Est-ce qu'il est rouge?
SUZANNE: Non, il est bleu.
ALAIN: Eh bien, c'est Robert. Il a un mauvais vélo bleu!
SUZANNE: Eh bien, non! Ce n'est pas Robert. C'est Paul.

L'art du dialogue

a) Act out the dialog between Alain and Suzanne.
b) Act out a new dialog in which Suzanne sees **Sophie** (and not **Thérèse**) coming on a motorbike (**une mobylette**). Make the necessary changes.

Leçon 4

Le bal du Mardi Gras

For Mardi Gras the International Club has organized a
costume party. Everyone is trying to identify the guests.

JEANNE: Regarde les clowns là-bas!
SOPHIE: Qui est-ce?
JEANNE: Paul et David!
SOPHIE: Des étudiants américains?
JEANNE: Non, des étudiants anglais!
SOPHIE: Ils sont très drôles!
JEANNE: Oui, mais . . . Ils sont un peu snobs!
SOPHIE: Dommage!

ROBERT: Regarde les filles là-bas!
JULIEN: Les filles *en* rouge? Qui est-ce?   *in*
ROBERT: C'est Monique et Marie.
JULIEN: Elles sont américaines?
ROBERT: Non, ce sont des étudiantes françaises . . . de la Guadeloupe!
JULIEN: Elles sont très jolies!
ROBERT: . . . et très sympathiques aussi!
JULIEN: *Tant mieux!*   *So much the better!*

CONVERSATION

Do you have many good friends? Of course you do! Answer the following questions in the affirmative.

1. Avez-vous **des amis sympathiques?**
2. Avez-vous **des amies sympathiques?**
3. Avez-vous **des amis intéressants?**
4. Avez-vous **des amies intéressantes?**

OBSERVATIONS

Reread the above questions.

- What is the *plural* of **ami?** of **amie?**
  Which letter do plural nouns end in? Is this letter pronounced?
- Which indefinite article comes before **amis?** before **amies?**
  What is the *plural* of **un?** of **une?**
- What is the *plural* of **sympathique?** of **intéressant?** of **intéressante?**
  Which letter do plural adjectives end in? Is this letter pronounced?

NOTES CULTURELLES

1. Mardi Gras When you see children in costumes going from door to door in the United States, you know it's Halloween. In France you will not see children out in costumes until February or March for the celebration of **Mardi Gras.** In some parts of the French-speaking world (New Orleans, Quebec, Haiti, Martinique, as well as Nice and Cannes in France) **Mardi Gras** or **Carnaval** is celebrated with a ten-day pageant, which has been prepared for many months. In other parts of France, **Mardi Gras** may simply be the occasion for a big costume party.

2. La Guadeloupe Guadeloupe is a small Caribbean island close to Martinique. The inhabitants of Guadeloupe and Martinique are French citizens, primarily of African ancestry.

Structure

A. L'article défini avec les noms géographiques

Note the use of the definite article in the following sentences:

Le Canada est un pays américain.   *Canada is an American country.*
La Californie est jolie.   *California is pretty.*

In French most *geographical* names are introduced by a definite article. It is used with *countries, rivers,* and *mountains,* but not with *cities.*

Paris est la capitale de **la France**.   *Paris is the capital of France.*

VOCABULAIRE PRATIQUE   Pays et nationalités

un pays	*country*	**une nationalité**
l'Amérique	*America*	
le Canada	*Canada*	**canadien (canadienne)**
les États-Unis	*United States*	**américain**
le Mexique	*Mexico*	**mexicain**
l'Europe	*Europe*	
l'Allemagne	*Germany*	**allemand**
l'Angleterre	*England*	**anglais**
la Belgique	*Belgium*	**belge**
l'Espagne	*Spain*	**espagnol**
la France	*France*	**français**
l'Italie	*Italy*	**italien (italienne)**
la Suisse	*Switzerland*	**suisse**
l'Asie	*Asia*	
la Chine	*China*	**chinois**
le Japon	*Japan*	**japonais**
l'Afrique	*Africa*	
l'Égypte	*Egypt*	**égyptien (égyptienne)**

Notes: 1. Continents and most countries whose names *end* in -e are feminine.
   la France   la Suisse   Exception: **le Mexique**
   All other countries are masculine.
   le Japon   le Canada

2. Adjectives of nationality are not capitalized in French.
   J'ai un ami **français** et une amie **anglaise.**

However, when these adjectives are used as *nouns* to refer to people, they are capitalized.

   Paul parle avec un **Français** et   *Paul is talking with a Frenchman and*
   une **Anglaise.**   *an English woman.*

ACTIVITÉ 1   Aimez-vous la géographie?

Give the continents where the following countries are located:

en Asie   en Amérique   en Europe   en Afrique

→   France   **La France est en Europe.**

1. Allemagne
2. Chine
3. Italie
4. Japon
5. Mexique
6. Angleterre
7. Espagne
8. Canada
9. Danemark
10. Sénégal
11. Viêt-nam
12. Portugal
13. Tunisie
14. Algérie
15. Côte-d'Ivoire (*Ivory Coast*)
16. Suisse

ACTIVITÉ 2   Une question de nationalité

The following people own things which were made in the countries where they live. Express this according to the model.

→   Luisa habite à Séville. (une guitare)
    Elle a une guitare espagnole.

1. François habite à Paris. (un téléviseur)
2. Nathalie habite à Québec. (un disque)
3. Michèle habite à New York. (une voiture)
4. Pietro habite à Rome. (une moto)
5. Birgit habite à Munich. (une caméra)
6. Tatsuo habite à Tokyo. (une automobile)
7. Lin habite à Hong-Kong. (une bicyclette)
8. Pedro habite à Mexico. (une guitare)

Canada
J'ai un beau pays!

B. Le pluriel: les noms et les articles

Compare the *singular* and *plural* forms of the articles and nouns in the sentences below:

SINGULAR	PLURAL
Où est **le garçon?**	Où sont **les garçons?**
Qui est **la fille** là-bas?	Qui sont **les filles** là-bas?
J'invite **l'étudiant.**	J'invite **les étudiants.**
Je parle à **un garçon.**	Je parle à **des garçons.**
Nous invitons **une fille.**	Nous invitons **des filles.**
Paul est **un ami.**	Paul et Charles sont **des amis.**
C'est **une amie.**	Ce sont **des amies.**

Plural nouns

In written French the plural of most nouns is formed as follows:

> singular noun + s → plural noun

If the noun ends in **-s** in the singular, the singular and plural forms are the same.

   Voici **un Français.**   Voici **des Français.**

➜ In spoken French the final **-s** of the plural is always *silent*. Therefore, singular and plural nouns sound the same. You can tell, however, if the noun is singular or plural by listening to the article which introduces it.

   Voici **une amie.**   Voici **des amies.**

Plural articles

The forms of the plural articles are summarized in the chart below.

	SINGULAR	PLURAL		
Definite Article	**le (l')** **la (l')**	**les**	**les** garçons **les** filles	**les** amis **les** amies
Indefinite Article	**un** **une**	**des**	**des** sacs **des** montres	**des** ordinateurs **des** autos

➜ There is liaison after **les** and **des** when the next word begins with a vowel sound.

Les Peugeot Diesel. D'abord des Peugeot.

→ **Des** corresponds to the English article *some*. While *some* is often omitted in English, **des** *must* be expressed in French. Contrast:

Voici	**des**	livres.
Here are	*some*	*books.*

J'invite	**des**	amis.
I'm inviting	. . .	*friends.*

→ In *negative* sentences, except after **être**:

pas des	becomes	**pas de**		(**des** disques?)	Marc n'a **pas de** disques.
		↓			
		pas d'	(+ vowel sound)	(**des** amis?)	Tu n'as **pas d'**amis.

→ The plural of **c'est (ce n'est pas)** is **ce sont (ce ne sont pas)**.

C'est une amie.   **Ce sont** des amies.
Ce n'est pas un ami.   **Ce ne sont pas** des amis.

ACTIVITÉ 3   Présentations *(Introductions)*

Introduce the following young people as friends of yours. Use **un, une,** or **des**.

→ Jacqueline   **Jacqueline est une amie.**
    Paul et Marc   **Paul et Marc sont des amis.**

1. Caroline
2. Jean-Philippe
3. Suzanne et Hélène
4. Henri et Charles
5. Georges, Louis et Simon
6. Sylvie, Nicole et Michèle

ACTIVITÉ 4   Imitations

Say that Paul and Henri are doing the same things their cousin Philippe does. Follow the model, using *plural* forms.

→ Philippe parle à une amie.   **Paul et Henri parlent à des amies.**

1. Philippe invite une amie.
2. Il dîne avec un ami.
3. Il parle à un journaliste.
4. Il joue au tennis avec un garçon.
5. Il joue au tennis avec une fille.
6. Il invite un camarade.
7. Il parle à un professeur.
8. Il écoute un professeur.

ACTIVITÉ 5   Dans un grand magasin *(In a department store)*

Sylvie is in a department store. The salesperson tells her that the things she is looking for are over there. Play both roles.

→ une montre   Sylvie: **Je désire une montre.**
                  L'employé(e): **Les montres sont là-bas.**

1. une chaîne stéréo
2. un téléviseur
3. une guitare
4. une raquette
5. un livre
6. un disque compact
7. un magnétophone
8. un appareil-photo

ACTIVITÉ 6 Dans un petit magasin

This time Sylvie is shopping in a small store. Whenever she asks for certain items, the salesperson says that they do not have them. Play both roles. (Note: **Je regrette** means *I am sorry*.)

→ une caméra   Sylvie: **Avez-vous des caméras?**
              L'employé(e): **Je regrette . . .   Nous n'avons pas de caméras.**

1. un walkman
2. une cassette
3. une radio
4. une raquette
5. un appareil-photo
6. un magnétophone

C. Le pluriel: les adjectifs

Note the *plural* forms of the adjectives in the sentences below.

Roger est **américain**.	Jim et Bob sont **américains**.
Anne est une amie **française**.	Louise et Claire sont des amies **françaises**.
Marc est un élève **français**.	Paul et Michel sont des élèves **français**.

In written French the plural of an adjective is formed as follows:

singular adjective   +   s   →   plural adjective

If the adjective ends in -s in the singular, the singular and plural forms are the same.

→ In spoken French the final -s of plural adjectives is silent.

→ There is liaison when a plural adjective comes *before* a noun that begins with a vowel sound:

les élèves   les bons élèves
les appareils-photo   les petits appareils-photo

ACTIVITÉ 7 Le client

You are going shopping. Ask whether the store carries the items you are looking for.

→ un disque américain   **Avez-vous des disques américains?**

1. un disque français
2. un vélo anglais
3. une moto italienne
4. un livre canadien
5. un sac rouge
6. une montre suisse
7. une mobylette bleue
8. une cassette espagnole
9. une grande bicyclette
10. un petit ordinateur
11. un bon appareil-photo
12. un petit téléviseur

ACTIVITÉ 8 L'école internationale

Read where the following students at an international school normally live and say what their nationalities are.

→ Suzanne et Mélanie habitent à Paris. **Elles sont françaises.**

1. Thomas et Daniel habitent à Bordeaux.
2. Marie et Anne habitent à Québec.
3. Paul et François habitent à Québec.
4. Jim et Bob habitent à Chicago.
5. Linda et Louise habitent à Boston.
6. Pietro et Mario habitent à Rome.
7. Rafael et Carlos habitent à Mexico.
8. Jane et Silvia habitent à Liverpool.

D. L'expression *il y a*

Note the use of **il y a** in the sentences below:

Dans la classe . . .	*In the class . . .*
il y a un professeur intéressant,	*there is an interesting teacher,*
il y a une fille française,	*there is a French girl,*
il y a des élèves intelligents.	*there are intelligent students.*

Il y a (*there is, there are*) has only one form. It is used with both *singular* and *plural* nouns.

→ Note the interrogative and negative constructions with **il y a:**

Est-ce qu'il y a un téléviseur ici?	Non, **il n'y a pas** de téléviseur ici.
Est-ce qu'il y a des disques?	Non, **il n'y a pas** de disques.

ACTIVITÉ 9 Dans la classe

Ask your classmates if the following items (1-7) and people (8-14) are in the classroom. Your classmates will answer as appropriate.

→ un téléviseur —**Est-ce qu'il y a un téléviseur?**
—**Mais oui! Il y a un téléviseur.**
(**Mais non! Il n'y a pas de téléviseur.**)

1. un ordinateur
2. un magnétophone
3. des disques
4. des cassettes
5. des livres
6. des livres français
7. un appareil-photo

8. des garçons
9. des filles
10. des garçons sympathiques
11. des filles sympathiques
12. des élèves français
13. des élèves canadiens
14. des élèves intelligents

E. Récapitulation: la forme des adjectifs

Here is a form chart for the endings of regular adjectives:

	SINGULAR	PLURAL		
Masculine	—	-s	un ami **intelligent**	des amis **intelligents**
Feminine	-e	-es	une amie **intelligente**	des amies **intelligentes**

ACTIVITÉ 10   Similarités

The children in Alain's family are all alike. Describe (a) his sister Suzanne,
(b) his brothers Pierre and Paul, (c) his older sisters Nicole and Yvonne.

→ Alain est grand.   (a) **Suzanne est grande.**
                      (b) **Pierre et Paul sont grands.**
                      (c) **Nicole et Yvonne sont grandes.**

1. Alain est brun.
2. Alain est intelligent.
3. Alain est français.
4. Alain est drôle.

5. Alain est sympathique.
6. Alain est intéressant.
7. Alain n'est pas embêtant *(annoying)*.
8. Alain n'est pas pénible.

Prononciation

Les lettres: voyelle + n (m)

The letter group "vowel+**n**" ("vowel+**m**") represents a nasal vowel, unless it
is followed by a vowel or another **n** (**m**).

Contrast the pronunciation of the nasal and non-nasal vowels in the following
words. (Be sure not to pronounce an /n/ after a nasal vowel.)

NASAL VOWELS

/ɑ̃/ Jean, Antoine, Christian

/ɛ̃/ Martin, cousin
      canadien, américain

/œ̃/ un, brun

NON-NASAL VOWELS

/an/ Jeanne, Anatole, Christiane

/in/ Martine, cousine

/ɛn/ canadienne, américaine

/yn/ une, brune

Pour communiquer ▶

Expression pour la conversation

When you are not sure, or when you want to avoid saying yes or no,
you can say:

peut-être *maybe, perhaps* —Tu as dix dollars?
—**Peut-être** . . . Pourquoi?

Mini-dialogue

Marc wonders why Sylvie is wearing glasses.

MARC: Tiens, tu as des *lunettes?*   *glasses*
SYLVIE: Bien sûr!
MARC: Est-ce que tu es *myope* maintenant?   *nearsighted*
SYLVIE: Non, je ne suis pas myope.
MARC: Alors, pourquoi est-ce que tu as des lunettes?
SYLVIE: Parce que c'est la *mode,* idiot!   *style*
MARC: Tu as des idées bizarres!
SYLVIE: Peut-être . . . Mais *toi,* tu n'as pas d'idées! *you*

L'art du dialogue

Act out the dialog between Marc and Sylvie.

Leçon 5

À la Maison des Jeunes

Un groupe d'amis arrive à la Maison des Jeunes.

Tennis

ANDRÉ: Tu aimes jouer au tennis?
ISABELLE: Bien sûr! C'est formidable, non?
ANDRÉ: Tu joues avec moi?
ISABELLE: Avec toi? D'accord!

Basketball

PIERRE: Qui joue au basket?
PHILIPPE: Moi!
CLAIRE: Moi aussi!
PIERRE: Et André? Il ne joue pas avec *nous*? *us*
CLAIRE: Non. Il joue avec Isabelle!
PIERRE: Avec *elle*? *her*
CLAIRE: Pourquoi pas? Elle joue très bien.
PIERRE: C'est vrai!

Monopoly

SYLVIE: Tiens! Voilà Marc et voilà Paul!
BÉATRICE: Nous jouons au Monopoly avec *eux*? *them*
SYLVIE: Est-ce qu'ils jouent bien?
BÉATRICE: Euh, non . . . Marc joue mal . . .
SYLVIE: Et Paul?
BÉATRICE: *Lui, il triche!* *He cheats!*
SYLVIE: Alors, je ne joue pas avec eux.
BÉATRICE: *Moi non plus!* *Me neither!*

CONVERSATION

Let's talk about your best male friend: **votre meilleur ami.**

1. Est-ce que vous parlez français avec **lui**?
2. Est-ce que vous étudiez avec **lui**?
3. Est-ce que vous jouez au tennis avec **lui**?

Now let's talk about your best female friend: **votre meilleure amie.**

4. Est-ce que vous parlez français avec **elle**?
5. Est-ce que vous étudiez avec **elle**?
6. Est-ce que vous jouez au tennis avec **elle**?

OBSERVATIONS

Reread the above questions, paying special attention to the pronouns that follow the word **avec.** These are called *stress pronouns.*

- Which stress pronoun is used to refer to your best *male* friend?
  Is this the same as the subject pronoun **il**?
- Which stress pronoun is used to refer to your best *female* friend?
  Is this the same as the subject pronoun **elle**?

NOTES CULTURELLES

1. La Maison des Jeunes Most French cities have a public youth center called **La Maison des Jeunes et de la Culture (MJC)** or, simply, **La Maison des Jeunes.** There young people gather to practice their favorite sports, to play cards, to watch movies, to listen to folk music, to dance, and to have a good time together. They can also develop their artistic talents by participating in plays or by taking art or pottery lessons. Often **La Maison des Jeunes** also offers practical training for useful skills such as car repair, shop, typing, sewing . . . and English!

2. Le Monopoly Monopoly is as popular in France as it is in the United States. The French **Monopoly** board uses Paris street names, and naturally millionaires are millionaires in French francs!

Structure

A. Les expressions impersonnelles avec *c'est*

Note the use of **c'est** in the sentences below:

vrai	*true, right*	Tu parles italien? **C'est vrai?**
faux (fausse)	*false, wrong*	Non, **c'est faux!**
facile	*easy*	Je parle anglais. **C'est facile.**
difficile	*hard, difficult*	J'étudie le chinois. **C'est difficile.**

French speakers often use impersonal expressions formed as follows:

$$\left.\begin{array}{c} \textbf{C'est} \\ \textbf{Ce n'est pas} \end{array}\right\} + \text{masculine adjective}$$

→ Impersonal expressions are sometimes formed with adverbs, such as **bien** and **mal**.

C'est bien!	*That's good (fine).*	Tu étudies? **C'est bien!**
C'est mal!	*That's bad.*	Alain n'étudie pas. **C'est mal!**

ACTIVITÉ 1   Vrai ou faux?

Imagine your little cousin is making statements about geography. Tell him whether his statements are right or wrong. Use: **Oui, c'est vrai!** or **Non, ce n'est pas vrai!**

→ Paris est en France.   **Oui, c'est vrai!**

1. Miami est en Floride.
2. San Francisco est en Californie.
3. Berlin est en Italie.
4. Rome est en France.
5. La Tunisie est en Amérique.
6. Abidjan est en Afrique.
7. Fort-de-France est en Suisse.
8. Genève est en Suisse.

ACTIVITÉ 2   Expression personnelle

Say whether or not you like to do the following things and why. Use **C'est** or **Ce n'est pas** with adjectives such as **amusant, intéressant, drôle, pénible, facile, difficile.**

→ nager   **J'aime nager parce que c'est amusant (ce n'est pas difficile).**
Je n'aime pas nager parce que c'est pénible (ce n'est pas amusant).

1. téléphoner
2. parler français
3. parler français en classe
4. danser
5. voyager
6. regarder la télé
7. dîner en ville
8. jouer au golf
9. écouter la musique classique

B. Les pronoms accentués

In each sentence below, the first pronoun is a *stress pronoun*, and the second is a *subject pronoun*. Compare the two sets of pronouns.

	STRESS PRONOUN	SUBJECT PRONOUN	
Singular	Moi,	je	parle français.
	Toi,	tu	étudies l'espagnol.
	Lui,	il	a un vélo.
	Elle,	elle	joue au tennis.
Plural	Nous,	nous	sommes américains.
	Vous,	vous	habitez en France.
	Eux,	ils	ont une petite voiture.
	Elles,	elles	dansent très bien.

Stress pronouns occur frequently in French. They are used—

1. in short statements where there is no verb:

   Qui danse bien?   **Moi!**   *Me! (I do!)*
   Qui parle italien?   **Pas lui!**   *Not him! (He doesn't.)*

2. to reinforce a subject pronoun:

   Moi, j'adore danser.   *I love to dance.*

3. after words like **avec** and **pour**:

   Marie joue avec **lui.**   *Marie plays with him.*
   Il travaille pour **nous.**   *He works for us.*

4. before and after **et** and **ou**:

   Toi et moi, nous étudions beaucoup.   *You and I, we study a lot.*
   Qui rentre maintenant? **Eux ou vous?**   *Who is going back now? They or you?*

5. After **c'est** and **ce n'est pas**:

   C'est Pierre?   Oui, c'est **lui!**   *Is it Pierre? Yes, it's him (he).*
   C'est Claire?   Non, ce n'est pas **elle!**   *Is it Claire? No, it's not her (she).*

ACTIVITÉ 3   Une enquête *(A survey)*

A French magazine is making a survey. Answer the questions affirmatively or negatively.

→   Qui parle français?   **Moi! (Pas moi!)**

1. Qui étudie le français?
2. Qui a des amis français?
3. Qui a des amis en Californie?
4. Qui a des disques?
5. Qui aime nager?
6. Qui adore danser?

ACTIVITÉ 4   La photo

Alain and Suzanne are looking at a photograph of their kindergarten class.
Alain tries to remember everyone's name. Suzanne lets him know if he is
right or wrong. Play both roles.

→ Henri (oui)   Alain: **C'est Henri?**   Michèle (non)   **C'est Michèle?**
　　　　　　　 Suzanne: **Oui, c'est lui!**　　　　　　　　　**Non, ce n'est pas elle!**

1. Antoine (oui)
2. Martine (oui)
3. Jean-Pierre (non)
4. Marc et André (oui)

5. Louise et Claire (non)
6. Monsieur Duval (oui)
7. Madame Lemoine (non)
8. Mademoiselle Thomas (oui)

ACTIVITÉ 5   Non!

Answer the questions below in the negative, and then give the correct
information (in parentheses). Reinforce your answers with stress pronouns.

→ Pierre habite à Abidjan? (à Dakar)   **Non! Lui, il habite à Dakar!**

1. Christine parle anglais? (espagnol)
2. Charles chante mal? (bien)
3. Paul et Georges étudient souvent?
   (rarement)
4. Alice et Michèle voyagent rarement?
   (souvent)

5. Nous jouons bien? (vous / mal)
6. Tu joues au tennis? (je / au golf)
7. Vous habitez à Paris? (nous / à Dijon)
8. J'étudie l'espagnol? (tu / l'anglais)

ACTIVITÉ 6   Pourquoi?

Suzanne wants to know why Paul does the following things. Play the role of
Suzanne, using stress pronouns in your questions.

→ Je joue avec Pierre.   Suzanne: **Pourquoi est-ce que tu joues avec lui?**

1. Je rentre avec Pierre et Antoine.
2. J'étudie avec Paul.
3. Je dîne avec Jeannette et Isabelle.

4. Je travaille pour Monsieur Moreau.
5. Je travaille aussi pour Madame Lasalle.
6. Je danse avec Hélène.

Prononciation

Le son /wa/

Model word: t<u>oi</u>

Practice words: m<u>oi</u>, v<u>oi</u>ci, v<u>oy</u>age, Mademois<u>e</u>lle, v<u>oi</u>là

Practice sentences: Ben<u>oî</u>t v<u>oy</u>age avec m<u>oi</u>.
　　　　　　　　　V<u>oi</u>là Mademoiselle Descr<u>oi</u>x.

Comment écrire /wa/: **oi, oî, oy**

Pour communiquer ▶

Expressions pour la conversation

To introduce a mild reproach, you can say:

Écoute!	(tu form)	*Listen!*	**Écoute**, Alain! Tu es pénible aujourd'hui.
Écoutez!	(vous form)	*Listen!*	**Écoutez**, vous deux! Vous jouez mal!

Mini-dialogue

Alain is at a party. He would like to invite Dominique to dance, but he has a problem.

ALAIN:	Avec qui est-ce que tu danses maintenant?
DOMINIQUE:	Avec Jacques.
ALAIN:	Avec lui? Écoute, Jacques est sympathique, mais il n'est pas très drôle. Pourquoi est-ce que tu ne danses pas avec moi? Moi, *au moins* ...
DOMINIQUE:	C'est vrai! Jacques n'est pas *spécialement* drôle, mais il danse très bien!
ALAIN:	Et moi?
DOMINIQUE:	Toi?
ALAIN:	Oui, moi!
DOMINIQUE:	Écoute, Alain. Tu es sympathique, mais quand je danse avec toi, *tu me marches toujours sur les pieds*. Alors ...

at least

especially

you always step on my feet

L'art du dialogue

a) Act out the dialog between Alain and Dominique.
b) Now imagine that it is **Dominique** who would like to dance with **Alain**. Reverse the roles of Alain and Dominique. Replace Jacques with **Jacqueline** and make the necessary changes. Act out the new dialog.
c) Now imagine that **Alain** and **Paul** would like to dance with **Dominique** and **Sylvie**. Write a new dialog in which you replace Alain by **Alain et Paul**, Dominique by **Dominique et Sylvie**, Jacques by **Jacques et Thomas**, and **tu me marches** by **vous nous marchez**. Make all other necessary changes.

Unité

3

Loisirs et vacances

UNIT OBJECTIVES

LEARNING TO COMMUNICATE

In this unit, you will learn how
- to talk about what you are going to do
- to talk about going to various places
- to say to whom something belongs
- to talk about sports, games, and instruments you play
- to talk about your family and your pets
- to say how old someone is
- to rank persons and things

EXPRESSING YOURSELF ACCURATELY

You will learn how to express future events by using the verb **aller** *(to go)* with the infinitive. You will learn how to talk about going to and coming from various places by using a verb and the preposition **à** or **de** with the definite article. In addition, you will learn various ways of describing ownership, including the use of possessive adjectives.

LEARNING ABOUT CULTURE

You will learn about some favorite leisure activities of young French people: skiing, photography, going to the beach, and visiting museums like the *Centre Pompidou.*

131

Week-end à Paris

Aujourd'hui, c'est samedi.
Les élèves *ne vont pas* en classe.
Où est-ce qu'ils vont alors?
Ça dépend!

aren't going

It depends!

Voici Jean-Michel et voici Nathalie.
Jean-Michel va au concert.
Nathalie va au théâtre.

Voici Pierre.
Où est-ce qu'il va?
Est-ce qu'il va au concert?
Au théâtre?
Au cinéma?
Non! Il va au café.
Il a rendez-vous avec Élisabeth.

Voici Martine.
Elle a un grand sac et des lunettes de soleil.
Est-ce qu'elle va à un rendez-vous secret?
Non!
Elle va au Centre Pompidou.
Elle va regarder les acrobates.
Et *après*, elle va *aller* à la bibliothèque.

afterwards; to go

Voici Jean-Claude.
Est-ce qu'il va visiter le Centre Pompidou?
Est-ce qu'il va regarder les acrobates?
Est-ce qu'il va écouter un concert?
Est-ce qu'il va aller au cinéma?
Hélas, non!
Il va rester à la maison.
Pourquoi?
Parce qu'il est malade.
Pauvre Jean-Claude!
Il fait *si* beau *dehors!*

Alas

so; outside

CONVERSATION

Jean-Claude is asking you if you are going to do certain things next weekend.

1. Est-ce que vous allez étudier?
   Oui, **je vais** étudier.
   (Non, **je ne vais pas** étudier.)
2. Est-ce que vous allez travailler?
3. Est-ce que vous allez voyager?
4. Est-ce que vous allez skier?
5. Est-ce que vous allez rester à la maison?

OBSERVATIONS

The above questions refer to next Saturday and Sunday.

- Do they concern *present* or *future* events?
- What expression did you use to say *I am going* (to do something)?
  I am not going (to do something)?
- Are the verbs which follow these expressions in the *infinitive?*

NOTE CULTURELLE

Le Centre Pompidou

What place in Paris attracts more visitors than the Eiffel Tower, the Louvre Museum, and Notre Dame Cathedral? It is **Le Centre Pompidou** (also known as **Beaubourg**), an immense cultural center, which is free and open to the public.

On the large modern plaza in front of the building one can be entertained by mimes, jugglers, and acrobats. From the glass-encased escalators one has a magnificent view of Paris. Special exhibits focus on modern art and architecture. But the most popular section by far is the library! It is the first large library in France to offer open access to books, slides, cassettes, and videotape materials, and to provide audio-visual rooms where visitors can work with television cameras.

VOCABULAIRE

NOMS:	**un rendez-vous**	*date, appointment*	**des lunettes** (*f.*) **de soleil** *sunglasses*
ADJECTIFS:	**malade**	*sick*	Vous n'êtes pas **malades!**
	riche ≠ **pauvre**	*rich* ≠ *poor*	**Pauvre** Alain! Il est très malade.
VERBE:	**rester**	*to stay*	Il déteste **rester** à la maison.
EXPRESSION:	**en classe**	*in class* *to class*	Aujourd'hui les élèves sont **en classe.** Quand les élèves sont malades, ils ne vont pas **en classe.**

Structure

A. Le verbe *aller*

Aller *(to go)* is the only *irregular* verb ending in **-er.** Note the forms of **aller** in the present tense.

Infinitive		aller	*to go*	J'aime **aller** en France.
Present	je	**vais**	*I go, I am going*	Je **vais** à la maison.
	tu	**vas**	*you go, you are going*	**Vas**-tu à Québec?
	il/elle	**va**	*he/she goes, he/she is going*	Paul **va** à Paris.
	nous	**allons**	*we go, we are going*	Nous **allons** en ville.
	vous	**allez**	*you go, you are going*	Est-ce que vous **allez** là-bas?
	ils/elles	**vont**	*they go, they are going*	Ils ne **vont** pas en classe.

The verb **aller** is usually accompanied by a word or phrase indicating a place. (After the verb *to go* in English, the place is often left out.)
Compare:

> Quand est-ce que **tu vas à Paris?**   *When **are you going to Paris?***
> **Je vais à Paris** en septembre.   *I am going (to Paris) in September.*

ACTIVITÉ 1   Lundi et dimanche

On Monday the following students are going to class. On Sunday they are not going. Express this according to the model.

→ Charles   **Lundi, Charles va en classe. Dimanche, il ne va pas en classe.**

1. Philippe
2. Suzanne
3. moi
4. toi
5. Michèle et Denise
6. les élèves
7. nous
8. vous

ACTIVITÉ 2   Les vacances

The following students at a Swiss boarding school are going home for vacation. To which of the following cities is each one going?

à Paris?   à Québec?   à Boston?   à Tokyo?

→ Jean-Michel est canadien.   **Jean-Michel va à Québec.**

1. Je suis français.
2. Charlotte est américaine.
3. Nous sommes japonais.
4. Tu es canadienne.
5. Vous êtes françaises.
6. Tatsuo est japonais.
7. Mike et Susan sont américains.
8. Vous êtes canadiens.

VOCABULAIRE PRATIQUE

Ville et campagne

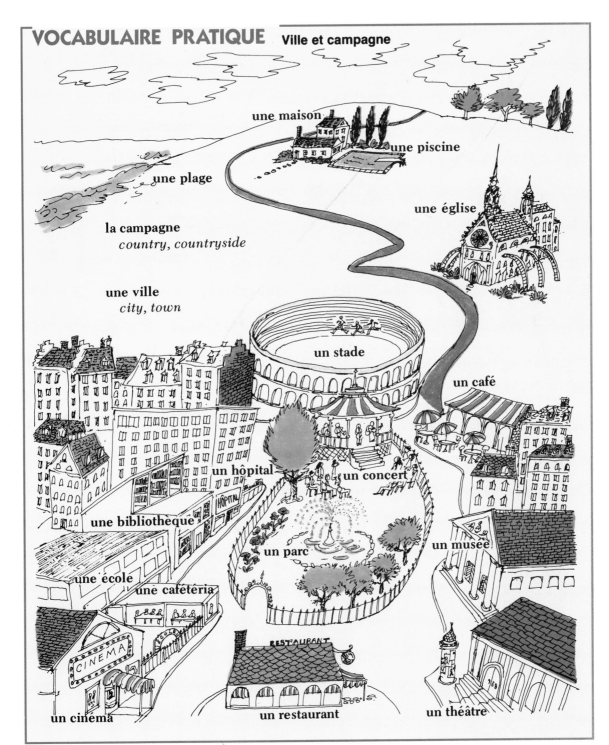

une maison

une piscine

une plage

la campagne
country, countryside

une église

une ville
city, town

un stade

un café

un hôpital

un concert

une bibliothèque

un musée

un parc

une école

une cafétéria

CINEMA

un cinéma

un restaurant

un théâtre

ACTIVITÉ 3   Là où j'habite

Indicate whether the following places are found in your neighborhood.

→   un cinéma   **Il y a un cinéma. (Il n'y a pas de cinéma.)**

1. un stade
2. une plage
3. un théâtre
4. un restaurant

5. une église
6. une piscine
7. un hôpital
8. une bibliothèque

9. un parc
10. une école
11. un musée
12. un café

B. À + l'article défini

The preposition **à** has several meanings: *in, at, to.*
Note the forms of **à** + *definite article* in the sentences below:

Voici le cinéma.
Voici la piscine.
Voici l'hôpital.
Voici les Champs-Élysées.

Paul est **au** cinéma.
Sylvie est **à la** piscine.
Henri est **à l'**hôpital.
Anne est **aux** Champs-Élysées.

Françoise va **au** cinéma.
Jacques va **à la** piscine.
Marie va **à l'**hôpital.
Lise va **aux** Champs-Élysées.

The preposition **à** contracts with **le** and **les**, but *not* with **la** and **l'**.

à + le → au	à + les → aux

→   There is liaison after **aux** when the next word begins with a vowel sound.
Le professeur parle **aux élèves.**

ACTIVITÉ 4   À Paris

The following students are visiting Paris. Say where each one is going.

→   Monique: le théâtre   **Monique va au théâtre.**

1. Paul: le café
2. Jacqueline: le cinéma
3. Nicole: le restaurant
4. Suzanne: le musée
   d'Orsay[1]

5. Charles: le concert
6. Philippe: la bibliothèque
7. Louis: le Centre Pompidou
8. Anne: les Invalides[2]

9. Alain: le Louvre[3]
10. Marc: l'Arc de Triomphe
11. Sylvie: les Champs-Élysées
12. Étienne: la tour Eiffel

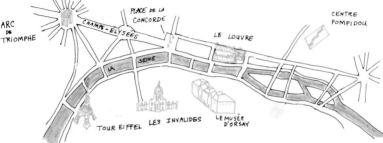

[1] This museum, inaugurated in 1987, contains the works of the French impressionists.
[2] Formerly a hospital for disabled veterans (**les invalides**); now housing a military museum and the tomb of Napoleon (1769-1821).
[3] Former royal palace begun in 1204 and finished under Louis XIV (1638-1715); now a national museum housing the "Mona Lisa" and the "Vénus de Milo." The glass structure, "La Pyramide du Louvre," designed by the well-known architect I. M. Pei, is the new museum entrance.

ACTIVITÉ 5 Dialogue

Ask your classmates if they often go to the following places and events.

→ le restaurant   Élève 1: **Est-ce que tu vas souvent au restaurant?**
                      Élève 2: **Oui, je vais souvent au restaurant.**
                                  (Non, je ne vais pas souvent au restaurant.)

1. le théâtre
2. la plage
3. la piscine
4. la campagne
5. le stade
6. le musée
7. l'église
8. la bibliothèque
9. l'hôpital
10. le parc
11. le cinéma
12. le concert

ACTIVITÉ 6 Le bon endroit *(The right place)*

Can you tell where the following people are? Read the first sentence. Then complete the second sentence with an appropriate place.

→ Paul regarde un film. Il est...   **Il est au cinéma.**

1. Janine dîne. Elle est...
2. Hélène nage. Elle est...
3. Charles joue au football. Il est...
4. Jean regarde les sculptures modernes. Il est...
5. Annie étudie. Elle est...
6. Robert est très malade. Il est...

C. *Aller* + l'infinitif

The following sentences describe *future* events. Note the words in heavy type.

Nathalie **va nager.**	*Nathalie **is going to swim.***
Paul et Marc **vont jouer** au tennis.	*Paul and Marc **are going to play** tennis.*
Nous **allons rester** à la maison.	*We **are going to stay** at home.*

To express the near future, the French use the following construction:

> present of **aller** + infinitive

This construction corresponds to the English construction: *to be going* (to do something). Note the interrogative and negative forms:

Est-ce que tu vas visiter Paris?	***Are you going** to visit Paris?*
Non, **je ne vais pas** visiter Paris.	*No, **I'm not going** to visit Paris.*

→ In negative sentences the word **ne** comes before the verb **aller,** and the word **pas** comes between **aller** and the infinitive.

ACTIVITÉ 7 Tourisme

Say where the following people are going this summer and what they are going to visit.

→ Monique (à Paris / la tour Eiffel)   **Monique va à Paris. Elle va visiter la tour Eiffel.**

1. Alice (à New York / la statue de la Liberté)
2. nous (en Égypte / les pyramides)
3. vous (à Rome / le Vatican)
4. toi (à la Nouvelle-Orléans / le Vieux Carré)
5. moi (à San Francisco / Alcatraz)
6. les élèves (en Floride / le Cap Canaveral)

ACTIVITÉ 8 Dialogue

Ask your classmates if they are going to do the following things this weekend.

→ étudier   Élève 1: **Est-ce que tu vas étudier?**
              Élève 2: **Oui, je vais étudier. (Non, je ne vais pas étudier.)**

1. travailler
2. écouter la radio
3. regarder la télé
4. visiter un musée

5. jouer au volleyball
6. nager
7. inviter des amis
8. danser

9. aller à la campagne
10. aller à la bibliothèque
11. jouer au tennis
12. rester à la maison

RÉVISION: *avoir* et *être*

> **être: je suis, tu es, il est, nous sommes, vous êtes, ils sont**
> **avoir: j'ai, tu as, il a, nous avons, vous avez, ils ont**

ACTIVITÉ DE RÉVISION Vacances à Paris

Say that the following people are on vacation, that they have a car, are going
to Paris, and are going to visit **le Centre Pompidou.**

→ Charles   Élève 1: **Charles est en vacances.**
              Élève 2: **Il a une voiture.**
              Élève 3: **Il va à Paris.**
              Élève 4: **Il va visiter le Centre Pompidou.**

1. vous
2. moi

3. Hélène
4. Monsieur Rémi

5. Colette et Marie
6. Paul et Robert

7. toi
8. nous

UN JEU *(A game)*

How many logical sentences can you make in five minutes, using elements
of columns A, B, and C? Be sure to use the appropriate forms of **aller,** as
shown in the models below.

A	B	C
je	le restaurant	nager
tu	le café	marcher
Philippe	la cafétéria	dîner
nous	la plage	jouer au volleyball
vous	la piscine	jouer au football
Michèle et Sophie	le musée	regarder les garçons et les filles
	le parc	danser
	la campagne	parler avec des amis
	le stade	écouter un concert
	la discothèque	visiter une exposition *(exhibit)*

→ **Tu vas au café. Tu vas parler avec des amis.**
→ **Michèle et Sophie vont à la piscine. Elles vont nager.**

Prononciation

Le son /ʒ/

Model word: <u>j</u>e

Practice words: <u>J</u>ean, <u>J</u>acques, <u>G</u>i<u>g</u>i, <u>G</u>eorges, <u>G</u>ilbert, <u>j</u>aune, rou<u>g</u>e

Practice sentences: <u>G</u>igi joue avec <u>G</u>eorges et <u>G</u>ilbert.

<u>J</u>eudi, <u>J</u>ean-<u>J</u>acques va voya<u>g</u>er.

The sound /ʒ/ is pronounced like the **g** of **rouge**. The sound /ʒ/ is almost never introduced by the sound /d/ as in the English name *John*.

Comment écrire /ʒ/: **j**; **g** (before **e, i, y**); **ge** (before **a, o**)

Pour communiquer

Expressions pour la conversation

The following expressions are often used in conversation:

Allons!	*Let's go!*
Allons . . !	*Let's go (somewhere)!*
Ça n'a pas d'importance.	*It doesn't matter.*

Mini-dialogue

Bill is spending the summer vacation with a French family. It is Sunday and his friends are discussing where to go that afternoon.

MICHÈLE: Où est-ce que nous allons aujourd'hui?

JACQUES: Allons au cinéma! Il y a un très bon film.

ANDRÉ: Au cinéma? C'est *ridicule!*   *ridiculous*
Il fait très beau aujourd'hui. Allons à la plage.

BRIGITTE: Moi, je préfère aller au café.

MICHÈLE: Et toi, Bill, où est-ce que tu préfères aller? Au cinéma, à la plage ou au café?

BILL: Ça n'a pas d'importance.

JACQUES: Pourquoi est-ce que ça n'a pas d'importance?

BILL: Parce qu'en France, il y a des jolies filles
partout!   *everywhere*

L'art du dialogue

a) Act out the dialog between Bill and his friends.

b) Imagine that the scene takes place in Paris. André wants to go to **les Champs-Élysées,** and Brigitte wants to go to **le Centre Pompidou.** Act out the new dialog, making all the necessary changes.

Leçon 2

Marie-Noëlle

Marie-Noëlle est une fille sympathique, mais . . .
    elle a une mauvaise *habitude*.   *habit*
Elle emprunte toujours tout.

Elle a la montre de Jacqueline,
        le skate-board de Philippe,
        les disques de Pierre . . .

Elle va à la plage avec le walkman d'Antoine,
                le sac de Françoise,
                le bikini de Nathalie.

Et quand elle joue au tennis,
        elle emprunte le short de Sylvie,
                le tee-shirt de la cousine de Sylvie,
                la raquette du cousin de Sylvie.

Où est Marie-Noëlle aujourd'hui?
Est-ce qu'elle est *chez elle?*   *at home*
Non, elle est *chez Thérèse!*   *at Thérèse's (house)*
Est-ce parce que Thérèse a une *nouvelle* mobylette?   *new*
Non, c'est parce que Thérèse a un frère très intelligent,
    très beau et très sympathique!
C'est *plus* important *que* la mobylette, non?   *more . . . than*

CONVERSATION

Imagine that someone is asking you who has the following objects.
Answer that Marie-Noëlle has them.

1. Qui a **la montre de Jacqueline?**
   Marie-Noëlle a la montre de Jacqueline.
2. Qui a les disques de Pierre?
3. Qui a le sac de Françoise?
4. Qui a le short de Sylvie?
5. Qui a le skate-board de Philippe?

OBSERVATIONS

Reread the first question.
• How do you say *Jacqueline's watch* in French?
• Which noun comes *first?* **la montre** or **Jacqueline?**
  Which noun comes *second?*
  Which little word comes between the two nouns?

NOTE CULTURELLE

L'américanisation

In many ways French teenagers have adopted an American life style. They drink Coca-Cola, wear T-shirts and jeans, and play basketball and volleyball.

Just as people borrow customs from one another, so languages borrow words. Most French sports terms are of English origin: **le volleyball, le football, le basketball, le golf,** etc. Recently many other new words have been borrowed by the French: **le short, le tee-shirt, le skate-board,** etc. Often the French shorten these borrowed words. They talk of **le volley, le foot, le basket, le skate (le roller), le surf,** and they give these words a French pronunciation.

Of course, English has also borrowed many words from French: **boutique, restaurant, rendez-vous, chic, . . .** you can probably extend this list without difficulty!

VOCABULAIRE

NOMS:	**un cousin**	*cousin* (male)	**une cousine**	*cousin* (female)
	un frère	*brother*	**une sœur**	*sister*
VERBE:	**emprunter**	*to borrow*	**J'emprunte** des livres à la bibliothèque.	
EXPRESSION:	**tout**	*all, everything*	**Tout** est intéressant.	

Structure

A. *Chez*

Note the English equivalents of **chez** in the following sentences:

Je suis **chez moi**.	*I am (at) home (at my house).*
Tu es **chez Marie-Noëlle**.	*You are at Marie-Noëlle's (house).*
Paul va **chez lui**.	*Paul is going home (to his house).*
Henri va **chez Jacques**.	*Henri is going to Jacques' (house).*
Annette va **chez une amie**.	*Annette is going to a friend's (house).*

Chez cannot stand alone. It must be followed by a *noun*, a *stress pronoun*, or **qui**. Note the word order in questions:

Chez qui vas-tu? $\begin{cases} \textbf{\textit{To whose house}} \textit{ are you going?} \\ \textbf{\textit{Whose house}} \textit{ are you going } \textbf{\textit{to?}} \end{cases}$

→ There is liaison after **chez** when the next word begins with a vowel sound.

Marie-Noëlle n'est pas chez elle. Elle est chez une amie.

ACTIVITÉ 1 Les visites de Marie-Noëlle

Before leaving for a summer in the United States, Marie-Noëlle visits her friends to say good-by. Say where she is going.

→ Charles **Marie-Noëlle va chez Charles.**

1. Françoise
2. Thérèse
3. Paul et André
4. un ami suisse
5. une amie canadienne
6. des amis américains
7. le professeur
8. Madame Dupont

ACTIVITÉ 2 Le championnat de football

The soccer championship is on TV tonight, and everyone is staying home to watch it. Express this, using **rester chez** and the appropriate stress pronoun.

→ Paul **Paul reste chez lui.**

1. Marie-Noëlle
2. Monsieur Duroc
3. le professeur
4. Pierre et Jean
5. Anne et Julie
6. Ève et moi
7. nous
8. vous
9. toi
10. moi

ACTIVITÉ 3 Où sont-ils?

There are things we do when we are at home, and other things we do someplace else.
Read the following sentences and say whether the people are at home or not.

→ Paul nage.   **Il n'est pas chez lui.**
  Anne étudie.   **Elle est chez elle.**

1. André skie.
2. Tu voyages.
3. Caroline regarde la télévision.
4. Jean et Louis écoutent des disques.

5. Je téléphone.
6. Lise et Annie jouent au tennis.
7. Vous dînez au restaurant.
8. Nous empruntons un livre à la bibliothèque.

B. La possession avec de

To indicate possession or relationship, French speakers use the construction:

noun +	**de** +	noun	**la guitare de Paul**	*Paul's guitar*
	↓			
	d' (+	vowel sound)	**les amies d'Anne**	*Anne's friends*

→ To remember the word order, think of **de** as meaning *of* or *which belongs to.*

ACTIVITÉ 4 Un tapeur *(A leech)*

Jacques borrows everything from his friends. Indicate who owns the things he has.

→ la caméra (Pierre)   **Il a la caméra de Pierre.**

1. le magnétophone (Paul)
2. la radio (Marc)
3. la moto (Albert)

4. les lunettes de soleil (Alain)
5. les disques compacts (Robert)
6. les cassettes (Julien)

ACTIVITÉ 5 Les objets trouvés *(Lost and found)*

The following things have been turned in to the lost and found office.
Identify their owners.

→ le livre (Antoine)   **C'est le livre d'Antoine.**

1. le sac (Sylvie)
2. la raquette (Sophie)
3. la montre (René)

4. le walkman (Olivier)
5. les lunettes (Isabelle)
6. les livres (Philippe)

ACTIVITÉ 6 Présentations *(Introductions)*

Imagine you are hosting a French party. Introduce the following people.

→ Isabelle (cousine / Marc)   **Isabelle est la cousine de Marc.**

1. Jacques (cousin / Sylvie)
2. Marc (ami / Caroline)
3. Pauline (amie / Pierre)
4. Philippe (camarade / Charles)

5. Suzanne (petite amie / Paul)
6. Robert (frère / Marc)
7. Thomas (frère / Christine)
8. Jeannette (sœur / Pascal)

C. *De* + l'article défini

The preposition **de** has several meanings: *of, from, about.*
Note the forms of **de** + *definite article* in the sentences below:

le concert	Nous arrivons **du** concert.	Nous parlons **du** concert.
la tour Eiffel	Nous arrivons **de la** tour Eiffel.	Nous parlons **de la** tour Eiffel.
l'opéra	Nous arrivons **de l'**opéra.	Nous parlons **de l'**opéra.
les Champs-Élysées	Nous arrivons **des** Champs-Élysées.	Nous parlons **des** Champs-Élysées.

The preposition **de** contracts with **le** and **les**, but *not* with **la** and **l'**.

de + le → du	de + les → des

→ There is liaison after **des** when the next word begins with a vowel sound.

Où sont les livres des‿élèves?

rue Pierre Loti
B.P. 12086
DOUALA
Cameroun

hotel ibis

Au Pays des Champions d'Afrique

ACTIVITÉ 7 Rendez-vous

After visiting Paris, the following students are meeting in a café. Say from which place each one is coming.

→ Jacques: l'Arc de Triomphe   **Jacques arrive de l'Arc de Triomphe.**

1. Sylvie: la tour Eiffel
2. Isabelle: le théâtre
3. Jean-Paul: le Centre Pompidou
4. François: le Quartier Latin
5. Nicole: l'Opéra
6. Marc: le Louvre
7. André: les Champs-Élysées
8. Pierre: les Invalides

ACTIVITÉ 8 Non!

Paul is accused of having borrowed the following items from the people indicated in parentheses. He insists that he does not have them. Play the role of Paul.

→ la guitare (le cousin de Marc)   **Non! Je n'ai pas la guitare du cousin de Marc.**

1. le vélo (le cousin de Suzanne)
2. les disques (la cousine de Charles)
3. la caméra (l'élève américain)
4. l'appareil-photo (l'élève américaine)
5. le livre (le professeur)
6. la raquette (l'amie de Denise)

D. *Jouer à* et *jouer de*

Note the constructions with **jouer** in the sentences below:

Chantal **joue au** tennis.   *Chantal plays tennis.*
Elle **joue de la** guitare.   *She plays the guitar.*

French speakers use the following constructions with **jouer:**

> **jouer à**   +   definite article   +   sport, game

> **jouer de**   +   definite article   +   instrument

VOCABULAIRE PRATIQUE

Les sports, les jeux et les passe-temps
(Sports, games, and hobbies)

jouer à (+ **le sport**)

  jouer au basket(ball)

    au foot(ball)

    au volley(ball)

jouer de (+ **l'instrument**)

  jouer du piano

    du violon

    du saxo(phone)

jouer de la flûte

    de la guitare

    de la clarinette

jouer à (+ **le jeu** [*game*])

  jouer aux cartes

  au Monopoly

  aux échecs

ACTIVITÉ 9 Dialogue

Ask your classmates if they play the following instruments and games.

→ le ping-pong   Élève 1: **Est-ce que tu joues au ping-pong?**
                   Élève 2: **Oui, je joue au ping-pong.**
                   (Non, je ne joue pas au ping-pong.)

le piano   Élève 1: **Est-ce que tu joues du piano?**
             Élève 2: **Oui, je joue du piano.**
             (Non, je ne joue pas du piano.)

1. le volley
2. le basket
3. le football
4. la clarinette
5. le saxo
6. la flûte
7. le Monopoly
8. les cartes
9. les échecs
10. la trompette
11. le banjo
12. le violon

UN JEU

The people in column A are talking to friends and relatives of the people in column C. Using the expression **parler à**, form sentences similar to the models below. How many sentences can you make in five minutes?

A	B	C
Adèle	le cousin	Charles
Jean-Pierre	la cousine	Jacqueline
Jacques et Pierre	le frère	le garçon italien
Hélène et Béatrice	la sœur	la fille espagnole
	le meilleur (*best*) ami	les étudiants canadiens
	la meilleure amie	

→ **Jean-Pierre parle au frère du garçon italien.**

→ **Hélène et Béatrice parlent à la cousine des étudiants canadiens.**

Prononciation

Le son /ʃ/

Model word: chez

Practice words: Charles, Michel, Rachel

Practice sentences: Charles a une moto blanche.
                       Rachel et Michèle dînent chez Charlotte.

The sound /ʃ/ is pronounced like the *ch* of the English word *machine*.
Do not pronounce a /t/ before /ʃ/, unless the t appears in the French word.

Contrast: /ʃ/ machine   /tʃ/ match

Comment écrire /ʃ/: **ch**

Pour communiquer ▶

Expression pour la conversation

au moins   *at least*   Pierre a **au moins** cinquante disques de musique classique.

Mini-dialogue

PIERRE: Où vas-tu?
ANDRÉ: Je vais chez Jacques.
PIERRE: Pourquoi chez lui? Pourquoi pas chez moi?
ANDRÉ: Parce que lui, au moins, il a une sœur sympathique.
PIERRE: Eh bien, j'ai une mauvaise *nouvelle* pour toi!   *piece of news*
Sa sœur n'est pas là. Elle est à Montréal où elle   *His*
va *passer* les vacances chez des amis.   *to spend*

L'art du dialogue

a) Act out the dialog between Pierre and André.
b) Imagine that **Pierre** and his brother **Paul** meet André. In Pierre's lines replace **je** and **moi** by **nous** and make the necessary changes.
c) Write and act out a new dialog between **Colette** and **Marie**. Marie wants to visit **Chantal**, who has an interesting brother (**frère; son frère**).

Leçon 3

Christine a un petit ami.

Christine a deux passions: le ski et la *photo*.   *photography*
En hiver elle va en vacances à La Plagne, une *station de ski*   *ski resort*
dans les Alpes. Et, bien sûr, elle *prend* beaucoup de photos.   *takes*

Un jour Hélène regarde l'album de photos de Christine.

HÉLÈNE: Qui est la fille *en* bleu? Est-ce que c'est *ta* sœur?   *in; your*
CHRISTINE: Non. C'est *ma* cousine Suzanne.   *my*
HÉLÈNE: Et les garçons dans la voiture de sport? Ce sont tes frères?
CHRISTINE: Non! Ce sont mes cousins.
HÉLÈNE: *Quel âge ont-ils?*   *How old are they?*
CHRISTINE: Jean-François *a vingt et un ans* et Gérard a dix-neuf ans.   *is 21*
      Ils sont très sympathiques.
HÉLÈNE: Ah . . . Et le garçon en jaune? Il *a l'air* sympathique aussi! *seems*
      Qui est-ce?
CHRISTINE: Écoute, Hélène! Tu es trop *curieuse!*   *curious*
HÉLÈNE: Ah, ah! C'est ton petit ami, *je parie!*   *I bet*

CONVERSATION

Let's be on very friendly terms. In the following questions you will be
addressed as **tu**. The questions are about people you know.

1. Comment s'appelle **ton** père (*your father*)?   Il s'appelle . . .
2. Comment s'appelle **ta** mère (*your mother*)?   Elle s'appelle . . .
3. Comment s'appelle **ton** meilleur ami?   Il . . .
4. Comment s'appelle **ta** meilleure amie?   Elle . . .
5. Comment s'appellent **tes** cousins?   Ils . . .
6. Comment s'appellent **tes** cousines?   Elles . . .

OBSERVATIONS

Reread the above questions. The words in heavy type all mean *your*.
They are called *possessive adjectives*.

- Which possessive adjective is used before a *masculine singular* noun (**père**)?
  before a *feminine singular* noun (**mère**)?
  before a *masculine plural* noun (**cousins**)?
  before a *feminine plural* noun (**cousines**)?

NOTES CULTURELLES

1. Le ski en France   How far do you live from a ski area?
In France skiing is a very popular sport, and many teenagers
spend Christmas and February vacations on the slopes.
Some schools have organized special **classes de neige,**
where entire school groups go to a ski area and combine
classes in the morning with skiing in the afternoon.

The most popular ski resorts are located in the Alps and the
Pyrenees. **La Plagne,** at an altitude of about 6,000 feet, is
one of the highest and most modern ski areas in the Alps.

2. La photo (la photographie)   The art of photography
was discovered by two Frenchmen: **Nicéphore Niepce** and
Jacques Daguerre. In fact, the first photographs were called
"daguerreotypes" (1839). Today photography is a favorite
pastime of many French young people.

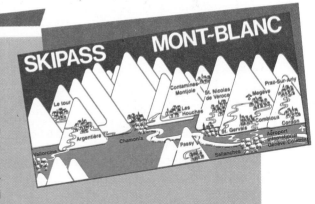

VOCABULAIRE

NOMS:	**un album**	*album*	**une photo**	*photograph, picture*
			les vacances (*f.*)	*vacation*
	un petit ami	*boyfriend*	**une petite amie**	*girlfriend*
	un meilleur ami	*best friend* (male)	**une meilleure amie**	*best friend* (female)
EXPRESSIONS:	**dans**	*in*	La photo est **dans** l'album.	
	trop	*too, too much*	Tu parles **trop.** Tu es **trop** curieux.	

Structure

A. Les adjectifs possessifs: *mon, ma, mes; ton, ta, tes*

One way of indicating possession and relationship is to use *possessive adjectives*.
Note the forms of the possessive adjectives **mon** *(my)* and **ton** *(your)*
in the chart below:

	SINGULAR	PLURAL	
Masculine	mon	mes	mon cousin mes cousins mon ami mes amis
Feminine	ma ↓ mon (+ vowel sound)	mes	ma cousine mes cousines mon amie mes amies
Masculine	ton	tes	ton disque tes disques ton album tes albums
Feminine	ta ↓ ton (+ vowel sound)	tes	ta sœur tes sœurs ton amie tes amies

Possessive adjectives agree with the nouns they introduce.

→ French speakers use **ton, ta, tes** with people whom they address as **tu.**
Paul, tu as **tes** livres avec toi?

→ **Ma** and **ta** become **mon** and **ton** when the next word begins with a vowel sound.
Hélène est **mon** amie.   Où est **ton** auto?

→ There is liaison after **mon, ton, mes, tes** when the next word begins with a vowel sound.

ACTIVITÉ 1 Le tour de l'école *(Around school)*

Marc is showing his school to his cousin Michèle. Play the role of Marc.

→ l'école   **Voici mon école.**

1. le camarade
2. la camarade
3. l'ami Charles
4. l'amie Élisabeth

5. la classe
6. les livres
7. les professeurs
8. les amis

ACTIVITÉ 2 Départ *(Departure)*

Pierre is packing his suitcase and cannot find the things listed below. His sister Annie tells him that she does not have them. Play both roles.

→ la raquette   Pierre: **Où est ma raquette?**
                       Annie: **Je n'ai pas ta raquette.**

1. le short
2. la caméra
3. l'appareil-photo
4. la guitare

5. les lunettes de soleil
6. le walkman
7. les disques
8. le tee-shirt

ACTIVITÉ 3 Expression personnelle

Say what your favorites are, according to the model. (Note: **préféré** means *favorite*.)

→ la ville préférée   **Ma ville préférée est San Francisco (Boston, Atlanta, . . .)**

1. le disque préféré
2. le livre préféré
3. le film préféré
4. le programme de télé préféré
5. le jour préféré
6. le mois préféré
7. la saison préférée
8. le restaurant préféré

VOCABULAIRE PRATIQUE La famille

NOMS: **La famille proche** *(Immediate family)*

un père	*father*	**une mère**	*mother*	**les parents** *(m.)*	*parents*
un grand-père	*grandfather*	**une grand-mère**	*grandmother*	**les grands-parents** *(m.)*	*grand-parents*
un fils	*son*	**une fille**	*daughter*	**les enfants** *(m.)*	*children*
un frère	*brother*	**une sœur**	*sister*		

ACTIVITÉ 4   La famille de Christine

Hélène is looking at Christine's photograph album. Hélène asks whether the people in the pictures are members of her family, and Christine says that they are. Play the two roles.

→   la cousine Lucie

Hélène: **C'est ta cousine Lucie?**
Christine: **Oui, c'est ma cousine Lucie.**

1. le père
2. la tante
3. le grand-père
4. l'oncle André
5. la grand-mère
6. la mère
7. les cousins
8. les cousines

NOMS: **La famille éloignée** (*Distant family*)

un oncle	*uncle*	**une tante**	*aunt*	**les parents** (*m.*)	*relatives*
un cousin	*cousin* (male)	**une cousine**	*cousin* (female)		

ADJECTIFS: **jeune** ≠ **âgé** *young ≠ old*

Notes: 1. **Les parents** may mean either *parents* or *relatives*.
2. The adjective **jeune** usually comes before the noun: J'ai un **jeune** cousin.

B. L'âge

To ask someone's age, the French say:

Quel âge avez-vous? or **Quel âge as-tu?**

To state how old someone (or something) is, the French use the following expression:

avoir . . . ans	Mon père **a 42 ans.**	*My father is 42 (years old).*
	Mes cousines **ont 16 ans.**	*My cousins are 16 (years old).*

→ Although the words *years old* may be left out in an English expression of age, the equivalent French sentence can *never* omit the word **ans**.

ACTIVITÉ 5 Expression personnelle

Say how old the following people are by completing the sentences below. If you do not know for sure, make a guess!

1. Moi, j'ai . . .
2. Mon père . . .
3. Ma mère . . .
4. Mon meilleur ami . . .
5. Ma meilleure amie . . .
6. Mon oncle préféré . . .
7. Ma cousine préférée . . .
8. Le professeur . . .

C. La construction: nom + de + nom

Compare the word order in French and English.

J'ai une raquette.	C'est une **raquette de tennis**.	*It's a tennis racket.*
Paul a une voiture.	C'est une **voiture de sport**.	*It's a sports car.*
Tu as une classe.	C'est une **classe d'anglais**.	*It's an English class.*
Qui est le professeur?	C'est le **professeur de musique**.	*He's the music teacher.*

When a noun modifies another noun, French speakers frequently use the construction:

> main noun + **de** + modifying noun
> ↓
> **d'** (+ vowel sound)

➔ In French the *main noun* comes *first*. In English the main noun comes second.

➔ There is no article after **de.**

ACTIVITÉ 6 Complétez...

Complete the following sentences with an expression made up of **de** + underlined noun.

➔ J'aime le <u>sport</u>. J'ai une voiture . . .   **J'ai une voiture de sport.**

1. Claire aime le <u>ping-pong</u>. Elle a une raquette . . .
2. Nous adorons le <u>jazz</u>. Nous écoutons un concert . . .
3. Jacques aime la <u>musique classique</u>. Il écoute un programme . . .
4. Vous étudiez l'<u>anglais</u>. Vous avez un livre . . .
5. Tu étudies le <u>piano</u>. Aujourd'hui tu as une leçon . . .
6. Thomas et Paul aiment l'<u>espagnol</u>. Ils ont un bon professeur . . .
7. Je regarde mes <u>photos</u>. J'ai un album . . .

UN JEU

Form logical sentences similar to the models below, using elements of columns A, B, C, and D. How many sentences can you make in five minutes or less?

A	B	C	D
je	avoir	des disques	volley
Paul	écouter	un concert	ping-pong
Christine	regarder	un programme	tennis
nous		un match (*game*)	musique disco
		une classe	musique classique
		une raquette	piano
			basket
			sport
			français

➔ **Nous regardons un match de volley.**

➔ **J'ai une raquette de ping-pong.**

154 Unité trois

Prononciation

Le son /ø/

Model word: d<u>eu</u>x

Practice words: <u>eu</u>x, bl<u>eu</u>, pl<u>eu</u>t, curi<u>eu</u>se, <u>Eu</u>gène, j<u>eu</u>, j<u>eu</u>di

Practice sentences: <u>Eu</u>génie est trop curi<u>eu</u>se.

Ils ont d<u>eu</u>x livres bl<u>eu</u>s avec <u>eu</u>x.

The sound /ø/ is pronounced with the lips rounded and tense. The tip of the tongue touches the lower front teeth.

Comment écrire /ø/: **eu**

Pour communiquer

Expression pour la conversation

To say that someone (or something) is attractive (or interesting), the French often use the following expression:

pas mal — Cette fille est jolie, n'est-ce pas?

— Oui, elle est **pas mal.**

Mini-dialogue

Henri regarde les photos de Monique. Il *trouve que* la   *thinks that*
cousine de Monique est très jolie, mais . . .

HENRI: Qui est-ce, *cette* fille? C'est ta sœur?   *that*

MONIQUE: Non, c'est ma cousine.

HENRI: Elle est pas mal. Quel âge est-ce qu'elle a?

MONIQUE: Elle a seize ans.

HENRI: Dis, Monique . . .

MONIQUE: Oui?

HENRI: Quel est le numéro de téléphone de ta cousine?

MONIQUE: C'est le 2.70.22 . . . à Tahiti![1]

L'art du dialogue

a) Act out the dialog between Monique and Henri.
b) Now the roles are reversed. It is **Monique** who is asking about **Henri's** cousin. Act out the new dialog, replacing **cette fille** by **ce garçon**, **sœur** by **frère**, and **cousine** by **cousin**. Make the necessary changes.

[1]Tahiti is a French island in the South Pacific.

Vive les grandes vacances!

Bonjour!
Je m'appelle Olivier Pécoul.
Nous habitons à Paris, mais en été nous allons en vacances
à La Grande-Motte.
Voici l'*immeuble* où nous habitons là-bas.

apartment house

Monsieur Moreau habite au premier *étage*
avec *sa femme* et sa fille.

floor
his wife

Mademoiselle Lamblet habite au
deuxième étage avec son père et sa
mère.

Paul, mon meilleur ami, habite au
troisième étage avec sa sœur et ses
parents.

Mademoiselle Imbert habite au quatrième
étage avec son chien Malice, ses deux
chats Neptune et Pompon, son
perroquet Coco et son canari Froufrou.
(Je *pense que* c'est une personne très
intéressante, mais mon père pense
qu'elle est un peu bizarre.)

parrot
think that

Monsieur et Madame Martinot habitent au
cinquième étage avec *leur* fils et leurs
deux filles.

their

Et au sixième étage habite un garçon
super-intelligent et très sympathique!
Et *ce* garçon . . . c'est moi!

that

How well do you know the families of your best friends? Let's see.
(If you are not sure of an answer, use your imagination!)

A. Qui est ton meilleur ami?

1. Comment s'appelle **son** père?
2. Comment s'appelle **sa** mère?
3. Comment s'appellent **ses** frères
   (ou **ses** sœurs)?

B. Qui est ta meilleure amie?

4. Comment s'appelle **son** père?
5. Comment s'appelle **sa** mère?
6. Comment s'appellent **ses** frères
   (ou **ses** sœurs)?

OBSERVATIONS

Reread the questions above. Compare the possessive adjectives in heavy type
used in parts A and B.

- How do you say *his* father? *her* father?
- How do you say *his* mother? *her* mother?
- How do you say *his* brothers? *her* brothers?

NOTE CULTURELLE

Les grandes vacances

Do you go away for summer vacation (**les grandes
vacances**)? Or do you stay at home and look for a job? In
France very few teenagers work during the summer, for vacation time is devoted strictly to relaxation. Most young people
spend their vacations with their families away from home.
Many go to the country or to the mountains, but the favorite
vacation spots are the beaches along the Atlantic
(**l'Atlantique**) and the Mediterranean (**la Méditerranée**). **La
Grande-Motte** is a summer resort in Southern France.

VOCABULAIRE PRATIQUE   Les animaux domestiques

un animal	*animal*
un chat	*cat*
un chien	*dog*
un cheval	*horse*
un oiseau	*bird*
un poisson	*fish*
un poisson rouge	*goldfish*

Note: Nouns which end in **-al** form their plural in **-aux: des animaux, des chevaux.**
Nouns which end in **-eau** form their plural in **-eaux: des oiseaux.**

Structure

A. L'adjectif possessif: *son, sa, ses*

Note the forms of the possessive adjective **son** (*his, her, its*):

	SINGULAR	PLURAL		
Masculine	son	ses	son vélo son ami	ses disques ses amis
Feminine	sa ↓ son (+ vowel sound)	ses	sa radio son amie	ses photos ses amies

➡ **Sa** becomes **son** before a vowel sound.

➡ There is liaison after **son** and **ses** when the next word begins with a vowel sound.

Note the uses of the possessive adjective:

le vélo de Marc:	**son** vélo	*his bicycle*
le vélo de Christine:	**son** vélo	*her bicycle*
la radio de Marc:	**sa** radio	*his radio*
la radio de Christine:	**sa** radio	*her radio*
les photos de Marc:	**ses** photos	*his pictures*
les photos de Christine:	**ses** photos	*her pictures*

➡ The choice between **son, sa, ses** depends on the *gender* (masculine or feminine) and the *number* (singular or plural) of the *following* noun. It does *not* depend on the gender of the owner.

ACTIVITÉ 1 Chez Marc

Paul wants to know whether the following things belong to Marc. Olivier answers *yes.* Play the two roles.

➡ le vélo   Paul: **Est-ce que c'est le vélo de Marc?**
         Olivier: **Oui, c'est son vélo.**

1. la guitare
2. les disques
3. la chaîne stéréo
4. les livres
5. le téléviseur
6. les posters
7. l'album de photos
8. la photo
9. le magnétophone
10. les lunettes de soleil
11. l'appareil-photo
12. la moto

VOUS AVEZ UNE AUTOMOBILE

AVEZ-VOUS
un
VÉLO?

LE VÉLO, C'EST LA SANTÉ

ACTIVITÉ 2   Chez Marie et Christophe

The animals or things in part A belong to **Marie**. Those in part B belong to her brother **Christophe**. Point them out, as in the models.

A: Marie

→ le vélo   **C'est son vélo.**

1. la radio
2. le sac
3. le chien
4. l'album
5. le poisson rouge
6. la guitare
7. les disques
8. les cassettes

B: Christophe

→ le disque   **C'est son disque.**

9. la guitare
10. la chaîne stéréo
11. le chat
12. le cheval
13. les livres
14. les oiseaux
15. les photos
16. les disques

ACTIVITÉ 3   Invitations

The following people are each inviting a friend or relative to the school dance. Express this according to the model.

→ Michel: la petite amie   **Michel invite sa petite amie.**

1. André: la cousine
2. Jean-Claude: la sœur
3. Marie-Noëlle: le frère
4. Pascal: l'amie Sophie
5. Monique: le cousin
6. Nathalie: l'ami Antoine
7. Guillaume: l'amie Janine
8. Paul: l'amie Thérèse

B. L'adjectif possessif: *leur, leurs*

The possessive adjective **leur** *(their)* has the following forms:

	SINGULAR	PLURAL		
Masculine	leur	leurs	**leur** cousin **leur** album	**leurs** livres **leurs** amis
Feminine	leur	leurs	**leur** cousine **leur** école	**leurs** photos **leurs** amies

→ There is liaison after **leurs** before a vowel sound.

→ The use of **leur** or **leurs** depends on whether the noun introduced is *singular* or *plural*.

le chien de Paul et de Philippe: **leur** chien   *their dog*
les chats de Paul et de Philippe: **leurs** chats   *their cats*

ACTIVITÉ 4   Les millionnaires

Monsieur and Madame Richard are millionaires. Imagine you are showing their estate to a friend. Point out the items below.

→ la maison   **Voici leur maison.**

1. la piscine
2. la Mercédès
3. la Rolls Royce
4. le parc
5. les chiens
6. les chevaux
7. l'hélicoptère
8. le court de tennis

C. Les nombres ordinaux

Numbers like *first, second,* and *third* are used to rank persons or things, to put them in a given order. They are called *ordinal numbers.* Compare the ordinal numbers with the regular numbers.

(2)	**deux**	**deuxième**	Février est le **deuxième** mois de l'année.
(3)	**trois**	**troisième**	Mercredi est le **troisième** jour de la semaine.
(4)	**quatre**	**quatrième**	J'habite au **quatrième** étage *(floor).*
(12)	**douze**	**douzième**	Qui habite au **douzième** étage?

To form ordinal numbers, the French use the following pattern:

> number   (minus final **e**, if any)   +   **ième**

Exceptions: un (une)   →   **premier (première)**
cinq   →   **cinquième**
neuf   →   **neuvième**

➜ Ordinal numbers are adjectives and come *before* the noun.

ACTIVITÉ 5   La course de bicyclettes *(The bicycle race)*

Give the order of arrival of the following participants in the bicycle race.

➜ Jacques (6)   **Jacques est sixième.**

1. Catherine (4)   3. Paul (8)   5. Thomas (1)   7. Isabelle (11)
2. Henri (7)   4. Marie-Françoise (2)   6. Jacqueline (10)   8. Marc (12)

UN JEU

The people in column A cannot do the things in column B, because they do not have the things in column C. Express this in logical sentences, as in the models below. How many different sentences can you make in five minutes?

A	B	C
Paul	jouer au ping-pong	le téléviseur
Suzanne	jouer au tennis	la radio
Charles et Henri	regarder le match	le walkman
Annie et Pauline	écouter le concert	la voiture
mes cousins	voyager	la raquette
mes amies	danser	les disques
mon meilleur ami	aller à la campagne	la moto
ma sœur	écouter la musique	

➜ **Annie et Pauline ne vont pas à la campagne parce qu'elles n'ont pas leur voiture.**

➜ **Ma sœur ne joue pas au ping-pong parce qu'elle n'a pas sa raquette.**

Prononciation

Le son /œ/

Model word: h<u>eu</u>re

Practice words: n<u>eu</u>f, l<u>eu</u>r, s<u>œu</u>r, act<u>eu</u>r, professeur, j<u>eu</u>ne

Practice sentence: L<u>eu</u>r s<u>œu</u>r arrive à n<u>eu</u>f h<u>eu</u>res.

Comment écrire /œ/: usually **eu**; sometimes **œu**

Note: The letters **eu** are usually pronounced /œ/ before a final pronounced consonant other than /z/ (as in the ending **-euse**).

Contrast: /œ/ l**eu**r   /ø/ curi**eu**se

Pour communiquer ▶

Expression pour la conversation

To show that you understand, or agree with a statement, you can say:

Ah bon! *All right!*   **Ah bon!** Je comprends (*understand*) maintenant.

Mini-dialogue

SUZANNE: Où est Philippe?

CLAIRE: Il est avec son oncle, dans son *bateau*.   boat

SUZANNE: Dans son bateau? Philippe a un bateau maintenant? Formidable!

CLAIRE: Mais non, c'est son oncle qui a le bateau.

SUZANNE: Ah bon! Je comprends maintenant.

L'art du dialogue

a) Act out the dialog between Suzanne and Claire.

b) Now imagine that Philippe is with his aunt. Replace **oncle** by **tante**, and make all necessary changes.

L'album de timbres

Scène 1

Un jour, Pierre va dans le *grenier* et trouve un album de timbres.   *attic*
«*À qui est-il?*» demande Pierre à ses cousins.   *"To whom does it belong?"*
Il y a beaucoup de candidats pour *cet* album.   *this*

PIERRE: À qui est l'album?
BERNARD: Je pense qu'il est à mon frère.
JACQUES: Non, il n'est pas à lui. Il est à moi.
PHILIPPE: Non, il n'est pas à toi. Il est à moi.
PAUL ET HENRI: Ce n'est pas vrai! Il est à nous!
Regardez! Il y a *nos* initiales sur la *couverture*.   *our; cover*
PIERRE: S'il y a *vos* initiales, il est à vous!   *your*
Tenez! Voilà votre album!   *Look!*

Scène 2

Paul et Henri regardent l'album et *découvrent* . . . qu'il est *vide*.   *discover; empty*

PAUL: Eh Pierre! Ce n'est pas notre album de timbres.
Il n'est pas à nous. Est-ce qu'il est à toi, Jacques?
JACQUES: Non, il est au frère de Bernard!
BERNARD: Non, il n'est pas à lui! Il est à toi, Philippe.
PHILIPPE: Il n'est pas à moi!
PIERRE: Alors, à qui est-il?
HENRI: Eh bien, *il n'est à personne!*   *it doesn't belong to anyone*

In the following questions you are asked if you have certain things
with you now.

1. Avez-vous **votre** livre de français avec vous?
2. Avez-vous **votre** radio avec vous?
3. Avez-vous **vos** disques?
4. Avez-vous **vos** photos?

OBSERVATIONS

In the above questions the words in heavy type are the possessive
adjectives which correspond to **vous.**

• What is the form of this possessive adjective before a *singular* noun?
• What form is used before a *plural* noun?

NOTE CULTURELLE

Les timbres français

Do you collect stamps? For many French people, young and
old, stamp collecting is a favorite hobby. Indeed, French post-
age stamps are very beautiful. Many of them have an educational value: they depict famous persons, monuments,
buildings, landscapes, and works of art. Special issues com-
memorate historical and scientific events. A study of French
stamps is, in fact, an excellent introduction to French culture.

VOCABULAIRE

	NOM:	**un timbre**	*stamp*	
	VERBES:	**demander** à	*to ask*	Paul **demande:** Où est l'album?
		penser	*to think*	Je **pense** que c'est l'album de Philippe.
		trouver	*to find*	Nous ne **trouvons** pas ton album.
EXPRESSIONS:		**que**	*that*	Paul pense **que** c'est son album.
		si	*if*	Je ne sais pas **si** Jean va téléphoner.
		sur	*on*	Les initiales sont **sur** l'album.

Note: **Si** becomes **s'** before **il** and **ils.** However, no elision occurs with **elle** or **elles.**
   Contrast:
      Je demande à Paul **s'**il a mon album.
      Je demande à Marie **si** elle a mon livre de français.

Structure

A. Les adjectifs possessifs: *notre, nos; votre, vos*

The possessive adjectives **notre** *(our)* and **votre** *(your)* have the following forms:

	SINGULAR	PLURAL		
Masculine/ Feminine	**notre**	**nos**	**notre** cousin **notre** amie	**nos** cousins **nos** amies
Masculine/ Feminine	**votre**	**vos**	**votre** album **votre** sœur	**vos** albums **vos** sœurs

→ There is liaison after **nos** and **vos** before a vowel sound.

→ The French use **votre** and **vos** when speaking to —

several people: (aux élèves)
{ Voici **votre** école.
{ Voici **vos** livres.

one person whom they address as **vous**: (au professeur)
{ Voici **votre** école.
{ Voici **vos** livres.

ACTIVITÉ 1   Là-bas

In a big department store a customer is looking for various things. The person at the information desk points out where they are to be found. Play both roles.

→   les disques

Le client (La cliente):   **Où sont vos disques?**
L'employé (L'employée):   **Nos disques sont là-bas.**

1. les livres
2. les posters
3. les radios
4. les cassettes
5. le restaurant
6. la cafétéria
7. les albums de timbres
8. les caméras

AIR INTER
NOTRE MONDE C'EST LA FRANCE

B. Récapitulation: les adjectifs possessifs

Review the possessive adjectives in the chart below:

THE OWNER	THE POSSESSIVE ADJECTIVE			ENGLISH EQUIVALENT
	before a singular noun		before a plural noun	
	Masculine	*Feminine*		
je	**mon**	**ma** (**mon** +vowel)	**mes**	*my*
tu	**ton**	**ta** (**ton** +vowel)	**tes**	*your*
il, elle	**son**	**sa** (**son** +vowel)	**ses**	*his, her, its*
nous	**notre**		**nos**	*our*
vous	**votre**		**vos**	*your*
ils, elles	**leur**		**leurs**	*their*

→ The gender and the number of a possessive adjective are determined only by the *noun it introduces.*

Voici Monique et **sa** collection.   *Here is Monique and **her** collection.*
Voici Robert et **sa** collection.   *Here is Robert and **his** collection.*

ACTIVITÉ 2 Au revoir!

The following people are taking a trip to Canada, and their friends and family are seeing them off. Say with whom each person is arriving at the airport.

→ Monique (le petit ami et les cousines)
Monique arrive avec son petit ami et ses cousines.

1. Jacques (le père et la mère)
2. Pauline (la sœur et le frère)
3. Henri (l'oncle et la tante)
4. Isabelle (les cousins et les cousines)
5. Pierre (les parents et la grand-mère)
6. Monsieur Dumas (la fille et les fils)
7. moi (les amis et la sœur)
8. toi (les amies et le frère)
9. Louis et André (le père et la tante)
10. Hélène et Sylvie (la mère et l'oncle)
11. vous (les amis et la cousine)
12. nous (les amies et le cousin)

ACTIVITÉ 3 La boum

Say what everyone is bringing to the party. Use the appropriate possessive adjectives.

→ vous (un magnétophone et des cassettes)
Vous arrivez avec votre magnétophone et vos cassettes.

1. moi (une guitare)
2. toi (un livre et des disques)
3. nous (une voiture)
4. vous (des cassettes et un banjo)
5. Paul (une clarinette)
6. Michèle (des photos)
7. Jacqueline et Anne (des disques compacts)
8. Marc et Philippe (un appareil-photo)

C. Être à

To indicate possession the French also use the expression **être à** *(to belong to).*

être à + { noun — La caméra **est à Marie.** — *The movie camera **belongs to Marie.***
Les timbres **sont à Pierre.** — *The stamps **belong to Pierre.***
stress — L'album n'**est pas** à **lui.** — *The album does not **belong to him.***
pronoun — Les photos **sont à moi.** — *The pictures **belong to me.***

Note the use of **être à** in questions:

À qui est le livre? { *To whom does the book **belong?***
*Whose book **is** it?*

À qui sont les timbres? { *To whom do the stamps **belong?***
*Whose stamps **are** they?*

ACTIVITÉ 4   Rendez à César ... *(Render unto Caesar ...)*

Give back the things listed below to their rightful owners.
(Remember: **à + le → au; à + les → aux**)

→ les timbres (Pierre)   **Les timbres sont à Pierre.**

1. l'appareil-photo (Jacques)
2. les photos (Sylvie)
3. la raquette (Philippe)
4. le chien (la fille)
5. le chat (le garçon)
6. les livres (le professeur)
7. la caméra (les cousins de Denise)
8. les cartes (les amis de Chantal)

ACTIVITÉ 5   Une guitare

Monique has found a guitar. She asks Marc if it belongs to the following
people. Marc says *no.* Play both roles, using a stress pronoun in Marc's
answers.

→ Paul   Monique: **Est-ce qu'elle est à Paul?**
Marc: **Non, elle n'est pas à lui.**

1. Philippe
2. Élisabeth
3. Hélène
4. Georges

5. Paul et Jacques
6. Lucie et Charlotte
7. toi
8. vous

UN JEU

Tell what the people in column A are doing, selecting activities from column B. Then decide which objects of column C might belong to them. Be sure to use the expression **être à** according to the models below. How many sets of sentences can you make in five minutes?

A	B	C
je	skier	les livres
tu	voyager	les disques
Anne-Marie	écouter un concert	l'album
mon cousin	regarder un match	la radio
mes amis	jouer au tennis	le téléviseur
Louise et Anne	jouer au football	la voiture
nous	jouer au volleyball	le ballon (*ball*) de foot
vous	étudier	le ballon de volley
	collectionner les timbres	la raquette
		les skis

→ **Tu étudies. Les livres sont à toi.**

→ **Anne-Marie joue au volleyball. Le ballon de volley est à elle.**

Prononciation

Le son /o/

Model word: au

Practice words: b<u>eau</u>, j<u>au</u>ne, pian<u>o</u>, radi<u>o</u>, f<u>au</u>x, vél<u>o</u>, drôle, hôtel, n<u>os</u>, v<u>os</u>

Practice sentences: Marg<u>o</u>t a un b<u>eau</u> pian<u>o</u>.

Voici v<u>os</u> vél<u>os</u> j<u>au</u>nes.

The sound /o/ is pronounced somewhat like the *o* in the English word *noble*, although it is shorter and more tense.

Comment écrire /o/: **o, ô; au, eau**

Pour communiquer

Expression pour la conversation

To disagree with a request, you may say:

Pas question! *Nothing doing! No way!*

Mini-dialogue

La générosité d'Henri a des limites.

MONIQUE: Où est ton frère, Henri?

HENRI: Il n'est pas *là*. Il est en vacances.   *here*

MONIQUE: Dis, *est-ce que je peux* emprunter son   *may I*
            magnétophone?

HENRI: Bien sûr.

MONIQUE: Et ses cassettes?

HENRI: Bien sûr.

MONIQUE: Et ses disques?

HENRI: Ses disques aussi!

MONIQUE: Et sa guitare?

HENRI: Sa guitare! Mais mon frère n'a pas de guitare.

MONIQUE: Et la guitare là-bas?

HENRI: Ah *ça*, pas question! Elle n'est pas à lui.   *that*
            Elle est à moi!

L'art du dialogue

a) Act out the dialog between Monique and Henri.

b) Now imagine that instead of looking for Henri's brother, Monique is looking for his sister. Replace **ton frère** by **ta sœur** and make the necessary changes. Act out the new dialog.

c) Imagine that Henri has two brothers and that Monique is looking for them. Replace **ton frère** by **tes frères** and make the necessary changes. Act out the new dialog.

d) Suppose that Monique is interested in Henri's banjo rather than his guitar. Act out the new dialog, replacing **sa guitare** by **son banjo.** Make the necessary changes.

SECTION
MAGAZINE 2

Le monde de tous les jours

Le langage
des COLEURS

Est-ce que les couleurs parlent?
Bien sûr!
Chaque° couleur a une signification.
Voici le langage des couleurs:

ROUGE	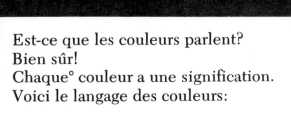	**Courage. Passion.**
ORANGE		**Courage. Initiative.**
JAUNE		**Dynamisme.**
VERT		**Patience.**
BLEU		**Calme. Optimisme.**
VIOLET		**Mélancolie.**
BLANC		**Idéalisme. Sincérité.**
NOIR		**Romantisme. Mystère.**

Est-ce que vous avez une couleur préférée?°
Est-ce que votre couleur préférée correspond à votre personnalité?

Chaque *Each*   **préférée** *favorite*

Petit catalogue des compliments . . . et des insultes

Les noms à la mode°

Comment est-ce que vous vous appelez?°
Jim, Bob ou Carl? Linda, Annie ou Sylvia?
Est-ce que votre nom est un nom à la mode?
En France, il y a des noms à la mode . . . et les modes° changent.

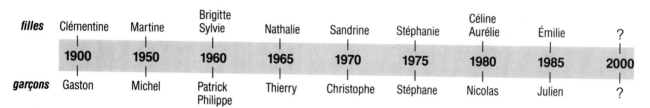

filles	Clémentine	Martine	Brigitte Sylvie	Nathalie	Sandrine	Stéphanie	Céline Aurélie	Émilie	?
	1900	**1950**	**1960**	**1965**	**1970**	**1975**	**1980**	**1985**	**2000**
garçons	Gaston	Michel	Patrick Philippe	Thierry	Christophe	Stéphane	Nicolas	Julien	?

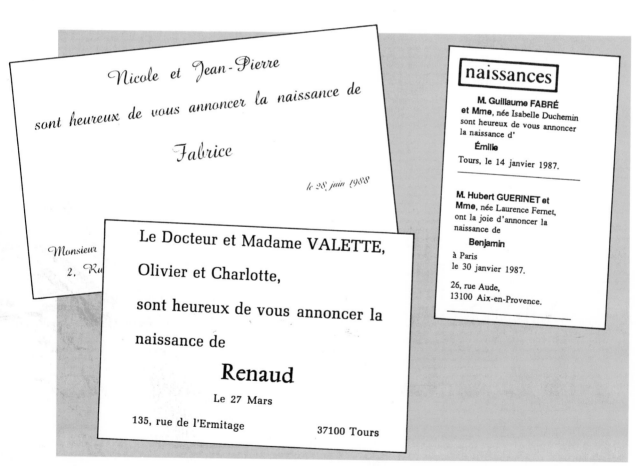

Nicole et Jean-Pierre
sont heureux de vous annoncer la naissance de
Fabrice
le 28 juin 1988

Monsieur
2. Ru

Le Docteur et Madame VALETTE,
Olivier et Charlotte,
sont heureux de vous annoncer la
naissance de
Renaud
Le 27 Mars
135, rue de l'Ermitage   37100 Tours

naissances

M. Guillaume FABRÉ
et Mme, née Isabelle Duchemin
sont heureux de vous annoncer
la naissance d'
Émilie
Tours, le 14 janvier 1987.

M. Hubert GUERINET et
Mme, née Laurence Fernet,
ont la joie d'annoncer la
naissance de
Benjamin
à Paris
le 30 janvier 1987.

26, rue Aude,
13100 Aix-en-Provence.

Les noms à la mode *Popular names*   **Comment est-ce que vous vous appelez?** *What's your name?*
les modes *fashions*   ILLUSTRATIONS: **heureux** *happy*   **naissance** *birth*

Les secrets du VISAGE°

Regardez-vous° dans la glace!°
Regardez la forme de votre visage!
Avez-vous un visage ovale? rond? carré?°
C'est une question importante.

Certaines° personnes disent° en effet
que la forme de votre visage détermine
votre personnalité.

Vous avez un visage ovale . . .

Vous êtes très romantique . . .
Comme° les personnes ro-
mantiques, vous êtes
généreux,° mais vous êtes
aussi impressionnable.
Vous êtes un peu timide et
vous n'êtes pas toujours très
patient.
Vous aimez la musique et
vous aimez danser. Vous
adorez voyager.

Vous avez un visage rond . . .

Vous avez beaucoup de sens
pratique.
Vous êtes sérieux et vous
aimez l'action. Mais vous
n'êtes pas très tolérant.
Vous aimez les sports.

Vous avez un visage triangulaire . . .

Vous êtes une personne intellectuelle et vous
avez aussi un tempérament d'artiste.
Vous aimez exprimer° vos opinions et vous
aimez discuter° avec vos amis.

Vous avez un visage carré . . .

Vous êtes réaliste . . .
Vous avez aussi une grande
curiosité intellectuelle.
Vous avez un sens pratique
très développé.
En général, vous aimez
commander . . . mais vous
n'aimez pas être commandé.

Vous avez beaucoup
d'imagination, mais vous
n'êtes pas très organisé. Vous
êtes aussi assez superstitieux.
Vous avez beaucoup d'amis,
mais vous n'êtes pas toujours
très patient avec eux.
Vous détestez l'ordre et la
discipline.

Et maintenant analysez la personnalité de ces° Français célèbres.°

Napoléon, *empereur*

Catherine Deneuve, *actrice*

Jacques Cousteau, *explorateur*

visage *face*   **Regardez-vous** *Look at yourself*   **glace** *mirror*   **carré** *square*   **Certaines** *Some*   **disent** *say*
Comme *Like*   **généreux** *generous*   **exprimer** *to express*   **discuter** *to argue*   **ces** *these*   **célèbres** *famous*

173

Vive la mobylette!

Quel est le véhicule qui° a un moteur, deux roues,° et deux pédales? La mobylette, bien sûr!

La mobylette est très populaire en France. Chaque° jour des milliers° de jeunes Français utilisent° leur mobylette pour aller à l'école . . . En été, ils utilisent leur mobylette pour aller à la plage ou à la campagne.

La mobylette a beaucoup d'avantages:
    Elle est très pratique.
    Elle est très économique.
    Et elle n'est pas dangereuse . . .
        si vous êtes prudent!

            Vive la mobylette!

174 qui *that* roues *wheels* Chaque *Every* des milliers *thousands* utilisent *use*
ILLUSTRATION: **Stationnement: ne payez plus le droit de vous arrêter** *Parking: stop paying for the right to stop*

L'ART DES CADEAUX°

Choisir° un cadeau est souvent un problème.
Qu'est-ce que° vous allez choisir pour l'anniversaire d'un ami? pour
l'anniversaire d'une amie?
Ça dépend de° leur personnalité.
Voici des suggestions:

Pour un garçon

Si le garçon est . . .

élégant
**un pull,°
une cravate°**

sportif
un tee-shirt

intellectuel
un livre

musicien
un disque

romantique
une plante

bon avec les animaux
un chien

votre meilleur ami
votre photo

Pour une fille

Si la fille est . . .

élégante
**un pull,
un foulard°**

sportive
un tee-shirt

intellectuelle
un livre

musicienne
**deux billets° d'opéra
(un pour elle et un
pour vous)**

romantique
une plante, des fleurs°

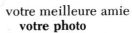
votre meilleure amie
votre photo

L'art des cadeaux *The art of gift-giving*   **Choisir** *To choose*   **Qu'est-ce que** *What*   **Ça dépend
de** *That depends on*   **pull** *pullover*   **cravate** *tie*   **foulard** *scarf*   **billets** *tickets*   **fleurs** *flowers*   175

L'album de photos de Brigitte

Bonjour! Je m'appelle Brigitte Martinot.
J'ai dix-sept ans et j'habite à Annecy.
Je vais au lycée° Berthollet où je suis élève de première.°
Voici quelques° photos de famille:

La fille avec le vélo, c'est moi. Je vais souvent à la campagne à vélo.

Voici mon père. Il est dentiste. Il a de drôles de lunettes°, n'est-ce pas?

Voici Maman. Elle aussi, elle travaille. Elle est chef° du personnel dans une banque. Elle a beaucoup de responsabilités.

Voici ma sœur Annie sur sa mobylette.

Voici Pierre, mon frère. Il aime skier, mais ce n'est pas un champion...

Qui est-ce? Non, ce n'est pas mon cousin. C'est... mon petit ami! Comment s'appelle-t-il? Ah ça, c'est un secret!

lycée *high school* **de première** *11th grade* **quelques** *some* **de drôles de lunettes** *funny-looking glasses* **chef** *head* **ça** *that*

Avez-vous une bicyclette?   une radio?   un appareil-photo?

Voici la proportion de jeunes Français qui ont ces° objets:

radio   80%   appareil-photo   60%   chaîne stéréo   58%

bicyclette   65%   mobylette   20%

Viens, c'est la foire aux jouets

300 prix fous jusqu'au 14 Juin

AU BON MARCHÉ
Rive Gauche
Métro: Sèvres-Babylone. Parking.

---

possessions *belongings*   **ces** *these*   ILLUSTRATION: **foire** *market*   **jouets** *toys*

Nos meilleurs amis

Quel est le meilleur ami de l'homme?
C'est le chien, naturellement!
Voici le portrait de quatre chiens
populaires en France.

Le terrier   Il y a de nombreuses espèces° de terriers: les fox-terriers, les terriers irlandais,° les terriers écossais,° les bull-terriers. Les terriers sont des chiens de chasse.° Ils sont de couleur blanche et noire ou blanche et jaune. Ils ont beaucoup de personnalité. Ce sont des chiens très intelligents . . . et souvent capricieux!

Le Saint-Bernard   Le Saint-Bernard est un chien très grand, très fort° et très musclé. Son courage est légendaire.

Le caniche   Il y a des caniches noirs, des caniches blancs, des caniches gris et des caniches bruns.° Le caniche est un chien extrêmement° intelligent et très loyal.

Le basset   Il s'appelle «basset» parce que c'est un chien bas sur pattes.° Le basset est un chien petit et très musclé. Il a la réputation d'être très courageux.

de nombreuses espèces *many kinds*   irlandais *Irish*   écossais *Scottish*   de chasse *hunting*
bruns *brown*   extrêmement *extremely*   fort *strong*   bas sur pattes *short-legged*

VIVE L'ÉCOLE!

À l'âge de onze ans, les jeunes Français entrent au collège, ou plus exactement° au C.E.S. (Collège d'Enseignement Secondaire). À l'âge de dix-sept ou dix-huit ans, ils passent° le « bac » (ou baccalauréat). En France, le baccalauréat représente la fin° des études° secondaires.

Voici la correspondance approximative entre° les études secondaires en France et aux États-Unis.

EN FRANCE			AUX ÉTATS-UNIS	
Âge	École	Classe	École	Classe
11 ans		sixième	elementary school	6th
12 ans	C.E.S.	cinquième		7th
13 ans		quatrième	junior high school	8th
14 ans		troisième		9th
15 ans		seconde		10th
16 ans	lycée	première	high school	11th
17 ans		terminale		12th

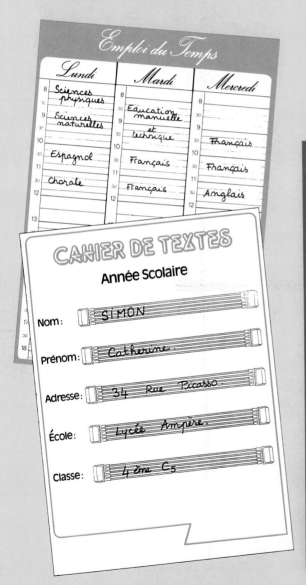

Emploi du Temps

Lundi	Mardi	Mercredi
8 Sciences physiques	8	8
9 Sciences naturelles	Education manuelle et technique	
10 Espagnol	Français	Français
11 Chorale	Français	Français
12	Français	Anglais
13		

CAHIER DE TEXTES

Année Scolaire

Nom : SIMON

Prénom : Catherine

Adresse : 34 Rue Picasso

École : Lycée Ampère

Classe : 4ème C5

PROJETS CULTURELS

Projets individuels

1. *Get a French newspaper (Le Figaro, France-Soir) and look at the birth and wedding announcements. Make a list of the first names which are popular now (birth announcements) and those which were popular about twenty years ago (wedding announcements).*

2. *Using pictures of people in French magazines and newspapers, describe their personalities according to the shapes of their faces. Use the texts in Les secrets du visage as models.*

Projets de classe

1. *Prepare a bulletin board exhibit about French cars. Use advertisements from French and American magazines, newspaper clippings, and (if you wish) model cars.*

2. *Using pictures from French magazines (Paris-Match, Jours de France, etc.), make a display which shows French people at work and at play. Write a short caption (in French) for each picture.*

plus exactement *more exactly*   **passent** *take*   **fin** *end*   **études** *studies*   **entre** *between*

Unité 4

En ville

UNIT OBJECTIVES

LEARNING TO COMMUNICATE

In this unit, you will learn how

- to use the numbers from 60 to 1,000,000
- to talk about prices and spending money
- to point out people and objects to your friends
- to describe what you wear
- to buy clothes in a French store
- to say during which part of the day an action occurs
- to make comparisons between people or things
- to talk about French shops and where various items are sold

EXPRESSING YOURSELF ACCURATELY

You will learn new regular verbs (ending in **-ir** and **-re**) and the verb **acheter** *(to buy)*. You will learn how to ask questions by using the expressions **qu'est-ce que?** *(what?)*, **combien?** *(how much?)*, etc. You will learn how to point out people and objects by using **ce** *(this, that)* and how to express comparisons. And you will learn the subject pronoun **on** *(one, you; they)*.

LEARNING ABOUT CULTURE

You will learn about French shopping customs and about the importance of personal appearance for young French people.

Au Bon Marché

Dans deux mois les vacances *commencent!* *begin*
Aujourd'hui, Brigitte et Michèle vont en ville.
Elles vont dans un grand magasin *qui* s'appelle « Au Bon Marché ». *which*
Pourquoi? *Pour regarder* les bikinis, bien sûr! *To look at*

Scène 1. Brigitte, Michèle

BRIGITTE:	Alors, Michèle, *qu'est-ce que tu choisis?*	*what are you choosing*
	le bikini jaune ou le bikini bleu?	
MICHÈLE:	Le bikini rouge! Regarde, il est *mignon!*	*cute*
BRIGITTE:	Peut-être, . . . mais il est trop petit pour toi!	
MICHÈLE:	Ça n'a pas d'importance!	
BRIGITTE:	Comment! Ça n'a pas d'importance?	
MICHÈLE:	Je suis au régime . . . Je vais *maigrir!*	*to lose weight*

Scène 2. Brigitte, Michèle, une employée

L'EMPLOYÉE:	Vous choisissez le bikini rouge?	
MICHÈLE:	Oui, Madame! Combien est-ce qu'il *coûte?*	*cost*
L'EMPLOYÉE:	Il coûte *cent* francs, Mademoiselle.	*one hundred*
MICHÈLE:	Euh . . . Et le bikini bleu?	
L'EMPLOYÉE:	*Quatre-vingts* francs.	*eighty*
BRIGITTE *(à Michèle):*	Et *combien d'argent* as-tu?	*how much money*
MICHÈLE:	Euh . . . Quatre-vingts francs . . .	
	(à l'employée) Excusez-moi, Madame. Je ne choisis	
	pas le bikini rouge . . . Je choisis le bikini bleu.	
BRIGITTE:	Dommage, le bikini rouge est vraiment très joli!	
MICHÈLE:	*Voyons,* Brigitte! Il est trop petit pour moi!	*Come on*

How good are you at arithmetic? Do you remember the numbers in French?
Let's see.

1. How much is *four times twenty* in English?
2. How do you say *four* in French? How do you say *twenty?*
3. What do you think the number **quatre-vingts** means?
4. How much is *eighty* plus *ten* in English?
5. What do you think the number **quatre-vingt-dix** means?
6. How much is *eighty* plus *fifteen?*
7. What do you think the number **quatre-vingt-quinze** means?

NOTE CULTURELLE

Le grand magasin

Where would you buy a tennis racket? a pair of shoes? a bicycle? a camera? Probably in a department store. To buy these items, many French people go to the **grand magasin.** One of the oldest and most famous **grands magasins** in Paris is **Au Bon Marché.** It was founded in the nineteenth century by a man who wanted to give everyone a chance to buy good but inexpensive items. (**Bon marché** means *inexpensive.*) Today, however, merchandise is available at all price levels.

VOCABULAIRE

NOMS:	**un magasin**	*store, shop*
	un grand magasin	*department store*
	un régime	*diet*
EXPRESSION:	**être au régime**	*to be on a diet* Je ne **suis** pas **au régime.**

Structure

A. Les verbes réguliers en -ir

Many French verbs end in **-ir.** Most of these verbs are conjugated like
choisir *(to choose).* Note the forms of this verb in the present tense,
paying special attention to the *endings.*

Infinitive	**choisir**		STEM	ENDINGS
Present	je **choisis** un livre			**-is**
	tu **choisis** des disques			**-is**
	il/elle **choisit** des photos		(infinitive minus **-ir**) **chois-+**	**-it**
	nous **choisissons** un vélo			**-issons**
	vous **choisissez** une voiture			**-issez**
	ils/elles **choisissent** une caméra			**-issent**

Note that all final consonants are silent.

VOCABULAIRE PRATIQUE   Verbes réguliers en -ir

choisir	*to choose*	Est-ce que tu **choisis** le bikini bleu?
finir	*to finish*	Les classes **finissent** à midi.
grossir	*to get fat, gain weight*	Marc **grossit** parce qu'il n'est pas au régime.
maigrir	*to get thin, lose weight*	Je **maigris** parce que je suis au régime.
réussir	*to succeed, pass* (a test)	Nous **réussissons** parce que nous étudions.
ne réussir pas	*to fail, flunk* (a test)	Vous **ne réussissez pas** parce que vous n'étudiez pas.

ACTIVITÉ 1   L'examen

Some students finish the exam and pass the course. Others do not finish and
fail. Express this according to the models.

→ Paul finit.   **Il réussit.**

   Catherine ne finit pas.   **Elle ne réussit pas.**

1. Je finis.
2. Tu ne finis pas.
3. Mes amis finissent.
4. Les mauvais élèves ne finissent pas.
5. Nous finissons.

6. Vous ne finissez pas.
7. Philippe ne finit pas.
8. Michèle finit.
9. Mes amies ne finissent pas.
10. Ils finissent.

ACTIVITÉ 2   Le régime

Some of Michèle's friends have decided to go on a diet and are losing weight. The others are not on a diet and are gaining weight. Describe what is happening to each of the people mentioned below according to the models.

→ Monique est au régime.   **Elle maigrit. Elle ne grossit pas.**

  André n'est pas au régime.   **Il grossit. Il ne maigrit pas.**

1. Nous sommes au régime.
2. Vous n'êtes pas au régime.
3. Danièle et Nicole sont au régime.
4. Paul et Jacques ne sont pas au régime.

5. Je suis au régime.
6. Tu n'es pas au régime.
7. Albert est au régime.
8. Sylvie n'est pas au régime.

ACTIVITÉ 3   Questions personnelles

1. À quelle heure finissent les classes aujourd'hui?
2. À quelle heure finit la classe de français?
3. Quand finit l'école cette année (*this year*)?
4. Quand vous allez au restaurant avec vos amis, est-ce que vous choisissez un restaurant cher (*expensive*)?
5. Quand vous êtes au restaurant avec votre famille, qui choisit le menu?

B. L'expression interrogative *qu'est-ce que*

Note the use of the interrogative expression **qu'est-ce que** (*what*) in the sentences below.

Qu'est-ce que Michèle choisit?   Elle choisit un bikini.
Qu'est-ce qu'André regarde?   Il regarde un film.

To ask *what* people are doing, etc., the French use the following construction:

Qu'est-ce que   +   subject   +   verb   +   (rest of sentence)   ?
   ↓
Qu'est-ce qu' (+ vowel sound)

→ Note also the expression: **Qu'est-ce que c'est?**   *What is it? What's this?*
  Qu'est-ce que c'est?   C'est une Peugeot. C'est une voiture française.

ACTIVITÉ 4   Le walkman de Georges

Because Georges is always listening to his walkman, he has trouble hearing what Sophie tells him. He asks her to repeat what she said. Play both roles.

→ Je finis . . . (la leçon)   Georges: **Qu'est-ce que tu finis?**
              Sophie: **Je finis la leçon.**

1. Je choisis . . . (des cassettes)
2. Je choisis . . . (un short)
3. Je regarde . . . (un match de tennis)
4. Je regarde . . . (un western)

5. J'écoute . . . (un concert)
6. Je visite . . . (un musée)
7. J'étudie . . . (le piano)
8. J'ai . . . (une guitare)

RÉVISION: les nombres

Review the numbers from 0 to 60 in Appendix 2.A on page 401.

ACTIVITÉ DE RÉVISION Problèmes de maths

Do the following multiplications out loud. (**Fois** means *times*.)

→ 2 × 2   **deux fois deux, quatre**

1. 3 × 6	4. 6 × 10	7. 3 × 7	10. 15 × 3	13. 2 × 14
2. 2 × 11	5. 7 × 7	8. 3 × 13	11. 12 × 3	14. 5 × 11
3. 4 × 8	6. 8 × 7	9. 2 × 8	12. 3 × 17	15. 6 × 9

C. Les nombres de 60 à 100

Read the numbers from 60 to 100, paying special attention to the way the
French express the numbers 70, 80, and 90.

60 soixante
61 soixante et un
62 soixante-deux
63 soixante-trois
64 soixante-quatre
65 soixante-cinq
66 soixante-six
67 soixante-sept
68 soixante-huit
69 soixante-neuf

60+10=70

70 soixante-dix[1]
71 soixante et onze
72 soixante-douze
73 soixante-treize
74 soixante-quatorze
75 soixante-quinze
76 soixante-seize
77 soixante-dix-sept
78 soixante-dix-huit
79 soixante-dix-neuf

4 X 20 = 80

80 quatre-vingts
81 quatre-vingt-un
82 quatre-vingt-deux
83 quatre-vingt-trois
84 quatre-vingt-quatre
85 quatre-vingt-cinq
86 quatre-vingt-six
87 quatre-vingt-sept
88 quatre-vingt-huit
89 quatre-vingt-neuf

4 X 20+10 = 90

90 quatre-vingt-dix
91 quatre-vingt-onze
92 quatre-vingt-douze
93 quatre-vingt-treize
94 quatre-vingt-quatorze
95 quatre-vingt-quinze
96 quatre-vingt-seize
97 quatre-vingt-dix-sept
98 quatre-vingt-dix-huit
99 quatre-vingt-dix-neuf
100 cent

ACTIVITÉ 5 Week-end

The following students are going out this weekend. Say how much money
each one has.

→ Philippe (60 F)   **Philippe a soixante francs.**

1. Michèle (65 F)	3. Marc (80 F)	5. Annette (85 F)	7. Alain (73 F)
2. Sylvie (75 F)	4. Antoine (95 F)	6. Robert (100 F)	8. Isabelle (91 F)

[1]In Switzerland, numbers from 70 to 99 follow the pattern from 20 to 69: 70
is **septante** (71 is **septante et un**, 72 is **septante-deux**, etc.), 80 is **octante**, and
90 is **nonante**.

ACTIVITÉ 6 Les tee-shirts

Several tee-shirts are for sale. Each girl buys the most expensive one she can afford.

tee-shirt bleu = 80 F   tee-shirt jaune = 90 F   tee-shirt rouge = 95 F

→ Suzanne (93 F)   **Suzanne a quatre-vingt-treize francs.**
   Elle choisit le tee-shirt jaune.

1. vous (87 F)
2. elles (98 F)
3. tu (100 F)
4. Paulette (92 F)
5. Marie (83 F)
6. Yvette (99 F)

VOCABULAIRE PRATIQUE L'argent

NOMS:	l'argent *(m.)*	*money*	une pièce	*coin*
	un billet	*bill, bank note*		

ADJECTIFS: **cher (chère)** *expensive*   La raquette est **chère**.
bon marché *inexpensive*   Les disques sont **bon marché**.

VERBES: **coûter** *to cost*   Les magazines **coûtent** vingt francs.
dépenser *to spend*   Je n'aime pas **dépenser** mon argent.

Note: The expression **bon marché** is invariable. It never takes endings to agree with the noun it modifies.

LOTO c'est facile, c'est pas cher

ACTIVITÉ 7 Leur argent

Help the following people count their money.

→ Albert a un billet de 50 francs et 3 pièces de 5 francs.
   Albert a soixante-cinq francs.

1. Sylvie a 2 billets de 50 francs.
2. Charles a 4 billets de 20 francs.
3. Michèle a 3 billets de 20 francs et 3 pièces de 10 francs.
4. Marc a 4 billets de 20 francs et 2 pièces de 1 franc.
5. Annie a 4 billets de 20 francs et 11 pièces de 1 franc.
6. Paul a 3 billets de 20 francs, 3 pièces de 10 francs et 1 pièce de 5 francs.

D. Les expressions interrogatives *combien* et *combien de*

Note the use of **combien** and **combien de** in the following sentences:

combien + verb

| *how much* | **Combien** coûte le livre? | *How much does the book cost?* |
| | **Combien** coûtent les disques? | *How much do the records cost?* |

combien de + noun

| *how much* | **Combien** d'argent dépenses-tu? | *How much money are you spending?* |
| *how many* | **Combien de** timbres as-tu? | *How many stamps do you have?* |

➜ **Combien de** becomes **combien d'** before a vowel sound.

ACTIVITÉ 8   Questions personnelles

1. Combien de frères avez-vous? combien de sœurs?
2. Combien de cassettes avez-vous? combien de disques? combien de disques compacts?
3. Combien de garçons est-ce qu'il y a dans la classe? combien de filles?

ACTIVITÉ 9   Les collections de Jean-Louis

Jean-Louis collects the following things. Sylvie asks him how many items he has in each collection and how much they cost. Play both roles.

➜ des disques Jean-Louis: **J'ai des disques.**
  Sylvie: **Combien de disques as-tu?**
    Combien coûtent tes disques?

| 1. des posters | 3. des pièces américaines | 5. des disques de jazz |
| 2. des timbres | 4. des disques de musique disco | 6. des photos |

UN JEU

The people in column A are spending the amounts of money indicated in parentheses. Say how many items from column B they are choosing. Many combinations are possible. How many sentences similar to the models below can you make in five minutes?

A	B
moi (75 francs)	un croissant (5 francs)
toi (60 francs)	un magazine (15 francs)
Nicole (55 francs)	un livre (40 francs)
nous (100 francs)	un disque (60 francs)
vous (95 francs)	
Pierre et Alain (90 francs)	

➜ **Nous dépensons 100 francs. Nous choisissons un disque, deux magazines et deux croissants.**
➜ **Je dépense 75 francs. Je choisis un disque et un magazine.**

Prononciation

Le son /k/

Model word: qui

Practice words: Colette, quand, Québec, cinq, quinze

Practice sentences: Qu'est-ce que Catherine choisit?

Claude a quatre-vingt-quatorze francs.

Hold a piece of paper in front of your mouth and pronounce the English words *cat* and *scat*. The paper moves when you say *cat* because you produce a puff of air as you pronounce the sound /k/. The paper does not move when you say *scat*. The French /k/ is always pronounced like the *k*-sound in *scat*, without a puff of air.

Comment écrire /k/: **c** (before **a, o, u**); **k, qu,** final **q**

Note: The letters **qu** practically always represent the sound /k/: **qui.**

Pour communiquer

Expression pour la conversation

Ça dépend! *It depends!*

—Tu choisis le vélo vert ou le vélo blanc?
—Je ne sais pas . . . **Ça dépend!**

Mini-dialogue

Les *échanges* d'Henri ne sont pas toujours très *équitables*. *trades; fair*

HENRI: Dis, Monique, combien de disques de jazz as-tu?

MONIQUE: Soixante-quinze!

HENRI: Très bien. *Je te propose* un échange. *I propose to you to trade*

MONIQUE: Qu'est-ce que tu désires *échanger?*

HENRI: Ta collection de disques de jazz *contre* ma collection de musique pop. Es-tu d'accord? *against (in exchange for)*

MONIQUE: Ça dépend! Combien de disques de musique pop as-tu?

HENRI: Cinq ou six.

L'art du dialogue

a) Act out the dialog between Henri and Monique.
b) Henri proposes another trade: his French stamps (**les timbres français**) against Monique's American stamps (**les timbres américains**). Act out the new dialog, making the appropriate changes.

Leçon 2

Rien n'est parfait!

Cet après-midi, François et André sont dans un magasin de *vêtements. Ce* magasin s'appelle «Tout pour les jeunes».

This afternoon
clothing; This

Scène 1.

FRANÇOIS: Je vais *acheter* un *pull*.

to buy; sweater

ANDRÉ: Quel pull est-ce que tu achètes? Ce pull noir?

FRANÇOIS: Non, ce pull bleu.

ANDRÉ: Il est très chaud.

FRANÇOIS: ... et très chic!

ANDRÉ *(qui regarde le prix)*: Il est aussi très cher.

FRANÇOIS: Combien est-ce qu'il coûte?

ANDRÉ: Quatre cents francs!

FRANÇOIS: *Oh mon Dieu! Quelle horreur!*

My goodness!
How awful!

Scène 2.

ANDRÉ: *Comment trouves-tu* cette *veste?*

What do you think of;
jacket

FRANÇOIS: Quelle veste? Cette veste-ci?

ANDRÉ: Non. Cette veste-là!

FRANÇOIS: Elle est très chic!

ANDRÉ: ... et elle n'est pas chère!

FRANÇOIS: Mais elle est trop grande!

ANDRÉ: *Rien n'*est parfait!

Nothing

Let's discuss what you think about this class. Answer affirmatively or negatively.

1. Est-ce que vous aimez **ce** livre?
2. Est-ce que vous aimez **cette** classe?
3. Est-ce que vous aimez **ces** illustrations?

OBSERVATIONS

In the above questions, the words in heavy type are used to point out specific things. They are called *demonstrative adjectives* and correspond to *this (these)* and *that (those)* in English.

- What is the form of the demonstrative adjective before a masculine singular noun (**livre**)?
  before a feminine singular noun (**classe**)?
  before a plural noun (**illustrations**)?

NOTE CULTURELLE

L'élégance française

Have you heard of **Pierre Cardin, Yves Saint-Laurent, Chanel?** These French designers have made French fashions known all over the world. French people, in general, tend to be rather fashion-conscious and pay careful attention to their personal appearance. For a French teenager, being well-dressed does not mean wearing expensive clothes, but wearing clothes that are well cut and colors that do not clash. It also means dressing to fit the occasion. Shorts and sneakers are fine for the beach, but not for going shopping or going out to eat. As for jeans, they are the uniform of French youth . . . as long as they fit well and are clean!

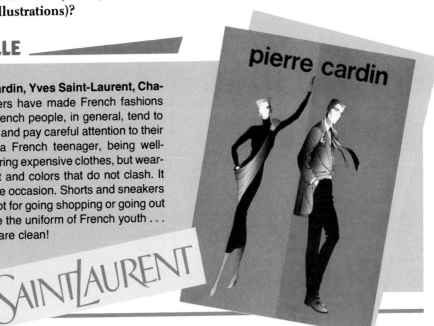

YVESSAINTLAURENT

pierre cardin

VOCABULAIRE

NOMS:	**les jeunes**	*young people*
	le prix	*price*
ADJECTIVES:	**chaud**	*warm, hot*
	chic	*elegant, in style*
	parfait	*perfect*

Note: The adjective **chic** is invariable: **un pull chic, une veste chic.**

VOCABULAIRE PRATIQUE **Les vêtements** *(Clothing)*

Pour la campagne . . .

un anorak

des bottes *(f.)*

un blue-jeans

Pour la ville . . .

des lunettes *(f.)*

un pull(-over)

un pantalon

des chaussures *(f.)*

une veste

Pour le sport . . .

un tee-shirt

un short

des chaussettes *(f.)*

Pour la plage . . .

un maillot de bain

des lunettes *(f.)* de soleil

des sandales *(f.)*

VERBE: **porter** *to wear*   Qu'est-ce que vous **portez** aujourd'hui?

ACTIVITÉ 1   Expression personnelle: De quelle couleur?

Describe what you wear at the following times. Give the color of each item.

1. Quand je vais au stade, je porte . . .
2. Quand je joue au tennis, je porte . . .
3. Quand je vais à la plage, je porte . . .
4. Quand je vais à la montagne, je porte . . .
5. Quand il fait froid, je porte . . .
6. Quand il fait chaud, je porte . . .

Structure

A. Acheter

Note the forms of the verb **acheter** *(to buy)* in the present tense, paying special attention to the **e** of the stem.

Infinitive	**acheter**				
Present	j'	**achète**	une veste	nous **achetons**	des sandales
	tu	**achètes**	un pull	vous **achetez**	des bottes
	il/elle	**achète**	un anorak	ils/elles **achètent**	des lunettes de soleil

Many verbs which end in **e** + consonant + **er** have the following stem change:

> **e** → **è**   in the **je, tu, il,** and **ils** forms of the present

ACTIVITÉ 2   Achats *(Purchases)*

The following people all received money for Christmas. Say what each one is buying.

→ Pierre (des skis)   **Pierre achète des skis.**

1. Monique (un bikini)
2. Jacqueline et Denise (des sandales)
3. moi (un appareil-photo)
4. Jean-Claude (un anorak)
5. nous (un chien)
6. vous (des poissons rouges)
7. Henri et moi (des bottes)
8. Hélène et toi (des lunettes de soleil)

B. Les nombres de 100 à 1.000.000

100	cent	200	deux cents	1.000	mille
101	cent un	201	deux cent un	2.000	deux mille
102	cent deux	202	deux cent deux	10.000	dix mille
103	cent trois	203	deux cent trois	100.000	cent mille
110	cent dix	900	neuf cents	1.000.000	un million

In writing numbers the French use periods where the Americans use commas, and vice versa.

ACTIVITÉ 3 À la banque *(At the bank)*

Help the bank teller add the following amounts of money.

→ 100 F + 10 F   **Cent francs plus dix francs égalent** *(equal)* **cent dix francs.**

1. 100 F + 50 F
2. 100 F + 100 F
3. 100 F + 150 F
4. 100 F + 500 F
5. 100 F + 225 F
6. 500 F + 400 F
7. 500 F + 500 F
8. 1.000 F + 9.000 F

C. L'adjectif interrogatif *quel?*

The interrogative adjective **quel** *(what? which?)* is used in *questions*. It agrees with the noun it introduces and has the following forms:

	SINGULAR	PLURAL		
Masculine	quel	quels	**Quel** garçon?	**Quels** amis invites-tu?
Feminine	quelle	quelles	**Quelle** fille?	**Quelles** amies invites-tu?

→ There is liaison after **quels** and **quelles** when the next word begins with a vowel sound.

ACTIVITÉ 4 Achats *(Purchases)*

André is shopping for the following items before going on a summer trip to France. Françoise asks him which ones he is buying. Play both roles.

→ un maillot de bain   André: **J'achète un maillot de bain.**
    Françoise: **Quel maillot de bain est-ce que tu achètes?**

1. un short
2. des chaussettes
3. une guitare
4. un pantalon
5. des sandales
6. des lunettes de soleil

ACTIVITÉ 5 Questions personnelles

1. Quelle ville habitez-vous?
2. À quelle école allez-vous?
3. À quel cinéma allez-vous?
4. À quelle plage allez-vous?
5. Dans quel magasin achetez-vous vos vêtements?
6. Dans quel magasin achetez-vous vos chaussures?
7. Quels programmes regardez-vous à la télé?
8. Quelles langues *(languages)* parlez-vous?

D. L'adjectif démonstratif ce

The demonstrative adjective **ce** *(this, that)* agrees with the noun it introduces.
It has the following forms:

	SINGULAR *(this, that)*	PLURAL *(these, those)*		
Masculine	**ce** ↓ **cet** (+ vowel sound)	**ces**	ce pantalon	ces pantalons
			cet anorak	ces anoraks
Feminine	**cette**	**ces**	cette guitare	ces guitares
			cette école	ces écoles

➜ There is liaison after **cet** and **ces** when the next word begins with a vowel sound.

➜ To distinguish between a person or an object which is close by and one which is further away, the French sometimes use **-ci** or **-là** after the noun.

André achète **ces** chaussures-**ci**.   *André is buying **these** shoes (over here).*
Françoise achète **ces** chaussures-**là**.   *Françoise is buying **those** shoes (over there).*

ACTIVITÉ 6   Combien?

Imagine that you are shopping in a French department store and are interested in buying the following objects. Ask the prices.

➜ le maillot de bain   **Combien coûte ce maillot de bain?**

1. les chaussures
2. le tee-shirt
3. la cassette
4. les sandales
5. le short

6. les lunettes de soleil
7. la guitare
8. l'anorak
9. l'appareil-photo
10. la chaîne stéréo

ACTIVITÉ 7   Différences d'opinion

Whenever they go shopping together, Paul and Brigitte cannot agree on what they like. Play both roles according to the model.

➜ un short   Paul: **J'aime ce short-ci.**
               Brigitte: **Eh bien, moi, j'aime ce short-là.**

1. une chemise
2. un pantalon
3. des chaussures
4. des sandales

5. une cassette
6. des disques
7. une bicyclette
8. un anorak

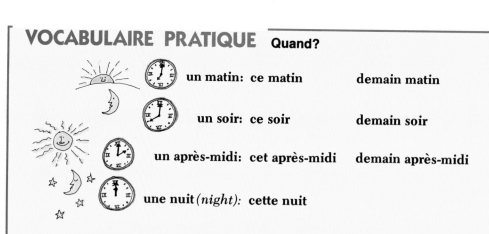

VOCABULAIRE PRATIQUE   Quand?

un matin: ce matin   demain matin

un soir: ce soir   demain soir

un après-midi: cet après-midi   demain après-midi

une nuit *(night)*: cette nuit

ce week-end, cette semaine, ce mois-ci, cette année
cet été, cet automne, cet hiver, ce printemps

ACTIVITÉ 8   Projets *(Plans)*

Describe your plans — real or imaginary — by completing the sentences below.

1. Demain matin, je vais...
2. Demain après-midi, je vais...
3. Ce soir, je vais...
4. Ce week-end, je vais...

5. Ce mois-ci, je vais...
6. Cet hiver, je vais...
7. Cet été, je vais...
8. Cette année, je vais...

UN JEU

When you see what people are wearing, you can often tell what they are going to do. How many different logical sentences can you make in five minutes? Follow the models below:

A	B	C
André	un maillot de bain	nager
Françoise	des lunettes de soleil	skier
Sylvie	un short	aller à la plage
Henri	des chaussettes blanches	aller à un concert
Michèle	des chaussures de ski *(ski boots)*	jouer au tennis
	un anorak	jouer au football
	un pantalon très chic	aller à la campagne
	des chaussures noires	
	des bottes	

→ **Sylvie porte un short. Elle va jouer au football.**

→ **Françoise porte un anorak. Elle va skier.**

Prononciation

Les sons /ə/ et /ɛ/

Contrast: /ə/ ce   de   je   le   ne   que   acheter

/ɛ/ c<u>e</u>tte Od<u>e</u>tte G<u>e</u>rmaine Col<u>e</u>tte Gin<u>e</u>tte qu<u>e</u>lle ach<u>è</u>te

The letter **e** at the end of a one-syllable word or when followed by a single consonant is pronounced with the lips slightly rounded: /ə/.

In the middle of a word the sound /ə/ is often dropped. Practice the following words:

Mad¢moiselle maint¢nant nous_ach¢tons vous_ach¢tez

Remember that the letter **e** with a grave accent or followed by two consonants is pronounced /ɛ/.

Pour communiquer ◢

Expression pour la conversation

To correct someone, you can say:

Voyons! *Come on! Come now!*

—Qui est cette fille? C'est Monique?
—Mais non, **voyons!** C'est Colette.

Mini-dialogue

François has trouble identifying people in an old photograph.

FRANÇOIS: Qui est ce monsieur?

MME RÉMI: Quel monsieur? Ah, ce monsieur-ci?
C'est Papa, voyons!

FRANÇOIS: Et ce monsieur-là avec ces moustaches?

MME RÉMI: Mais c'est l'oncle Alain.

FRANÇOIS: Et cet horrible petit garçon avec ce
pantalon *ridicule?*   *ridiculous*

MME RÉMI: Ce petit garçon-là? Voyons, François.
C'est toi!

L'art du dialogue

a) Act out the dialog between François and his mother.
b) Imagine and act out a similar dialog between **Colette** and her mother. Change **garçon** to **fille.**

Leçon 3

Comment acheter une robe

Aujourd'hui Madame Simonet et sa fille Brigitte regardent
les *nouveaux manteaux* et les nouvelles *robes*.

new coats; dresses

BRIGITTE:	Oh, la belle robe!
MME SIMONET:	C'est vrai, elle est assez jolie! Combien est-ce qu'elle coûte?
BRIGITTE:	Cinq cents francs!
MME SIMONET:	Dans ce *cas*, je préfère cette robe-là.
BRIGITTE:	Mais Maman, elle est moins jolie que *l'autre*.
MME SIMONET:	Elle est peut-être moins jolie, mais elle est moins chère . . . et elle est *plus longue*!
BRIGITTE:	Voyons, Maman! Les robes sont *courtes* cette année!
MME SIMONET:	Eh bien, moi, je n'aime pas la *mode* des robes courtes!

case

the other one

longer

short

fashion

Brigitte n'insiste pas.

Elle pense: «Demain je vais *revenir* avec Papa. Il est moins
conservateur que Maman . . . et il est plus généreux!»

to come back

CONVERSATION

Let's make some comparisons.

Comment s'appelle votre meilleur ami?

1. Êtes-vous **plus grand (grande) que** cet ami?
2. Êtes-vous **plus généreux (généreuse) que** lui?
3. Êtes-vous **plus drôle que** lui?

OBSERVATIONS

In the above questions you are asked to *compare yourself* to your best friend.

- How do you say *taller than* in French?
  How do you say *more generous than?*
- In all the above comparisons, which word comes *before* the adjective?
  Which word comes *after* the adjective?

In questions 2 and 3 **cet ami** has been replaced by a pronoun.

- Is this pronoun a *subject* pronoun or a *stress* pronoun?

NOTE CULTURELLE

L'achat des vêtements *(Buying clothes)*

Do you buy your own clothes? For a French teenager shopping for clothes may be a problem . . . especially when mother comes along. In general, French young people do not receive enough allowance to buy their own clothes. Since clothes are fairly expensive, they have to rely on their parents' generosity, and also on their tastes, which may not be the same as their own.

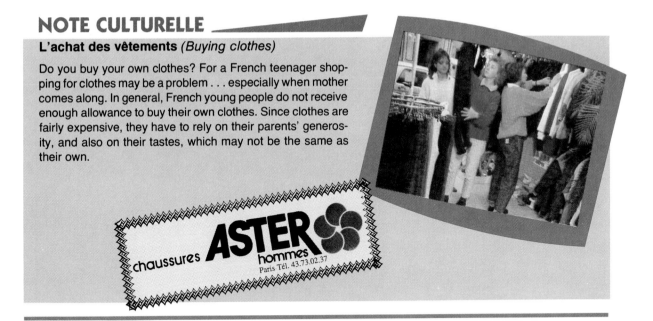

chaussures **ASTER** hommes
Paris Tél. 43.73.02.37

VOCABULAIRE

ADJECTIFS:	**conservateur (conservatrice)**	*conservative*
	généreux (généreuse)	*generous*
EXPRESSIONS:	**plus ≠ moins**	*more ≠ less*

VOCABULAIRE PRATIQUE La mode

un chapeau

une cravate

un chemisier

une chemise

un costume

un manteau

une jupe

une veste

un pantalon

des collants
(m.)

une robe

le style
    élégant   *elegant*
    court ≠ long (longue)   *short ≠ long*
    nouveau (nouvelle) ≠ vieux (vieille) *new ≠ old*

la mode *fashion*
    être à la mode   *to be in fashion*   Cette robe n'est pas à la mode!
                     to be fashionable   Brigitte est toujours à la mode.

Note: Words which end in **-eau** form their plural in **-eaux**.
        un chapeau des chapeaux   un manteau des manteaux

ACTIVITÉ 1 Questions personnelles

1. Qu'est-ce que vous portez aujourd'hui?
2. Qu'est-ce que vous portez quand vous allez à un concert?
3. Qu'est-ce que vous portez quand vous allez à une boum?
4. Qu'est-ce que le professeur porte aujourd'hui? et l'élève à côté de *(next to)* vous?

Structure

A. Les adjectifs *vieux, nouveau* et *beau*

Note the position and forms of the irregular adjectives **vieux** (*old*), **nouveau** (*new*), and **beau** (*beautiful, good-looking*).

	BEFORE A CONSONANT SOUND	BEFORE A VOWEL SOUND
Masculine Singular	un **vieux** manteau un **nouveau** manteau un **beau** manteau	un **vieil** /j/ anorak un **nouvel** anorak un **bel** anorak
Feminine Singular	une **vieille** robe une **nouvelle** robe une **belle** robe	une **vieille** automobile une **nouvelle** automobile une **belle** automobile
Masculine Plural	des **vieux** manteaux des **nouveaux** manteaux des **beaux** manteaux	des **vieux** /z/ anoraks des **nouveaux** /z/ anoraks des **beaux** /z/ anoraks
Feminine Plural	des **vieilles** robes des **nouvelles** robes des **belles** robes	des **vieilles** /z/ automobiles des **nouvelles** /z/ automobiles des **belles** /z/ automobiles

The adjectives **vieux, nouveau,** and **beau** usually come before the noun. When this occurs, there is liaison between the adjective and the noun if the noun begins with a vowel sound.

ACTIVITÉ 2   Les soldes de printemps *(Spring sales)*

The following people are taking advantage of the big spring sale at "Au Bon Marché" to replace their old things with new ones. Express this according to the model.

→ Jacqueline (une jupe)   **Jacqueline a une vieille jupe.**
Elle achète une nouvelle jupe.

1. Henri (un costume)
2. Brigitte (un manteau)
3. Paul (une cravate)
4. Sylvie (des collants)
5. Michèle (un chemisier)
6. Philippe (des chemises)
7. Jean-Claude (un chapeau)
8. Georges (un anorak)
9. Vincent (un appareil-photo)
10. Catherine (une chaîne stéréo)

ACTIVITÉ 3 Différences d'opinion

Paul shows Sylvie the new things he bought. Sylvie says she likes the old ones better. (Note: **mieux** means *better.*)

→ un maillot de bain

> Paul: **Regarde mon nouveau maillot de bain.**
> **Il est beau, n'est-ce pas?**
> Sylvie: **Moi, j'aime mieux ton vieux maillot de bain.**

1. une veste
2. un pantalon
3. une chemise
4. une cravate
5. un anorak
6. un short
7. des tee-shirts
8. des chaussures
9. des lunettes de soleil

B. La comparaison avec les adjectifs

Note how *comparisons* are expressed in French.

Cette robe est **plus élégante que** ce manteau.	*more elegant than*
Ce pull est **plus joli que** cette chemise.	*prettier than*
Paul est **moins intelligent que** Richard.	*less intelligent than*
Il est **moins amusant que** lui.	*less amusing than*
Je suis **aussi sympathique que** mes amis.	*as nice as*
Je ne suis **pas aussi riche qu'**eux.	*(not) as rich as*

To make comparisons, French speakers use the following constructions:

more . . . than } (+) **plus**				(if expressed)
. . . -er than }		+ adjective	+ **que** + { noun / stress pronoun	
less . . . than (−) **moins**			**qu'** + (a vowel sound)	
as . . . as (=) **aussi**				

→ There is liaison after **plus** and **moins** when the next word begins with a vowel sound.

→ In comparisons the adjective always agrees with the noun or pronoun it modifies.

> **Le chemisier** est plus **cher** que la jupe.

> **Les vestes** sont moins **chères** que les manteaux.

→ After **que**, *stress pronouns* must be used.

Note the following irregular comparative form:

> The comparative of **bon (bonne)** is **meilleur (meilleure)**.

> Brigitte est **meilleure** en tennis que Paul.
> *but:* En classe, elle est **moins bonne** en anglais que lui.

ACTIVITÉ 4   Comparaisons

How much do you think the following items cost? Give your opinion, saying whether you think the first one is more expensive, less expensive, or as expensive as the second one.

→ une guitare / une raquette   **Une guitare est plus (moins, aussi) chère qu'une raquette.**

1. un vélo / une automobile
2. un walkman / une caméra
3. une chaîne stéréo / un appareil-photo
4. un anorak / un manteau
5. une veste / un pantalon

6. un costume / une robe
7. un blue-jeans / un maillot de bain
8. des chaussettes / des collants
9. une voiture / une maison
10. des bottes / des sandales

ACTIVITÉ 5   Expression personnelle

Compare the following by using the adjectives suggested. Give your personal opinion.

→ les hommes (généreux) les femmes
   Les hommes sont plus (moins, aussi) généreux que les femmes.

1. le tennis (intéressant) le ping-pong
2. le français (difficile) l'espagnol
3. le livre de français (bon) le livre de maths
4. la classe de musique (amusante) la classe d'anglais
5. New York (beau) Chicago
6. la Floride (belle) le Texas
7. la Nouvelle Angleterre (jolie) la Californie
8. les Français (intelligents) les Américains
9. les Françaises (élégantes) les Américaines
10. les garçons (sympathiques) les filles

ACTIVITÉ 6   Questions personnelles

Use the appropriate stress pronouns in answering the questions below.

→ Êtes-vous plus grand(e) que votre meilleur ami?
   Oui, je suis plus grand(e) que lui.
   Non, je suis moins grand(e) que lui.
   Je suis aussi grand(e) que lui.

1. Êtes-vous plus grand(e) que votre meilleure amie?
2. Êtes-vous plus riche que votre frère (si vous avez un frère)?
3. Êtes-vous plus riche que votre sœur (si vous avez une sœur)?
4. Êtes-vous plus généreux (généreuse) que vos amis?
5. Êtes-vous plus conservateur (conservatrice) que vos parents?
6. Êtes-vous meilleur(e) en français que vos camarades?
7. Êtes-vous meilleur(e) en maths que vos camarades?
8. Êtes-vous meilleur(e) en sport que vos amis?

COSTUMES

CHEMISES

PULLS

en
trois
longueurs

❄

CRAVATTERIA

Yves St Laurent

Givenchy

Pucci

Dior

❄

⚜ELYSÉES⚜
SOIERIES

CHEMISIER HABILLEUR
65, Champs-Elysées - Paris 8ᵉ

UN JEU

If Pierre is taller than Nathalie, then she is shorter than he is. Make as many sets of logical sentences as you can in five minutes. Use the appropriate stress pronouns as in the models below.

A	B	C	D
je	grand	Robert	mauvais
tu	riche	Jacqueline	bête
Alain	libéral (libéraux)	mes cousins	conservateur
Hélène	intelligent	mes amies	pauvre
mes amis	amusant	Nathalie	petit
mes cousines	bon en sport		pénible
Pierre	bon en anglais		

→ **Je suis plus libéral que mes amies. Elles sont plus conservatrices que moi.**

→ **Tu es meilleur en anglais que mes cousins. Ils sont plus mauvais que toi.**

Prononciation

Révision: la liaison

There is liaison between a word introducing a noun and the noun, if it begins with a vowel sound.

les, des, ces	les élèves, des écoles, ces églises, les Anglais, ces Américains
mes, tes, ses	mes amis, tes amies, ses enfants, ses élèves
nos, vos	nos amis, nos amies, vos élèves, vos enfants
leurs	leurs élèves, leurs écoles, leurs oncles, leurs enfants

There is liaison between an adjective that comes before a noun and the noun, if the noun begins with a vowel sound.

bon, mauvais	un bon ami, un mauvais élève, les meilleurs amis
vieux, nouveau	nos vieux amis, les nouveaux appareils-photo, les nouvelles élèves
beau, joli	les beaux anoraks, les jolis enfants, les belles automobiles
grand, petit	un grand ordinateur, un petit anorak, les grandes automobiles

There is liaison between **plus** and **moins** and the adjective which follows, if it begins with a vowel sound.

plus	plus intéressant, plus intelligent, plus amusant, plus indépendant
moins	moins intéressant, moins intelligent, moins amusant, moins indépendant

Pour communiquer ◣

Expression pour la conversation

To express their agreement with a question, French speakers often use the following expression:

évidemment *of course* — Vous parlez français en classe?
— **Évidemment!**

Mini-dialogue

Paul, Marc et Brigitte regardent le nouveau vélo de Guillaume.

PAUL: Regardez le nouveau vélo de Guillaume!
BRIGITTE: Il est beau!
MARC: Eh bien, moi, j'aime *mieux* son vieux vélo.   *better*
PAUL: Mais il n'est pas aussi joli!
BRIGITTE: Et il est moins *rapide!*   *fast*
MARC: Évidemment! Mais Guillaume est plus généreux
avec ses vieilles *affaires* qu'avec ses *nouvelles.*   *things; new ones*
PAUL: C'est vrai!

L'art du dialogue

a) Act out the dialog between Paul, Marc, and Brigitte.
b) Now imagine that Guillaume has just bought a new motorcycle (**une nouvelle moto**). Act out the new dialog, making the necessary changes.

Un gourmand

Scène 1. Dans la rue

Paul et Brigitte sont en ville. Il fait chaud aujourd'hui.

BRIGITTE:	*J'ai chaud* et je suis fatiguée.
PAUL:	Et moi, *j'ai faim.*
BRIGITTE:	Tu as très faim?
PAUL:	Oh, oui!
BRIGITTE:	Bon. Allons dans une pâtisserie.
PAUL:	*Qui est-ce qui paie?*
BRIGITTE:	Aujourd'hui, c'est moi.
PAUL:	Brigitte, tu es une fille formidable . . . et tu as des idées sensationnelles!
BRIGITTE:	Comme toujours?
PAUL:	Oui, comme toujours.

I'm hot
I'm hungry

Who's paying?

Scène 2. À la pâtisserie

Paul regarde les pâtisseries avec *envie*. Il y a des gâteaux, des tartes, des éclairs, des *croissants* . . .

desire
crescent rolls

PAUL:	Alors, Brigitte, quel gâteau choisis-tu?
BRIGITTE:	Le plus petit!
PAUL:	Pourquoi le plus petit?
BRIGITTE:	Parce que je *n'ai pas envie d'*être malade!
PAUL:	Eh bien, moi, je choisis le plus gros!
BRIGITTE:	Comment le plus gros?
PAUL:	Écoute, Brigitte! Moi, je n'ai pas de problème avec mon appétit.
BRIGITTE:	Oui, mon cher Paul. Mais tu vas avoir un gros problème avec ta *silhouette!*

don't want

figure

CONVERSATION

In the questions below you will be asked who in your family is *the youngest, the tallest, the funniest,* and *the most generous.*

1. Qui est la personne **la plus** jeune de votre famille?
2. Qui est la personne **la plus** grande?
3. Qui est la personne **la plus** drôle?
4. Qui est la personne **la plus** généreuse?

OBSERVATIONS

In the above questions you are comparing one person to the others in a group (your family).

- Which words come before the adjective?
- Is an article used before the adjective?
- Is this article the same as the one which introduces the noun?

NOTE CULTURELLE

Les croissants et la cuisine française

Have you ever eaten a **croissant** or an **éclair? Croissants** are delicious pastries, shaped like crescents, which the French order with coffee when they go out for breakfast. **Éclairs** are long cream puffs with vanilla filling and chocolate frosting. The French are famous for their cuisine, which many people consider the best in the world. It is therefore not surprising that the English language has borrowed many words from the French to designate food. Do you know the following: **hors-d'œuvre, filet mignon, mousse, crêpe, bouillon, soufflé, omelette?**

VOCABULAIRE

NOMS:	**un gâteau** *(pl.* **gâteaux)**	*cake*	**une idée** *idea*
	un problème	*problem*	**une pâtisserie** *pastry; pastry shop*
ADJECTIFS:	**cher (chère)**	*dear*	
	fatigué	*tired*	
	gros (grosse) ≠ **mince**	*fat* ≠ *slim, slender, thin*	
VERBE:	**payer** *to pay, pay for*	Est-ce que tu **paies** les pâtisseries?	
EXPRESSION:	**comme** *like, as*	Mais oui, **comme** toujours!	

Note: Verbs which end in **-yer,** like **payer,** have the following stem change:
   y → i in the **je, tu, il,** and **ils** forms: **je paie** *but:* **nous payons**

Structure

A. Expressions avec *avoir*

Note the use of **avoir** in the following sentences:

Paul **a faim.**	*Paul is hungry.*
Brigitte **a chaud.**	*Brigitte is hot.*

French speakers use **avoir** in many expressions where English speakers use the verb *to be*.

VOCABULAIRE PRATIQUE   Expressions avec *avoir*

avoir chaud	*to be (feel) warm*	Quand j'**ai chaud** en été, je vais à la plage.
avoir froid	*to be (feel) cold*	As-tu **froid** maintenant? Voici ton pull.
avoir faim	*to be hungry*	Il est midi. Nous **avons faim.**
avoir soif	*to be thirsty*	Mes amis vont au café quand ils **ont soif.**
avoir raison	*to be right*	Est-ce que vous **avez** toujours **raison?**
avoir tort	*to be wrong*	Paul n'étudie pas. Il **a tort!**
avoir de la chance	*to be lucky*	J'**ai de la chance.** J'ai des parents généreux.

ACTIVITÉ 1   L'examen de géographie

Imagine you are teaching geography in France. Listen to the following statements made by your students and tell them if they are *right* or *wrong*.

→ New York est la capitale des États-Unis.   **Vous avez tort.**

1. Washington est la capitale des États-Unis.
2. Ottawa est la capitale du Canada.
3. La Nouvelle-Orléans est une ville de Louisiane.
4. Québec est une ville en France.
5. En Floride, il fait chaud.
6. En Alaska, il fait froid en hiver.
7. À Chicago, il fait chaud en hiver.
8. Les Mexicains parlent espagnol.

ACTIVITÉ 2   Pourquoi?

Explain why the people mentioned below are doing what they are doing. Complete each sentence with **parce que** and the appropriate form of one of the following expressions: **avoir faim, avoir soif, avoir chaud, avoir froid.**

→ Georges achète un gâteau . . .   **Georges achète un gâteau parce qu'il a faim.**

1. Nous achetons un Coca-Cola . . .
2. Tu achètes un manteau . . .
3. Jacqueline va à la piscine . . .
4. Mes amis achètent des sandwichs . . .
5. Philippe va au café . . .
6. J'achète une pizza . . .
7. Vous nagez . . .
8. Mes cousins achètent un Pepsi . . .

B. Les expressions *avoir envie de, avoir besoin de*

Note how the expressions **avoir envie de** *(to want, feel like)* and **avoir besoin de** *(to need)* are used in the sentences below.

avoir envie de

+ noun	J'ai envie d'une pizza.	*I want (feel like having) a pizza.*
+ infinitive	J'ai envie de nager.	*I want to swim (feel like swimming).*

avoir besoin de

+ noun	J'ai besoin de 5 dollars.	*I need 5 dollars.*
+ infinitive	J'ai besoin d'étudier.	*I need to study.*

➜ Note the interrogative and negative constructions with these expressions:

Est-ce que vous avez envie de travailler? **Est-ce que vous avez besoin d'**argent?
Nous **n'avons pas envie de** travailler. Nous **n'avons pas besoin d'**argent.

« Campagne des Pères Noëls Verts »

Le père Nöel **a besoin** de vous !

ACTIVITÉ 3 Dialogue

Ask your classmates if they feel like doing the following things.

➜ voyager   Élève 1: **Est-ce que tu as envie de voyager?**
　　　　　　Élève 2: **Oui, j'ai envie de voyager.**
　　　　　　　　　　(Non, je n'ai pas envie de voyager.)

1. visiter Paris
2. visiter Québec
3. travailler en France
4. aller au cinéma ce soir
5. aller à la piscine aujourd'hui
6. étudier cet après-midi
7. parler français
8. acheter une voiture de sport

ACTIVITÉ 4 Combien?

The following students are shopping for certain things. Say how much money you think each one needs.

➜ Hélène achète un blue-jeans.   **Elle a besoin de vingt-cinq (trente, trente-cinq) dollars.**

1. Sylvie achète des chaussures.
2. Paul achète un gâteau.
3. Nous achetons un album de timbres.
4. Vous achetez un maillot de bain.
5. J'achète un anorak.
6. Tu achètes un pantalon.
7. Jacqueline achète une raquette.
8. Mon cousin achète une veste.

ACTIVITÉ 5 Questions personnelles

1. Maintenant avez-vous chaud? Avez-vous froid?
2. Maintenant avez vous faim? Avez-vous soif?
3. En général, avez-vous de la chance?
4. En général, avez-vous besoin d'argent?
5. Avez-vous besoin d'amis?
6. Avez-vous besoin de compliments?
7. Avez-vous besoin d'étudier beaucoup?
8. Avez-vous envie d'être professeur?
9. Avez-vous envie de voyager?

C. Le superlatif

To compare somebody or something to a larger group, the *superlative construction* is used. Note this construction in the following sentences:

Paul est le garçon **le plus intelligent** de la classe.   *the most intelligent boy in the class*
Louise est la fille **la moins dynamique.**   *the least energetic girl*

Où est le restaurant **le plus cher** de la ville?   *the most expensive restaurant in town*
Où sont les magasins **les moins chers?**   *the least expensive stores*

In French the superlative is expressed as follows:

the most *the least*	le, la, les +	plus moins	+ adjective	(if expressed)
				+ **de** + name of reference group

➜ There is liaison after **plus** and **moins** before a vowel sound.

➜ The superlative form of **bon (bonne)** is **le meilleur (la meilleure).**

En français, Jeanne est **la meilleure** élève de la classe.
En anglais, Paul est **le meilleur.**

The position of the superlative adjective (before or after the noun) is usually the same as that of the simple adjective.

Paris est une **grande** ville.   C'est **la plus grande** ville de France.
Pierre est un élève **intelligent.**   C'est l'élève **le plus intelligent** de la classe.

ACTIVITÉ 6   À Montréal

Paul and Brigitte are visiting Montréal. Paul wants to go to the most expensive places, and Brigitte to the least expensive. Play both roles.

➜ le café   Paul: **Où est le café le plus cher?**
            Brigitte: **Où est le café le moins cher?**

1. le restaurant
2. les magasins
3. la boutique
4. l'hôtel
5. le cinéma
6. la cafétéria

ACTIVITÉ 7   Un sondage *(An opinion poll)*

Name the best person, place, or thing in each category. Follow the model.

➜ le comédien: drôle   **Le comédien le plus drôle est (Woody Allen).**

1. la comédienne: amusante
2. l'acteur: beau
3. l'actrice *(actress)*: intelligente
4. les musiciens: bons
5. le programme de télé: drôle
6. l'équipe *(team)* de football: bonne
7. la voiture: confortable
8. la voiture: bonne
9. la ville: belle
10. la couleur: jolie

In order to do certain things we need other things. Express this in logical sentences, using elements from columns A, B, and C. How many different sentences can you make in five minutes? Be sure to use the expressions **avoir envie de** and **avoir besoin de,** as in the models below.

A	B		C	
je	écouter le concert	danser	deux dollars	une voiture
tu	acheter un vélo	nager	neuf dollars	un maillot de bain
Pierre	aller à la campagne	skier	cent dollars	un walkman
nous	acheter un sandwich	voyager	un passeport	une chaîne stéréo
vous	acheter un disque		un anorak	un ballon *(ball)*
mes amis	jouer au volley			

→ **Nous avons envie d'acheter un disque. Nous avons besoin de neuf dollars.**

→ **Pierre a envie de voyager. Il a besoin d'un passeport.**

Prononciation

Le son /j/

Model word: p**i**ano
Practice words: P**i**erre, v**i**olon, étud**i**er, janv**i**er, f**i**lle, fam**i**lle, trava**i**ller
Practice sentences: Dan**i**el est canad**i**en. Il joue du p**i**ano.
Cette f**i**lle ital**i**enne trava**i**lle en janv**i**er.

The French sound /j/ is similar to the *y*-sound in the word *yes*. It is very short and tense.
Comment écrire /j/: **i**+vowel; **ll**; **ill**

Pour communiquer ▶

Expression pour la conversation

To show that you heard what someone has said, but do not want to answer, you can say: **Hm!**

Mini-dialogue

Pourquoi *est-ce que Pierre flatte* Nathalie?	*is Pierre flattering*
PIERRE: Tu es la fille la plus sympathique de la classe.	
NATHALIE: Hm!	
PIERRE: Tu es aussi la plus belle fille . . .	
NATHALIE: Hm, Hm!	
PIERRE: Et la plus généreuse! Tiens, *prête-moi* dix francs!	*lend me*
NATHALIE: Alors, là, mon cher Pierre, tu as tort! Je suis la fille la moins généreuse	
. . . et toi, tu es le garçon le plus *innocent!* Au revoir, Pierre!	*naive*

L'art du dialogue

a) Act out the dialog between Pierre and Nathalie.
b) Imagine that the roles are reversed. **Nathalie** is flattering **Pierre.** Act out the new dialog.

Leçon 5

Ici, on n'est pas en Amérique.

Jim passe l'été en France chez ses amis Brigitte et Philippe.
Est-ce qu'il aime sa nouvelle existence? Oui, bien sûr! Mais
de temps en temps, il a un petit problème d'adaptation.
Aujourd'hui, *par exemple* . . .

from time to time

for instance

BRIGITTE:	Où vas-tu, Jim?
JIM:	Je vais à la pharmacie.
PHILIPPE:	À la pharmacie? Tu es malade?
JIM:	Mais non, je ne suis pas malade! Je vais acheter le journal et des bonbons!
BRIGITTE:	Voyons, Jim! *On ne vend pas* le journal à la pharmacie!
PHILIPPE:	Et on ne vend pas de bonbons *non plus!*
BRIGITTE:	En France, *on* achète le journal *chez le marchand de journaux*.
PHILIPPE:	Et on achète les bonbons *chez l'épicier!*
JIM:	Mais en Amérique, on . . .
BRIGITTE:	Écoute Jim! Ici, *on* n'est pas en Amérique!
JIM:	Oh là là! *La vie* est compliquée!

One doesn't sell

neither

people; at the newsstand

at the grocer's

you

Life

CONVERSATION

Let's talk about the kinds of things *one* can buy in an American drugstore.

1. Est-ce qu'**on achète** le journal à la pharmacie?
   Oui, **on achète** . . . (Non, on n'achète pas . . .)
2. Est-ce qu'**on achète** des magazines?
3. Est-ce qu'**on achète** l'aspirine?
4. Est-ce qu'**on achète** les médicaments *(medicine)?*

OBSERVATIONS

- How do you say *one buys* in French? Which pronoun corresponds to *one?*
- Is this pronoun followed by a *singular* or *plural* verb?

NOTE CULTURELLE

Le shopping et les petits commerçants
(Shopping and shopkeepers)

Where do you go to buy the newspaper? Probably to a newsstand or to the neighborhood drugstore. In France you would go to the newsstand **(chez le marchand de journaux)** or to the tobacco shop **(le bureau de tabac)** which, in addition to cigarettes, often carries magazines, newspapers, matches, and stamps. You would certainly not go to the pharmacy, which sells only medicine.

Shopping habits change from country to country. Thus, in France many people go to different stores to buy individual food items. Imagine, for instance, that you are shopping for today's meal. You would go to the butcher's **(chez le boucher)** for the meat, to the baker's **(chez le boulanger)** for the bread, to the grocer's **(chez l'épicier)** for the soft drinks, to the dairy **(chez le crémier)** for the milk, to the fruit stand **(chez le marchand de fruits)** for the fruits. Of course, if you had a car, you could also go to the supermarket **(le supermarché)** or to a huge shopping center (called **l'hypermarché**) and buy everything on your list there. Many people in France still prefer the friendly atmosphere of the small individual shops, and also the quality of their products. Thus, to have fresh bread, some people still go to the local baker three times a day: before breakfast, before lunch, and before dinner.

VOCABULAIRE

NOMS:	**des bonbons** (*m.*)	*candy*
	un journal (*pl.* **journaux**)	*newspaper*
ADJECTIFS:	**compliqué ≠ simple**	*complicated ≠ simple*
VERBE:	**passer** (+ time)	*to spend* (time)

Structure

A. Les verbes réguliers en -re

Many French verbs end in **-re.** Most of these are conjugated like **vendre** *(to sell).*
Note the forms of this verb in the present tense, paying special attention to the endings.

Infinitive	**vendre**		STEM	ENDINGS
Present	je **vends**	ma raquette		-s
	tu **vends**	tes disques		-s
	il/elle **vend**	son violon	(infinitive minus **-re**)	—
	nous **vendons**	nos livres	**vend-** +	-ons
	vous **vendez**	vos cassettes		-ez
	ils/elles **vendent**	leurs vélos		-ent

→ The **d** of the stem is silent in the singular forms, but it is pronounced in
the plural forms.

VOCABULAIRE PRATIQUE   Verbes réguliers en -re

attendre	*to wait, wait for*	Yvette **attend** Michèle au café.
entendre	*to hear*	Est-ce que vous **entendez** la radio?
perdre	*to lose, waste*	Je n'ai pas envie de **perdre** mon argent.
vendre	*to sell*	**Vendez**-vous votre vélo?

ACTIVITÉ 1   Rendez-vous

The following people are waiting for their dates at a café. Express this,
using the appropriate form of **attendre.**

→ Jim (Michèle)   **Jim attend Michèle.**

1. nous (nos amis)
2. vous (vos cousines)
3. moi (Paul)
4. toi (Brigitte)
5. Louis et Éric (Claire et Sylvie)
6. les étudiants (les étudiantes)
7. Jacques et moi (Louise et Hélène)
8. Annette et toi (François)

B. Le pronom *on*

The subject pronoun **on** is often used in French. Note its English
equivalents in the sentences below.

On achète l'aspirine à la pharmacie.   *One buys (**You** buy) aspirin at the drugstore.*
On vend des magazines au bureau de   *One sells (**They** sell) magazines at the*
   tabac.   *tobacco shop.*
En France, **on** parle français.   *In France **people (you, they)** speak French.*

The impersonal pronoun **on** does not refer to a specific person. It corresponds
to the English pronouns *one*, *you* (in general), *they* (in general), or *people* (in general).

→ The pronoun **on** is always used with the **il/elle** form of the verb.

→ There is liaison after **on** when the next word begins with a vowel sound.

→ In conversation, **on** is often used instead of **nous**:

Est-ce qu'**on** regarde la télé ce soir?
   *Are **we** watching TV tonight?*

On est bien
dans la laine.
On est bien
dans un pull
Starcot.

ACTIVITÉ 2   En hiver ou en été?

Do the following happen mainly in winter or in summer?

→ aller à la piscine   **On va à la piscine en été.**

1. nager
2. skier
3. jouer au tennis
4. jouer au football
5. aller à la plage
6. porter des lunettes de soleil

7. porter un manteau
8. organiser des pique-niques
9. être en vacances
10. avoir chaud
11. avoir froid
12. avoir la grippe *(the flu)*

ACTIVITÉ 3   En France et en Amérique

French customs are sometimes different from American customs. First
describe the French custom. Then describe the American custom, using the
expression in parentheses. Use **on** in both sentences.

→ Les Français parlent français. (anglais)   **En France, on parle français.**
    En Amérique, on parle anglais.

1. Les Français jouent au football. (au baseball)
2. Les Français jouent au rugby. (au basketball)
3. Les Français ont des petites voitures. (des grandes voitures)
4. Les Français dînent à huit heures. (à six heures)
5. Les Français achètent les magazines au bureau de
   tabac *(tobacco shop)*. (à la pharmacie)
6. Les Français ont cinq semaines de vacances. (deux semaines)

VOCABULAIRE PRATIQUE

Les magasins et les commerçants
(Shops and shopkeepers)

une librairie

une pharmacie

une pâtisserie

une épicerie

la libraire

le libraire

la pâtissière

le pâtissier

la pharmacienne

le pharmacien

l'épicière

l'épicier

un magasin de disques

un magasin de chaussures

un magasin de vêtements

le marchand de disques

la marchande de chaussures

le marchand de vêtements

Note: **Chez** is used with names of shopkeepers, whereas à is used with names of shops.
Contrast:

Je vais **chez le pharmacien.**	*I am going to the pharmacist's.*
Je vais **à la pharmacie.**	*I am going to the pharmacy.*

ACTIVITÉ 4   Le shopping

Imagine that you are living in Paris, and an American friend is visiting you. This friend wants to buy the following things. Tell him/her in whose shop these items are sold according to the model. Use the nouns given in the **Vocabulaire. pratique.**

→   des disques   **On vend des disques chez le marchand de disques.**

1. des livres
2. des cassettes
3. des bonbons
4. des cachets *(tablets)* d'aspirine
5. des chemises
6. des journaux
7. des blue-jeans
8. des sandales
9. des tee-shirts
10. des gâteaux
11. des éclairs
12. des médicaments *(medicine)*

Hachette Librairie

C. Les prépositions avec les noms de pays

Note the *prepositions* used with names of countries in the sentences below.

le Canada	Pierre habite **au** Canada.	Jacqueline va **au** Canada.
la France	Nous sommes **en** France.	Nous allons **en** France.
les États-Unis	Vous habitez **aux** États-Unis.	Quand vas-tu **aux** États-Unis?

To express location *in* or movement *to* a country, French speakers use:

au	if the name of the country is *masculine singular*	**au** Canada
en	if the name of the country is *feminine singular*	**en** France
aux	if the name of the country is *plural*	**aux** États-Unis

ACTIVITÉ 5   Langues internationales *(International languages)*

Say which of the following languages is spoken in each of the countries listed below.

anglais   français   espagnol

Remember: countries with names that end in **-e** are feminine.

→   l'Angleterre   **En Angleterre, on parle anglais.**

1. l'Australie
2. le Pérou
3. le Canada
4. les États-Unis
5. la France
6. le Sénégal
7. la Belgique
8. le Guatemala

What we wear often depends on what we are doing or how we feel. Express this in logical sentences similar to the models, using elements of columns A and B. How many different sentences can you make in five minutes?

A	B
nager	un pull
skier	des vêtements élégants
jouer au tennis	un anorak
jouer au football américain	un maillot de bain
aller à la plage	un short
aller dans un restaurant élégant	des sandales
avoir froid	un casque *(helmet)*
avoir chaud	

→ **Quand on a froid, on porte un pull.**

→ **Quand on joue au tennis, on porte un short.**

Prononciation

Voyelles nasales

When you say a nasal vowel followed by a consonant sound, be sure not to pronounce an /n/.

Practice the following words:

/ɑ̃/   vend, attend, entend

/ɑ̃d/   vendent, attendent, entendent

Pour communiquer ◢

Expression pour la conversation

To ask someone how to say something, you use the expression:

Comment dit-on . . .?   *How do you say . . .?*   **Comment dit-on** « snack bar »
en français?

Mini-dialogue

Jim visite Paris avec son ami Philippe. Il *découvre* que le   *discovers*
français n'est pas trop difficile.

JIM: J'ai faim!

PHILIPPE: Moi aussi.

JIM: Alors, allons dans un . . . Dis, comment dit-on «snack bar» en français?

PHILIPPE: On dit «snack-bar».

JIM: Et comment dit-on «hot dog»?

PHILIPPE: On dit «hot-dog».
Le français est une *langue* très simple, n'est-ce pas?   *language*

L'art du dialogue

a) Act out the dialog between Jim and Philippe.
b) Imagine that the conversation is taking place in the United States, and the roles are
reversed. Philippe wants to know how to say **restaurant** and **omelette** *(omelet)*.
Replace **français** with **anglais**.

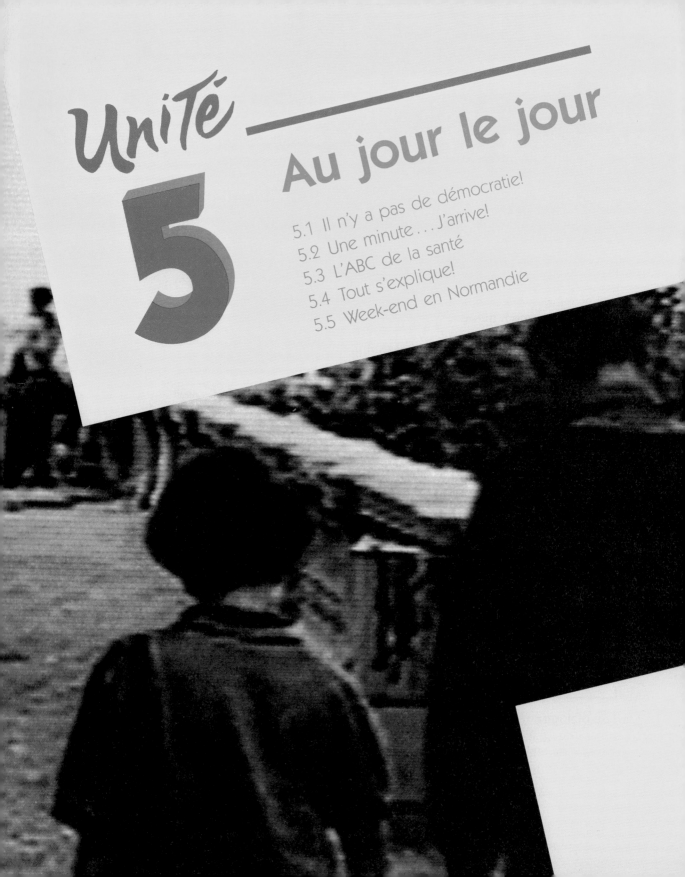

Unité 5

Au jour le jour

UNIT OBJECTIVES

LEARNING TO COMMUNICATE

In this unit, you will learn how

- to talk about things you like and dislike
- to talk about foods and beverages
- to talk about sports, hobbies, and other activities
- to give orders, advice, and suggestions
- to talk about means of transportation
- to express what you have just done

EXPRESSING YOURSELF ACCURATELY

You will learn the verbs **espérer** *(to hope)*, **boire** *(to drink)*, **faire** *(to do, make)*, **venir** *(to come)*, and **prendre** *(to take)*. You will learn how to express certain quantities by using the partitive article. You will learn how to give orders and advice by using the imperative form of the verb. In addition, you will learn how to describe the recent past by using the expression **venir de** with the infinitive.

LEARNING ABOUT CULTURE

You will learn about everyday life of young French people. In particular, you will learn about meals, leisure activities, and how to stay in shape. You will also learn which foreign languages French students study.

Il n'y a pas de démocratie!

Aujourd'hui c'est dimanche.
Le dimanche, la famille Brunet va en général au cinéma.   *On Sundays*
Quels films est-ce qu'ils aiment? Quand il y a quatre enfants
dans une famille, il y a souvent quatre opinions différentes.
Aujourd'hui, *par exemple*. . .   *for example*

MME BRUNET:	Jacques, qu'est-ce que tu préfères *voir* aujourd'hui? *to see*
JACQUES:	Une comédie! Il y a une excellente comédie américaine au Quartier Latin.
GUILLAUME:	Je déteste les comédies, *surtout* les comédies *especially* américaines. Il y a un très bon film policier aux Champs-Élysées.
MONIQUE:	Ah non! Je déteste la violence! Je déteste les films policiers! J'ai envie de voir une comédie musicale.
NICOLE:	Une comédie musicale, une comédie musicale . . . Mais les comédies musicales, c'est bon pour les filles de ton âge! Moi, je préfère les films d'aventures.
MME BRUNET:	Un moment! *Qui est-ce qui paie les billets?* *Who is paying for the tickets?*
JACQUES:	C'est Papa, *j'espère!* *I hope*
MME BRUNET:	Alors, c'est lui qui décide.
GUILLAUME:	Ce n'est pas *juste!* *fair*
MME BRUNET:	Paul, quel film préfères-tu voir aujourd'hui?
M. BRUNET:	Un western avec John Wayne.
MONIQUE:	Je n'aime pas John Wayne.
GUILLAUME:	Je déteste les westerns.
NICOLE:	J'aime les westerns, mais je déteste les westerns avec John Wayne.
MME BRUNET:	Écoutez. Vous avez le *choix!* Aller au cinéma ou *choice* rester à la maison.
JACQUES:	Bon, on va au cinéma, mais . . .
MONIQUE:	DANS CETTE FAMILLE . . .
GUILLAUME:	IL N'Y A PAS . . .
NICOLE:	DE DÉMOCRATIE!

CONVERSATION

Let's talk about your likes and dislikes.

1. Aimez-vous **le** sport?
2. Aimez-vous **la** télé?
3. Aimez-vous **les** westerns?
4. Aimez-vous **la** musique classique?

OBSERVATIONS

In the above questions you were asked whether, *generally speaking*, you liked certain things. Reread the names of these things.

- Which words introduce these names? Are these words *articles*? What type of articles?
- If you were asking the same questions in English, would you use a definite article?

NOTE CULTURELLE

Les jeunes Français et le cinéma

Allez-vous souvent au cinéma? Ou préférez-vous regarder les films à la télévision? Le cinéma est une distraction° très populaire en France. Les jeunes Français aiment surtout les comédies, les films d'aventures, les films de science-fiction . . . et les westerns.

En général, les films américains ont beaucoup de succès en France. Ces films sont souvent «doublés».° Cela signifie° que dans la version française, Mel Gibson, Tom Cruise, Meryl Streep et Cher parlent . . . français! Voici le titre° de certains° films américains:

Le pont° de la rivière Kwaï (1957)
Le jour le plus long (1962)
2001: L'odyssée de l'espace (1968)
E.T. l'extra-terrestre (1982)
La couleur pourpre (1986)
Qui veut la peau de° Roger Rabbit? (1988)

distraction *leisure activity* **doublés** *dubbed* **Cela signifie** *That means* **titre** *title* **certains** *some* **pont** *bridge* **veut la peau de** *framed*

TOUCHSTONE PICTURES... STEVEN SPIELBERG presents
Qui veut la peau de
ROGER RABBIT
UN FILM DE ROBERT ZEMECKIS

ACTUELLEMENT

Ciné-club
Le lundi à 20 h 30
Le programme détaillé vous sera envoyé sur demande en écrivant au Théâtre de la Plaine

VOCABULAIRE PRATIQUE   Les spectacles *(Shows)*

le cinéma	*movies*		
un dessin animé	*cartoon*	**une comédie**	*comedy*
un film	*movie*	**une comédie musicale**	*musical comedy*
un film d'aventures	*adventure movie*		
un film policier	*detective movie*		
le théâtre	*theater*		
un drame	*drama*	**une pièce de théâtre**	*play*
un acteur	*actor*	**une actrice**	*actress*

Structure

A. L'usage de l'article défini dans le sens général

Note the use of the definite article (**le, la, l', les**) in the sentences below.

Paul aime **les comédies.**	*Paul likes comedies (in general).*
Brigitte aime **le cinéma,** mais elle n'aime pas **les westerns.**	*(Generally speaking) Brigitte likes movies, but she does not like westerns.*
Est-ce que **les Américains** aiment **la musique classique?**	*(In general) do Americans like classical music?*
Le tennis est un sport formidable.	*(Generally speaking) tennis is a fantastic sport.*

In French, the *definite article* precedes nouns used in a *general* or *collective* sense.

ACTIVITÉ 1 Expression personnelle

Say whether or not you like the following entertainment. Begin your sentences with **J'adore, J'aime beaucoup, Je n'aime pas,** or **Je déteste.**

→ les westerns **J'aime beaucoup les westerns. (Je déteste les westerns.)**

1. les dessins animés
2. la musique classique
3. les comédies
4. les comédies musicales
5. les films policiers
6. les films de science-fiction
7. les pièces de théâtre
8. les drames
9. les films d'aventures

ACTIVITÉ 2 Questions personnelles

1. Étudiez-vous la musique? la danse? le théâtre? le piano? l'espagnol?
2. Aimez-vous la musique classique? le jazz? le reggae?
3. À la télé, regardez-vous les films? les comédies? les matchs de baseball? les matchs de football américain? les jeux *(games)*?
4. À la radio, écoutez-vous la musique pop? l'opéra? les drames policiers?
5. Détestez-vous la pollution? la violence? l'injustice?
6. Aimez-vous l'école? les examens? les vacances?

LE FOLKLORE
LE BLUES
LE ROCK
LE SWING
LA POP MUSIC

maintenant

LA COUNTRY MUSIC

toujours avec
L'
HARMONICA

oui mais...
L'
HARMONICA
DE

HOHNER

B. Le verbe *espérer*

Note the forms of the verb **espérer** *(to hope)*. Pay careful attention to the **é** of the stem.

Infinitive	espérer	
Present	j' **espère**	nous **espérons**
	tu **espères**	vous **espérez**
	il/elle **espère**	ils/elles **espèrent**

Verbs like **espérer** which end in **é** + consonant + **er** have regular endings and the following stem change:

é ⟶ è   in the je, tu, il, and ils forms of the present

➜ **Préférer** *(to prefer)* is conjugated like **espérer**.

Qu'est-ce que tu **préfères?** les comédies ou les westerns?

ACTIVITÉ 3   Ce week-end

There is a flu epidemic, but the following people are planning to have a busy weekend and hope not to get sick. Say whether or not they hope to do the following things.

➜   Paul (aller en ville)   **Paul espère aller en ville.**

Denise (aller chez le docteur)   **Denise n'espère pas aller chez le docteur.**

1. René et Brigitte (acheter des disques)
2. nous (inviter des amis)
3. toi (être malade)
4. moi (être fatigué)
5. Philippe (dîner au restaurant)
6. nous (rester à la maison)
7. vous (jouer au football)
8. Martine (avoir la grippe [*flu*])

ACTIVITÉ 4   Dialogue

Ask your classmates which of the following entertainments they prefer. Use the appropriate definite articles. (Note: Feminine nouns are marked with an asterisk.)

➜   cinéma ou télé*?

Élève 1: **Préfères-tu le cinéma ou la télé?**
Élève 2: **Je préfère le cinéma (la télé).**

comédies* ou drames?

Élève 1: **Préfères-tu les comédies ou les drames?**
Élève 2: **Je préfère les comédies (les drames).**

1. cinéma ou théâtre?
2. jazz ou musique* pop?
3. reggae ou musique* classique?
4. ballet classique ou danse* moderne?
5. sport ou musique*?
6. piano ou guitare*?
7. pièces* de théâtre ou films?
8. films d'aventures ou dessins animés?
9. films d'horreur ou comédies* musicales?
10. films policiers ou westerns?

C. L'article défini avec les jours de la semaine

Note the use of the definite article in the following sentences:

Le samedi, nous n'allons pas en classe.   ***On Saturdays** we do not go to class.*
Le dimanche, je vais au cinéma.   ***On Sundays** I go to the movies.*

The definite article is used with *days of the week* to indicate *repeated* or *habitual* events.

➜ When an event happens only once, no article is used:

Jeudi, je vais aller au théâtre.   ***On Thursday** (i.e., **this Thursday**) I am going to the theater.*

RÉVISION: les jours de la semaine

lundi, mardi, mercredi, jeudi, vendredi, samedi, dimanche

ACTIVITÉ 5   Questions personnelles

1. Quels jours avez-vous une classe de français? une classe d'anglais?
2. Quels jours est-ce que vous n'allez pas à l'école?
3. Quels jours regardez-vous la télé?
4. Où allez-vous le samedi matin? le samedi après-midi? le samedi soir?
5. Où allez-vous le dimanche matin? le dimanche après-midi? le dimanche soir?

UN JEU

Match the nouns in column A with those in column B and write complete sentences similar to the models below. (Note: Feminine nouns are marked with an asterisk.)

A	B
banane*	science*
aluminium	fruit
automne	langue* *(language)*
physique*	métal
léopard	art
cinéma	spectacle *(show)*
sculpture*	animal
français	saison*
tennis	sport

➜ **Le tennis est un sport.**
➜ **Le léopard est un animal.**

Prononciation

Révision: les sons /e/ et /ɛ/

Contrast: /e/ espérer, comédie, dessin animé, cinéma, théâtre
Préférez-vous aller au cinéma ou regarder la télé?

/ɛ/ j'espère, tu préfères, pièce, il achète, chère
Ma chère Michèle, j'espère que tu vas aimer la pièce.

Pour communiquer

Expression pour la conversation

après tout *after all*   **Après tout,** il aime aussi les comédies.

Mini-dialogue

Jean-François a un *défaut:* il est un peu snob.   shortcoming

HÉLÈNE: J'aime beaucoup le football.

JEAN-FRANÇOIS: Eh bien, moi, je préfère le tennis et le
polo . . .

HÉLÈNE: J'adore le cinéma.

JEAN-FRANÇOIS: Moi, je préfère le théâtre.

HÉLÈNE: J'aime la musique pop.

JEAN-FRANÇOIS: Moi, j'aime *uniquement* l'opéra et la   only
musique classique.

HÉLÈNE: Dommage! J'ai deux *billets* pour le concert   tickets
de Bruce Springsteen. Je vais inviter ton frère.

JEAN-FRANÇOIS: Euh . . . *attends!* Après tout, j'aime aussi la   wait
musique pop.

HÉLÈNE: Eh bien, moi, je n'aime pas les garçons
qui changent toujours d'idée . . . Et je déteste   who always change their mind
les snobs!

L'art du dialogue

a) Act out the dialog between Hélène and Jean-François.
b) Act out a new dialog where **Hélène** and **Suzanne** are talking to **Jean-François** and **Alain.**
Use **nous** instead of **je,** and divide the roles among four people. Replace **deux** by **quatre, ton**
frère by **vos cousins,** and make the necessary changes.

Leçon 2

Une minute . . . J'arrive!

Il est midi et demi. Jean-Paul et Sylvie vont à la *cantine*.
Sylvie regarde le menu.

school cafeteria

JEAN-PAUL: Qu'est-ce qu'il y a aujourd'hui?
SYLVIE: Il y a du poisson!
JEAN-PAUL: Du poisson?
SYLVIE: Oui, du poisson!
JEAN-PAUL: *Quelle horreur!* Bon, aujourd'hui, je ne mange pas!
SYLVIE: Il y a aussi du gâteau.
JEAN-PAUL: Du gâteau! Hm . . .
SYLVIE: Et de la glace!
JEAN-PAUL: Une minute . . . J'arrive!

How awful!

NOTE CULTURELLE

La cantine

Êtes-vous externe° ou êtes-vous demi-pensionnaire?°
  Dans une école française, les externes vont chez eux pour
le déjeuner.° Les demi-pensionnaires restent à l'école et
vont à la cantine. À la cantine, le menu est simple et le
choix° est limité. Un menu particulier° correspond à chaque°
jour de la semaine. Par exemple,° spaghetti le lundi, bifteck°
le mardi, omelette le mercredi, etc. . . . En général, on sert°
du poisson le vendredi.

externe *day student* **demi-pensionnaire** *day student who eats
lunch at school* **déjeuner** *lunch* **choix** *choice* **particulier**
special **chaque** *each* **Par exemple** *For example* **bifteck**
steak **sert** *serves*

CONVERSATION

Imagine that Jean-Paul is asking you what there is in the refrigerator of the typical American family. Answer each question affirmatively.

1. Est-ce qu'il y a **du** Coca-Cola?
2. Est-ce qu'il y a **du** ketchup?
3. Est-ce qu'il y **de la** mayonnaise?
4. Est-ce qu'il y a **de la** margarine?

OBSERVATIONS

In the above questions, you are asked if there is *a certain quantity* (rather than a specific amount, such as one pound, two pints, etc.) of Coke, ketchup, mayonnaise, and margarine in the average American refrigerator. The French use a special article — the *partitive article* — to express the idea of *a certain quantity of* or *a certain amount of.*

- What is the form of the partitive article before a masculine singular noun (like **Coca-Cola** or **ketchup**)?
- What is the form of the partitive article before a feminine singular noun (like **mayonnaise** or **margarine**)?

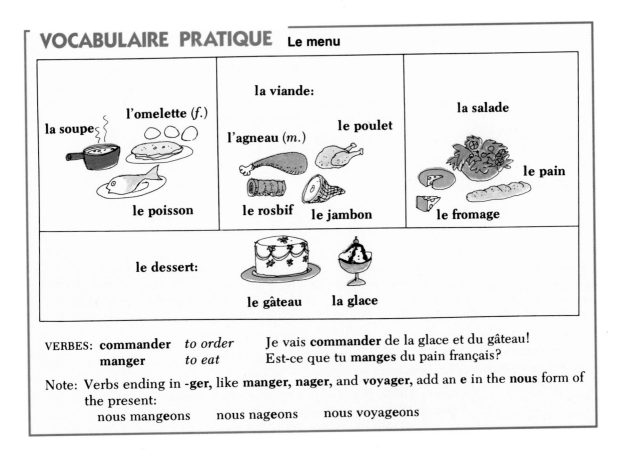

VOCABULAIRE PRATIQUE   Le menu

la soupe

l'omelette (*f.*)

le poisson

la viande:

l'agneau (*m.*)

le poulet

le rosbif   le jambon

la salade

le pain

le fromage

le dessert:

le gâteau   la glace

VERBES: **commander**   *to order*   Je vais **commander** de la glace et du gâteau!
manger   *to eat*   Est-ce que tu **manges** du pain français?

Note: Verbs ending in **-ger**, like **manger, nager,** and **voyager,** add an **e** in the **nous** form of the present:
nous mangeons   nous nageons   nous voyageons

Structure

A. L'article partitif: *du, de la*

In the sentences below, people are talking about *certain quantities* of food.
Note the words in heavy type.

Voici **du** rosbif. — *Here is (some) roast beef.*
Avez-vous **du** jambon? — *Do you have (any) ham?*

Est-ce qu'il y a **de la** soupe? — *Is there (any) soup?*
Il y a **de la** salade. — *There is (some) salad.*

Nous commandons **de l'**agneau. — *We are ordering (some) lamb.*
Antoine mange **de l'**omelette. — *Antoine is eating (some) omelet.*

To express *a certain quantity*, French speakers use the partitive article.
The partitive article has the following forms:

Masculine Singular	**du** **de l'** (+ vowel sound)	**du** rosbif, **du** jambon **de l'**agneau
Feminine Singular	**de la** **de l'** (+ vowel sound)	**de la** soupe, **de la** salade **de l'**omelette

→ The English equivalent of the partitive article is *some* or *any*. Often English
uses *no* article. However, in French, the partitive article may not be left out.

Il y a	**du**	poulet et	**de la**	salade aujourd'hui.
There is	. . .	*chicken and*	. . .	*salad today.*

ACTIVITÉ 1 Le dîner *(Dinner)*

Imagine that you have organized a dinner for the French Club. Tell a friend
what there is on the menu.

→ le rosbif   **Il y a du rosbif.**

1. la soupe
2. l'omelette
3. le poisson
4. la salade
5. le pain
6. le fromage
7. le gâteau
8. la glace

ACTIVITÉ 2 Au restaurant

A lady is ordering food in a French restaurant. She tells the waiter
(**le garçon**) what she likes and asks whether they have those items.
The waiter says yes. Play both roles according to the model.

→ le poisson   La dame: **J'aime le poisson. Avez-vous du poisson?**
Le garçon: **Bien sûr, nous avons du poisson.**

1. le caviar
2. le céleri
3. le melon
4. le jambon
5. le poulet
6. la moutarde *(mustard)*
7. l'agneau
8. la margarine

B. L'article partitif dans les phrases négatives

Compare the forms of the partitive article in affirmative and negative sentences:

Manges-tu **du** dessert?

Non, je **ne** mange **pas de** dessert.

*I'm **not** eating (**any**) dessert.*

Avez-vous **de la** viande?

Non, nous **n'**avons **pas de** viande.

*We have **no** meat.*

Est-ce qu'il y a **de l'**omelette?

Non, il **n'**y a **pas d'**omelette.

*There isn't **any** omelet.*

> In negative sentences **du, de la,** and **de l'** become **de** and **d'.**

Exception: After **Ce n'est pas,** the regular partitive article is used.

C'est de l'agneau. **Ce n'est pas du** rosbif!

ACTIVITÉ 3   Au régime

Charles is on a diet. He may eat everything except fish and meat. Say what foods he orders and what foods he does not order.

→ le jambon   **Il ne commande pas de jambon.**
   la glace   **Il commande de la glace.**

1. l'agneau
2. l'omelette
3. le dessert
4. la soupe
5. la salade
6. le rosbif
7. le poulet
   le gâteau
   le poisson
   le pain
   le fromage
   viande

On mange encore de la bonne viande à Paris.

Hippopotamus.
3 restaurants de viande à Paris.

ACTIVITÉ 4   Dialogue

Ask your classmates whether or not they often eat the following foods.

du poisson   Élève 1: **Manges-tu souvent du poisson?**
              Élève 2: **Oui, je mange souvent du poisson.**
                       (Non, je ne mange pas souvent de poisson.)

1. de la glace
2. du pain
3. du pain français
4. du fromage américain

5. du fromage français
6. de l'agneau
7. de la soupe
8. de l'omelette

C. Le verbe *boire*

Note the forms of the irregular verb **boire** *(to drink)* in the present tense.

Infinitive		boire	Qu'est-ce que vous désirez **boire?**
Present	je	**bois**	Je **bois** toujours du café.
	tu	**bois**	Tu **bois** du thé.
	il/elle	**boit**	Isabelle **boit** de la limonade.
	nous	**buvons**	Nous **buvons** de l'eau minérale.
	vous	**buvez**	Vous ne **buvez** pas de bière?
	ils/elles	**boivent**	Les enfants **boivent** du lait.

evian
eau minérale naturelle
SOURCE CACHAT AUTORISATION MINISTERIELLE 19.09.1878

perrier MINÉRALE GAZEUSE NATURELLE

VOCABULAIRE PRATIQUE Les boissons *(Beverages)*

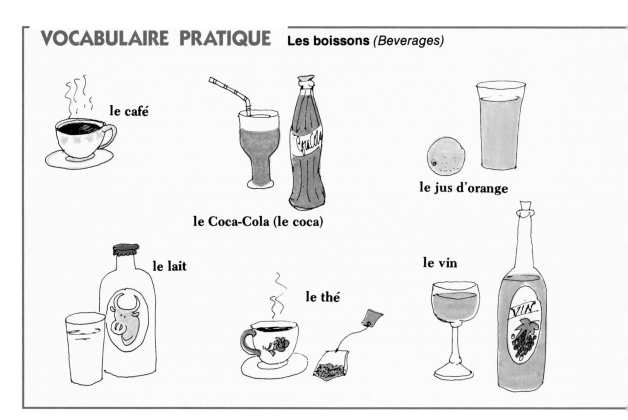

le café

le Coca-Cola (le coca)

le jus d'orange

le lait

le thé

le vin

ACTIVITÉ 5 À la fête internationale *(At the international party)*

At the international party the guests are drinking their typical national beverages. Express this according to the model.

→ Pietro est italien. (du vin rouge)   **Pietro boit du vin rouge.**

1. Nous sommes américains. (du coca)
2. Vous êtes anglais. (du thé)
3. Je suis français. (du vin)
4. Maria est brésilienne *(Brazilian)*. (du café)
5. Mes amis sont chinois. (du thé)
6. Karl est allemand. (de la bière)
7. Tu es turc. (du café)
8. Vous êtes américains. (du jus d'orange)

ACTIVITÉ 6 Le réfrigérateur

Say whether or not the following items are in your refrigerator at home.

→ le coca   **Oui, il y a du coca. (Non, il n'y a pas de coca.)**

1. le vin blanc
2. le vin rouge
3. l'eau
4. l'eau minérale
5. le thé
6. la bière
7. le jus d'orange
8. la limonade
9. le lait
10. la glace
11. le jambon
12. le fromage

la boisson *drink, beverage*

l'eau *(f.)*

la bière

l'eau minérale

la limonade

ACTIVITÉ 7 Expression personnelle

Complete the sentences below with foods and beverages listed in the vocabulary sections of this lesson. Use the appropriate partitive articles.

→ Chez moi je bois . . .   **Chez moi je bois du lait.**

1. Le matin *(In the morning)* je bois . . .
2. Mes parents boivent . . .
3. Nous ne buvons pas . . .
4. À la cantine *(school cafeteria)* nous buvons . . .
5. À la cantine nous ne buvons pas . . .
6. À la cantine je mange . . .
7. J'aime manger . . .
8. Ce soir, j'espère manger . . .
9. À la maison nous mangeons souvent . . .
10. À la maison nous ne mangeons pas souvent . . .

UN JEU

Prepare menus for the following people. Each menu must have three foods and a beverage. (See the vocabulary sections of this lesson.)

→ une personne qui aime manger

Pour la personne qui aime manger il y a du rosbif, de l'agneau, de la glace et du vin.

1. une personne malade
2. une personne qui est au régime
3. un végétarien
4. un athlète
5. un Français
6. un Anglais

Prononciation

Les lettres s et ss

Between vowels the letter **s** represents the sound /z/:

anglai**s**e, mayonnai**s**e, mai**s**on, françai**s**e

Between vowels the letters **ss** represent the sound /s/:

boi**ss**on, sui**ss**e, réu**ss**ir, fini**ss**ez, maigri**ss**ez, gro**ss**ir

Contrast:

poi**ss**on—poi**s**on; de**ss**ert—dé**s**ert; chau**ss**ettes—chemi**s**e; choi**s**i**ss**ez

Pour communiquer ►

Expressions pour la conversation

To contradict a *negative* question, French speakers do not say **oui.**
Instead they say:

si *yes* —Tu n'as pas faim ce soir?
—**Si,** j'ai très faim!

To refuse politely something which has been offered, you may say:

(Non,) merci. *No, thank you.*   —Vous ne buvez pas de thé?
—**(Non,) merci,** je n'ai pas soif.

Mini-dialogue

Pourquoi est-ce qu'Isabelle
ne mange pas?

MME MERCIER:	Tu ne manges pas de salade, Isabelle?
ISABELLE:	Non, merci . . .
MME MERCIER:	Alors, tu vas manger du fromage, et *puis* de la glace.
ISABELLE:	Merci, Maman. Vraiment.
MME MERCIER:	Comment? Tu n'as pas d'appétit aujourd'hui?
ISABELLE:	Si Maman, j'ai de l'appétit, mais . . .
MME MERCIER:	Mais quoi?
ISABELLE:	Ce soir je suis *invitée* à une boum chez Charles.
MME MERCIER:	Et tu réserves ton appétit pour le buffet, je suppose?
ISABELLE:	Euh oui . . . La mère de Charles fait des sandwichs *absolument* extraordinaires!

then

invited

absolutely

L'art du dialogue

a) Act out the dialog between Madame Mercier and Isabelle.
b) Imagine that the menu has been changed but that the situation remains the same. Madame Mercier proposes **(la) soupe** (instead of **salade**), **(la) salade** (instead of **fromage**), and **(le) gâteau** (instead of **glace**). Act out the new dialog after making the appropriate changes.

Leçon 3

L'ABC de la santé

Vous êtes en excellente *forme* physique et morale, n'est-ce pas?
Et vous désirez rester en forme?
C'est simple! Observez ces dix recommandations:

shape

1. Mangez des fruits et de la salade!
2. Ne mangez pas de viande *à chaque repas!*
3. Buvez de l'eau minérale ou du jus de fruits!
4. Ne buvez pas de bière!
5. Allez à l'école *à pied* ou *utilisez* votre bicyclette!
6. Pratiquez un sport: jouez au tennis, au basket ou au volley!
7. Nagez en été et skiez en hiver!
8. Choisissez un *passe-temps* intéressant: la *photo*, la musique, la *poterie*, *par exemple!*
9. Ne restez pas *constamment devant* la télé.
10. Ne perdez pas votre *temps!*

at every meal

on foot; use

hobby
photography; pottery
for example
constantly; in front of

time

CONVERSATION

If your parents are typical parents, they often tell you what to do and what not to do.
Do they give you the following advice? Answer **oui** or **non** for each item.

1. **Étudie!**
2. **Travaille!**
3. **Mange** plus!
4. **Mange** moins!
5. Ne **regarde** pas la télé!
6. Ne **dépense** pas ton argent!

OBSERVATIONS

To make *suggestions* or to *give advice*, one uses a verb form called the *imperative*.
In the above suggestions, the **tu** form of the imperative is used.

• Which letters do the infinitives of the above verbs end in?

• Which letter does the **tu** form of the imperative end in?

• Is the **tu** form of the *imperative* different from the **tu** form of the *present?* How?

La marche°

Comment rester en forme? À l'école, les jeunes Français pratiquent leur sport favori:° le volley, le basket ou le football (le football français, bien sûr!). En hiver ils vont skier, et en été ils vont nager.

Mais il y a aussi un autre° sport qu'on pratique toute l'année en France: la marche. En semaine,° les jeunes Français marchent pour aller° à l'école. Le week-end, ils marchent pour aller au cinéma, à la plage, ou chez leurs amis. En moyenne,° les Français marchent huit kilomètres par° jour.

Et vous, est-ce que vous marchez huit kilomètres par jour? Non? Alors, qu'est-ce que vous faites° pour rester en forme?

La marche *Walking*   **favori** *favorite*   **un autre** *another*
En semaine *During the week*   **pour aller** *to go*
En moyenne *On the average*   **par** *per*   **qu'est-ce que**
vous faites *what do you do*

VOCABULAIRE PRATIQUE   Sports et passe-temps *(Sports and hobbies)*

NOMS:

le dessin	*art, drawing*	**la cuisine**	*cooking*
le footing	} *jogging*	**la danse**	*dancing*
le jogging		**la gymnastique**	*gymnastics*
le patinage	*skating*	**la natation**	*swimming*
le ski	*skiing*	**la photo**	*photography*
le vélo	*bicycling*	**la poterie**	*pottery*
		la voile	*sailing*

ADJECTIFS:

dangereux (dangereuse)	*dangerous*
difficile	*hard, difficult*
excellent	*excellent*
facile	*easy*
intéressant	*interesting*
passionnant	*exciting*
violent	*violent*

ACTIVITÉ 1   Opinions

Give your opinions about the following sports and pastimes according to the model. Use adjectives from the **Vocabulaire pratique.**

→   le ski   **Le ski est un sport passionnant (dangereux, . . .)**

la poterie   **La poterie est un passe-temps facile (intéressant, . . .)**

les sports
1. le patinage
2. le vélo
3. la gymnastique
4. la voile
5. la natation

les passe-temps
6. la sculpture
7. la danse
8. la photo
9. la cuisine
10. le dessin

Structure

A. L'impératif: *tu* et *vous*

Note the forms of the *imperative* in the sentences below, and compare them with the corresponding **tu** and **vous** forms of the *present*.

	PRESENT TENSE	AFFIRMATIVE IMPERATIVE	NEGATIVE IMPERATIVE
-er verbs	(tu manges)	**Mange** de la salade.	**Ne mange pas** de pain.
	(vous mangez)	**Mangez** du fromage.	**Ne mangez pas** de rosbif.
-ir verbs	(tu choisis)	**Choisis** cette veste.	**Ne choisis pas** ce pantalon.
	(vous choisissez)	**Choisissez** ce disque.	**Ne choisissez pas** ce livre.
-re verbs	(tu vends)	**Vends** ton ballon (*ball*).	**Ne vends pas** ta raquette.
	(vous vendez)	**Vendez** votre voiture.	**Ne vendez pas** votre vélo.

The *imperative* is used to give orders, advice, and suggestions. The **tu** and **vous** forms of the imperative of **-ir** verbs and **-re** verbs are the same as the corresponding forms of the present tense.

Note: The **tu** form of the imperative of **-er** verbs = the **tu** form of the present minus **-s**.

→ As in English, subject pronouns are not used in the imperative.

→ The above pattern also applies to most irregular verbs.

(aller)	tu vas	**Va** à la maison.	vous allez	**Allez** chez vous.
(boire)	tu bois	**Bois** du jus de fruits.	vous buvez	**Buvez** du lait.

ACTIVITÉ 2   Baby-sitting

Imagine that you are baby-sitting for Christophe, a seven-year-old French boy. Tell him to do the following things.

→ dîner   **Dîne, Christophe.**

1. manger du pain
2. finir ta soupe
3. regarder la télé
4. choisir un programme intéressant
5. jouer du piano
6. aller dans ta chambre (*room*)

ACTIVITÉ 3   Chez le docteur

Imagine that you are working in the office of a French doctor. One of your patients, Monsieur Dupont, is allowed to eat everything, with the exception of meats. He should drink only nonalcoholic beverages. Give him his instructions, using **manger** for items 1–8 and **boire** for items 9–16.

→ de la viande   **Ne mangez pas de viande.**

du lait   **Buvez du lait.**

1. du jambon	5. de l'agneau	9. de l'eau minérale	13. de l'eau
2. de la salade	6. du gâteau	10. de la limonade	14. du vin
3. du poulet	7. du rosbif	11. du jus d'orange	15. du thé
4. de la soupe	8. du poisson	12. du whisky	16. de la bière

ACTIVITÉ 4 L'ange et le démon *(The angel and the devil)*

Christine is thinking whether she should do certain things. The angel gives her good advice. The devil gives her bad advice. Play the roles of the angel and the devil.

→ préparer l'examen   L'ange: **Prépare l'examen.**
  Le démon: **Ne prépare pas l'examen.**

1. étudier les verbes
2. téléphoner à ta grand-mère
3. inviter les amis
4. aller à l'école
5. respecter tes professeurs

6. finir la leçon
7. penser à l'avenir *(future)*
8. boire du lait
9. perdre ton temps *(time)*
10. vendre les disques de ton frère

B. Récapitulation: les articles (défini, indéfini, partitif)

Articles are used much more frequently in French than in English. The choice of a *definite*, *indefinite*, or *partitive* article depends on what is being described.

Use:	to describe:	
the *definite* article **le, la, l', les**	a noun used in the *general* sense	J'aime **le gâteau.** *(As a rule) I like cake.*
	a *specific* thing	Voici **le gâteau.** *Here is the cake (I baked).*
the *indefinite* article **un, une, des**	one (or several) *whole* item(s)	Voici **un gâteau.** *Here is a (whole) cake (not divided).*
the *partitive* article **du, de la, de l'**	*some, a portion of, a certain amount of* something	Voici **du gâteau.** *Here is some (a serving, a piece of) cake.*

➜ The definite article is used after the following verbs:

adorer Charles **adore le** dessert.   **détester** Nous **détestons** l'eau minérale.
aimer Mes amis **aiment la** glace.   **préférer** **Préférez**-vous **la** viande ou **le** poisson?

➜ The partitive article is often used after the following verbs and expressions:

avoir   **Avez**-vous **du** pain?   **manger** Tu **manges du** poulet.
boire   Claire **boit de la** limonade.
commander Nous **commandons du** jambon.   **il y a**   **Il y a du** thé pour vous.

➜ The French do *not* use the partitive article with a noun that is the subject of the sentence.

Il y a **du** rosbif et **de la** glace dans le réfrigérateur.
but: **Le** rosbif et **la** glace sont dans le réfrigérateur.

➜ The partitive article may also be used with nouns other than foods.

Avez-vous **de** l'argent?   *Do you have (any, a certain amount of) money?*
Michèle a **du** talent!   *Michèle has (some, a certain amount of) talent!*

ACTIVITÉ 5 Cocktail

Monsieur and Madame Moreau have invited friends to a cocktail party. Say which drinks the following people like and what they are having.

➜ Monsieur Mercier (le vin blanc)
Monsieur Mercier aime le vin blanc. Il boit du vin blanc.

1. Madame Mercier (l'eau minérale)
2. Monsieur Charron (le whisky)
3. Madame Charron (le jus d'orange)
4. Monsieur Lavie (la bière)
5. Mademoiselle Masson (le champagne)
6. Madame Arnaud (la limonade)

ACTIVITÉ 6 Expression personnelle

Give your opinions about the following items. In the first sentence use the first verb and the *definite* article. In the second sentence use the second verb and the *partitive* article.

➜ le lait (aimer / boire)   **J'aime le lait. Je bois du lait.**
                              (Je n'aime pas le lait. Je ne bois pas de lait.)

1. la glace (aimer / manger)
2. le poisson (aimer / manger)
3. l'eau minérale (aimer / boire)
4. le chewing-gum (aimer / acheter)
5. l'argent (aimer / dépenser)
6. le courage (admirer / avoir)
7. le talent artistique (respecter / avoir)
8. l'ambition (admirer / avoir)

Prononciation

Le son /œ̃/

Model word: u̲n̲

Practice words: br̲u̲n̲, u̲n̲ café, u̲n̲ fromage, u̲n̲‿homme

Practice sentences: J'ai u̲n̲ frère qui est br̲u̲n̲.

Tu as u̲n̲‿ami qui a u̲n̲ vélo?

The sound /œ̃/ is a nasal vowel. Be sure not to pronounce an /n/ after the nasal vowel unless liaison is required.

Comment écrire /œ̃/: **un** (or **um** before **b** or **p**)

Pour communiquer

Expression pour la conversation

To agree with a statement or with a question, the French often use the following expression:

C'est ça! *That's it! That's right!*

—Vous habitez à Paris?
—C'est ça!

Mini-dialogue

Jean-Paul a rendez-vous dans un café avec Lynn, une amie américaine.

JEAN-PAUL: Alors, Lynn! Qu'est-ce que tu vas commander?
LYNN: Un sandwich!
JEAN-PAUL: Et qu'est-ce que tu vas boire avec ton sandwich?
LYNN: Du lait!
JEAN-PAUL: Du lait? Mais voyons, Lynn, tu es en France ici!
Commande du vin rouge ou du vin blanc!
LYNN: Mais je n'aime pas le vin!
JEAN-PAUL: Alors, commande de la bière!
LYNN: C'est ça! *(au garçon)* Garçon, s'il vous plaît!
Un *sandwich au fromage!*
Avec une bière . . . et un
grand *verre* de lait!

Waiter
cheese sandwich

glass

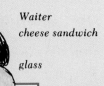

L'art du dialogue

a) Act out the dialog between Jean-Paul and Lynn.
b) Now imagine that Lynn wants to drink orange juice (**le jus d'orange**). Jean-Paul suggests mineral water (**l'eau minérale**) and coffee (**le café**). Create the new dialog and act it out.

Leçon 4

Tout s'explique!

Jacques *rencontre* ses amis Antoine et Marie-Claude.

meets

JACQUES:	Salut, Antoine! Salut, Marie-Claude!
	Qu'est-ce que vous faites aujourd'hui?
ANTOINE:	Moi, je vais au stade.
JACQUES:	Qu'est-ce que tu fais là-bas?
ANTOINE:	Je vais *faire un match* de foot avec des *copains*.
JACQUES:	Et toi aussi, Marie-Claude, tu vas faire du sport?
MARIE-CLAUDE:	Moi, non. Je ne vais pas au stade . . .
JACQUES:	Bon, alors *viens* au cinéma avec moi. Il y a un bon film!
MARIE-CLAUDE:	Impossible. J'ai une classe à trois heures.
JACQUES:	Comment? Mais *nous sommes* samedi! Il n'y a pas classe aujourd'hui!
MARIE-CLAUDE:	Le samedi je fais de l'anglais dans une école *privée*.
JACQUES:	Tiens! Tu fais de l'anglais maintenant? Est-ce qu'il y a un bon *laboratoire de langues* à cette école?
MARIE-CLAUDE:	Euh, non. Mais . . .
ANTOINE:	. . . mais il y a un jeune professeur américain, très beau et très sympathique!
JACQUES:	*Tout s'explique* maintenant!

What are you doing

to play a game; friends

come

= c'est

private

language lab

Everything is clear

CONVERSATION

Let's talk about what you do in school.

1. Est-ce que vous **faites de** l'anglais?
   Oui, je **fais de** l'anglais. (Non, je ne **fais** pas d'anglais.)
2. Est-ce que vous **faites du** français?
3. Est-ce que vous **faites de** l'italien?
4. Est-ce que vous **faites du** sport?
5. Est-ce que vous **faites de la** musique?

OBSERVATIONS

The questions above use a new verb: **faire** *(to do, make).*

• Which *article* is used to introduce the names of the activities?

NOTE CULTURELLE

L'étude° de l'anglais

Pourquoi étudiez-vous le français? Parce qu'un jour vous espérez aller en France ou au Canada? ou parce que c'est obligatoire° dans votre école?

En France, l'étude des langues° est obligatoire à l'école secondaire. Quatre-vingt-six pour cent (86%) des jeunes Français choisissent l'anglais. Ensuite° viennent° l'allemand, l'espagnol, et l'italien. Pourquoi est-ce que l'anglais est si° populaire en France? Parce que c'est une langue très utile° quand on voyage. Et dans un grand nombre de professions, c'est une langue indispensable.°

étude *study* **obligatoire** *required* **langues** *languages*
Ensuite *Then* **viennent** *come* **si** *so* **utile** *useful*
indispensable *necessary*

CEEL
19 rue du Prieuré
1202 Genève
Tél. 32.56.12 - 32.58.93

ANGLAIS
ALLEMAND
ESPAGNOL
FRANÇAIS

Tous niveaux
de 2 à 20h
par semaine

Structure

A. Le verbe *faire*

Note the forms of the verb **faire** *(to do, make)* in the present tense:

Infinitive		**faire**	Qu'est-ce que vous avez envie de **faire** aujourd'hui?
Present	je	**fais**	Je **fais** des exercices.
	tu	**fais**	Tu **fais** des progrès.
	il/elle	**fait**	Jacques **fait** des projets de vacances.
	nous	**faisons**	Nous **faisons** un voyage.
	vous	**faites**	Qu'est-ce que vous **faites**?
	ils/elles	**font**	Lise et Paul **font** un match de tennis.

Faire is one of the most useful verbs in French. Its principal meaning is *to do, make*.

Qu'est-ce que vous **faites** ce soir?   *What are you doing tonight?*
Paul **fait** des progrès en anglais.   *Paul is making progress in English.*
Nous **faisons** des projets pour demain.   *We are making plans for tomorrow.*

Faire is also used in many expressions:

Juliette **fait un match** de volley.   *Juliette is playing a game of volleyball.*
Paul **fait un voyage**.   *Paul is taking a trip.*

VOCABULAIRE PRATIQUE   Expressions avec *faire*

faire attention	*to pay attention,* *be careful*	Pierre ne **fait** pas **attention** en classe. Il y a une voiture! **Faites attention!**
faire des progrès	*to make progress*	Nous **faisons des progrès** en français.
faire des projets	*to make plans*	**Fais-tu des projets** pour les vacances?
faire les courses	*to go shopping*	Nous **faisons les courses** le vendredi.
faire un match	*to play a game* *(match)*	Lise et Paul **font un match** de tennis.
faire un voyage	*to take a trip*	Cet été, je vais **faire un voyage** en France.

ACTIVITÉ 1   Auto-école *(Driving school)*

The following students are learning to drive. Say who is paying attention to
the instructor and who is not.

Jacques (non)   **Jacques ne fait pas attention.**

1. Catherine (oui)
2. nous (oui)
3. Pierre et Antoine (non)
4. toi (non)
5. moi (oui)
6. Jacqueline (non)
7. mes amies (oui)
8. Sylvie et moi (oui)
9. François et toi (non)

ACTIVITÉ 2 Vive les vacances!

The following students are taking trips abroad. Say where they are going.

→ Paul (au Canada) **Paul fait un voyage au Canada.**

1. Jacqueline (en Chine)
2. nous (en Afrique)
3. mes cousines (au Japon)
4. moi (au Sénégal)
5. toi (au Portugal)
6. vous (en Égypte)

ACTIVITÉ 3 Questions personnelles

1. Est-ce que vous faites attention quand le professeur parle? quand vos parents parlent? quand vous étudiez?
2. Est-ce que vous faites des progrès en français? en anglais? en maths? en sciences?
3. Est-ce que vous faites souvent les courses? Qu'est-ce que vous achetez quand vous faites les courses? Qui fait aussi les courses chez vous, votre père ou votre mère?
4. Aimez-vous faire des voyages? Faites-vous souvent des voyages? Est-ce que vous allez faire un voyage cet été? où? avec qui?
5. Est-ce que vous faites souvent des choses (*things*) intéressantes? quelles choses?
6. Aimez-vous faire des projets? Faites-vous des projets pour le week-end? pour les vacances? pour l'avenir (*future*)?

B. La construction: *faire du, faire de la*

Note the use of **faire** in the following sentences:

Est-ce que tu **fais de l'espagnol?**	*Do you study (Are you learning) Spanish?*
Non, je **fais du latin.**	*No, I study Latin.*
Paul **fait du ski.**	*Paul skis.*
Hélène **fait de la natation.**	*Hélène swims.*
Nous **faisons de la poterie.**	*We do pottery.*
Est-ce que vous **faites du théâtre?**	*Are you active in theater?*
Mes amis **font de la guitare.**	*My friends play (are learning to play) the guitar.*

Faire is often used in the following constructions:

faire du, de la, de l', des {
+ sport — *to play, participate actively in*
+ school subject — *to study, learn*
+ instrument — *to play, learn to play*
+ pastime — *to do, be active in*
}

→ In negative sentences, **faire de (d')** is used.

Faites-vous **des** maths? Non, nous ne faisons pas **de** maths.

ACTIVITÉ 4 À la Maison des Jeunes *(At the Youth Center)*

Say that the following people are doing what they like to do.

→ Christine aime la danse classique. **Elle fait de la danse classique.**

1. Anne aime la danse moderne.
2. Robert aime le ping-pong.
3. Tu aimes la guitare.
4. Vous aimez la gymnastique.

5. Nous aimons le sport.
6. Henri et Jacques aiment la photo.
7. J'aime la poterie.
8. Claire et Marie aiment le théâtre.

ACTIVITÉ 5 Dialogue

Ask your classmates if they participate in the following activities.

→ le sport   Élève 1: **Est-ce que tu fais du sport?**
               Élève 2: **Oui, je fais du sport.**
                      (Non, je ne fais pas de sport.)

1. la photo
2. la natation
3. le ping-pong
4. le skate-board
5. le vélo
6. la voile
7. la poterie
8. le dessin
9. le judo
10. le volley
11. le ski
12. la gymnastique
13. le piano
14. la guitare
15. la planche à voile
     (wind-surfing)

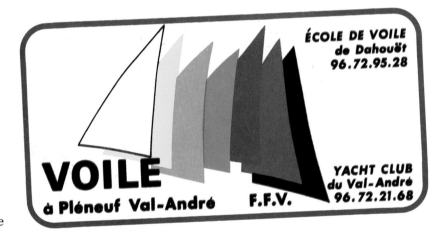

ACTIVITÉ 6 Questions personnelles

1. Vous faites du français, n'est-ce pas? Aimez-vous le français?
2. Faites-vous de l'espagnol aussi? de l'allemand?
3. Faites-vous de l'anglais? Est-ce que la classe d'anglais est difficile?
4. Qu'est-ce que vous préférez? l'histoire ou la géographie? le dessin ou les maths? le français ou les sciences?
5. Qu'est-ce que vous avez envie de faire à l'université? du français? des maths? de l'histoire? des sciences?

C. Le verbe *venir*

Note the forms of the irregular verb **venir** *(to come)* in the present tense.

Infinitive		**venir**	Nous allons **venir** avec des amis.
Present	je	**viens**	Je **viens** avec toi.
	tu	**viens**	Est-ce que tu **viens** au cinéma?
	il/elle	**vient**	Jacqueline ne **vient** pas avec nous.
	nous	**venons**	Nous **venons** à cinq heures.
	vous	**venez**	Quand **venez**-vous?
	ils/elles	**viennent**	Ils **viennent** de Paris, n'est-ce pas?

→ **Revenir** *(to come back)* is conjugated like **venir**.

ACTIVITÉ 7 Oui ou non?

Pierre has asked his friends to go to the movies with him. Say who is coming and who is not.

→ Philippe (non)   **Philippe ne vient pas.**

1. Sylvie (non)
2. nous (oui)
3. toi (non)
4. Henri et Claude (oui)
5. mes cousines (non)
6. moi (oui)
7. vous (non)
8. Hélène et moi (oui)
9. Charles et toi (non)
10. Isabelle (oui)

ACTIVITÉ 8 La convention des jeunes

The following people are participating in the International Youth Convention. Say where each one comes from.

→ Jean-Philippe est français. (Paris)   **Il vient de Paris.**

1. Henri est suisse. (Genève)
2. Je suis sénégalais. (Dakar)
3. Vous êtes français. (Nice)
4. Nous sommes tunisiens. (Tunis)
5. Jim est américain. (la Nouvelle-Orléans)
6. Janet et Gail sont anglaises. (Liverpool)
7. Tu es canadienne. (Montréal)
8. Jean et Jacques sont haïtiens. (Port-au-Prince)

RÉVISION: *être, avoir, aller, faire*

These are the four most frequently used verbs in French. Review their forms.

être: **je suis, tu es, il est, nous sommes, vous êtes, ils sont**
avoir: **j'ai, tu as, il a, nous avons, vous avez, ils ont**
aller: **je vais, tu vas, il va, nous allons, vous allez, ils vont**
faire: **je fais, tu fais, il fait, nous faisons, vous faites, ils font**

ACTIVITÉ DE RÉVISION: Tourisme

The following people are travelling this summer. Give each one's nationality and say where they are going. Then say that they are studying a second language and that they have the corresponding textbook.
(Languages: **français, anglais, espagnol**)

→ Jim (américain /à Québec)

Jim est américain.
Il va à Québec.
Il fait du français.
Il a un livre de français.

1. Luisa et Clara (mexicaines /à Boston)
2. nous (américains /à Acapulco)
3. toi (canadien /à Madrid)
4. vous (anglais /à Paris)
5. Sylvie (française /à Chicago)
6. moi (américain /à Nice)

UN JEU

If we are carrying a tennis racket, it is probably because we are going to the tennis courts to play tennis. How many logical sentences can you make in five minutes using the verbs **avoir**, **aller**, and **faire** with elements of columns A, B, C, and D? See the models below.

A	B	C	D
moi	un kimono	en ville	le ski
toi	des skis	dans les Alpes	le volleyball
Catherine	un ballon *(ball)*	à la Maison des Jeunes	le judo
nous	un dictionnaire	*(Youth Center)*	le karaté
vous	un appareil-photo	à la plage	la photo
mes camarades	un sac	à l'école	le français
		au stade	le basketball
			les courses

→ **Catherine a un kimono. Elle va à la Maison des Jeunes. Elle fait du judo.**

→ **J'ai des skis. Je vais dans les Alpes. Je fais du ski.**

Prononciation

Les sons /jɛ̃/ et /jɛn/

Contrast: /jɛ̃/   <u>bien</u>, <u>viens</u>, canad<u>ien</u>, ital<u>ien</u>

                  Jul<u>ien</u> v<u>ien</u>t avec Luc<u>ien</u>.

        /jɛn/   v<u>ien</u>nent, canad<u>ienne</u>, ital<u>ienne</u>

                  Les deux Canad<u>ienne</u>s ne v<u>ien</u>nent pas.

Pour communiquer ◢

Expressions pour la conversation

To ask someone to wait for you, you may say:

    Une seconde!   *Just a second!*
    Une minute!   *Just a minute!*

Mini-dialogue

Marc n'est pas un garçon très *sportif*, mais il y a des occasions spéciales . . .   *athletic*

MARC: Qu'est-ce que tu fais cet après-midi?

HÉLÈNE: Je vais au stade avec Vincent.

MARC: Qu'est-ce que vous allez faire?

HÉLÈNE: Du footing! Tu viens?

MARC: Euh, non . . . Je n'ai pas mes chaussures.

HÉLÈNE: Dommage!

MARC: Pourquoi «dommage»?

HÉLÈNE: Parce qu'après le footing, Vincent va inviter
ses amis au cinéma.

MARC: Une seconde . . .! Je viens avec toi!

HÉLÈNE: Et tes chaussures?

MARC: Elles sont *là* dans mon sac!   *here*

L'art du dialogue

a) Act out the dialog between Marc and Hélène.

b) Prepare a new dialog where Hélène is going to the pool (**la piscine**) to swim (**faire de la natation**), and where Marc says he doesn't have his swimsuit (**le maillot de bain**). Make all necessary changes.

c) Write and act out a new dialog where Hélène is talking to **Marc** and **Florence.** Divide Marc's role into two parts and make all necessary changes.

Leçon 5

Week-end en Normandie

Aujourd'hui, nous sommes le 5 juillet. C'est un dimanche.
Dehors il fait très beau. Quels sont les projets de Nicole et
de son frère Pierre?

Outside

NICOLE:	Dis, Pierre! Qu'est-ce qu'on fait aujourd'hui?
PIERRE:	*Restons* à la maison . . . et regardons la télévision.

Let's stay

NICOLE:	Ah non! Il fait trop beau pour rester à la maison aujourd'hui! Allons à la plage!
PIERRE:	Oui, mais comment?
NICOLE:	*Prenons* ta moto!

Let's take

PIERRE:	Elle ne marche pas.
NICOLE:	Alors, prenons le bus.
PIERRE:	C'est dimanche! Il n'y a pas de bus aujourd'hui!
NICOLE:	Alors, prenons un taxi.
PIERRE:	Je n'ai pas d'argent.
NICOLE:	*Moi non plus.* Alors, téléphonons à Georges. Il a une voiture.

Me neither.

PIERRE:	Je *viens de téléphoner.* Il n'est pas chez lui.

just called

NICOLE:	Il n'y a pas de solution!
PIERRE:	Mais si, il y a toujours une solution . . .
NICOLE:	Quelle solution?
PIERRE:	Allons à la plage *à pied.*

on foot

NICOLE:	Dix kilomètres à pied??! Non, mais tu n'es pas *fou, par hasard!* Il fait trop chaud pour marcher. Et *puis* . . . je suis fatiguée, moi!

crazy
by any chance
besides

PIERRE:	Alors, qu'est-ce qu'on fait?
NICOLE:	Restons à la maison . . . et regardons la télévision.

CONVERSATION

Let's talk about things you have done within the past hour.
Have you just . . .?

1. **Venez**-vous **de** parler avec le professeur?
   Oui, **je viens de** parler avec le professeur.
   (Non, **je** ne **viens** pas **de** parler avec le professeur.)
2. **Venez**-vous **de** parler avec vos amis?
3. **Venez**-vous **de** regarder le livre?
4. **Venez**-vous **de** manger un sandwich?
5. **Venez**-vous **de** boire un coca?

OBSERVATIONS

Look at the *affirmative* answer in the model.

- How do you say *I have just?*
- Is the verb which follows this expression an *infinitive?*

NOTES CULTURELLES

1. La Normandie La Normandie est une région située° à l'ouest° de la France, sur la côte° Atlantique. En été, des millions de touristes viennent passer leurs vacances sur ses plages de sable fin.°

2. À la plage Allez-vous souvent à la plage en été? Et qu'est-ce que vous faites quand vous êtes là-bas? Probablement vous nagez ou vous prenez° des bains de soleil° . . . ou vous regardez les gens° qui passent! En France, la plage est le centre d'activités diverses. Certains° jouent aux boules.° D'autres° font du ski nautique° ou de la planche à voile.° D'autres jouent au volley. Parfois° un club sportif° organise un championnat° . . . Et la plage est toujours un excellent endroit° pour se faire° de nouveaux amis.

située *situated* **ouest** *west* **côte** *coast* **sable fin** *fine sand*
prenez *take* **bains de soleil** *sunbaths* **gens** *people*
Certains *Some people* **jouent aux boules** *bowl* **D'autres** *Others*
ski nautique *water-skiing* **planche à voile** *wind-surfing*
Parfois *Sometimes* **sportif** *athletic* **championnat** *championship*
endroit *place* **pour se faire** *to make*

Structure

A. Le verbe *prendre*

Note the forms of the irregular verb **prendre** *(to take)* in the present tense.

Infinitive		prendre	Je vais **prendre** mon vélo.
Present	je	**prends**	Je **prends** un taxi.
	tu	**prends**	**Prends**-tu ta guitare?
	il/elle	**prend**	Isabelle **prend** son appareil-photo.
	nous	**prenons**	Nous **prenons** des photos.
	vous	**prenez**	Vous **prenez** votre voiture?
	ils/elles	**prennent**	Nicole et Pierre ne **prennent** pas le bus.

→ The *singular* forms of **prendre** follow the pattern of regular **-re** verbs. The *plural* forms are *irregular*.

→ When used with names of foods and beverages, **prendre** means *to have*.

Prenez-vous du café ou du thé?   *Are you having coffee or tea?*

VOCABULAIRE PRATIQUE   Verbes conjugués comme *prendre*

apprendre	*to learn*	Nous **apprenons** le français.
apprendre à + infinitive	*to learn how to*	Ils **apprennent** à parler anglais.
comprendre	*to understand*	Est-ce que vous **comprenez** tout?

EST-CE QUE VOS ENFANTS APPRENNENT LE FRANÇAIS À L'ÉCOLE?

CONSEIL POUR LE DÉVELOPPEMENT DU FRANÇAIS EN LOUISIANE — CODOFIL — CONSEILLER

ACTIVITÉ 1   Le banquet

For the 25th reunion there is an alumni banquet. Say what everyone is having.

→ moi (du caviar)   **Je prends du caviar.**

1. Hélène (du vin blanc)
2. Sylvie et Marc (du champagne)
3. toi (du gâteau au chocolat)
4. moi (du rosbif)
5. vous (de l'agneau)
6. nous (de la bière)
7. Michèle (de la glace)
8. mes amis (de la salade)

ACTIVITÉ 2 À l'étranger (Abroad)

The following students have decided to spend the summer abroad to
improve their foreign language skills. Say which of the following languages
each one is learning: **l'anglais, le français, l'espagnol.**

→ Paul est à Washington.   **Il apprend l'anglais.**

1. Philippe est à Porto Rico.
2. Nous sommes à Genève.
3. Linda et Susie sont à Paris.
4. Mon frère est à Louisville.

5. Tu es à Buenos Aires.
6. Je suis à Denver.
7. Vous êtes à Québec.
8. Jacqueline est à la Martinique.

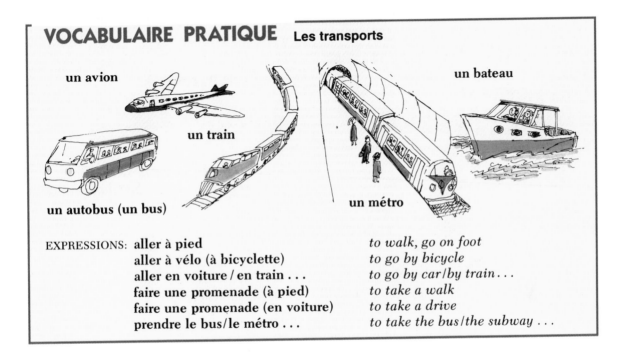

VOCABULAIRE PRATIQUE   Les transports

un avion

un bateau

un train

un autobus (un bus)

un métro

EXPRESSIONS:	aller à pied	to walk, go on foot
	aller à vélo (à bicyclette)	to go by bicycle
	aller en voiture / en train ...	to go by car/by train ...
	faire une promenade (à pied)	to take a walk
	faire une promenade (en voiture)	to take a drive
	prendre le bus/le métro ...	to take the bus/the subway ...

ACTIVITÉ 3 Questions personnelles

1. Est-ce que vous apprenez le français? l'espagnol? l'italien?
2. Est-ce que vous apprenez à chanter? à jouer au tennis? à skier?
3. Est-ce que vous comprenez toujours quand le professeur parle français?
4. Quand vous allez à l'école, prenez-vous le bus? le métro? ou allez-vous
   à vélo? à pied?
5. Allez-vous chez vos amis à pied ou à vélo?
6. Quand vous faites un grand voyage, est-ce que vous prenez le bus? le train?
   le bateau? l'avion?
7. Est-ce que vous aimez faire des promenades à pied? Le week-end, faites-vous
   des promenades en voiture? avec qui? Où allez-vous?
8. En été, est-ce que vous faites des promenades à bicyclette avec vos amis?

B. L'impératif: *nous*

In English, when you want to suggest an activity to your friends, you may say "Let's go to the movies" or "Let's play baseball." In French you would use the **nous** form of the *imperative*. Compare this form to the **nous** form of the *present* tense.

PRESENT TENSE	"Let's . . ."	"Let's not . . ."
Nous allons au cinéma?	**Allons** au cinéma.	**N'allons pas** au concert.
Nous jouons au football?	**Jouons** au football.	**Ne jouons pas** au volley.
Nous prenons le bus?	**Prenons** le bus.	**Ne prenons pas** le métro.

The **nous** form of the imperative is the same as the **nous** form of the present tense.

ACTIVITÉ 4 L'esprit de contradiction *(Disagreeing)*

Nicole and Pierre cannot agree on anything. Whenever Nicole suggests something, Pierre suggests something else. Play both roles.

→ aller au cinéma (à la plage)

Nicole: **Allons au cinéma!**
Pierre: **Non, n'allons pas au cinéma! Allons à la plage!**

1. jouer au tennis (au volley)
2. écouter la radio (des disques)
3. regarder la télé (les photos)
4. dîner au restaurant (à la maison)
5. inviter Michèle (Sylvie)

6. acheter un gâteau (de la glace)
7. faire une promenade à pied (en voiture)
8. prendre le bus (un taxi)
9. boire de la limonade (de l'eau minérale)
10. revenir à deux heures (à midi)

ACTIVITÉ 5 Projets de week-end

What do you want to do this weekend? Suggest to a classmate whether or not you should do the following.

→ étudier?   **Étudions! (N'étudions pas!)**

1. parler français?
2. aller au cinéma?
3. aller au musée?
4. organiser une boum?

5. faire un match de tennis?
6. rester à la maison?
7. regarder la télé?
8. faire une promenade à vélo?

C. La construction: *venir de* + infinitif

To express an event that has taken place in the *recent past*, the French use the following construction:

venir de + infinitive ↓ **d'** (+ vowel sound)	Pierre **vient de** téléphoner. Anne **vient d'**arriver.	*Pierre (**has**) **just** phoned.* *Anne (**has**) **just** arrived.*

ACTIVITÉ 6 Pourquoi sont-ils fatigués?

The following students are falling asleep in class. Explain why they are so tired.

→ Paul (jouer au volley)   **Paul vient de jouer au volley.**

1. Sylvie (jouer au basket)
2. Josette (faire du sport)
3. Catherine (faire un match de tennis)
4. moi (faire du judo)

5. toi (nager)
6. nous (marcher dix kilomètres)
7. vous (faire un match de foot)
8. mes amis (faire du footing)

Profitez de la ville. Prenez le bus.

ACTIVITÉ 7 Avant le week-end *(Before the weekend)*

Madame Dumas is asking Pierre and Nicole to do certain things before the weekend. Pierre says he has just done them. Nicole says that she is going to do them. Play all three roles.

→ étudier   Madame Dumas: **Étudiez!**
Pierre: **Je viens d'étudier.**
Nicole: **Je vais étudier.**

1. finir les leçons
2. jouer du piano
3. faire les courses

4. apprendre le vocabulaire
5. téléphoner à grand-mère
6. aller chez le dentiste

UN JEU

If you are happy, it may be because of something you have just done, or something you are going to do. Form logical affirmative or negative sentences like those in the models below. How many sentences can you make in five minutes, using elements from columns A, B, C, and D.

A	B	C	D
moi	avoir faim	aller	jouer au foot
toi	avoir soif	venir de	faire un match de tennis
Pierre	être fatigué		avoir rendez-vous avec un ami
Nicole	être content *(happy)*		avoir une dispute avec un ami
nous			perdre un match de basket
vous			aller au restaurant
mes amis			aller au café
			manger du rosbif
			dîner en ville
			prendre un Coca-Cola

→ **Pierre a faim. Il va aller au restaurant.**

→ **Nicole n'a pas faim. Elle vient de dîner en ville.**

Prononciation

Révision: le son /ə/

In the middle of a word, the letter **e** followed by a single consonant represents the sound /ə/. The **e** of short words like **de, ne, te, je** is also pronounced /ə/.

v̵enir, v̵enons, v̵enez, r̵ev̵enir, r̵ev̵enons, r̵ev̵enez, compr̵enons, pr̵enez
Nous v̵enons d̵e d̵emander à R̵ené d̵e r̵ev̵enir.

Pour communiquer

Expressions pour la conversation

For emphasis, you may use expressions like:

certainement	*certainly*	Elle est **certainement** très sympathique.
sûrement	*surely*	Il est **sûrement** très intelligent.

Mini-dialogue

Est-ce qu'une nouvelle voiture *apporte le bonheur?*   *bring happiness*

ANNE-MARIE: Je viens de téléphoner à mon cousin
Raymond.
CHRISTINE: Eh bien?
ANNE-MARIE: Il vient d'acheter une nouvelle voiture.
CHRISTINE: Il est certainement très content!
ANNE-MARIE: Au contraire! Il est *furieux!*   *furious*
CHRISTINE: Furieux? Pourquoi?
ANNE-MARIE: Parce que cet après-midi il vient d'avoir un
accident!
CHRISTINE: Zut alors!

L'art du dialogue

a) Act out the dialog between Anne-Marie and Christine.
b) Prepare a new dialog where Anne-Marie has just phoned her cousin **Claire**, who has just bought a new bicycle (**un vélo**). Make all necessary changes. (The feminine of **furieux** is **furieuse**.)
c) Now prepare a dialog where Anne-Marie has just called her cousins **Paul** and **André**. They have just bought a new motorcycle (**une moto**).

SECTION
MAGAZINE
3

Le monde des loisirs

Les loisirs° des jeunes Français

Qu'est-ce que vous faites quand vous avez une soirée de libre?° Voici comment des jeunes Français âgés de 16 à 20 ans ont répondu à° cette question.

	garçons	filles
Je regarde la télévision.	24%	20%
Je sors° avec mes amis.	20%	18%
Je vais au cinéma.	16%	14%
Je lis.°	14%	20%
Je vais au concert ou au théâtre.	10%	12%
Je vais danser.	8%	10%
Je fais du sport.	6%	4%
Je bricole.°	2%	2%

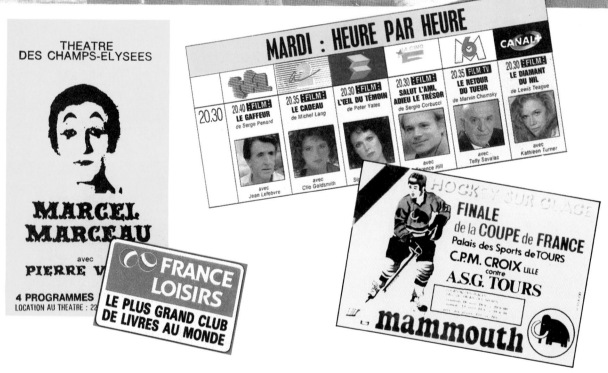

THEATRE
DES CHAMPS-ELYSEES

MARCEL MARCEAU

avec
PIERRE V

4 PROGRAMMES
LOCATION AU THEATRE : 2

FRANCE LOISIRS
LE PLUS GRAND CLUB
DE LIVRES AU MONDE

MARDI : HEURE PAR HEURE

20.30

20.40 FILM
LE GAFFEUR
de Serge Penard
avec
Jean Lefebvre

20.35 FILM
LE CADEAU
de Michel Lang
avec
Clio Goldsmith

20.30 FILM
L'ŒIL DU TÉMOIN
de Peter Yates

20.30 FILM
SALUT L'AMI,
ADIEU LE TRÉSOR
de Sergio Corbucci
avec
Terence Hill

20.35 FILM TV
LE RETOUR
DU TUEUR
de Marvin Chomsky
avec
Telly Savalas

20.30 FILM
LE DIAMANT
DU NIL
de Lewis Teague
avec
Kathleen Turner

HOCKEY SUR GLACE

FINALE
de la COUPE de FRANCE
Palais des Sports de TOURS
C.P.M. CROIX LILLE
contre
A.S.G. TOURS

mammouth

loisirs *leisure activities* soirée de libre *free evening* ont répondu à *answered* sors *go out*
lis *read* bricole *build and fix things* ILLUSTRATIONS: contre *against*

Le talent n'a pas d'âge

«Comme° la rose, la chanson° est immortelle. » —YVES MONTAND

Aujourd'hui, Yves Montand a soixante-cinq ans . . . ou plus. Mais il est toujours° une des grandes stars françaises.

D'origine italienne, Yves Montand arrive très jeune en France. Il est d'abord° ouvrier,° coiffeur,° barman, puis il découvre sa vraie vocation: la chanson. Son premier succès est une chanson de cowboy: «Dans les plaines du Far-west». Yves Montand a alors 20 ans. Il décide d'aller à Paris. À 25 ans, c'est le chanteur° français le plus populaire. Ses chansons «Luna Park», «À Paris», «Les grands boulevards» sont des succès immédiats. Certaines° comme «Les feuilles mortes»° et «C'est si bon» font le tour du monde.° Yves Montand n'est pas seulement° un chanteur. C'est aussi un acteur de cinéma et de théâtre de grand talent. Dans les années 60 il vient° aux États-Unis où il tourne° un film avec Marilyn Monroe. Il joue dans de nombreux° autres° films.

Aujourd'hui, Yves Montand continue à chanter, à jouer° et à exprimer° ses opinions philosophiques et politiques. Et quand il donne un récital, des milliers° de spectateurs viennent l'applaudir.° Avec Yves Montand, le succès et le talent n'ont pas d'âge.

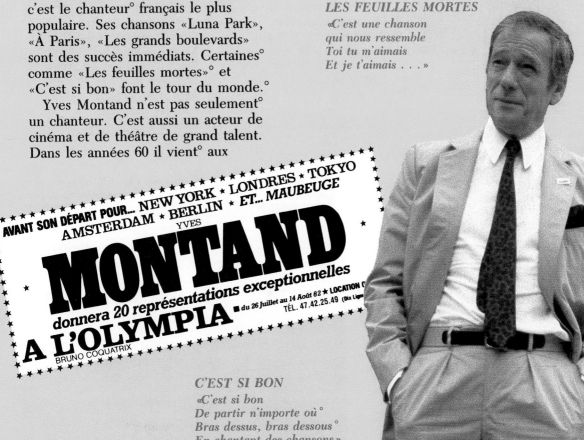

LES FEUILLES MORTES
«C'est une chanson
qui nous ressemble
Toi tu m'aimais
Et je t'aimais . . . »

AVANT SON DÉPART POUR... NEW YORK ★ LONDRES ★ TOKYO
AMSTERDAM ★ BERLIN ★ ET... MAUBEUGE
YVES
MONTAND
donnera 20 représentations exceptionnelles
À L'OLYMPIA ■ du 26 Juillet au 14 Août 82 ★ LOCATION
TÉL. 47.42.25.49 (Dix Ligne
BRUNO COQUATRIX

C'EST SI BON
«C'est si bon
De partir n'importe où°
Bras dessus, bras dessous°
En chantant des chansons»

Comme Like **chanson** song **toujours** still **d'abord** first **ouvrier** worker **coiffeur** barber **chanteur** singer
Certaines A few **«Les feuilles mortes»** "Autumn leaves" **font le tour du monde** circle the globe **seulement** only
vient comes **tourne** makes **nombreux** many **autres** other **jouer** to act **exprimer** to express
des milliers thousands **applaudir** to applaud **n'importe où** anywhere **Bras dessus, bras dessous** Arm in arm

259

CONNAISSEZ-VOUS CES FILMS?

Allez-vous souvent au cinéma?
Quels sont vos films préférés?°
Les films d'aventures? les comédies? les westerns? les drames psychologiques? . . . ou les dessins animés?

Le cinéma est l'une des distractions° préférées des jeunes Français. Les films américains sont spécialement° populaires. Voici une liste de films qui ont connu un grand succès° en France. Est-ce que vous reconnaissez° ces films? Lisez° les titres° français de ces films. Faites correspondre° le nom° de ces films avec leur équivalent anglais.

DISTRIBUÉ PAR WARNER-COLUMBIA FILM

Titres français
1. Superman
2. E.T. l'extra-terrestre
3. Butch Cassidy et le Kid
4. Blanche-Neige
5. Le crime de l'Orient Express
6. Le pont de la rivière Kwaï
7. Certains l'aiment chaud
8. Le dernier empereur
9. Autant en emporte le vent
10. La guerre des étoiles
11. Rencontres du troisième type
12. 2001: L'odyssée de l'espace
13. La fièvre du samedi soir
14. Alice au pays des merveilles
15. Les aventuriers de l'arche perdue

Titres américains
a. Star Wars
b. Snow White and the Seven Dwarfs
c. The Last Emperor
d. E.T.: The Extraterrestrial
e. The Bridge on the River Kwai
f. Superman
g. Some Like It Hot
h. 2001: A Space Odyssey
i. Close Encounters of the Third Kind
j. Murder on the Orient Express
k. Butch Cassidy and the Sundance Kid
l. Gone with the Wind
m. Alice in Wonderland
n. Saturday Night Fever
o. Raiders of the Lost Arc

RÉPONSES:

1-f, 2-d, 3-k, 4-b, 5-j, 6-e, 7-g, 8-c, 9-l, 10-a, 11-i, 12-h, 13-n, 14-m, 15-o

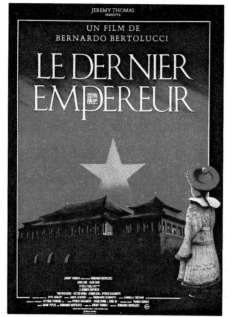

JEREMY THOMAS PRÉSENTE
UN FILM DE
BERNARDO BERTOLUCCI
LE DERNIER EMPEREUR

MARILYN MONROE
CERTAINS L'AIMENT CHAUD
TONY CURTIS   BILLY WILDER   JACK LEMMON
distribué par LES ARTISTES ASSOCIÉS

"Que la force soit avec toi"
LA GUERRE DES ÉTOILES
STAR WARS

Connaissez-vous *Do you know*   préférés *favorite*   distractions *pastimes*   spécialement *especially*   qui ont connu un grand succès *that were very successful*   reconnaissez *recognize*   Lisez *Read*   titres *titles*   Faites correspondre *Match*   nom *name*

LES HÉROS DE PAPIER

Qui est votre héros préféré?°

Un acteur? un athlète? un inventeur?
Un musicien? un artiste? un homme illustre° . . . ou une femme?

Beaucoup de jeunes Français ont leur héros favori. Mais ce héros n'est pas nécessairement° une personne réelle.° C'est souvent un héros de papier, c'est-à-dire° un personnage de bandes dessinées.°

Voici quelques° personnages très populaires en France:

From TINTIN AU TIBET, by Hergé.
© by Éditions Casterman, Paris

©DARGAUD EDITEUR PARIS 1971 d'après GOSCINNY ET MORRIS

Tintin et Milou

Tintin est un jeune détective. Avec son chien Milou, Tintin résout° les énigmes° les plus difficiles.

Lucky Luke

Lucky Luke est un cow-boy intrépide° qui représente la justice au Far West. Avec son cheval, Jolly Jumper, il poursuit° les frères Dalton, quatre bandits très dangereux.

Astérix

Astérix est un homme très petit mais très courageux. Avec ses amis il attaque les Romains, ennemis des Français, ou plus exactement° des Gaulois.

From ASTÉRIX EN HISPANIE, by Goscinny and Uderzo.
© Dargaud Éditeur 1969

préféré *favorite* **illustre** *well-known* **nécessairement** *necessarily* **réelle** *real* **c'est-à-dire** *that is to say* **personnage de bandes dessinées** *comic strip character* **quelques** *some* **résout** *solves* **énigmes** *mysteries* **intrépide** *fearless* **poursuit** *pursues* **exactement** *exactly*

Vive le football!

Quel est le sport le plus populaire chez les jeunes Français? Le football, naturellement. Aujourd'hui plus de° 500.000 jeunes Français de 12 à 16 ans sont inscrits° à la Fédération Française du Football.

Le coût° du football

Le football est un sport simple . . . mais il n'est pas gratuit.° Quand on désire bien jouer au football, on doit° avoir un équipement adéquat.

Voilà le coût de cet équipement:

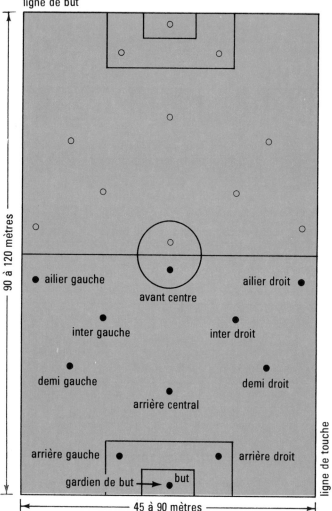

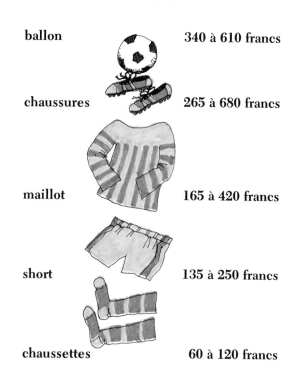

ballon	340 à 610 francs
chaussures	265 à 680 francs
maillot	165 à 420 francs
short	135 à 250 francs
chaussettes	60 à 120 francs
TOTAL:	965 à 2.080 francs

plus de *more than* **inscrits** *registered* **coût** *cost* **gratuit** *free* **doit** *must*

★ GALERIE de CHAMPIONS ★

Ces champions sont très différents, mais ils ont quelque chose° en commun. Ils parlent français ou ils sont d'origine française. Est-ce que vous les connaissez?°

NOM:	**Yannick Noah**	**Jeannie Longo**
SPORT:	tennis	cyclisme
NATIONALITÉ:	française, camerounaise°	française
REMARQUE:	vainqueur° des Championnats internationaux de France° (1983); joueur° de classe internationale	vainqueur du Tour de France dames (1986 et 1988); détient° trois records du monde;° plusieurs fois° championne du monde° et de France

NOM:	**Mustapha Badid**	**Brigitte Deydier**	**Mario Lemieux**
SPORT:	athlétisme° en fauteuil roulant°	judo	hockey
NATIONALITÉ:	française	française	canadienne
REMARQUE:	vainqueur des 1.500, 2.000 et 5.000 mètres en fauteuil roulant aux Jeux° Olympiques pour handicapés° de Séoul; vainqueur du marathon de Boston, division fauteuils roulants (1988).	plusieurs fois championne du monde, d'Europe et de France de judo entre 1982 et 1988. (Il y a 800.000 personnes qui pratiquent le judo en France, dont 80.000 femmes.°)	joue pour les Pingouins de Pittsburgh; vainqueur du trophée du meilleur joueur débutant° de l'année (1985)

quelque chose *something*   **les connaissez** *know them*   **camerounaise** *Cameroun*   **vainqueur** *winner*   **Championnats internationaux de France** *French Open*   **joueur** *player*   **détient** *holds*   **records du monde** *world records*   **plusieurs fois** *several times*   **championne du monde** *world champion*   **athlétisme** *track and field*   **fauteuil roulant** *wheelchair*   **Jeux** *Games*   **handicapés** *the handicapped*   **dont . . . femmes** *. . . of whom are women*   **joueur débutant** *rookie*

263

UN JEU:
Où sommes-nous?

Imaginez que vous voyagez en France. Vous entendez les expressions suivantes.° Où êtes-vous?

Lisez° attentivement la liste d'expressions. Faites correspondre° chaque° expression avec l'endroit° où vous entendez cette expression.

1. «Un coca, un thé et deux jus de fruits!»
2. «Deux billets° pour le match France-Italie!»
3. «Deux gâteaux au chocolat et une glace à la vanille!»
4. *Paris-Match* et *Elle*, s'il vous plaît!»
5. «Je vais prendre une soupe aux légumes,° du poulet et du fromage.»
6. «Avez-vous des places° pour le dessin animé?»

a. chez le pâtissi[er]
b. au café
c. au restaurant
d. chez le march[and] de journaux
e. au cinéma
f. au stade

RÉPONSES:
1-b, 2-f, 3-a, 4-d, 5-c, 6-e

suivantes *following* **Lisez** *Read* **Faites correspondre** *Match* **chaque** *each* **endroit** *place*
billets *tickets* **soupe aux légumes** *vegetable soup* **places** *seats*

Les animaux et le langage

On dit° . . .

1. avoir un caractère de chien
2. avoir une tête° de cochon
3. avoir un appétit d'oiseau
4. avoir une faim° de loup
5. avoir un estomac d'autruche
6. avoir une fièvre° de cheval
7. avoir une langue° de vipère
8. verser des larmes° de crocodile

Cela signifie° . . .

avoir un mauvais caractère
être très obstiné
avoir un petit appétit
avoir très faim°
manger beaucoup
être très malade
parler mal de ses° amis
être hypocrite

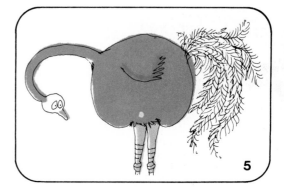

On dit *People say*   Cela signifie *That means*   tête *head*   faim *hunger*   fièvre *fever*   langue *tongue*
ses *one's*   verser des larmes *to cry tears*   **265**

UN TEST: La mode et vous

Êtes-vous à la mode?
Est-ce que la mode influence vos décisions?
Est-ce que vous faites attention à l'apparence
  des personnes ou des choses?°
Voici un test simple.
Pour chaque° question, choisissez l'une des
  options: A, B ou C.

1. Quand vous choisissez une paire de
   chaussures, quel est l'élément qui°
   détermine votre choix?°
   - A. la couleur
   - B. le style
   - C. le confort
2. Quand vous achetez des vêtements, quel
   est l'élément qui a le plus d'influence sur
   votre décision?
   - A. l'opinion de vos amis
   - B. la publicité
   - C. le prix
3. Est-ce que vous allez acheter un nouveau
   maillot de bain cet été?
   - A. Oui, parce que je veux° être à la
     mode.
   - B. Oui, parce que je n'ai pas de
     maillot de bain.
   - C. Non, je vais porter mon maillot de
     bain de l'année dernière.°
4. Qui est Pierre Cardin?
   - A. un artiste français
   - B. un couturier° français
   - C. un champion français
5. «Chanel N° 5» est un produit° français.
   Quel est ce produit?
   - A. un parfum
   - B. une liqueur
   - C. un shampooing
6. Quand vous achetez le journal de
   dimanche, est-ce que vous regardez la
   page de la mode?
   - A. Oui, toujours.
   - B. Oui, de temps en temps.°
   - C. Non, jamais.°
7. Imaginez que vous êtes invité(e) à une
   boum très élégante. L'ami(e) avec qui
   vous allez à cette boum n'est pas très
   bien habillé(e).° Quelle est votre
   réaction?
   - A. Vous êtes furieux (furieuse).
   - B. Vous êtes mal à l'aise.°
   - C. Ça n'a pas d'importance.
8. Vous êtes invité(e) à l'opéra. Quels
   vêtements est-ce que vous allez porter?
   - A. Des vêtements que vous allez
     acheter spécialement° pour cette
     occasion.
   - B. Des vêtements assez élégants.
   - C. Un blue-jeans et un tee-shirt.

Christian Dior

Cravates
MOLYNEUX
ROCHAS
100% soie

pierre cardin

YVES SAINT LAUREN

PARFUM
N° 5
CHANEL
PARIS

CHARLES JOURDAN

IMAGES

3200 F 00 Téléviseur couleur

SON

650 F 00 Radio-cassette GOLDSTAR

Combien est-ce que ça coûte?

RICOH BI-FOCAL moins de **2.000**F

1400 F 00

SUR LE CHEMIN DU LYCÉE, DU COLLÈGE.

INTERPRÉTATION

Marquez 1 point pour les réponses suivantes:°
1-A ou 1-B, 2-A ou 2-B, 3-A, 4-B, 5-A, 6-A, 7-A ou 7-B,
8-A. Combien de points avez-vous?

7-8 points	Vous êtes l'esclave° de la mode.
5-6 points	Vous êtes conscient(e)° de la mode. Pour vous, l'élégance et l'apparence sont des choses importantes.
2-4 points	Vous êtes réaliste. Vous ne jugez° pas les personnes et les choses uniquement° sur leur apparence.
0-1 point	Vous êtes un(e) individualiste, mais vous n'êtes pas très sensible au monde extérieur.°

choses *things* **chaque** *each* **qui** *that* **choix** *choice*
veux *want* **dernière** *last* **couturier** *fashion designer*
produit *product* **de temps en temps** *once in a while*
jamais *never* **habillé(e)** *dressed* **mal à l'aise** *uncomfortable*
(ill at ease) **spécialement** *especially* **suivantes** *following*
esclave *slave* **conscient(e)** *conscious* **jugez** *judge*
uniquement *only* **sensible au monde extérieur** *aware of the world around you*

PROJETS CULTURELS

Projets individuels

1. *Make a list of ten players of the National Hockey League who have French names. (Source: almanac)*

2. *Get a French newspaper (Le Figaro, Le Monde, France-Soir) and look at the movie section. Make a list of ten American movies which you can identify and give their English and French titles.*

Projets de classe

1. *Prepare a bulletin board display showing the differences between* le football *(soccer) and* le football américain. *Indicate the size of the playing field, the team size, equipment, and scoring.*

2. *Prepare a bulletin board display of French foods. You may wish to choose one or two categories, such as wine and cheese, and use actual labels from imported products. These labels may be arranged against an outline map of France to show their region of origin. (Source: food and wine stores, French magazines)*

Unité

6

Un fana de football
(une histoire en 5 épisodes)

UNIT OBJECTIVES

LEARNING TO COMMUNICATE

In this unit, you will learn how
- to describe past events
- to ask for specific information
- to talk about health and the parts of the body
- to describe your home
- to talk about sports
- to write informal letters

EXPRESSING YOURSELF ACCURATELY

You will learn how to describe past events by using the *passé composé.* You will learn more about forming questions. You will also learn new verbs: **voir** *(to see),* **mettre** *(to put),* **sortir** *(to go out),* **partir** *(to leave),* and **dormir** *(to sleep).*

LEARNING ABOUT CULTURE

You will learn about two sports that are popular in France: soccer and tennis. You will also learn about using the French telephone and "Minitel," and about family discipline.

269

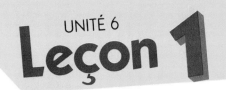
Première journée:
Jean-Marc est malade.

Mercredi matin

Jean-Marc n'est pas bien. Il a de la fièvre. Il a mal à la tête.
Il a mal à la gorge. Il a mal au ventre. Il a mal *partout* . . .
Aujourd'hui Jean-Marc ne va pas en classe. Il va chez le docteur Brunet.

everywhere

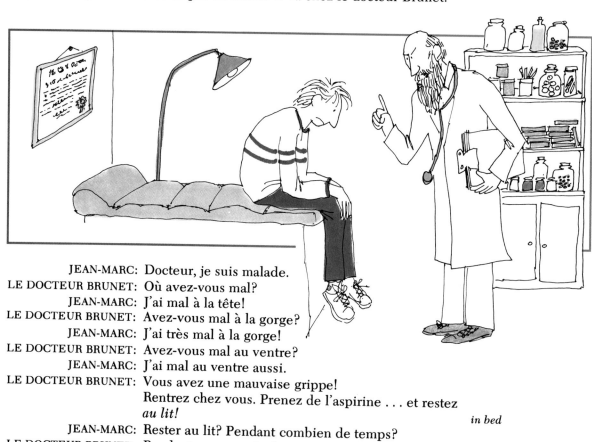

JEAN-MARC: Docteur, je suis malade.

LE DOCTEUR BRUNET: Où avez-vous mal?

JEAN-MARC: J'ai mal à la tête!

LE DOCTEUR BRUNET: Avez-vous mal à la gorge?

JEAN-MARC: J'ai très mal à la gorge!

LE DOCTEUR BRUNET: Avez-vous mal au ventre?

JEAN-MARC: J'ai mal au ventre aussi.

LE DOCTEUR BRUNET: Vous avez une mauvaise grippe!
Rentrez chez vous. Prenez de l'aspirine . . . et restez
au lit!

in bed

JEAN-MARC: Rester au lit? Pendant combien de temps?

LE DOCTEUR BRUNET: Pendant une semaine!

JEAN-MARC: Une semaine, c'est long! . . . Et dimanche, il y a un
très bon match de foot au stade! Est-ce que je . . .

LE DOCTEUR BRUNET *(impatient):* Vous n'avez pas envie d'être plus
malade? Alors, il n'y a pas de match de foot pour
vous dimanche!

JEAN-MARC: Mais Docteur . . .

LE DOCTEUR BRUNET *(très impatient):* Il n'y a pas de «mais». . . !
Rentrez chez vous! Immédiatement!

Questions sur le texte:
1. Est-ce que Jean-Marc a de la fièvre?
2. Est-il malade?
3. A-t-il mal à la tête?
4. Va-t-il en classe?
5. Chez qui va-t-il?

The subject of the first question is a *noun:* Jean-Marc.
• Does it come *before* or *after* the verb?

In questions 2 to 5, the noun has been replaced by a *pronoun.*
• Which pronoun?
• Does the pronoun come *before* or *after* the verb?
• Is **est-ce que** used in these questions?

Questions 2 to 5 are called *inverted questions* because the subject and the verb have been switched around, or *inverted.*

NOTE CULTURELLE

Le médecin

Allez-vous chez le médecin quand vous êtes malade? En France, quand vous êtes très malade, c'est souvent le médecin qui vient chez vous. C'est vrai surtout° dans les petites villes et à la campagne. Quand on est malade, on voit° d'abord° un médecin généraliste. Ensuite,° si c'est nécessaire, on voit un spécialiste.

Voici quelques° spécialistes: **le pédiatre** (pour les enfants), **le cardiologue** (pour les malades du cœur°), **le chirurgien°** (pour les opérations comme l'opération de l'appendicite).

surtout *especially* **voit** *sees* **d'abord** *first* **Ensuite** *Then* **quelques** *some* **malades du cœur** *people with heart disease* **chirurgien** *surgeon*

VOCABULAIRE PRATIQUE La santé (Health)

NOMS:	le médecin	*doctor*	Jean-Marc va chez **le médecin.**
	la fièvre	*fever, temperature*	Il a **de la fièvre.**
	la grippe	*flu*	Il a **la grippe.**
ADJECTIFS:	fatigué	*tired*	Quand je travaille beaucoup, je suis **fatigué.**
	malade	*sick*	Anne est fatiguée, mais elle n'est pas **malade.**
	triste	*sad*	Pourquoi es-tu **triste?**
VERBES:	avoir l'air	*to look, seem*	Tu **as l'air** triste.
	avoir mal	*to be in pain*	**As-tu mal?**
	avoir mal	*to have*	
	à la tête,	*a headache,*	J'ai **mal à la tête.**
	à la gorge,	*a sore throat,*	J'ai **mal à la gorge.**
	au ventre	*a stomachache*	Mais je n'ai pas **mal au ventre.**
	être bien	*to be well, feel good*	Tu n'**es** pas **bien.**
EXPRESSIONS:	pendant combien de temps?	*for how long?*	**Pendant combien de temps** vas-tu rester à la maison?
	pendant	*for* (+ time), *during*	**Pendant** une semaine.

Note: In French, a *doctor* is usually referred to as **un médecin,** and addressed as **docteur.**
  Mon médecin s'appelle **le docteur** Brunet. Bonjour, **Docteur!**

Structure

A. Révision: le présent d'*être* et d'*avoir*

Être and **avoir** are the most frequently used verbs of the French language. Review the forms of these verbs in the sentences below.

Je **suis** intelligent.
Tu n'**es** pas français.
Jean-Marc **est** malade.
Nous ne **sommes** pas riches.
Vous **êtes** malade.
Mes amis ne **sont** pas ici.

J'**ai** des idées formidables.
Tu n'**as** pas de passeport français.
Il **a** de la fièvre.
Nous n'**avons** pas d'argent.
Vous **avez** la grippe.
Ils **ont** rendez-vous en ville.

In negative sentences the verb construction is:

subject	+	**ne**	+	verb	+	**pas**	+	rest of sentence

ACTIVITÉ 1   Où sont-ils?

Décrivez les personnes suivantes. Pour cela, utilisez le verbe **avoir** et l'expression entre parenthèses. Utilisez cette description pour dire où sont ces personnes. Pour cela, utilisez le verbe **être** et l'une des expressions suivantes:

en classe   à la plage   à la maison

→ Robert (la grippe)   **Robert a la grippe. Il est à la maison.**

1. Jacqueline (son livre d'anglais)
2. Louis et Paul (très mal à la tête)
3. moi (mon maillot de bain)
4. vous (un examen important)
5. toi (tes lunettes de soleil)
6. nous (une discussion avec le professeur)
7. vous (très mal au ventre)
8. mes cousins (leurs livres de maths)

ACTIVITÉ 2   Comment sont-ils?

Décrivez les personnes suivantes en utilisant le verbe **avoir** et la première expression entre parenthèses. Complétez cette description en utilisant le verbe **être** et la seconde expression dans des phrases affirmatives ou négatives. Étudiez attentivement les modèles.

→ Jacqueline (de la fièvre / malade)   **Jacqueline a de la fièvre. Elle est malade.**
   moi (des idées extraordinaires / stupide)   **J'ai des idées extraordinaires. Je ne suis pas stupide.**

1. Madame Fric (une Rolls Royce / pauvre)
2. nous (un «A» à l'examen / bons en français)
3. Philippe (un passeport français / américain)
4. mon grand-père (soixante ans / jeune)
5. Nathalie (une belle robe / élégante)
6. vous (de la fièvre / bien)
7. mes cousins (de l'argent / riches)
8. toi (beaucoup d'énergie / fatigué)
9. moi (un «F» à l'examen / triste)

B. Les questions avec inversion

When the subject of the sentence is a pronoun, questions may be formed by *inverting*, that is, reversing the order of the subject and the verb. Note the word order in the following inverted questions.

être	avoir
Suis-je malade?	**Ai-je** la grippe?
Es-tu chez toi?	**As-tu** des disques?
Est-il (Est-elle) sympathique?	**A-t-il (A-t-elle)** beaucoup d'amis?
Sommes-nous intelligents?	**Avons-nous** des idées intéressantes?
Êtes-vous français?	**Avez-vous** des amis à Paris?
Sont-ils (Sont-elles) au stade?	**Ont-ils (Ont-elles)** leurs ballons de volley?

The word order in inverted questions is:

Yes / No Questions	verb + subject pronoun + (rest of sentence) ?	Es-tu malade?
Information Questions	interrogative expression + verb + subject pronoun + (rest of sentence) ?	Où es-tu maintenant?

→ When the subject is **il, elle, on, ils,** or **elles,** liaison is required between the verb and the pronoun. The liaison consonant is always /t/.

→ If the **il / elle** form of the verb ends in a vowel, the letter **-t-** is inserted in the written form. Compare:

Est-elle en France? A-t-elle son passeport?
Prend-il de l'aspirine? Va-t-il à l'hôpital?
Quel pull choisit-elle? Quelle robe achète-t-elle?

ACTIVITÉ 3 Pique-nique

Imaginez que vous organisez un pique-nique à la plage. Demandez si les personnes suivantes ont les choses entre parenthèses. Dans chaque phrase utilisez un pronom sujet et l'inversion.

Isabelle (des boissons) **A-t-elle des boissons?**

1. Jacques (un sac)
2. Paul et Henri (une voiture)
3. Nathalie (une guitare)
4. Sylvie et Louise (une radio)
5. le cousin de Paul (un ballon de volley)
6. la cousine d'Henri (un ballon de foot)

ACTIVITÉ 4 L'épidémie

Imaginez qu'il y a une épidémie de grippe. Demandez si les personnes suivantes ont la grippe. Demandez aussi où sont ces personnes d'après le modèle.

→ Suzanne et Claire (chez elles) **Ont-elles la grippe? Sont-elles chez elles?**

1. Isabelle (en classe)
2. toi (à la maison)
3. Charles (chez le médecin)
4. Paul et Antoine (à l'hôpital)
5. vous (à l'école)
6. tes frères (chez eux)
7. tes cousines (à la maison)
8. le professeur (chez lui)

ACTIVITÉ 5 Curiosité

Jean-Marc dit ce qu'il fait (phrases 1-6) et ce qu'il fait avec ses amis (7-12). Posez-lui *(Ask him)* des questions sur *(about)* ses activités. Pour cela, utilisez les expressions interrogatives entre parenthèses et l'inversion.

→ Je travaille. (pourquoi) **Pourquoi travailles-tu?**

   Nous travaillons. (quand) **Quand travaillez-vous?**

1. Je dîne en ville. (avec qui)
2. Je parle français. (quand)
3. J'étudie. (pourquoi)
4. Je joue au tennis. (avec qui)
5. Je parle anglais. (où)
6. Je regarde la télé. (quand)

7. Nous dansons. (avec qui)
8. Nous dînons en ville. (pourquoi)
9. Nous jouons au basketball. (avec qui)
10. Nous écoutons la radio. (quand)
11. Nous regardons la télé. (où)
12. Nous parlons espagnol. (pourquoi)

C. L'usage de l'article défini avec les parties du corps

Note the use of the definite article in the following sentences:

Qu'est-ce que tu as dans **la** main?	*What do you have in **your** hand?*
J'ai **les** cheveux noirs.	*I have black hair. (**My** hair is black.)*
Vous avez **les** yeux bleus.	*You have blue eyes. (**Your** eyes are blue.)*
Il a mal à **la** tête.	*He has a headache. (**His** head hurts.)*

In general, the French use the *definite article* with parts of the body.

Note: The expression **avoir mal à** (+ definite article + part of the body) has several English equivalents.

Avez-vous **mal?**	*Are you in pain?*	*Does it hurt?*
J'ai mal à la gorge.	*My throat hurts.*	*I have a sore throat.*
J'ai mal au ventre.	*My stomach aches.*	*I have a stomachache.*

VOCABULAIRE PRATIQUE   Les parties du corps *(The parts of the body)*

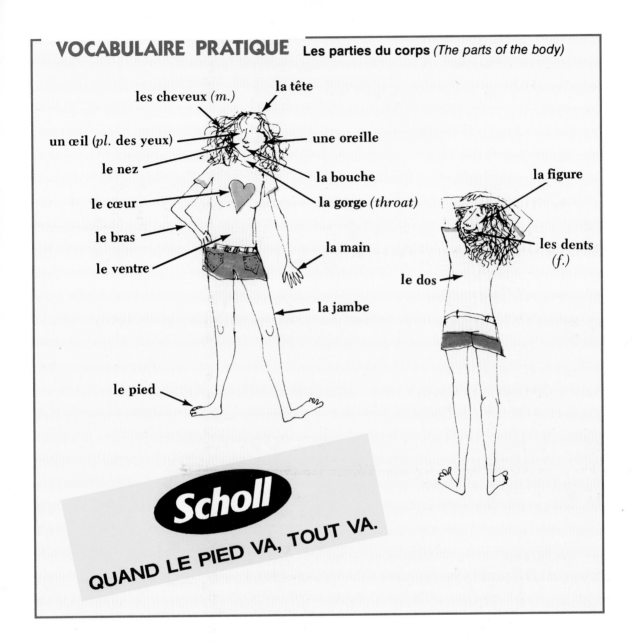

les cheveux *(m.)*

la tête

un œil *(pl.* des yeux)

une oreille

le nez

la bouche

le cœur

la gorge *(throat)*

le bras

le ventre

la main

la jambe

le pied

la figure

les dents *(f.)*

le dos

Scholl

QUAND LE PIED VA, TOUT VA.

ACTIVITÉ 6   Questions personnelles

1. Avez-vous les yeux bleus ou noirs?
2. Avez-vous les cheveux longs ou courts?
3. Pour un garçon, préférez-vous les cheveux longs ou courts?
   Et pour une fille?
4. Avez-vous mal à la tête quand vous étudiez le français?
5. Avez-vous souvent mal aux dents? mal au dos? mal au ventre?

ACTIVITÉ 7 Malaises *(Discomfort)*

Quand on commet un excès *(overdoes things)*, on est souvent indisposé ensuite. Décrivez ces malaises. Pour cela, utilisez l'expression **avoir mal à** + l'article défini + la partie du corps *(part of the body)* qui convient.

→ Pauline danse trop.   **Elle a mal aux pieds.**

1. Albert mange trop.
2. Je regarde trop la télé.
3. Vous écoutez trop vos disques.
4. Nous étudions trop.
5. Vous faites trop de jogging.

6. Paul nage trop.
7. Marc et Henri jouent trop au foot.
8. Suzanne mange un kilo de bonbons.
9. Lise et Marie écoutent la musique pop pendant cinq heures.

Pour communiquer

Expression pour la composition

ensemble   *together; at the same time*

Je vais au cinéma avec François. Nous allons toujours au cinéma **ensemble.**

Le langage du corps

Body language

Dans la conversation les Français *utilisent* souvent les expressions avec des *parties du corps*. Voici quatre de ces expressions amusantes.

use

parts of the body

to put; dish

Une personne qui met les pieds dans le plat n'est pas très diplomate. Elle fait des erreurs de tact.

Par exemple: Pierre organise une boum. Il invite Sylvie et Jean-Marc, le petit ami de Sylvie. Il invite aussi Philippe. Philippe est l'*ancien* petit ami de Sylvie. C'est aussi l'ennemi de Jean-Marc. Pierre met les pieds dans le plat parce qu'il invite Jean-Marc et Philippe ensemble.

former

avoir un poil dans la main

hair

Une personne qui a un poil dans la main est une personne *paresseuse*.

lazy

Par exemple: Demain Albert a un examen très important. Est-ce qu'il prépare l'examen? Non! Albert écoute la radio, il regarde la télévision et après le dîner il va au *lit*. Albert n'étudie pas. Il déteste étudier. Il a un poil dans la main!

bed

Prononciation

Les lettres *ill* et *il*

Mot clé: trava<u>ill</u>e

Répétez les mots: œ<u>il</u>, ore<u>ill</u>e, appare<u>il</u>, sole<u>il</u>, ma<u>ill</u>ot

Répétez les phrases: Anne trava<u>ill</u>e à Marse<u>ill</u>e.
Mire<u>ill</u>e a mal à l'œ<u>il</u>.

After a vowel, the letters **ill** and **il** often represent the sound /j/.

avoir les yeux plus gros que le ventre

Une personne qui a les yeux plus gros que le ventre est une personne qui mange trop et qui perd son appétit.

Par exemple: Jacqueline est invitée à dîner chez des amis. *Avant* le dîner, Jacqueline mange une glace. Elle mange des bonbons. Elle va chez le pâtissier et achète un gâteau . . . Et quand elle arrive chez ses amis, elle *n'a plus faim*. Jacqueline a les yeux plus gros que le ventre.

Before

is no longer hungry

être un casse-pieds

Un casse-pieds est une personne qui est très pénible.

Par exemple: Jean-Pierre *veut* aller au cinéma quand ses amis veulent aller au concert. Il veut regarder un match de football quand son frère veut regarder un film. Il veut écouter de la musique pop quand sa sœur veut écouter de la musique classique. Jean-Pierre est un casse-pieds!

casser to break

wants

L'art de la composition

Choisissez l'une des personnes suivantes: Pierre, Albert, Jacqueline, Jean-Pierre. Composez un petit dialogue (de 6 à 10 lignes) entre cette personne et un(e) ami(e) ou une personne de sa famille. Dans ce dialogue, la personne doit agir selon (*must act according to*) sa personnalité. Si possible, utilisez le mot **ensemble** dans le dialogue.

Exemple: Jean-Pierre et sa sœur Isabelle

Isabelle: Tu viens au concert avec moi?

Jean-Pierre: Je déteste les concerts.

Isabelle: Et ce week-end, tu fais un pique-nique avec nos amis?

Jean-Pierre: Je déteste aller à la campagne.

etc.

Leçon 2

Deuxième journée:
Jean-Marc a de la chance.

Jeudi soir

Jean-Marc *a passé* la *journée au lit*. Le soir, son amie Florence *a téléphoné*. Jean-Marc et Florence *ont comparé* leurs occupations de la journée.

spent; = jour; in bed; called compared

FLORENCE: *Qu'est-ce que tu as fait* aujourd'hui?

JEAN-MARC: *J'ai regardé* la télé . . . J'ai écouté mes disques . . . J'ai joué aux cartes avec ma mère . . . J'ai . . .

FLORENCE: Comment? Tu n'as pas étudié? Tu n'as pas préparé l'examen de la semaine prochaine?

JEAN-MARC: Bien sûr que non, je n'ai pas étudié! Je suis malade, non?

FLORENCE: Tu as de la chance!

JEAN-MARC: Pourquoi?

FLORENCE: Parce que nous en classe, nous avons travaillé *comme des brutes* . . . Dis, Jean-Marc . . .

JEAN-MARC: Oui?

FLORENCE: Comment est-ce qu'on fait pour avoir la grippe?

*What did you do
I watched*

= beaucoup

CONVERSATION

Did Jean-Marc do the following things yesterday? Answer simply with **oui** or **non**.

1. Est-ce que Jean-Marc **a étudié?**
2. Est-ce qu'il **a regardé** la télé?
3. Est-ce qu'il **a écouté** ses disques?
4. Est-ce que son amie Florence **a téléphoné?**

OBSERVATIONS

The above questions refer to what Jean-Marc *did yesterday.*

- Do these questions refer to *present* or *past* events?
- Are the verbs in heavy type in the *present?*

The verbs in heavy type are in a *past* tense: the **passé composé.** Look carefully at these verbs.

- Do they consist of *one* or *two* words? The first word is a form of which *verb?* In which letter does the second word end?

NOTE CULTURELLE

Le téléphone et le Minitel

Avez-vous le téléphone? Combien de téléphones avez-vous chez vous? Un, deux, . . . peut-être trois? Téléphonez-vous souvent à vos amis? En général, les jeunes Américains utilisent° souvent le téléphone pour parler avec leurs amis.

Les jeunes Français, eux aussi, utilisent le téléphone pour parler avec leurs amis. Mais avec le Minitel, un système très moderne qui combine le téléphone avec un micro-ordinateur,° ils peuvent° faire beaucoup d'autres choses.° Ils peuvent consulter le programme des cinémas, réserver des billets° pour un concert, lire° les dernières informations,° faire des recherches° sur les sujets les plus divers. Le Minitel, invention française, simplifie les problèmes de la vie° moderne!

utilisent *use* **micro-ordinateur** *micro-computer* **peuvent** *can*
autres choses *other things* **billets** *tickets* **lire** *read*
dernières informations *latest news* **recherches** *research* **vie** *life*

VOCABULAIRE

ADJECTIFS:	**dernier (dernière)**	*last*	Samedi **dernier,** j'ai joué (*I played*) au tennis.
	prochain	*next*	Où vas-tu le week-end **prochain?**
EXPRESSIONS:	**comme**	*like, as*	Je parle français **comme** un Français.
	hier	*yesterday*	**Hier,** je n'ai pas joué au rugby.
	pour + infinitive	*to, in order to*	J'étudie le français **pour** aller en France.

VOCABULAIRE PRATIQUE   Dans la maison

un meuble   *piece of furniture*   une pièce   *room*
les meubles   *furniture*

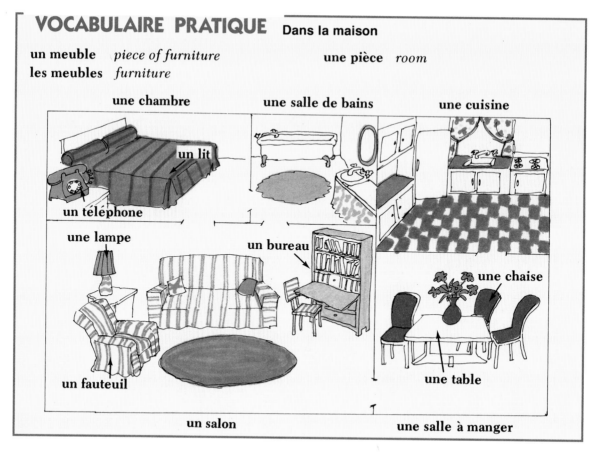

une chambre   une salle de bains   une cuisine

un lit

un téléphone

une lampe   un bureau

une chaise

un fauteuil   une table

un salon   une salle à manger

ACTIVITÉ 1   Votre maison

Décrivez les meubles de votre maison. Pour cela, complétez les phrases suivantes.

1. Dans ma chambre, il y a un lit, . . .   4. Dans le salon, il y a . . .
2. Dans la chambre de mes parents, il y a . . .   5. Dans la cuisine, il y a . . .
3. Dans la salle à manger, il y a . . .

Structure

A. Le passé composé des verbes en -*er*

Florence talks about what she and her friends did yesterday. She describes past events and uses a *past tense*, the **passé composé.**

Note the forms and uses of the **passé composé** in the sentences.

Hier, **j'ai téléphoné** à Jean-Paul.	*Yesterday I called Jean-Paul.*
Nous **avons joué** au tennis.	*We played tennis.*
Mes amis **ont acheté** des disques.	*My friends bought some records.*

The **passé composé** is used to describe past events. It is composed of two words.
Note the forms of the **passé composé** of **travailler**.

Infinitive	travailler		
Passé composé	j' ai travaillé	nous avons travaillé
	tu as travaillé	vous avez travaillé
	il/elle a travaillé	ils/elles ont travaillé

The **passé composé** of most verbs is formed as follows:

> present of **avoir** + past participle

→ For all **-er** verbs, the past participle is formed by replacing the **-er** of the infinitive by **-é.**

jouer	→	joué	Nous **avons joué** au volley.
parler	→	parlé	Jacques **a parlé** à Antoinette.
téléphoner	→	téléphoné	Vous **avez téléphoné** à Jean-Marc.

→ The past participle of **être** is **été.**

Nous **avons été** en ville aujourd'hui.   *We have been in town today.*

The **passé composé** has several English equivalents:

il **a travaillé** $\begin{cases} \textit{he worked} \\ \textit{he has worked} \\ \textit{he did work} \end{cases}$

ACTIVITÉ 2 Au téléphone

Les personnes suivantes ont téléphoné à Jean-Marc hier, parce qu'il est malade.
Dites qui a téléphoné. Pour cela, utilisez le passé composé de **téléphoner.**

→ Florence   **Florence a téléphoné hier.**

1. Jacques
2. Denise
3. ses cousins
4. nous
5. toi
6. moi
7. vous
8. André et Georges

ACTIVITÉ 3 Les soldes *(Sales)*

Le «Printemps», un grand magasin parisien, a des soldes de meubles.
Dites ce que les personnes suivantes ont acheté et combien elles ont payé.
Pour cela, utilisez le passé composé des verbes **acheter** et **payer.**

→ Madame Duval (un lit / 700 francs)   **Madame Duval a acheté un lit.**
                                                   Elle a payé sept cents francs.

1. mes parents (une table / 400 francs)
2. Monsieur Vallée (un bureau / 900 francs)
3. ma mère (un fauteuil / 600 francs)
4. moi (une lampe / 200 francs)
5. toi (un bureau / 800 francs)
6. nous (deux fauteuils / 900 francs)
7. vous (une chaise / 300 francs)
8. ma cousine (deux chaises / 600 francs)

ACTIVITÉ 4 La boum

Florence et Philippe organisent une boum. Florence demande à Philippe s'il a fait *(did)* les choses suivantes. Il répond *(answers)* que oui. Jouez les deux rôles.

→ acheter du coca? Florence: **Tu as acheté du coca?**
Philippe: **Oui, j'ai acheté du coca.**

1. acheter du jus d'orange?
2. inviter Carole?
3. parler à Denise?
4. trouver le magnétophone

5. préparer les sandwichs?
6. écouter les cassettes?
7. téléphoner à Suzanne?
8. emprunter les disques?

B. Le passé composé à la forme négative

In the answers to the questions below, the verbs are in the negative.

Jean-Marc a étudié?   Non, il **n'a pas** étudié.
Vous avez regardé la télé?   Non, nous **n'avons pas** regardé la télé.
Tes amis ont téléphoné?   Non, ils **n'ont pas** téléphoné.
Tu as acheté le journal?   Non, je **n'ai pas** acheté le journal.

For negative sentences in the **passé composé**, the word order is:

> subject + **n'** + present of **avoir** + **pas** + past participle + (rest of sentence)

ACTIVITÉ 5 Florence et Jean-Marc

Le week-end dernier, Florence a fait *(did)* les choses suivantes. Jean-Marc, qui est malade, n'a pas fait ces choses. Exprimez cela d'après le modèle.

→ nager **Florence a nagé. Jean-Marc n'a pas nagé.**

1. jouer au volley
2. dîner au restaurant
3. acheter des disques
4. visiter le musée

5. inviter ses amis
6. jouer au basket
7. être en ville
8. être au cinéma

ACTIVITÉ 6 Et vous?

Dites si oui ou non vous avez fait *(did)* les choses suivantes le week-end dernier.

→ nager **J'ai nagé le week-end dernier. (Je n'ai pas nagé le week-end dernier.)**

1. jouer au tennis
2. étudier
3. travailler
4. regarder la télé
5. organiser une boum

6. danser
7. dîner en ville
8. voyager
9. être au cinéma
10. être au concert

ACTIVITÉ 7   Le jeu des erreurs historiques

Les paragraphes suivants contiennent *(contain)* plusieurs *(several)* erreurs historiques. Rectifiez *(Correct)* ces erreurs. Pour cela, mettez *(put)* les phrases incorrectes à la forme négative. Puis *(Then)* relisez le paragraphe.

→ George Washington . . .
    a été le premier président américain.
    a parlé avec Abraham Lincoln.
    a habité à Paris.

George Washington a été le premier président américain.
Il n'a pas parlé avec Abraham Lincoln.
Il n'a pas habité à Paris.

1. Benjamin Franklin . . .
    a habité à Philadelphie.
    a été président des États-Unis.
    a inventé la photographie.
    a visité San Francisco.

2. Abraham Lincoln . . .
    a été président des États-Unis.
    a libéré les esclaves *(slaves)*.
    a voyagé en France.

3. Les frères Wright . . .
    ont inventé le télégraphe.
    ont inventé le téléphone.
    ont inventé l'avion.
    ont exploré la lune *(moon)*.

4. Les astronautes américains . . .
    ont été sur la lune.
    ont trouvé des hommes sur la lune.
    ont exploré la planète Mars.

ACTIVITÉ 8   Voyages

Les étudiants français de la colonne A ont visité les États-Unis l'été dernier. Dites où chaque étudiant a été. Pour cela, choisissez une ville de la colonne B. Ensuite, dites ce que cet étudiant a fait dans cette ville et ce qu'il n'a pas fait. Pour cela, utilisez les expressions de la colonne C dans une phrase affirmative et une phrase négative. Étudiez attentivement le modèle et soyez logique *(be logical)*!

A	B	C
moi	San Francisco	visiter l'Empire State Building
toi	Miami	nager dans l'océan Atlantique
nous	Los Angeles	admirer les Red Sox
vous	Washington	visiter la Maison Blanche
Pierre et Thérèse	Houston	parler espagnol
Jean-Claude	Boston	nager dans l'océan Pacifique
	New York	dîner à Chinatown
		visiter l'Astrodome

→ **Nous avons été à New York.**
Nous avons visité l'Empire State Building.
Nous n'avons pas nagé dans l'océan Pacifique.

C. Le participe passé du verbe *faire*

Note the past participle of **faire** in the following sentences:

Qu'est-ce que tu **as fait** cet été?
J'**ai fait** un voyage en France.

What did you do this summer?
I took a trip to France.

Vous **avez fait** des projets?
Non, nous n'**avons** pas **fait** de projets.

Did you make plans?
No, we did not make any plans.

The past participle of **faire** is **fait**.

→ Remember that after a negative verb, **un, une, des, du,** and **de la** become **de**.

ACTIVITÉ 9   À la Maison des Jeunes *(At the Youth Center)*

Aujourd'hui, les amis de Florence ont été à la Maison des Jeunes. Dites ce que chacun a fait.

→ Florence (de la danse)   **Florence a fait de la danse.**

1. Sylvie (du judo)
2. moi (de la photo)
3. toi (du ping-pong)
4. nous (du volley)
5. vous (du jogging)
6. mes sœurs (de la gymnastique)
7. Charles et Antoine (de la poterie)
8. Isabelle (du piano)

ACTIVITÉ 10   Vive les vacances!

Dites où les personnes suivantes ont été pendant les vacances. Dites aussi si oui ou non elles ont fait les choses entre parenthèses. Soyez logique! *(Be logical!)*

→ Paul: à la piscine (étudier / nager)
Paul a été à la piscine. Il n'a pas étudié. Il a nagé.

1. Sylvie: à la plage (nager / faire du ski nautique [*water-ski*])
2. nous: à la campagne (visiter des monuments / faire du camping)
3. vous: en France (visiter Paris / parler italien)
4. moi: à la piscine (jouer au volley / travailler)
5. Pierre et Denis: à Miami (nager / faire du ski)
6. toi: à Québec (parler français / faire des progrès en français)
7. mes amis: en Espagne (voyager en avion / faire un voyage intéressant)

Prononciation

Le son /t/

Mot clé: <u>t</u>oi

Répétez les mots: <u>t</u>able, <u>t</u>éléphone, <u>t</u>ê<u>t</u>e, <u>t</u>ris<u>t</u>e, <u>th</u>é, <u>t</u>rès, <u>t</u>an<u>t</u>e, <u>th</u>éâ<u>t</u>re

Répétez les phrases: <u>T</u>hérèse est <u>t</u>rès <u>t</u>riste.

Ma <u>t</u>ante regarde <u>t</u>oujours la <u>t</u>élé.

The French sound /t/, like the sound /k/, is pronounced without releasing a puff of air.

Comment écrire /t/: **t, th**

Pour communiquer

Expression pour la composition

ensuite *then, after* J'ai téléphoné à Pierre. **Ensuite** j'ai téléphoné à Paul.

Le journal de Nathalie

Nathalie a un *journal.* Dans ce journal elle parle des *événements* de la *journée.*   *diary; events;*
= jour

Samedi 15 juin

Aujourd'hui je n'ai pas été au lycée parce que nous
n'avons pas classe le samedi. Ce matin j'ai aidé ma   *I helped*
mère à la maison. Ensuite, nous avons fait les
courses. J'ai été à la pâtisserie où j'ai acheté un
gâteau pour dimanche. Cet après-midi j'ai téléphoné
à Jean-Claude. Nous avons été à la piscine. Nous avons
nagé et nous avons joué au volley. Après le dîner,
j'ai étudié un peu. J'ai préparé l'examen de lundi.
Ensuite, j'ai regardé la télé. J'ai fait beaucoup
de choses aujourd'hui.   *things*

L'art de la composition

Maintenant commencez votre journal. Décrivez la journée de samedi dernier. Faites des phrases où vous utilisez le passé composé des verbes suivants (dans des phrases affirmatives ou négatives):

- jouer, étudier, travailler, acheter, inviter, téléphoner, regarder, écouter
- être
- faire (les courses, les devoirs [*homework*], une promenade, un match, du sport, du jogging, du français . . .)

Leçon 3

Troisième journée:
Une invitation ratée

Vendredi après-midi

Jean-Marc commence à trouver le temps long.
Ce matin il a invité Florence mais . . .

Voici, les événements de vendredi:

Ce matin, Jean-Marc invite
   Florence pour cet après-midi.
Cet après-midi, il attend Florence.

Il attend longtemps.
Il perd patience.
Il entend le téléphone.
Il répond . . .

Il entend la *voix* de Florence.
Elle a une mauvaise nouvelle pour
   lui . . . mais une bonne nouvelle
   pour elle!
Elle est malade! Elle a la grippe!

Alors . . . il boit du thé.
Il *voit* un match de tennis à la télé.
Après, il voit un film intéressant.
Il ne perd pas son temps!

Et voici comment Jean-Marc raconte
   ces événements, vendredi soir:

« Ce matin, j'ai invité Florence pour
   cet après-midi.
Cet après-midi, j'ai attendu Florence.

J'ai attendu longtemps.
J'ai perdu patience.
J'ai entendu le téléphone.
J'ai répondu . . .

J'ai entendu la voix de Florence.   *voice*
Elle a eu une mauvaise nouvelle
   pour moi . . . mais une bonne
   nouvelle pour elle!
Elle est malade! Elle a la grippe!

Alors . . . j'ai bu du thé.
J'*ai vu* un match de tennis à la télé. __   *sees; saw*
Après, j'ai vu un film intéressant.
Ah non, je n'ai pas perdu mon temps! »

CONVERSATION

Questions sur le texte:

1. Qui est-ce que Jean-Marc **a attendu?**
2. Qu'est-ce qu'il **a entendu?**
3. Est-ce qu'il **a perdu** son temps?
4. Qu'est-ce qu'il **a bu?**

OBSERVATIONS

The above questions concern past events.

- Which tense are they in?
- Which letter do the past participles end in?
- Can you identify the infinitives of the verbs in the first *three* sentences?
  Do these verbs have *regular* present tense forms?
- Can you identify the infinitive of the verb in the *last* sentence?
  Is this verb regular in the present tense?

NOTE CULTURELLE

Vive le tennis!

D'après vous,° qui sont les meilleurs joueurs° de tennis? Stefan Edberg et Steffi Graf, peut-être, ou Boris Becker et Martina Navratilova? Parmi° les meilleurs joueurs, il y a aussi des champions français, comme° Yannick Noah et Henri Leconte. Dans les années 1920 et 1930, la France a eu° de très grands champions comme René Lacoste qui a gagné plusieurs° matchs en Coupe Davis° (et qui est aussi le père de la fameuse chemise Lacoste!). À cause de° cette tradition, le tennis a toujours été un sport populaire en France. Aujourd'hui des millions de jeunes Français jouent au tennis.

Et vous, jouez-vous au tennis? Ou préférez-vous regarder les matchs à la télévision?

D'après vous *According to you* **joueurs** *players* **Parmi** *Among* **comme** *such as* **a eu** *had* **plusieurs** *several* **Coupe Davis** *Davis Cup* **À cause de** *Because of*

VOCABULAIRE

NOMS:	**un événement** *event*	**une chose** *thing*
		une nouvelle *(piece of) news*

VERBES: en **-er**

commencer	*to begin, start*	À quelle heure **commence** le film?
raconter	*to tell (about)*	Vous **racontez** des choses stupides.
trouver le temps long	*to be bored*	**Trouvez**-vous le temps long quand vous êtes en vacances?

en **-re**

perdre son temps	*to waste one's time*	Je n'aime pas **perdre mon temps.**
répondre (à)	*to answer*	**Répondez au** professeur!

EXPRESSION:	**longtemps** *for a long time*	Il déteste attendre **longtemps.**

Note: The **nous** form of **commencer** is written with ç: Nous **commençons** demain.

VOCABULAIRE PRATIQUE Les sports

NOMS: **un joueur** *player*   **une joueuse** *player*
       un match *game, match*   **une équipe** *team*

VERBES: **faire un match**   *to play a game*   Nous **avons fait un match** de football.
                              (match)
         gagner   *to win*   Qui **a gagné** le match?
         perdre   *to lose*   Aimez-vous **perdre?**

ACTIVITÉ 1 Questions personnelles

1. Jouez-vous au tennis? Êtes-vous un bon joueur (une bonne joueuse)? En général, est-ce que vous gagnez ou est-ce que vous perdez?
2. Est-ce que votre école a une équipe de football américain? une équipe de basket? une équipe de football? Est-ce que ces équipes sont bonnes ou mauvaises? Est-ce qu'elles gagnent souvent?
3. Regardez-vous les matchs de baseball à la télé? le matchs de football américain? les matchs de tennis?
4. D'après vous *(According to you)*, qui est le meilleur joueur de tennis? la meilleure joueuse?
5. Quelle est votre équipe de baseball favorite? votre équipe de football favorite?
6. Quelle équipe a gagné les World Series l'année dernière? Quelle équipe a perdu?

Structure

A. Le verbe *voir*

Note the forms of the irregular verb **voir** *(to see)* in the present tense.

Infinitive	voir	Est-ce que vous allez **voir** un bon film ce week-end?
Present	je **vois**	Je ne **vois** pas Philippe. Où est-il?
	tu **vois**	Est-ce que tu **vois** souvent tes amis?
	il/elle **voit**	Hélène **voit** souvent Paul.
	nous **voyons**	Nous **voyons** un match de football à la télé.
	vous **voyez**	Est-ce que vous **voyez** bien avec vos lunettes?
	ils/elles **voient**	Mes amis **voient** souvent leurs grands-parents.

ACTIVITÉ 2   Vue d'avion *(View from the plane)*

Les étudiants suivants vont en France en avion. Dites ce que chacun voit de l'avion.

→ Hélène (un village)   **Hélène voit un village.**

1. Jacques (un stade)
2. moi (la campagne)
3. mes cousins (une église)
4. Denis et Alain (des voitures)
5. toi (une piscine)
6. vous (un train)
7. Louise (une ville)
8. nous (des maisons)

ACTIVITÉ 3   Questions personnelles

1. Voyez-vous bien? Avez-vous des lunettes?
2. Est-ce que vous voyez vos amis pendant les vacances? Est-ce que vous voyez vos professeurs?
3. Est-ce que vous voyez souvent vos cousins? Est-ce que vous voyez vos cousins pendant les vacances? à Noël *(Christmas)*?
4. Qu'est-ce que vous préférez voir à la télé? un match de football ou un match de baseball?
5. Quand vous allez au cinéma, quels films aimez-vous voir? les comédies? les films d'aventures? les films policiers?

B. Le passé composé des verbes réguliers en -re

In the following sentences, the verbs in the **passé composé** form are regular -**re** verbs. Note the final vowel of the past participles.

attendre	*to wait for*	Paul **a attendu** le bus.
entendre	*to hear*	J'**ai entendu** le concert à la radio.
perdre	*to lose*	Nous **avons perdu** le match.
répondre	*to answer*	Mes cousins n'**ont** pas **répondu** à ma lettre.
vendre	*to sell*	J'**ai vendu** ma vieille bicyclette.

> For regular -**re** verbs, the past participle is formed by replacing -**re** by -**u**.

ACTIVITÉ 4   Au marché aux puces (At the flea market)

«Le marché aux puces» est l'endroit *(place)* idéal pour acheter et vendre des choses d'occasion *(secondhand)*. Dites ce que les personnes suivantes ont acheté et vendu. Pour cela, utilisez le passé composé d'**acheter** avec la première chose entre parenthèses et le passé composé de **vendre** avec la deuxième chose.

→ Jean-Marc (une guitare / son magnétophone)
  Jean-Marc a acheté une guitare. Il a vendu son magnétophone.

1. Anne (une robe / des disques)
2. toi (une flûte / des magazines)
3. moi (un fauteuil / deux chaises)
4. nous (un poisson rouge / la radio de ma grand-mère)
5. vous (un appareil-photo / le vélo de votre grand-père)
6. Anne et Claude (des sandales / des photos)

ACTIVITÉ 5   La panne (The breakdown)

Ce matin, le bus de l'école a eu une panne. Les élèves patients ont attendu. Les élèves impatients n'ont pas attendu. Exprimez cela en utilisant le passé composé d'**attendre**.

→ Pierre n'est pas patient.   **Il n'a pas attendu.**

1. Jacqueline est patiente.
2. Nous sommes patients.
3. Tu n'es pas patient.
4. Louis et Henri ne sont pas patients.
5. Janine est patiente.
6. Je ne suis pas patient.
7. Mes amis ne sont pas patients.
8. Vous êtes très impatients.

ACTIVITÉ 6   Routine

Hier, les personnes suivantes ont fait ce qu'elles font aujourd'hui. Dites ce qu'elles ont fait hier.

→ Le professeur perd patience.   **Hier aussi, il a perdu patience.**

1. Notre équipe perd le match.
2. Mon père attend le bus.
3. Jacques attend sa petite amie.
4. Le boulanger *(baker)* vend du pain.
5. Madame Brunet répond au téléphone.
6. Le secrétaire répond à une lettre.
7. Les vendeurs *(salespeople)* vendent des disques.
8. J'entends la clarinette de mon frère.

C. Les participes passés irréguliers en -u

A few verbs have irregular past participles which end in **-u**.
Study each one carefully.

avoir	*to have*	**eu**	J'ai **eu** une bonne note *(grade)* en français.
boire	*to drink*	**bu**	Qui a **bu** mon coca?
voir	*to see*	**vu**	Hier j'ai **vu** un film de Woody Allen.

Vous avez vu France Soir en ce moment?

ACTIVITÉ 7 Joyeux anniversaire! *(Happy Birthday!)*

Pour leur anniversaire, les personnes suivantes ont eu un cadeau *(gift)* correspondant *(that corresponds)* à leurs préférences personnelles. Lisez les préférences de chaque personne. Utilisez ces renseignements pour dire quel cadeau chacun a eu. Pour cela, utilisez le passé composé d'**avoir** et l'un des cadeaux suivants:

une raquette, une calculatrice, une chaîne stéréo, un ballon de volley, un chien, un appareil-photo, des skis

→ Jean-Marc aime les animaux.   **Il a eu un chien.**

1. Nous aimons la musique.
2. Vous aimez le ski.
3. Mes cousins aiment le volley.
4. Tu aimes les maths.
5. J'aime le tennis.
6. Hélène aime la photo.

ACTIVITÉ 8 Et vous?

Dites si oui ou non vous avez fait les choses suivantes la semaine dernière.

→ boire du café   **Oui, j'ai bu du café.**
   (Non, je n'ai pas bu de café.)

1. avoir une bonne surprise
2. avoir un accident
3. avoir un « A » en français
4. boire de l'eau minérale
5. boire du champagne
6. voir un bon film à la télé
7. voir un film policier
8. voir une comédie de Woody Allen

ACTIVITÉ 9 Accusations

Florence a passé l'après-midi au cinéma. Pendant son absence, ses amis ont été chez elle. Quand elle rentre, Florence trouve son appartement en désordre. Elle demande qui a fait les choses suivantes. Jouez le rôle de Florence. (Attention: certains verbes ont un participe passé en **-é**; les autres *(others)* ont un participe passé en **-u**.)

→ boire mon coca?   **Qui a bu mon coca?**

1. boire mon pepsi?
2. manger mon sandwich?
3 regarder mes photos?
4. perdre mes disques?
5. emprunter mon walkman?
6. vendre mes posters?
7. jouer avec ma caméra?
8. insulter mon poisson rouge?

D. Les questions au passé composé

In the **passé composé**, as in the present tense, there are several ways of asking questions:

Tu as parlé à Jean-Marc?
Est-ce que tu as parlé à Jean-Marc? } *Did you speak to Jean-Marc?*
As-tu parlé à Jean-Marc?

Quand **est-ce que tu as vu** ce film? } *When did you see that movie?*
Quand **as-tu vu** ce film?

A yes/no question may be formed by using intonation alone, **est-ce que,** or inversion. An information question may be formed by using **est-ce que** or inversion.

→ In the **passé composé** inverted questions are formed as follows:

(interrogative expression) + present of **avoir** + subject pronoun + past participle

ACTIVITÉ 10 Dialogue

Demandez à vos amis si oui ou non ils ont déjà fait *(have ever done)* les choses suivantes. Faites attention à la forme du participe!

→ voyager en avion? —**Est-ce que tu as voyagé en avion?**
—**Oui, j'ai voyagé en avion.**
(Non, je n'ai pas voyagé en avion.)

1. voyager en train?
2. jouer au football européen?
3. jouer dans l'équipe de football de l'école?
4. nager un kilomètre?
5. dîner dans un restaurant français?
6. visiter Québec?
7. faire du ski?
8. faire du ski nautique *(water-ski)*?
9. boire du champagne?
10. boire du vin français?
11. voir un film français?
12. voir Paris?

Prononciation

Les lettres *oi* et *oy*

The letters **oi** represent the sound /wa/.

m<u>oi</u>, t<u>oi</u>, s<u>oi</u>r, v<u>oi</u>r, pourqu<u>oi</u>, v<u>oi</u>ci, b<u>oi</u>re, b<u>oi</u>sson
Je ne v<u>oi</u>s pas pourqu<u>oi</u> tu restes chez t<u>oi</u> ce s<u>oi</u>r.

The letters **oy** + *vowel* represent the sound /waj/.

v<u>oy</u>ons, v<u>oy</u>ez, v<u>oy</u>age, v<u>oy</u>elle
V<u>oy</u>ez-vous souvent Mademoiselle Tr<u>oy</u>at?

Pour communiquer ▶

Expressions pour la composition

enfin	*finally, at last*	Vous êtes là! **Enfin!**
finalement	*finally*	Nous avons bien joué, mais **finalement** nous avons perdu le match.
Quel (+ nom)!	*What a . . . !*	Jacques a téléphoné. **Quelle** bonne surprise!

Quelle journée!

journée = jour

Aujourd'hui Jean-Pierre et ses amis ont eu une journée difficile. Voilà comment Jean-Pierre *décrit* cette journée dans son *journal*.

describes; diary

Ce matin, j'ai eu une dispute avec mon frère.
Cet après-midi, j'ai eu une autre dispute avec Jacqueline, ma meilleure amie.
J'ai perdu mon livre de maths.
Mon père a perdu les clés de la voiture.
Ma mère a perdu les clés de la maison.
L'équipe de football de notre école a joué un match très important... et nous avons perdu!
Mon ami Raphaël a eu une mauvaise note en maths.
Après la classe, j'ai mangé trois glaces et j'ai bu trois cocas... et j'ai eu mal au ventre le reste de la journée!
Mon ami François a emprunté la voiture de son père... et il a eu un accident.
Finalement quand j'ai regardé le calendrier ce soir, j'ai vu que nous sommes... le vendredi 13.
Mon Dieu, quelle journée!

quarrel
another

keys

grade

My goodness (Wow)

L'art de la composition

De temps en temps (*From time to time*) nous avons une mauvaise journée comme la journée de Jean-Pierre. Décrivez une journée semblable (*similar*). Si possible, utilisez les verbes ci-dessus (*above*).

Leçon 4

Quatrième journée:
Jean-Marc désobéit.

Samedi

Maintenant Jean-Marc trouve le temps très, très long.
Il pense aussi au grand match de foot de demain. Il décide
d'assister à ce match avec . . . ou sans *autorisation!*

permission

Samedi matin

JEAN-MARC: Dis, Maman. Qu'est-ce que tu fais cet après-midi?

MME LAMBERT: Je vais au cinéma avec ton père.

JEAN-MARC: Et demain?

MME LAMBERT: Je vais au concert avec une amie, et ton père va jouer
aux cartes chez ses amis.

JEAN-MARC: *Est-ce que je peux* aller au match de foot?

MME LAMBERT: Pas question! Le docteur Brunet *a dit* de rester une semaine au lit!

JEAN-MARC: Mais, Maman . . .

MME LAMBERT: Il a dit aussi: «Il n'y a pas de MAIS!»

May I
said

Samedi après-midi

Les parents de Jean-Marc sont au cinéma.
Jean-Marc *a promis* à sa mère de rester à la maison.
Mais il n'a pas obéi.
Il *a mis* un pull. Il a mis son manteau.
Il *a pris* le bus pour aller au stade.
Là, il a pris un billet pour le match de demain.
Il a choisi la meilleure place!

promised

put on
took

CONVERSATION

Questions sur le texte:

1. Est-ce que Jean-Marc a obé**i** à sa mère?
2. Est-ce qu'il a pr**is** un taxi pour aller au stade?
3. Qu'est-ce qu'il a pr**is** au stade?
4. Est-ce qu'il a chois**i** une bonne place?

OBSERVATIONS

The verbs in the above questions are in the **passé composé.**

- Which letter do the past participles of the verbs in questions 1 and 4 end in?
  What is the infinitive of each of these verbs? Are these verbs *regular*?
- Which two letters do the past participles of the verbs in questions 2 and 3 end in?
  Is the final s pronounced? What is the infinitive of this verb?

NOTE CULTURELLE

Vive le football!

Quel est votre sport favori°? le baseball? le football américain? le basket? Et qu'est-ce que vous pensez du football européen? Ce sport est très populaire en France et dans tous° les pays où l'on parle français. En semaine° les jeunes Français jouent au « foot » à l'école. Le week-end, ils regardent les matchs professionnels à la télévision. Les grands événements de l'année sont la Coupe° de France qui oppose° les meilleures équipes françaises, et les matchs internationaux qui opposent les meilleures équipes européennes.

SAMEDI
7 JUIN

19.55
FOOTBALL
FINALE DE LA COUPE DE FRANCE
En direct
du Parc des Princes

favori *favorite* **tous** *all* **En semaine** *During the week* **Coupe** *Cup* **oppose** *matches up*

VOCABULAIRE

NOMS: **un billet** *ticket* **une place** *seat*

VERBES: en **-er**

assister (à)	*to attend, be present at, go to*	Ce soir je vais **assister** à un concert.
décider (de)	*to decide*	Nous avons **décidé** d'aller à Paris cet été.

en **-ir**

obéir (à)	*to obey*	Est-ce que vous **obéissez** à vos parents?
désobéir (à)	*to disobey*	Jean-Marc **désobéit** à sa mère.

EXPRESSION: **sans** *without* Pourquoi allez-vous au cinéma **sans** moi?

Note: After **sans**, the indefinite article **un, une, des** is usually omitted.
On ne voyage pas **sans passeport.** *One does not travel **without a passport.***

Structure

A. Le verbe *mettre*

The verb **mettre** *(to put)* is irregular. Here is the form chart for the present tense.

Infinitive	mettre			
Present	je	mets	nous	mettons
	tu	mets	vous	mettez
	il/elle	met	ils/elles	mettent

→ In the singular forms, the **t** of the stem is silent. The **t** is pronounced in the plural forms.

→ The verb **mettre** has several English equivalents:

to place	**Mettez** le vase sur la table.	*Place the vase on the table.*
to put	**Mettez** votre sac ici.	*Put your bag here.*
to put on	Je **mets** ma veste.	*I'm putting on my jacket.*
to turn on	**Mets** la télé, s'il te plaît.	*Turn on the TV, please.*
to set	Je ne **mets** pas la table.	*I'm not setting the table.*
to take (time)	On **met** dix minutes pour aller en classe.	*It takes ten minutes to go (get) to class.*

→ **Promettre** *(to promise)* is conjugated like **mettre**.

Je **promets** de travailler.   **Promettez**-vous à vos parents d'obéir?

ACTIVITÉ 1   Élégance

Florence et ses amis vont à une boum. Dites quels vêtements chacun met pour cette occasion.

→ Florence (une jupe verte)   **Florence met une jupe verte.**

1. Nathalie (une jupe bleue)
2. Michel (un pull orange)
3. Suzanne (un manteau)
4. nous (nos pantalons gris)

5. vous (vos chaussures noires)
6. Jean et Pierre (leurs vestes beiges)
7. mes amies (des chemisiers jaunes)
8. moi (un blue-jeans)

ACTIVITÉ 2   Questions personnelles

1. Quels vêtements mettez-vous le dimanche?
2. Quels vêtements mettez-vous pour aller à l'école?
3. Combien de temps mettez-vous pour aller à l'école?
4. Est-ce que vous mettez votre argent à la banque (*bank*)?
5. Qui met la table chez vous?
6. Promettez-vous à vos parents d'obéir?
7. Promettez-vous à vos amis d'être patient(e) avec eux?

B. Le passé composé des verbes réguliers en -ir

In the following sentences, the verbs in the **passé composé** are regular **-ir** verbs. Note the final vowel of the past participles.

choisir	to choose	J'ai choisi une belle cravate pour mon père.
finir	to finish	As-tu fini la leçon?
grossir	to gain weight	Vous avez grossi pendant les vacances.
maigrir	to lose weight	Quand il a eu la grippe, Jean-Marc a maigri.
obéir	to obey	Les élèves n'ont pas obéi.
désobéir	to disobey	Pourquoi avez-vous désobéi?
réussir	to succeed, be successful (with)	Jacques n'a pas réussi à l'examen de français.

For regular **-ir** verbs, the past participle is formed by replacing **-ir** by **-i.**

ACTIVITÉ 3   Calories en plus ou en moins

Lisez ce que les personnes ont fait pendant les vacances. Utilisez ces renseignements pour dire si elles ont maigri ou non. Utilisez le passé composé de **maigrir** dans des phrases affirmatives ou négatives.

→ Nathalie a joué au tennis.   **Elle a maigri.**

1. Henri a nagé.
2. Nous avons fait du sport.
3. J'ai mangé beaucoup de macaronis.
4. Sylvie a bu beaucoup de coca.
5. Tu as fait du sport.
6. Mes amis ont été malades.
7. Vous avez eu la grippe.
8. Je n'ai pas fait d'exercices.

ACTIVITÉ 4   Routine

Dites que les personnes suivantes ont fait hier ce qu'elles font aujourd'hui.

→ Pierre n'obéit pas.   **Hier aussi, il n'a pas obéi.**

1. Paul choisit un disque.
2. Jacqueline finit la leçon.
3. Thérèse réussit à l'examen.
4. Robert obéit à ses parents.
5. Catherine ne réussit pas le gâteau.
6. Isabelle ne finit pas le livre.

ACTIVITÉ 5   Chez le médecin

Le docteur Lasanté a fait certaines recommandations à un client qui désire maigrir. Un mois après *(after)*, il vérifie les progrès de ce client. Jouez le rôle du docteur Lasanté et de son client. Pour cela, utilisez le passé composé des verbes suivants d'après le modèle.

→ manger des bonbons (non)   Le docteur: **Avez-vous mangé des bonbons?**
Le patient: **Non, je n'ai pas mangé de bonbons.**

1. vendre votre voiture (oui)
2. choisir un bon club de sport (oui)
3. acheter une bicyclette (oui)
4. nager (oui)
5. jouer au tennis (oui)
6. grossir (non)
7. maigrir (oui)
8. perdre 10 kilos (oui)

C. Les participes passés irréguliers en -is

A few verbs have irregular past participles in -is. Study these verbs carefully.

mettre	to put	mis	Où as-tu **mis** mes livres?
promettre	to promise	promis	Jean-Marc **a promis** d'obéir.
apprendre	to learn	appris	Nous **avons appris** la leçon.
comprendre	to understand	compris	Thérèse n'a pas **compris** le professeur.
prendre	to take	pris	Est-ce que tu **as pris** ma bicyclette?

The final **s** of the above past participles is not pronounced.

ACTIVITÉ 6 Poisson d'avril (April fools')

Traditionnellement (*Traditionally*) le premier avril est un jour où les jeunes Français jouent des tours (*tricks*) à leurs amis ou aux membres de leur famille. Décrivez les tours joués par les personnes suivantes. Pour cela, utilisez le passé composé de **mettre**.

→ Catherine (du vinaigre dans la soupe)   **Catherine a mis du vinaigre dans la soupe.**

1. Charles (l'aquarium dans le réfrigérateur)
2. mes cousins (les poissons rouges dans la piscine)
3. nous (du ketchup dans le yogourt)
4. toi (du ketchup sur la chaise de ton frère)
5. Annie (du yogourt dans la veste de Paul)
6. vous (le chien dans le lit de vos parents)
7. moi (la bicyclette de mon frère dans la salle de bains)
8. les élèves (un chien dans la voiture du professeur)

ACTIVITÉ 7 Un jour à l'école

Michèle parle de ce qu'elle fait maintenant. Ce soir Michèle va téléphoner à Florence. Elle va lui dire (*to tell her*) ce qu'elle a fait aujourd'hui. Jouez le rôle de Michèle parlant (*talking*) à Florence. Pour cela, mettez les expressions suivantes au passé composé.

→ Je prends mon sac.   **J'ai pris mon sac.**

1. Je mets mon pull.
2. Je mets mon manteau.
3. Je prends mes livres.
4. Je prends le bus.
5. Je mets mes livres sur la table.
6. Je n'apprends pas les verbes.
7. Je ne comprends pas la leçon.
8. Je ne comprends pas le problème de maths.
9. Je promets au professeur d'étudier plus.

Prononciation

Révision: les sons /ɔ̃/ et /ɔn/, /ɔm/

Contrastez: /ɔ̃/ b<u>on</u> m<u>on</u> c<u>om</u>prendre c<u>om</u>bien d<u>on</u>c t<u>on</u> s<u>on</u>

/ɔn/, /ɔm/ b<u>onn</u>e M<u>on</u>ique c<u>omm</u>encer c<u>omm</u>e d<u>onn</u>e aut<u>omn</u>e pers<u>onn</u>e

The letters **on (om)** represent the nasal vowel /ɔ̃/, unless they are followed by a vowel or an **n** or **m**. When pronouncing /ɔ̃/, be sure not to pronounce an /n/ or /m/ after it.

Pour communiquer

Expressions pour la composition

tous les (+ plural masculine noun) ⎫
toutes les (+ plural feminine noun) ⎭ *every*

Tous les mois, je vais chez mon oncle. Je téléphone à mes cousins **toutes les semaines.**

Bravo Nathalie!

Tous les mois, Nathalie décide d'*accomplir* certains objectifs. Le mois dernier elle a décidé de faire les choses *suivantes* et elle a réussi. Voici comment Nathalie *décrit* ces objectifs.

to accomplish
following
describes

> J'ai maigri. J'ai perdu deux kilos.
> J'ai appris à jouer au bridge.
> J'ai appris à <u>faire du patin à roulettes</u>.
> J'ai participé à un 5.000 mètres. Je n'ai pas gagné, mais j'ai fini en 25 minutes!
> J'ai réussi à l'examen d'anglais parce que j'ai appris les verbes irréguliers. J'ai eu un « A ».
> J'ai fini quatre livres.
> J'ai pris <u>quelques</u> bonnes résolutions.
> J'ai promis à mon frère d'être plus patiente avec lui.
> J'ai promis à mes parents de travailler un peu plus.
> J'ai choisi un joli <u>cadeau</u> pour l'<u>anniversaire</u> de mon père.

to roller-skate

a few

gift; birthday

L'art de la composition

Et vous, avez-vous accompli certaines choses le mois dernier? Décrivez ces choses. Si possible, utilisez les **expressions ci-dessus** *(above).*

Leçon 5

Cinquième journée:
Jean-Marc a décidé d'obéir.

Dimanche . . .
Avant le match

Les parents de Jean-Marc *sont sortis* après le *déjeuner*.   *went out; lunch*
Monsieur Lambert est sorti à une heure et quart. Il *est allé* chez ses amis.   *went*
Madame Lambert est sortie à une heure et demie. Elle est allée au concert.
À deux heures, Jean-Marc est sorti aussi et il est allé *directement* au stade.   *directly*

Après le match

Après le match, Jean-Marc a rencontré Philippe . . . le fils du docteur Brunet.
C'est une très mauvaise surprise.

PHILIPPE: Salut, Jean-Marc! Ça va?
JEAN-MARC: Euh oui . . . plus ou moins. Dis, tu *es venu* seul?   *came*
PHILIPPE: Non, je suis avec mes frères.
JEAN-MARC: Et vos parents, est-ce qu'ils sont venus?
PHILIPPE: Ma mère n'est pas venue, mais mon père est ici.
JEAN-MARC: Où?
PHILIPPE: Là-bas. Pourquoi?
JEAN-MARC: *Pour rien.*   *No reason.*
PHILIPPE: Dis donc, Jean-Marc, ça ne va pas? Tu as l'air malade. *Tu veux*   *Do you want*
  parler à mon père? Tiens, *justement, le voilà.*   *in fact, here*
          he comes now
JEAN-MARC: Euh, non . . . Merci! Excuse-moi!

À la maison

Jean-Marc est rentré immédiatement chez lui.
Ses parents sont rentrés assez tard.
Ils ont trouvé leur fils très, très malade.
Madame Lambert a proposé d'amener Jean-Marc chez le docteur Brunet.
Jean-Marc a répondu à sa mère:
  «Oh, non Maman. Le docteur *m'a dit* de rester une semaine au lit.   *told me*
  Alors, j'obéis. Je vais rester au lit jusqu'à mercredi!»

Questions sur le texte:

1. Où est-ce que Monsieur Lambert **est allé**?
2. Où est-ce que Jean-Marc **est allé**?
3. Est-ce que Philippe **est allé** seul (*alone*) au stade?
4. Où est-ce que Jean-Marc **est allé** après le match?

OBSERVATIONS

The verbs in heavy type are forms of the **passé composé** of **aller**.

- Is the **passé composé** of **aller** conjugated with **avoir**?
- Which verb is used to form the **passé composé** of **aller**?

NOTE CULTURELLE

La discipline familiale°

Est-ce que vos parents sont stricts ou tolérants? En général, la discipline familiale est plus stricte en France qu'aux États-Unis. Si un enfant désobéit à ses parents, il est souvent puni.° Voici quelques° exemples de punitions:° rester à la maison le samedi soir, ne pas regarder la télévision pendant une semaine, être privé d'argent de poche.°

familiale *family* **puni** *punished* **quelques** *some* **punitions** *punishments* **être privé d'argent de poche** *to be deprived of (not to be given) pocket money*

VOCABULAIRE

ADJECTIF:	**seul**	*alone, by oneself*	Je vais aller **seul** au cinéma.
VERBES:	**amener**	*to bring, take along*	Qui **amènes**-tu à la boum?
	proposer	*to suggest, offer*	Je vais **proposer** à mes amis d'aller au match.
	rencontrer	*to meet*	Ce soir je vais **rencontrer** Pierre au café.
EXPRESSIONS:	**avant**	*before*	Qu'est-ce que tu fais **avant** le dîner?
	après	*after, afterwards*	Qu'est-ce que tu fais **après**?
	jusqu'à	*until*	Je vais étudier **jusqu'à** dix heures.
	tard	*late*	Il est minuit. Oh là là, il est **tard**!

Note: The verb **amener** is conjugated like **acheter**.

      J'**amène** un ami à la boum. Et vous, qui **amenez**-vous?

Structure

A. Les verbes *sortir*, *partir* et *dormir*

The verbs **sortir** *(to go out, get out)*, **partir** *(to leave)*, and **dormir** *(to sleep)* are irregular. Here is the form chart of the present tense of these verbs.

Infinitive	sortir		partir		dormir	
Present	je	**sors**	je	**pars**	je	**dors**
	tu	**sors**	tu	**pars**	tu	**dors**
	il/elle	**sort**	il/elle	**part**	il/elle	**dort**
	nous	**sortons**	nous	**partons**	nous	**dormons**
	vous	**sortez**	vous	**partez**	vous	**dormez**
	ils/elles	**sortent**	ils/elles	**partent**	ils/elles	**dorment**

→ **Sortir** and **partir** have several meanings. Note the constructions with these verbs:

sortir	*to go out*	Le samedi, je **sors** avec mes amis.
sortir de	*to get out of (a place)*	Nous **sortons de** l'école à deux heures.
partir	*to leave*	Le bus **part** dans dix minutes.
partir de	*to leave (a place)*	Quand **partez**-vous **de** Paris?
partir à	*to leave for (a place)*	Quand **partez**-vous **à** la campagne?

ACTIVITÉ 1   Bonne nuit!

Lisez dans quelles conditions sont les personnes suivantes. D'après vous, est-ce que ces personnes dorment bien ou non? Exprimez votre opinion. Pour cela, utilisez l'expression **dormir bien** dans des phrases affirmatives ou négatives.

→   Alain est malade.   **Il ne dort pas bien.**

1. Mes cousins ont la grippe.
2. J'ai un examen demain.
3. Vous êtes seul dans une grande maison.
4. Jacqueline est très fatiguée.
5. Tu n'as pas de problèmes.
6. Nous ne sommes pas nerveux *(nervous)*.
7. Sylvie a fait beaucoup de sport.
8. Jean-Claude et Paul ont mal à la tête.

ACTIVITÉ 2   Questions personnelles

1. Est-ce que vous sortez le week-end?
2. En général dormez-vous bien ou mal?
3. Combien d'heures est-ce que vous dormez par *(per)* nuit?
4. Le matin *(In the morning)*, à quelle heure partez-vous de la maison?
5. Est-ce que vous prenez le bus? À quelle heure est-ce que le bus part?
6. Est-ce que vous allez partir en vacances cet été?

B. Le passé composé avec être

The **passé composé** of certain verbs, such as **aller**, is formed with **être** instead of **avoir**. The sentences below describe where certain boys and girls went during vacation. Note the forms of the **passé composé** of **aller**, paying special attention to the past participles.

Je **suis** allé à Paris.
Tu **es** allé à Nice.
Il **est** allé à Toulon.

Je **suis** allée à Québec.
Tu **es** allée à Dakar.
Elle **est** allée à Lyon.

I went/have gone
You went/have gone
He/She went/has gone

Nous **sommes** allés au Canada.
Vous **êtes** allés au Japon.
Ils **sont** allés en Italie.

Nous **sommes** allées en Israël.
Vous **êtes** allées à Tahiti.
Elles **sont** allées à Rome.

We went/have gone
You went/have gone
They went/have gone

The **passé composé** of many verbs of motion (such as **aller, arriver, sortir, partir,** etc.) is conjugated with **être.** These verbs are shown in the "**être** stadium" on page 305.

In negative and interrogative sentences, the word order in the **passé composé** is the same with **être** as with **avoir.**

avoir	être
Est-ce que tu as visité la France?	**Est-ce que tu es allé** en France?
As-tu visité la France?	**Es-tu allé** en France?
Je n'ai pas visité la France.	**Je ne suis pas allé** en France.
Paul n'a pas visité Paris.	**Paul n'est pas allé** à Paris.

When the **passé composé** of a verb is conjugated with **être** (and not with **avoir**), the past participle agrees in gender and number with the subject. Contrast:

avoir			être		
Jean-Paul	a visité	le Canada.	Il	est allé	à Québec.
Florence	a visité	le Canada.	Elle	est allée	à Montréal.
Mes amis	ont visité	le Canada.	Ils	sont allés	à Toronto.
Mes amies	ont visité	le Canada.	Elles	sont allées	à Vancouver.

→ Note that the four forms of **allé** have the same endings as regular adjectives. Note also that although they are spelled differently, they are pronounced the same.

ACTIVITÉ 3 Êtes-vous bon détective?

Imaginez que vous avez trouvé un carnet (*notebook*) avec les observations suivantes. Notez que ces observations sont incomplètes et qu'elles sont écrites (*written*) au passé composé. Étudiez chaque observation attentivement. Pouvez-vous (*Can you*) dire si cette observation concerne une ou plusieurs (*several*) personnes et quel est le sexe de ces personnes? Observez la forme du participe passé et complétez chaque observation avec **un garçon, une fille, des garçons, des filles,** et **est** ou **sont.**

→ —— allées au cinéma. **Des filles sont allées au cinéma.**

1. —— allé au restaurant.
2. —— allés à la plage.
3. —— allée à la piscine.
4. —— allées au concert.

5. —— allés à Nice.
6. —— allée au théâtre.
7. —— allé au stade.
8. —— allées en ville.

ACTIVITÉ 4 Vacances à l'étranger (*Vacations abroad*)

Dites où les personnes suivantes sont allées pendant les vacances. Dites aussi si elles ont parlé **français, anglais** ou **espagnol.**

→ Jacques (au Mexique) **Jacques est allé au Mexique. Il a parlé espagnol.**

1. nous (au Chili)
2. Janine et Louise (à Chicago)
3. toi (à Genève)
4. moi (en Espagne)

5. Jean-Marc (à San Francisco)
6. vous (à Québec)
7. Pierre (en Bolivie)
8. mes amis (à Dakar)

ACTIVITÉ 5 L'école buissonnière (*Playing hooky*)

Aujourd'hui les étudiants ne sont pas allés en classe. Exprimez cela et dites aussi où ils sont allés.

→ Jean-Marc (au stade) **Jean-Marc n'est pas allé en classe.
Il est allé au stade.**

1. Lise et Danièle (au cinéma)
2. moi (à la plage)
3. toi (à la piscine)
4. nous (au match de foot)
5. vous (en ville)
6. Jacqueline (acheter des chaussures)

VOCABULAIRE PRATIQUE Au stade

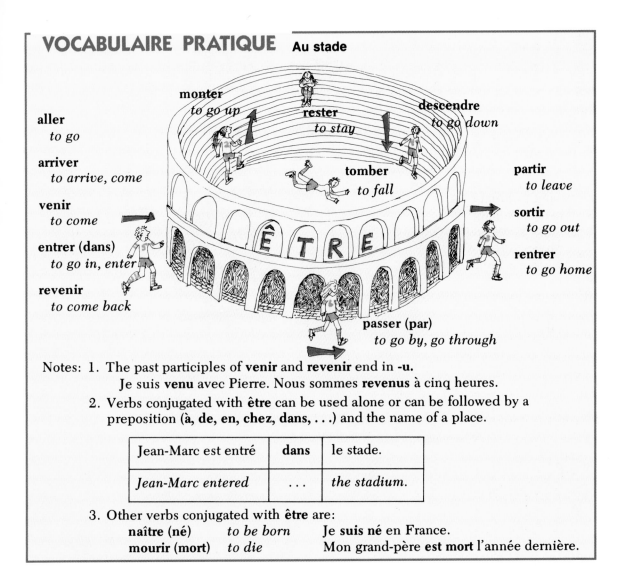

aller
to go

arriver
to arrive, come

venir
to come

entrer (dans)
to go in, enter

revenir
to come back

monter
to go up

rester
to stay

tomber
to fall

ÊTRE

descendre
to go down

partir
to leave

sortir
to go out

rentrer
to go home

passer (par)
to go by, go through

Notes: 1. The past participles of **venir** and **revenir** end in **-u**.
Je suis **venu** avec Pierre. Nous sommes **revenus** à cinq heures.

2. Verbs conjugated with **être** can be used alone or can be followed by a preposition (**à, de, en, chez, dans, . . .**) and the name of a place.

Jean-Marc est entré	**dans**	le stade.
Jean-Marc entered	. . .	*the stadium.*

3. Other verbs conjugated with **être** are:
naître (né)   *to be born*   Je **suis né** en France.
mourir (mort)   *to die*   Mon grand-père **est mort** l'année dernière.

ACTIVITÉ 6   Jim et Juliette

Jim et Juliette sont allés en France l'été dernier. Juliette a fait les mêmes
(same) choses que Jim. Jouez le rôle de Juliette décrivant *(describing)* le
voyage. Jouez aussi le rôle de Jim et de Juliette.

→ Jim est allé en France.   Juliette: **Je suis allée en France.**
                                Jim et Juliette: **Nous sommes allés en France.**

1. Jim est arrivé à Paris.
2. Jim est resté à l'hôtel.
3. Jim est monté à la tour Eiffel.
4. Jim est sorti avec des amis français.
5. Jim est descendu à Nice.
6. Jim est parti à Nice en train.
7. Jim est allé à Toulon.
8. Jim est rentré à New York en septembre.

ACTIVITÉ 7   Le voyage de Jean Allidet

Imaginez que vous travaillez pour un magazine français. Vous racontez le voyage aux États-Unis de Jean Allidet, un acteur français très célèbre (*famous*). Voici vos notes. Faites la description du voyage de Jean Allidet en utilisant vos notes.

→ Jean Allidet arrive à New York.   **Jean Allidet est arrivé à New York.**

1. Il descend dans un hôtel.
2. Il monte à l'Empire State Building.
3. Il va à la Statue de la Liberté.
4. Il part en Floride.
5. Il reste à Miami.
6. Il vient à la Nouvelle-Orléans.
7. Il revient à New York.
8. Il passe par Philadelphie.
9. Il rentre à Paris.
10. Il rentre chez lui.

Partez avec Air Canada.
Paris-Montréal
aller et retour :

3000 F.
seulement.*

ACTIVITÉ 8   Lieux de naissance *(Birthplaces)*

Imaginez que vous allez en France avec les personnes suivantes. Au contrôle des passeports, un employé demande où chaque personne est née. Répondez en complétant *(by completing)* les phrases suivantes.

→ Ma mère . . .   **Ma mère est née à San Francisco.**

1. Mon père . . .
2. Mon meilleur ami . . .
3. Ma meilleure amie . . .
4. Je . . .

ACTIVITÉ 9   Dialogue

Demandez à vos amis ce qu'ils ont fait le week-end dernier. Pour cela, utilisez le passé composé des verbes suivants. (Attention: Certains verbes sont conjugués avec **être**, les autres *(others)* sont conjugués avec **avoir**.)

→ inviter (qui?)   —**Qui as-tu invité?**
　　　　　　　　—**J'ai invité un ami.**
　aller (où)   —**Où es-tu allé?**
　　　　　　　—**Je suis allé au cinéma.**

1. sortir (avec qui?)
2. téléphoner (à qui?)
3. aller en ville (avec qui?)
4. rencontrer (qui?)
5. acheter (quelles choses?)
6. rentrer à la maison (à quelle heure?)
7. regarder (quel programme?)
8. aller au lit (à quelle heure?)

Prononciation

Révision: le son /r/

Répétez: Robert, rare, grand-père, préfère, dormir, sortir, rencontrer

Richard va partir à trois heures.

Claire reste à Paris chez son grand-père.

Marc rencontre Renée après le concert.

Remember, the French /r/ is not at all like the American *r*. The French /r/ is pronounced at the back of the throat. It is softer at the end of a word.

Pour communiquer

Expressions pour la correspondance

How do the French begin their letters? This depends on how well they know the people they are writing to. Here are the various forms of address:

	when writing to:
Monsieur, Madame, Mademoiselle	an adult you do not know or barely know
Cher Monsieur, Chère Madame, **Chère Mademoiselle**	an adult you know quite well
Cher Philippe, Chère Isabelle	a friend
Mon cher Philippe, Ma chère Isabelle	a close friend

The French often end personal letters to friends with expressions such as:

Amitiés	*Best regards*	*(lit.* **amitié** means *friendship)*
Amicalement	*Love*	*(lit.* **amical** means *friendly)*

Une carte postale

Martine est en vacances à Nice. Elle *écrit* une *carte postale* à Monique, une camarade de classe.

writes; postcard

L'art de la correspondance

Écrivez une carte postale où vous décrivez ce que vous avez fait le week-end dernier.

Ma chère Monique,

Enfin les vacances! Nous sommes arrivés à Nice vendredi dernier. Samedi matin, je suis allée nager avec ma sœur. À la plage, nous avons rencontré des garçons très sympathiques. Nous sommes sorties avec eux hier soir ... Nous sommes allées au cinéma. Ensuite, nous sommes allées danser dans une discothèque. Nous sommes rentrées chez nous à minuit! Quelle vie!

life

Amicalement,

Martine

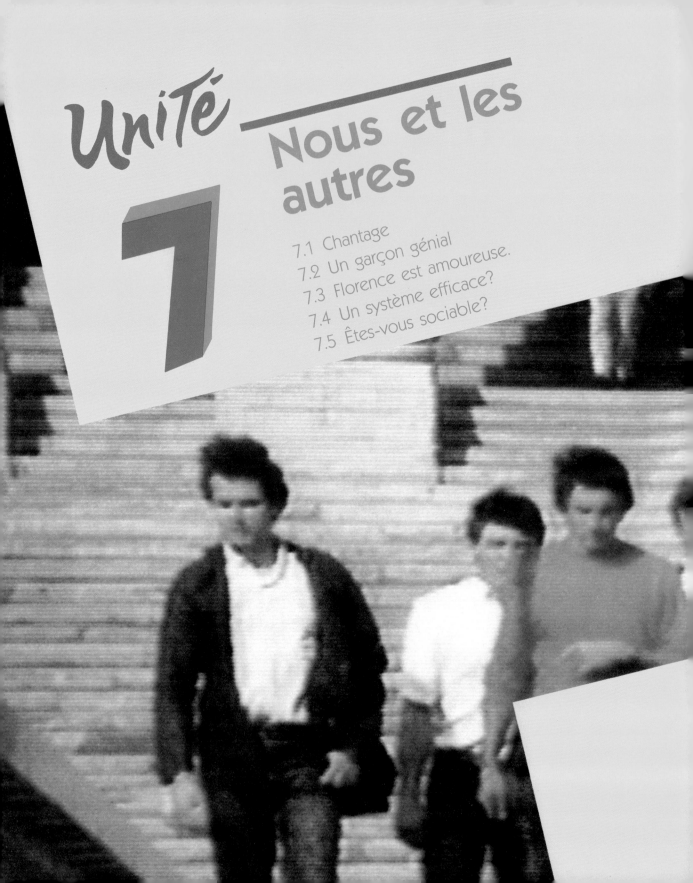

Unité 7

Nous et les autres

UNIT OBJECTIVES

LEARNING TO COMMUNICATE

In this unit, you will learn how

- to talk about your relationships with your friends
- to ask and answer questions about people, places, and things
- to talk about careers and professions
- to talk about people and things you know and do not know
- to talk about what people read, write, and say

EXPRESSING YOURSELF ACCURATELY

You will learn how to express actions that affect you and others by using object pronouns. You will learn new negative expressions. You will learn how to say whom and what you know by using the verbs **connaître** or **savoir.** In addition, you will learn the verbs **dire** *(to say, tell),* **lire** *(to read),* and **écrire** *(to write).*

LEARNING ABOUT CULTURE

You will learn about various aspects of teenage social life. In particular, you will learn how to introduce someone, what compliments people make, and the importance of good manners and pocket money.

309

Leçon 1

Chantage

Scène 1. Anne et Sylvie

ANNE: Tu m'invites à ta boum?

SYLVIE: Ça dépend! Je t'invite... si tu me *présentes* à ton cousin, le journaliste.   *introduce*

ANNE: Et si je ne te présente pas?

SYLVIE: Pas d'invitation!

CONVERSATION

Let's talk about your relationships with your friends. Answer simply with **oui** or **non.**

1. Est-ce que vos amis **vous** invitent souvent?
2. Est-ce qu'ils **vous** téléphonent?
3. Est-ce qu'ils **vous** présentent *(introduce)* à leurs amis?
4. Est-ce qu'ils **vous** prêtent *(lend)* leurs disques?

OBSERVATIONS

Reread the first question.

• How do you say: *Do your friends invite you often?*

• What is the *subject* of that question? What is the *verb*?

• In the same question, what is the French *pronoun* that corresponds to *you*?

• In the above questions the pronouns in heavy type are the *objects* of the verb.
  Do these object pronouns come *before* or *after* the verb? Is it the same in English?

Scène 2. Marc et Philippe

MARC: Dis, Philippe! Tu me *prêtes* ta moto?

PHILIPPE: D'accord, si tu me prêtes vingt francs.

MARC: *Désolé*, mais je *ne* prête *jamais* d'argent.

PHILIPPE: Eh bien, moi, je ne prête jamais ma moto.

MARC: Bon. Voilà vingt francs . . . mais c'est du *chantage*!

lend

Sorry; never

blackmail

NOTE CULTURELLE

Les présentations°

Êtes-vous une personne sociable? Quand vous êtes à une boum, ou à la plage, ou dans l'autobus, est-ce que vous parlez aux personnes que° vous ne connaissez° pas mais que vous trouvez sympathiques? En général, les Français sont plus réservés° que les Américains. Avant de parler° aux personnes qu'ils ne connaissent pas, ils attendent d'être présentés.°

Imaginez que vous êtes à une boum. Comment allez-vous présenter votre ami Patrick à votre amie Carole? C'est simple. Vous dites° à Carole: «Carole, je te présente Patrick.» Et Carole dit à Patrick: «Enchantée!»,° c'est-à-dire,° «Je suis enchantée de faire ta connaissance.»°

Les présentations *Introductions* **que** *whom* **connaissez** *know*
réservés *reserved* **Avant de parler** *Before speaking*
présentés *introduced* **dites** *say* **Enchantée** *Delighted*
c'est-à-dire *that is (to say)* **faire ta connaissance** *to meet you*

Structure

A. L'expression négative ne . . . jamais

Compare the following negative constructions.

Vous étudiez?	Nous n'étudions **pas**.	We *don't* study.
	Nous n'étudions **jamais**.	We *never* study.
Tu fais du footing?	Je **ne** fais **pas** de footing.	I *don't* go jogging.
	Je **ne** fais **jamais** de footing.	I *never* go jogging.

Like **ne . . . pas**, the negative expression **ne . . . jamais** consists of two parts:

ne (n')   which comes before the verb
jamais   which comes immediately after the verb

→ In the **passé composé**, the word **jamais** comes between **avoir** or **être** and the past participle.

| Je n'ai **jamais** vu Paris. | I *never* saw Paris. (I have *never* seen Paris.) |
| Je **ne** suis **jamais** allé en France. | I *never* went to France. (I have *never* gone to France.) |

ACTIVITÉ 1   Jamais le dimanche

Le dimanche, les personnes suivantes ne font jamais ce qu'elles font pendant la semaine. Exprimez cela d'après le modèle.

→ Charles achète le journal.   **Le dimanche, il n'achète jamais le journal.**

1. Anne étudie.
2. Philippe étudie les verbes.
3. Marc travaille.
4. Sylvie travaille dans un café.
5. Nous parlons français.
6. Vous allez à la cantine (*cafeteria*).
7. Les élèves prennent le bus.
8. Tu dînes au restaurant.
9. Mes amis jouent au foot.
10. J'achète du chocolat.
11. Vous regardez la télé.
12. Tu fais du sport.

ACTIVITÉ 2   Un philosophe

Monsieur Lermite, un philosophe célèbre (*famous*), a décidé d'habiter dans une île déserte (*desert island*) pour écrire (*to write*) son dernier livre. Dites que pendant cette retraite (*retreat*), il n'a jamais fait les choses suivantes.

→ regarder la télé   **Il n'a jamais regardé la télé.**

1. écouter les nouvelles
2. inviter des amis
3. dîner au restaurant
4. téléphoner
5. voir ses cousins
6. aller au concert
7. aller au théâtre
8. sortir

B. Les pronoms compléments *me, te, nous, vous*

In the sentences below, the pronouns in heavy type are *objects* of the verb.
Note the forms of these pronouns and compare their positions in French and
English.

Tu **me** parles?   *Are you speaking to me?*
Oui, je **te** parle.   *Yes, I am speaking to you.*

Tu **m'**invites dimanche?   *Are you inviting me on Sunday?*
Bien sûr, je **t'**invite.   *Of course, I'm inviting you.*

Vos parents **vous** parlent souvent?   *Do your parents often speak to you?*
Est-ce qu'ils **vous** comprennent?   *Do they understand you?*

Oui, ils **nous** parlent souvent   *Yes, they often speak to us,*
et ils **nous** comprennent.   *and they understand us.*

The *object pronouns* which correspond to the subject pronouns **je, tu, nous, vous** are:

me ↓ m' (+ vowel sound) } *me, to me*	**nous**	*us, to us*
te ↓ t' (+ vowel sound) } *you, to you*	**vous**	*you, to you*

Object pronouns come *before* the verb.

→ In negative sentences, object pronouns come after **ne**.

Pierre ne **me** parle pas.   *Pierre does not speak to me.*
Il ne **nous** invite jamais.   *He never invites us.*

→ There is liaison after **nous** and **vous** when the next word begins with
a vowel sound.

Vos amis **vous** écoutent? Mais oui, ils **nous** écoutent toujours.

ACTIVITÉ 3   Isabelle

Isabelle, une jeune étudiante française, vient d'arriver à votre école. Vous
décidez de faire certaines choses pour elle. Proposez ces choses à Isabelle
d'après le modèle.

→ téléphoner ce soir   **Je te téléphone ce soir, d'accord?**

1. téléphoner demain aussi
2. inviter demain soir
3. inviter à la boum

4. inviter ce week-end
5. acheter une glace
6. acheter un Coca-Cola

7. voir cet après-midi
8. voir après la classe
9. amener au cinéma

ACTIVITÉ 4 Sylvie et Charles

Sylvie est toujours aimable (*friendly*) avec ses amis. Charles n'est pas aimable. Décrivez l'attitude de Charles d'après le modèle.

→ Sylvie me parle. **Charles ne me parle pas.**

1. Sylvie nous parle.
2. Sylvie t'invite.
3. Sylvie vous invite.
4. Sylvie m'écoute.
5. Sylvie vous regarde.
6. Sylvie nous comprend.
7. Sylvie m'aime.
8. Sylvie nous attend.
9. Sylvie te trouve mignon (*cute*).

VOCABULAIRE PRATIQUE Verbes

aider	*to help*	Mes amis m'**aident**.
chercher	*to look for*	Je **cherche** Paul. Où est-il?
donner	*to give*	Je te **donne** mes vieux disques.
présenter	*to introduce, present*	Sylvie **présente** Jean-Pierre à Christine.
prêter	*to lend, loan*	Je vous **prête** mon vélo si vous me **prêtez** 10 francs.

Note: **Chercher** can be used with both people and things.

Paul va à l'école. Il **cherche** Jacqueline.   André va à l'école. Il **cherche** ses livres.

ACTIVITÉ 5 Dialogue

Demandez à vos camarades de faire les choses suivantes pour vous ce week-end. Vos camarades vont accepter ou refuser.

→ téléphoner samedi Élève 1: **Tu me téléphones samedi?**
　　　　　　　　　　　Élève 2: **Oui, je te téléphone samedi.**
　　　　　　　　　　　　　　(Non, je ne te téléphone pas samedi.)

1. téléphoner dimanche
2. inviter au cinéma
3. présenter à ton cousin
4. présenter à ta cousine
5. prêter ton vélo
6. prêter ta radio
7. donner deux dollars
8. acheter un gâteau
9. aider avec le français
10. aider avec les maths

ACTIVITÉ 6 Questions personnelles

1. Est-ce que vos amis vous téléphonent souvent? Est-ce qu'ils vous invitent? Est-ce qu'ils vous respectent? Est-ce qu'ils vous comprennent? Est-ce qu'ils vous parlent de leurs problèmes? Est-ce qu'ils vous prêtent leurs disques? Est-ce qu'ils vous aident?

2. Est-ce que vos professeurs vous comprennent? Est-ce qu'ils vous respectent? Est-ce qu'ils vous donnent des bonnes notes (*grades*)? Est-ce qu'ils vous donnent des mauvaises notes? Est-ce qu'ils vous donnent des examens? Est-ce qu'ils vous aident?

3. Est-ce que vos parents vous aident? Est-ce qu'ils vous comprennent? Est-ce qu'ils vous donnent des conseils (*advice*)? Est-ce qu'ils vous prêtent la voiture?

C. L'omission de l'article indéfini avec les professions

Note how professions are described in French.

Je suis **étudiant.**	*I am a student.*
Paul est **photographe.**	*Paul is a photographer.*
Ma mère est **professeur.**	*My mother is a teacher.*

After the verb **être,** French speakers do not use **un/une** before the names of professions, unless these nouns are modified by adjectives. Compare:

Madame Moreau est **dentiste.**   Madame Moreau est **une excellente dentiste.**

VOCABULAIRE PRATIQUE   Les professions

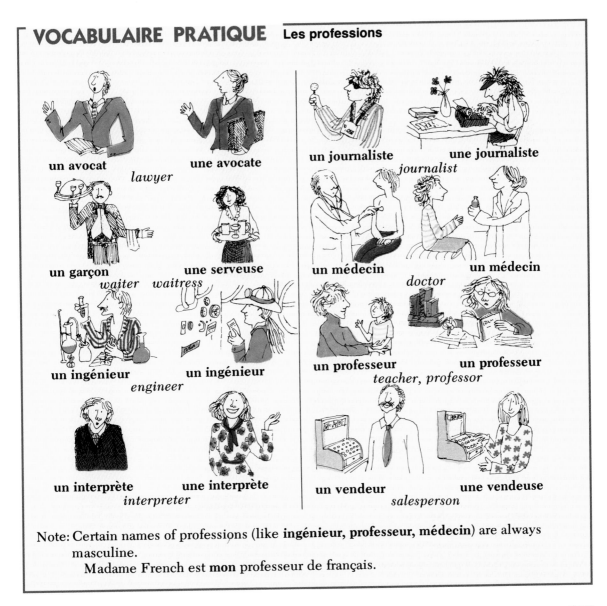

un avocat   **une avocate**
lawyer

un garçon   **une serveuse**
waiter   waitress

un ingénieur   **un ingénieur**
engineer

un interprète   **une interprète**
interpreter

un journaliste   **une journaliste**
journalist

un médecin   **un médecin**
doctor

un professeur   **un professeur**
teacher, professor

un vendeur   **une vendeuse**
salesperson

Note: Certain names of professions (like **ingénieur, professeur, médecin**) are always masculine.
   Madame French est **mon** professeur de français.

ACTIVITÉ 7 Quelle est leur profession?

Lisez ce que font les personnes suivantes. Utilisez ces renseignements pour dire quelle est la profession de chaque personne.

→ Madame Carabin travaille dans un hôpital.   **Elle est médecin.**

1. Mademoiselle Bock travaille dans un café.
2. Madame Glotte parle anglais, espagnol et japonais.
3. Monsieur Lancette visite les malades *(sick people).*
4. Monsieur Micro interviewe le président.
5. Madame Calcul travaille pour une compagnie d'électronique.
6. Monsieur Bouquin travaille à l'université.
7. Monsieur Barreau aide ses clients quand ils ont des problèmes avec la police.
8. Mademoiselle Chanel vend du parfum dans un grand magasin.

Gaumont
recherche pour NEUILLY S/SEINE
(5 minutes de la Porte Maillot)

ANALYSTE-PROGRAMMEUR
Expérience temps réel
Connaissance COBOL · CICS · DL1. Matériel IBM 4341
Importante activité temps réel sur un réseau national
Les candidats intéressés adresseront CV détaillé, photo récente,
prétentions à Direction du Personnel 30 av. Charles de Gaulle
92200 NEUILLY S/SEINE.

Prononciation

Le son /s/

Mot clé: sac

Répétez les mots: ce, ça, voici, six, François, Sylvie

Répétez les phrases: Ce soir, Sylvie sort avec François.

Ce garçon a sept disques.

Dix et six font seize.

Comment écrire /s/:

s   at the beginning of a word or next to a consonant: sort, reste
ss between two vowels: poisson
c   before **e, i, y**: ce, difficile, Nancy
ç   before **a, o, u**: ça, garçon
x   in the words: dix, six, soixante

Pour communiquer

Expression pour la conversation

tout de suite *right away, right now*   Venez **tout de suite**!
Nous partons maintenant!

Mini-dialogue

Christine a des difficultés avec le problème de maths . . . mais elle trouve une solution.

CHRISTINE: Dis, Nathalie, je ne comprends pas le problème de maths. Tu m'aides?

NATHALIE: Euh . . . je n'ai pas le temps aujourd'hui.

CHRISTINE: Écoute, si tu m'aides, je t'invite chez moi . . . et je te présente mon cousin.

NATHALIE: Il est sympa?

CHRISTINE: Très sympa!

NATHALIE: Où est ton livre de maths? Je t'aide tout de suite!

L'art du dialogue

a) Jouez le dialogue entre Christine et Nathalie.

b) Maintenant imaginez que Christine a une sœur, **Émilie. Christine et Émilie** ont des problèmes avec les maths. Elles demandent à Nathalie de les aider. Composez un nouveau dialogue. Pour cela, remplacez Christine par **Christine et Émilie.** Faites les changements nécessaires. Jouez ce nouveau dialogue.

c) Maintenant, **Christine et Émilie** demandent à **Suzanne et Nathalie** de les aider. Composez un nouveau dialogue. Pour cela, remplacez Nathalie par **Suzanne et Nathalie.** Faites les changements nécessaires. Jouez ce nouveau dialogue.

Leçon 2

Un garçon génial

Élisabeth a des opinions très *particulières sur* ses amis.

special; about

FRANÇOIS: Est-ce que tu *connais* Alain?

know

ÉLISABETH: Oui, je le connais bien!

FRANÇOIS: Qu'est-ce que tu penses de lui?

ÉLISABETH: Il est mignon . . .

FRANÇOIS: Est-ce que tu le trouves intelligent?

ÉLISABETH: Non, pas *spécialement*.

especially

FRANÇOIS: Est-ce que tu connais son cousin Christophe?

ÉLISABETH: Je le connais aussi. Il est photographe, n'est-ce pas?

FRANÇOIS: C'est ça! Est-ce que tu le trouves intelligent?

ÉLISABETH: Bien sûr! Je le trouve très intelligent . . .
En fait, je le trouve génial!

In fact

FRANÇOIS: Mais il ne parle jamais!

ÉLISABETH: Voilà *justement* pourquoi je le trouve très intelligent!

precisely

CONVERSATION

Let's talk about the people you generally invite to your home.

1. Est-ce que vous invitez **vos amis?**
     Oui, je **les** invite. (Non, je ne **les** invite pas.)
2. Est-ce que vous invitez **les garçons de la classe?**
3. Est-ce que vous invitez **les filles de la classe?**
4. Est-ce que vous invitez **les amis de vos amis?**

OBSERVATIONS

The above questions have the same subject and the same verb.

- What is the *subject?* What is the *verb?*

The nouns in heavy type are *directly* affected by the verb. These nouns are the *direct objects* of the verb. In general, a noun which is a direct object comes *immediately after* the verb.

Direct object nouns can be replaced by *direct object pronouns.*

- How do you say *"I invite them"* in French?
- What direct object pronoun replaces **vos amis? les garçons de la classe? les filles de la classe? les amis de vos amis?**
- Does the direct object pronoun come *before* or *after* the verb?

NOTE CULTURELLE

Quelques° compliments

Quelle est la qualité que vous admirez le plus chez° vos amis? La sincérité, la générosité ou l'intelligence? Pour les Français, l'intelligence est une qualité très importante. Aussi,° si vous voulez° faire° un compliment à un ami français, dites-lui:° «Tu es génial!» ou «Tu es brillant!» ou «Tu es remarquablement° intelligent!» ou plus simplement° «Oh là là, tu n'es pas bête, toi!»

Quelques *A few* **chez** *in* **Aussi** *So* **voulez** *want* **faire** *to pay* **dites-lui** *tell him* **remarquablement** *remarkably* **simplement** *simply*

VOCABULAIRE PRATIQUE   Adjectifs

étrange	*strange*	**remarquable**	*remarkable*
génial	*bright, brilliant, very smart*	**ridicule**	*ridiculous*
(*pl.* **géniaux**)		**snob**	*stuck-up, snobbish*
idiot	*stupid*		
mignon	*cute*		
(**mignonne**)			

Note: The adjective **snob** does not take an **-e** in the feminine:

    Marie est **snob.**

Structure

A. Le verbe *connaître*

Note the forms and uses of the irregular verb **connaître** *(to know)*.

Infinitive		connaître	Est-ce que vous désirez **connaître** mes parents?
Present	je	connais	Je **connais** Émilie.
	tu	connais	Est-ce que tu **connais** Paul?
	il/elle	connaît	Jacques ne **connaît** pas mes parents.
	nous	connaissons	Nous ne **connaissons** pas Paris.
	vous	connaissez	Est-ce que vous **connaissez** bien Québec?
	ils/elles	connaissent	Mes amis **connaissent** un bon restaurant.
Passé composé	j'ai	connu	Quand est-ce que tu **as connu** mon cousin?

Connaître means *to know* in the sense of *being acquainted with people and places.*

In the **passé composé** and future, **connaître** may also mean *to meet someone* (for the first time).

ACTIVITÉ 1 Paul

Paul est un nouvel étudiant à l'école. Dites qui connaît et qui ne connaît pas Paul.

→ mes amis (non)   **Mes amis ne connaissent pas Paul.**

1. nous (oui)
2. toi (non)
3. Sylvie (oui)
4. Jacqueline et Suzanne (non)
5. le professeur d'anglais (oui)
6. le professeur de maths (non)
7. vous (oui)
8. moi (oui)

ACTIVITÉ 2 Questions personnelles

1. Connaissez-vous New York? Chicago? la Nouvelle-Orléans? San Antonio? Québec? Paris? le Mexique? le Canada?
2. Dans votre ville, connaissez-vous un bon restaurant? un restaurant français? un restaurant bon marché? des magasins intéressants? un magasin de disques? un magasin de vêtements?
3. Connaissez-vous les parents de votre meilleur(e) ami(e)? ses frères? ses sœurs? ses amis?
4. Connaissez-vous des Français? des Françaises? des Canadiens? des élèves étrangers *(foreign)*?
5. Connaissez-vous personnellement *(personally)* le directeur (la directrice) de votre école? le capitaine de l'équipe de football de l'école? un athlète professionnel? un acteur de cinéma? le président des États-Unis?

B. Les pronoms *le, la, les*

In the questions below, the nouns in heavy type are the *direct objects* of the verb. Note the forms and position of the *direct object pronouns* which are used to replace those nouns in the answers.

Tu connais **Charles?**   Oui, je **le** connais. Je **l'**invite souvent.

Tu connais **Jacqueline?**   Oui, je **la** connais. Je **l'**invite aussi.

Tu connais **mes cousins?**   Je **les** connais bien. Je **les** invite.

Tu connais **mes amies?**   Je **les** connais aussi. Je **les** invite souvent.

The direct object pronouns which correspond to the subject pronouns **il, elle, ils, elles** are:

le ↓ l' (+ vowel sound)	*him, it*		
la ↓ l' (+ vowel sound)	*her, it*	**les**	*them*

➡ The direct object pronouns **le, la, l', les** can refer to either people or things.

Tu regardes Nicole?   Oui, je **la** regarde.   *I'm looking at her.*

Tu regardes la télé?   Oui, je **la** regarde.   *I'm watching it.*

➡ The pronouns **le, la, l'**, and **les** come before the verb. In negative sentences they come between **ne** and the verb.

Tu connais Marc?   Non, je **ne le** connais pas.

Vous regardez la télé?   Nous **ne la** regardons pas.   Nous **ne la** regardons jamais.

Direct objects are used with many of the verbs you have learned, such as:

acheter	Est-ce que tu **achètes** ces lunettes?	Non, je ne **les achète** pas.
aider	**Aides**-tu tes parents?	Bien sûr, je **les aide**.
aimer	**Aimes**-tu cette comédie?	Oui, je **l'aime** beaucoup.
attendre	Est-ce que Paul **attend** Marie?	Oui, il **l'attend**.
avoir	Est-ce que tu **as** mes disques?	Non, je ne **les ai** pas.
chercher	**Cherchez**-vous votre argent?	Oui, je **le cherche**.
connaître	**Connaissez**-vous mes cousines?	Non, je ne **les connais** pas.
écouter	Tu **écoutes** ce disque?	Oui, je **l'écoute**.
inviter	Est-ce que Marc **invite** Hélène?	Bien sûr, il **l'invite**.
mettre	Où **mets**-tu la voiture?	Je **la mets** dans le garage.
prendre	Vous **prenez** votre guitare?	Mais non, je ne **la prends** pas.
regarder	Quand **regardez**-vous la télé?	Nous **la regardons** à huit heures.
trouver	Comment **trouves**-tu Charles?	Je **le trouve** intelligent.
vendre	Henri **vend** ses cassettes?	Oui, il **les vend**.
voir	Quand **vois**-tu Pierre?	Je **le vois** samedi.

→ **Chercher, écouter,** and **regarder** are three verbs which take direct objects in French. Compare the French and English constructions.

chercher

Henri **cherche**	...	sa montre.
Henri looks	*for*	*his watch.*

Il la **cherche.**
He looks for it.

écouter

Jean-Paul **écoute**	...	ses amis.
Jean-Paul listens	*to*	*his friends.*

Il les **écoute.**
He listens to them.

regarder

Il **regarde**	...	Nicole.
He looks	*at*	*Nicole.*

Il la **regarde.**
He looks at her.

ACTIVITÉ 3   À la boum

Hélène connaît tous les invités (*guests*), mais Pierre ne les connaît pas.
Jouez les rôles d'Hélène et de Pierre. Utilisez le pronom complément qui
convient.

→ ces garçons français?   Hélène: **Moi, je les connais.**
Pierre: **Moi, je ne les connais pas.**

1. Paul?
2. Jacqueline?
3. Annie et Thérèse?
4. Marc et Philippe?
5. la fille là-bas?

6. cette étudiante?
7. Antoine?
8. les cousins d'Antoine?
9. la petite amie de Jacques?
10. ses frères?

ACTIVITÉ 4   Un choix difficile *(A difficult choice)*

Imaginez que vous allez passer le mois de juillet en France. Vous êtes
limité(e) à 20 kilos de bagages. Dites si oui ou non vous allez prendre les
choses suivantes. Utilisez le pronom complément qui convient.

→ la raquette de tennis   **Je la prends. (Je ne la prends pas.)**

1. les disques compacts
2. le livre de français
3. la guitare
4. le walkman
5. le téléviseur

6. mon maillot de bain
7. ma bicyclette
8. mes chemises
9. mes chaussures de tennis
10. mes chaussures de ski

ACTIVITÉ 5   La télé et la radio

Pierre regarde les programmes suivants à la télé. Nicole les écoute à la radio. Jouez les deux rôles d'après le modèle.

→ le match de football   Pierre: **Je le regarde à la télé.**
                          Nicole: **Moi, je l'écoute à la radio.**

1. les matchs de tennis
2. le concert
3. la pièce de théâtre
4. le programme de musique

5. Mike Wallace
6. Barbara Walters
7. mes acteurs préférés (*favorite*)
8. mes actrices préférées

ACTIVITÉ 6   Zut alors!

Les personnes suivantes cherchent certains objets, mais elles ne les trouvent pas. Exprimez cela d'après le modèle.

→ Paul (sa guitare)   **Paul cherche sa guitare. Il ne la trouve pas.**

1. Sylvie (ses disques)
2. Henri (son vélo)
3. Jacques (Catherine)
4. Catherine (Antoine)
5. mes amis (leurs livres)
6. Robert (ses cousines)

ACTIVITÉ 7   Opinions personnelles

Exprimez votre opinion personnelle au sujet des personnes suivantes. Pour cela, utilisez le pronom complément qui convient et l'adjectif entre parenthèses dans des phrases affirmatives ou négatives.

→ Jane Pauley (géniale?)   **Oui, je la trouve géniale.**
                            (Non, je ne la trouve pas géniale.)

1. Woody Allen (amusant?)
2. Charlie Brown (mignon?)
3. Miss Piggy (snob?)
4. mes professeurs (extraordinaires?)
5. mes parents (remarquables?)
6. le président (génial?)
7. les Français (snobs?)
8. les gens (*people*) snobs (ridicules?)
9. Dracula (remarquable?)
10. Frankenstein (mignon?)
11. les filles dans cette école (mignonnes?)
12. mes amis (idiots?)

ACTIVITÉ 8 Questions personnelles

Répondez aux questions suivantes. Dans vos réponses, utilisez un pronom complément.

1. Est-ce que vous aimez le théâtre? la danse? les sports? le français? les sciences? les maths? la musique classique? le reggae?
2. Est-ce que vous regardez souvent la télé? les filles? les garçons? vos photos?
3. À la télé, regardez-vous les films policiers? les comédies? les films de science-fiction? les programmes de sport?
4. Est-ce que vous écoutez la radio? vos amis? vos amies? vos professeurs? vos parents? le professeur de français? vos disques préférés (*favorite*)?
5. Aimez-vous le Coca-Cola? le lait? le café? l'eau minérale? le thé?
6. Invitez-vous souvent votre meilleur ami? votre meilleure amie? vos cousins?
7. Admirez-vous le président des États-Unis? Abraham Lincoln? Martin Luther King, Jr.? la princesse Diana? les journalistes? les médecins?
8. Aidez-vous votre père? votre mère? vos amis?
9. Voyez-vous souvent vos cousins? vos grands-parents? vos voisins (*neighbors*)?

UN JEU

Nos relations avec les autres (*other*) personnes dépendent souvent de l'opinion que nous avons de ces personnes. Exprimez cela dans des phrases logiques, affirmatives ou négatives. Utilisez les éléments des colonnes A, B, C, D et E. Combien de phrases pouvez-vous (*can you*) faire en 10 minutes?

A	B	C	D	E
je	aider	Paul	trouver	idiot
Hélène	écouter	Suzanne		étrange
Patrick	regarder	ces filles		mignon
nous	inviter	ces garçons		remarquable
mes cousins				snob
				intelligent

→ **Patrick écoute Suzanne parce qu'il la trouve remarquable.**

→ **Nous n'invitons pas ces garçons parce que nous les trouvons snobs.**

Prononciation

Le son /ɲ/

Mot clé: mignon

Répétez les mots: agneau, campagne, Allemagne, Espagne

Répétez les phrases: La campagne en Allemagne est magnifique.

La petite Agnès est mignonne.

The sound /ɲ/ is pronounced somewhat like the *ny* in the English word *canyon*.

Note: The letters **gn** usually represent the sound /ɲ/.

Pour communiquer

Expression pour la conversation

je parie que ... *I bet that ...* Vous n'avez pas l'air content (*happy*).
Je parie que vous avez perdu votre match de tennis!

Mini-dialogue

Marc est *franc*, mais il n'est pas toujours très *diplomate*! *frank; diplomatic*

JANINE: Dis Marc, est-ce que tu connais Nicole?
MARC: Bien sûr, je la connais très bien. Je la trouve très sympathique.
JANINE: Et son frère Édouard? Je parie que tu le trouves sympathique aussi!
MARC: Non! Je le trouve idiot et snob.
JANINE: Merci! C'est mon petit ami!

L'art du dialogue

a) Jouez le dialogue entre Janine et Marc.
b) Maintenant imaginez que les rôles sont renversés (*reversed*). **Marc** demande à **Janine** son opinion, d'abord (*first*) sur **Édouard**, et ensuite sur **Nicole**. Faites les changements nécessaires. Jouez ce nouveau dialogue.

Leçon 3

Florence est amoureuse.

Olivier et Florence organisent un pique-nique. Qui vont-ils inviter?

OLIVIER: Dis! Il fait très beau aujourd'hui. Allons à la campagne et faisons un pique-nique.

FLORENCE: Excellente idée. Invitons des copains!

OLIVIER: Qui?

FLORENCE: Nicole . . .

OLIVIER: D'accord. Invite-la!

FLORENCE: François et Bernard?

OLIVIER: Invite-les aussi!

FLORENCE: Invitons aussi Charles!

OLIVIER: Lui! Pas question! Il est trop gourmand!

FLORENCE: C'est vrai, mais il a une guitare, *et puis* il est amusant, et puis c'est un bon copain, et puis . . .

and (moreover)

OLIVIER: Et puis tu es amoureuse de lui, n'est-ce pas?

FLORENCE: Euh . . .

OLIVIER: Bon, bon, je comprends. Invite-le!

FLORENCE: Tiens, *le voilà*.

OLIVIER: Dis, Florence, pourquoi est-ce que tu rougis?

here he comes

Imagine that a friend is organizing a party and is asking you if he should invite the following people. Say *yes*.

1. J'invite ta sœur?
   Oui, invite-**la**!
2. J'invite ton meilleur ami?
3. J'invite ta meilleure amie?
4. J'invite le professeur?
5. J'invite les élèves?

OBSERVATIONS

When you tell your friend he should invite the above people, you are using the *imperative*. Note the position of the *object pronoun* in the answer to the first question.

• Does this pronoun come *before* or *after* the verb? What connects it to the verb?

NOTE CULTURELLE

Vive l'amour!

Un journal français a organisé un sondage° sur la vie° sentimentale des jeunes Français et des jeunes Françaises âgés de 15 à 20 ans. Voici les questions . . . et les réponses.°

Question 1: Êtes-vous actuellement° amoureux (amoureuse)?
     oui: 40%   non: 60%

Question 2: Si vous êtes amoureux (amoureuse), est-ce que c'est la première fois?°
     oui: 36%   non: 64%

Question 3: Est-ce que vos parents connaissent votre vie sentimentale?
     oui: 67%   non: 28%   je ne sais pas: 5%

sondage *opinion poll*   **vie** *life*   **réponses** *answers*
actuellement *right now*   **fois** *time*

VOCABULAIRE

NOMS:	**un copain** **un pique-nique**	*friend, pal* *picnic*	**une copine** *friend, pal*
ADJECTIFS:	**amoureux** (**amoureuse**) **gourmand**	*in love* *who likes food*	Est-ce que Florence est **amoureuse** de Charles? Pierre aime la bonne cuisine. Il est très **gourmand**.
VERBES:	**organiser** **rougir**	*to organize* *to blush, turn red*	Qui va **organiser** le pique-nique? Est-ce que vous **rougissez** quand vous êtes furieux *(furious)*?

Structure

A. La construction: pronom + *voici, voilà*

Note the position of the object pronouns with **voici** and **voilà**.

Où est ton magnétophone?	**Le** voilà.	*There it is.*
Où est Florence?	**La** voici.	*Here she is.*
Où sont mes photos?	**Les** voilà.	*There they are.*
Où êtes-vous?	**Nous** voici.	*Here we are.*

Direct object pronouns come *before* **voici** and **voilà**.

ACTIVITÉ 1 L'album de photos

Imaginez que vous regardez votre album de photos avec un ami français. Il vous demande de lui montrer *(to show him)* certaines personnes ou certaines choses. Répondez à votre ami d'après le modèle.

→ Où est ta sœur?   **La voici!**

1. Où est ton père?
2. Où est ta meilleure amie?
3. Où sont tes cousins?
4. Où sont tes cousines?
5. Où est ton chien?
6. Où sont tes chats?
7. Où est ta maison?
8. Où est ta moto?

B. La place des pronoms à l'impératif

Note the position of the object pronoun when the verb is in the imperative.

	AFFIRMATIVE COMMAND	NEGATIVE COMMAND
J'invite Pierre?	Oui, invite-**le**!	Non, ne l'invite pas!
Je prends la guitare?	Oui, prends-**la**!	Non, ne **la** prends pas!
J'achète les disques?	Oui, achète-**les**!	Non, ne **les** achète pas!

In *affirmative* commands the object pronoun comes *after* the verb and is joined to it by a hyphen.

In *negative* commands the object pronoun comes *before* the verb.

→ When placed after the verb, **me** becomes **moi**:

Invite-**moi** ce soir!	*but:* Ne **m'**invite pas demain!
Téléphonez-**moi** demain!	*but:* Ne **me** téléphonez pas aujourd'hui!

ACTIVITÉ 2 Le pique-nique

Olivier demande à Florence s'il doit *(should)* prendre certaines choses pour le pique-nique. Florence répond affirmativement. Jouez les rôles d'Olivier et de Florence d'après le modèle.

→ ma guitare   Olivier: **Est-ce que je prends ma guitare?**
                  Florence: **Oui, prends-la.**

1. le coca
2. les sandwichs
3. la salade
4. le gâteau
5. mes lunettes de soleil
6. mon appareil-photo
7. ton sac
8. les maillots de bain

ACTIVITÉ 3 Invitations

Imaginez qu'avec un ami vous préparez une liste de personnes à inviter à
un pique-nique. Vous êtes limité(e) à 4 des personnes suivantes. Faites
vos suggestions d'après le modèle.

→ Paul est assez sympathique.   **Invitons-le! (Ne l'invitons pas!)**

1. Sylvie est très sympathique.
2. Mes cousins ont une voiture.
3. Jacques est gourmand.
4. Robert a une guitare.

5. Mes cousines sont mignonnes.
6. Henri est snob.
7. Philippe n'est pas mon ami.
8. Albert est pénible.

ACTIVITÉ 4 S'il te plaît

Imaginez que vous passez l'hiver chez un ami français. Demandez à votre
ami de faire les choses suivantes pour vous.

→ présenter / au professeur   **S'il te plaît, présente-moi au professeur.**

1. présenter / à tes amis
2. prêter / ta bicyclette
3. prêter / 20 francs
4. aider / avec le problème de maths

5. donner / l'adresse d'un bon dentiste
6. attendre / après la classe
7. inviter / à la boum
8. donner / de l'aspirine

C. Le verbe *savoir*

Note the forms and uses of the irregular verb **savoir** *(to know).*

Infinitive		savoir	Qu'est-ce que vous désirez **savoir?**
Present	je	sais	Je **sais** où est Philippe.
	tu	sais	**Sais-**tu à quelle heure est le pique-nique?
	il/elle	sait	Jacques ne **sait** pas jouer du piano.
	nous	savons	Nous **savons** qu'elle est américaine.
	vous	savez	**Savez-**vous si Paul a une voiture?
	ils/elles	savent	Les élèves **savent** la leçon.
Passé composé	j'ai	su	Je n'ai pas **su** pourquoi vous êtes venus.

ACTIVITÉ 5 Où habite Robert?

Certaines personnes savent où habite Robert. Les autres *(others)*
ne savent pas. Exprimez cela en utilisant le verbe **savoir.**

→ le professeur (non)   **Le professeur ne sait pas.**

1. nous (oui)
2. vous (non)
3. mes amis (oui)
4. Jacqueline (non)

5. Suzanne et Paul (oui)
6. moi (oui)
7. toi (non)
8. l'ami de Charles (non)

Si vous savez
regarder
vous savez
photographier.

D. *Savoir* ou *connaître?*

Although both **connaître** and **savoir** mean *to know,* their uses are very different.

→ **Connaître** means *to know* or *be acquainted with.* It is used with nouns or pronouns referring to *people* and *places.*

Tu **connais** Jacqueline?   Oui, je la **connais.**
Vous **connaissez** ce café?   Non, nous ne le **connaissons** pas.

→ **Savoir** means *to know information.* It is used in the following constructions:
savoir (alone)
Je **sais!** Tu ne **sais** pas?   *I know! You don't know?*
savoir que . . .
Je **sais que** tu es français.   *I know that you are French.*
savoir si . . .
Savez-vous si Paul a une moto?   *Do you know if Paul has a motorcycle?*
savoir + interrogative expression (**où, comment, pourquoi, quand** . . .)
Je ne **sais** pas **quand** tu viens.   *I don't know when you are coming.*
savoir + noun or pronoun referring to something one learns or information
Tu **sais** la leçon?   *Do you know the lesson?*
Tu **sais** la date du pique-nique?   *Do you know the date of the picnic?*

The construction **savoir** + infinitive means *to know how to* do something, *to be able to* do something.

Savez-vous parler espagnol?   *Can you (Do you **know how to**) speak Spanish?*

ACTIVITÉ 6   Dialogue

Demandez à vos camarades s'ils savent faire les choses suivantes.

→   nager   Élève 1: **Est-ce que tu sais nager?**
            Élève 2: **Oui, je sais nager. (Non, je ne sais pas nager.)**

1. skier
2. jouer au tennis
3. faire de la voile
4. chanter
5. piloter un avion
6. parler japonais
7. faire de la poterie
8. faire la cuisine
9. jouer du piano
10. jouer de la clarinette
11. prendre des photos
12. parler espagnol

ACTIVITÉ 7   Une fille bien informée

Dites que Florence connaît les personnes suivantes. Dites aussi ce qu'elle sait à leur sujet (*about them*).

→   Jacques / où il habite   **Elle connaît Jacques. Elle sait où il habite.**

1. Hélène / où elle habite
2. Monsieur Moreau / où il travaille
3. Paul / quand il joue au tennis
4. Annie / avec qui elle étudie
5. Robert / à quelle heure il vient
6. Suzanne / pourquoi elle est malade
7. Thérèse / pourquoi elle ne prête pas son vélo
8. mes cousins / quand ils vont à Paris
9. cette fille / avec qui elle sort
10. ce garçon / quand il part au Canada

Prononciation

Révision: les sons /ø/ et /œ/

/ø/   y<u>eu</u>x, d<u>eu</u>x, chev<u>eu</u>x, bl<u>eu</u>, amour<u>eu</u>x, serv<u>eu</u>se, jou<u>eu</u>se
      Matthi<u>eu</u> est amour<u>eu</u>x de la serv<u>eu</u>se.
      Les d<u>eu</u>x filles sont très génér<u>eu</u>ses.
      Le vi<u>eu</u>x monsi<u>eu</u>r a les chev<u>eu</u>x blancs.

/œ/   l<u>eu</u>r, c<u>œu</u>r, <u>œ</u>il, doct<u>eu</u>r, h<u>eu</u>re, jou<u>eu</u>r, s<u>œu</u>r, profess<u>eu</u>r
      Le profess<u>eu</u>r Lesi<u>eu</u>r parle avec l'ingéni<u>eu</u>r.
      J'ai mal au c<u>œu</u>r, Doct<u>eu</u>r.
      L<u>eu</u>r s<u>œu</u>r vient à n<u>eu</u>f h<u>eu</u>res.

Pour communiquer

Expression pour la conversation

To indicate that you are changing your mind, you may say:

dans ce cas...   *in that case...*   —Oh là là! Il fait mauvais aujourd'hui!
                                    —Bon... **Dans ce cas**, je ne vais pas au pique-nique!

Mini-dialogue

Hélène a beaucoup d'admiration pour son cousin Jean-Philippe.
Personne ne sait pourquoi!

No one

HÉLÈNE: Tu connais Jean-Philippe?

MARTINE: Non, je ne le connais pas. Qui est-ce?

HÉLÈNE: C'est mon cousin. C'est un garçon vraiment génial!

MARTINE: Bon... Alors, invitons-le à la piscine samedi!

HÉLÈNE: Euh... il ne sait pas nager.

MARTINE: Ah bon. Alors, invitons-le à jouer au tennis avec nous dimanche prochain!

HÉLÈNE: Euh... il ne sait pas jouer au tennis.

MARTINE: Dans ce cas, invitons-le à la boum?

HÉLÈNE: Euh...il ne sait pas danser.

MARTINE: Dis, Hélène. Qu'est-ce qu'il sait faire, ton cousin génial?

HÉLÈNE: Euh...je ne sais pas!

L'art du dialogue

a) Jouez le dialogue entre Hélène et Martine.
b) Maintenant Hélène parle de deux garçons: **Jean-Philippe et Vincent.** Composez le nouveau dialogue. (Note: C'est un garçon vraiment génial → **Ce sont des garçons vraiment géniaux.**) Jouez ce nouveau dialogue.

Leçon 4

Un système efficace?

Qu'est-ce qui compte dans la *vie*? La famille, les amis, les *études* . . . et aussi l'argent! Parents et enfants discutent souvent de ce problème important.

What counts; life; studies

Scène 1. Monsieur Moreau, Madame Vernier

M. MOREAU: Combien d'argent de poche donnez-vous à votre fille Isabelle?

MME VERNIER: Je lui donne cinquante francs par semaine. Et vous, combien d'argent donnez-vous à votre fils Georges?

M. MOREAU: Ça dépend! La semaine dernière, il a bien travaillé en classe et je lui ai donné soixante francs.

MME VERNIER: Et quand il ne travaille pas?

M. MOREAU: Je *ne* lui donne *rien*.

MME VERNIER: C'est un système *efficace*?

M. MOREAU: Très efficace!

not . . . anything effective

Scène 2. Isabelle Vernier, Georges Moreau

ISABELLE: Tu as des parents généreux?

GEORGES: Non, ils sont très radins. Je ne leur demande jamais rien.

ISABELLE: Mais tu as toujours de l'argent.

GEORGES: J'ai des grands-parents très généreux! Quand je leur *rends visite*, ils me donnent quarante ou cinquante francs.

visit

ISABELLE: Tu leur rends souvent visite?

GEORGES: Tous les dimanches!

CONVERSATION

Are you generous? Do you lend the following things to your friends?

1. Est-ce que vous prêtez vos disques **à vos amis?**
   Oui, je prête (Non, je ne prête pas) mes disques **à mes amis.**
2. Est-ce que vous prêtez vos livres **à votre meilleur ami?**
3. Est-ce que vous prêtez vos magazines **à votre meilleure amie?**
4. Est-ce que vous prêtez vos notes de français **à vos camarades?**

OBSERVATIONS

Reread the first question carefully.
- What is the *subject*? the *verb*? the *direct object*?

In each question the noun in heavy type is the *indirect object* of the verb. Note that the indirect objects are introduced by **à.**

Indirect object pronouns replace indirect object nouns. Reread "**Un système efficace?**"

- Which pronoun replaces **à votre fille Isabelle? à votre fils Georges?**
- Which pronoun does Georges use instead of saying **à mes parents? à mes grands-parents?**

NOTE CULTURELLE

L'argent de poche

Demandez-vous° de l'argent à vos parents? Les jeunes Français n'ont pas le choix.° Les parents sont la source principale, et souvent unique,° d'argent. Combien d'argent donnent-ils à leurs enfants? Ça dépend! À quatorze ans, un garçon dispose de° 200 francs par mois. À seize ans, il dispose de 500 francs. Les filles sont moins favorisées:° elles disposent de 400 francs. Quand les parents donnent de l'argent à leurs enfants, ils posent° souvent des conditions. Ils leur demandent, par exemple,° de dépenser «utilement»° cet argent. Les livres, les disques de musique classique sont des dépenses «utiles».

Les jeunes ont d'autres° idées. Ils préfèrent aller au cinéma ou au café avec leurs amis, acheter des disques de musique pop, des magazines de bandes dessinées,° des gadgets, etc. Pour les jeunes Français, l'argent des parents n'est donc° pas uniquement° une source de revenus.° C'est aussi une source de conflit!

Demandez-vous *Do you ask for* **choix** *choice* **unique** *only* **dispose de** *has . . . to spend* **favorisées** *favored* **posent** *lay down* **par exemple** *for example* **utilement** *in a useful way* **d'autres** *other* **bandes dessinées** *comics* **donc** *therefore* **uniquement** *only* **revenus** *income*

VOCABULAIRE

NOMS:	**l'argent** (m.) **de poche**	*allowance, pocket money* **une dépense** *expense*
ADJECTIFS:	**radin ≠ généreux**	*stingy ≠ generous*
	(**généreuse**)	
VERBE:	**discuter**	*to discuss, talk about*
EXPRESSIONS:	**par (semaine, mois, . . .)**	*per (week, month, . . .)*
	tous les (toutes les)	*every*

Note: **Tous les** is always followed by a plural noun:

tous les mois *every month* **toutes les** semaines *every week*

Structure

A. Les expressions *quelqu'un, quelque chose* et leurs contraires

In each set of sentences compare the affirmative and negative constructions in heavy type.

Tu parles à **quelqu'un?**
Non, je **ne** parle à **personne.**

*Are you talking to **someone?***
*No, I'm not talking to **anyone.** (I'm talking to **nobody.**)*

Vous faites **quelque chose** maintenant?
Non, nous **ne** faisons **rien.**

*Are you doing **something** now?*
*No, we're **not** doing **anything.** (We're doing **nothing.**)*

To refer to unspecified people or things, French speakers use the following expressions:

quelqu'un	*someone, somebody, anyone*	**ne (n') . . . personne**	*nobody, not anybody (not anyone)*
quelque chose	*something, anything*	**ne (n') . . . rien**	*nothing, not anything*

→ Like all negative expressions, **personne** and **rien** require **ne** before the verb.

→ The words **personne** and **rien** may be used as subjects, objects of the verb, or after prepositions.

Personne n'est ici.   Rien n'est impossible.
Je n'invite personne.   Je ne fais rien.
Je ne parle à personne.   Je ne pense à rien.

→ If an adjective is used after the above expressions, the construction is:

quelqu'un (quelque chose, rien, personne) + de + adjective

quelqu'un d'intéressant   *someone interesting*
rien de spécial   *nothing special*

ACTIVITÉ 1   Sylvie est malade.

Sylvie est malade. Elle ne fait pas ce que Paul fait aujourd'hui. Exprimez cela d'après le modèle.

→ Paul dîne avec quelqu'un.   **Sylvie ne dîne avec personne.**

1. Il invite quelqu'un.
2. Il téléphone à quelqu'un.
3. Il parle à quelqu'un d'intéressant.
4. Il fait quelque chose.
5. Il mange quelque chose de bon.
6. Il fait quelque chose d'amusant.

ACTIVITÉ 2   Questions personnelles

Répondez aux questions suivantes affirmativement ou négativement.

→ Connaissez-vous quelqu'un de très intelligent?

Oui, je connais quelqu'un de très intelligent.
(Non, je ne connais personne de très intelligent.)

1. Invitez-vous quelqu'un ce week-end?
2. Faites-vous quelque chose de spécial?
3. Téléphonez-vous à quelqu'un ce soir?
4. Allez-vous au cinéma avec quelqu'un?
5. Étudiez-vous quelque chose d'intéressant en classe?
6. Regardez-vous quelque chose d'amusant à la télé?

B. Les pronoms *lui, leur*

Indirect object pronouns replace nouns which are introduced by **à**.
Note the forms and position of these pronouns in the answers to the
questions below.

Tu téléphones **à Jacques?**	Oui, je **lui** téléphone.
Tu parles **à Catherine?**	Non, je ne **lui** parle pas.
Tu téléphones **à tes amis?**	Oui, je **leur** téléphone.
Tu prêtes ton vélo **à tes cousines?**	Non, je ne **leur** prête pas mon vélo.

The indirect object pronouns corresponding to **il, elle, ils,** and **elles** are:

lui	*to him, to her*	**leur**	*to them*

→ Like the other object pronouns, **lui** and **leur** come *before* the verb,
except in affirmative commands.

Voici Henri. Parle-**lui**! Prête-**lui** ton vélo!

→ In negative sentences **lui** and **leur** come between **ne** and the verb.

Je **lui** parle. Je **ne lui** parle pas de mes problèmes.

Indirect objects are used with several of the verbs you have studied:

donner	Qu'est-ce que tu donnes **à ton frère?**	Je **lui** donne un disque.
obéir	Tu obéis **à tes parents?**	Non, je ne **leur** obéis pas toujours.
parler	Tu parles français **à tes parents?**	Non, je ne **leur** parle pas français.
prêter	Tu prêtes ta moto **à tes amis?**	Non, je ne **leur** prête pas ma moto.
promettre	Tu promets **à ton professeur** d'étudier?	Oui, je **lui** promets d'étudier.
téléphoner	Vous téléphonez **à André?**	Oui, je **lui** téléphone souvent.
vendre	Tu vends ta radio **à tes cousins?**	Non, je ne **leur** vends pas ma radio.

Note that some of the above sentences have both a *direct* and an *indirect* object:

donner, prêter, vendre **quelque chose** (*direct object*) **à quelqu'un** (*indirect object*)

ACTIVITÉ 3 Expression personnelle

Dites si oui ou non vous téléphonez aux personnes suivantes. Utilisez un pronom complément d'objet indirect.

→ à votre professeur de français? **Je lui téléphone (souvent).**
(Je ne lui téléphone jamais.)

1. à votre meilleur ami?
2. à votre meilleure amie?
3. à vos grands-parents?
4. au docteur?

5. au directeur (à la directrice) de votre école?
6. au président des États-Unis?
7. à vos cousins?
8. à vos cousines?

ACTIVITÉ 4 Cadeaux *(Gifts)*

Pierre a acheté des cadeaux de Noël. Christine lui demande quel cadeau il va donner aux personnes suivantes. Pierre lui répond. Jouez les rôles de Christine et de Pierre d'après le modèle.

→ à ton frère / des disques   Christine: **Qu'est-ce que tu donnes à ton frère?**
Pierre: **Je lui donne des disques.**

1. à Charles / un livre
2. à Annie / ma photo
3. à ta mère / un pull
4. à ton père / une cravate
5. à tes cousins / un poisson rouge

6. à tes amies / des chocolats
7. à tes amis américains / un tee-shirt
8. à tes admiratrices *(female admirers)* / mon autographe

VOCABULAIRE PRATIQUE   Verbes qui prennent un complément indirect

demander (à)	to ask, ask for	Tu demandes de l'argent à Paul?	Non, je ne **lui demande** rien.
montrer (à)	to show	Qu'est-ce que tu **montres** à Anne?	Je **lui montre** ma photo.
rendre visite (à)	to visit	Tu **rends visite** à tes amis?	Oui, je **leur rends visite.**
répondre (à)	to answer	Tu **réponds** à Georges?	Oui, je **lui réponds.**

Notes: 1. **Répondre** and **rendre** are regular -re verbs.

   2. **Visiter** is used with places, and **rendre visite (à)** with people.
      Je **visite** le musée.   Nous **rendons visite à** notre tante.

   3. **Demander** means *to ask* or *to ask for*; it does not mean "to demand." Note the construction with **demander:**

Je demande	à	Paul	...	sa bicyclette.
I ask	...	*Paul*	*for*	*his bicycle.*

ACTIVITÉ 5 Visites

Jacques va passer les vacances au Canada. Avant son départ (*departure*), il n'a pas assez de temps pour rendre visite à tous ses amis. Il décide de rendre visite aux filles seulement (*only*). Dites si oui ou non il rend visite aux personnes suivantes. Utilisez un pronom complément d'objet indirect.

→ Paul   **Il ne lui rend pas visite.**

1. Annie
2. Hélène et Catherine
3. son cousin
4. Henri

5. Albert et François
6. ses cousines
7. son amie américaine
8. le frère de Jacqueline

ACTIVITÉ 6 Questions personnelles

Dans vos réponses, utilisez les pronoms **lui** ou **leur**.

1. Le week-end, rendez-vous visite à vos cousins? à votre meilleur ami? à vos grands-parents?
2. Prêtez-vous vos disques à vos amis? à votre meilleure amie? à votre frère? à votre sœur?
3. Demandez-vous de l'argent à votre père? à votre mère?
4. Demandez-vous des conseils (*advice*) à vos parents? à vos amis? à votre professeur?
5. Quand vous avez un problème, parlez-vous à votre père? à votre mère? à vos amis? à vos professeurs?
6. Montrez-vous vos photos à vos amis? à vos cousins? à votre frère? à votre sœur?
7. Répondez-vous en français au professeur?
8. Obéissez-vous à vos parents? à vos professeurs? à votre conscience?

C. La place des pronoms compléments au passé composé

Note the position of the object pronouns in the answers to the following questions.

As-tu parlé **à Jacques**?	Oui, je **lui** ai parlé.
As-tu téléphoné **à Thérèse**?	Non, je ne **lui** ai pas téléphoné.
As-tu parlé **à tes professeurs**?	Oui, je **leur** ai parlé.
As-tu téléphoné **à tes amies**?	Non, je ne **leur** ai pas téléphoné.
As-tu invité **Jacques**?	Oui, je **l'**ai invité.
As-tu pris **mes disques**?	Non, je ne **les** ai pas pris.

→ In the **passé composé**, as in the present tense, the object pronouns come *before* the verb. The word order is:

subject (+ **ne**) + object pronoun + present of **avoir** (+ **pas**) + past participle

ACTIVITÉ 7 Le Jour de l'An (New Year's Day)

En France, le Jour de l'An est un jour où on rend visite à ses amis et à sa famille. C'est aussi le jour des cadeaux (gifts) et des bonnes résolutions. Dites ce que Jean-Marc a fait le Jour de l'An. Pour cela, utilisez le **passé composé** des verbes suggérés (suggested) et remplacez les noms entre parenthèses par les pronoms **lui** ou **leur**.

→ (à Florence) téléphoner   **Il lui a téléphoné.**

1. (à sa cousine Annie) téléphoner
2. (à ses grands-parents) téléphoner
3. (à sa mère) donner des chocolats
4. (à son père) donner une cravate
5. (à son chien) donner un os (bone)
6. (à Paul et Antoine) prêter sa mobylette
7. (à ses parents) promettre d'obéir
8. (à son professeur d'anglais) promettre d'étudier
9. (à sa petite amie) promettre d'être patient
10. (à son oncle) rendre visite

ACTIVITÉ 8 Chez Madame Saint Florent

Madame Saint Florent est la directrice d'une compagnie d'exportation (export company). Elle demande à son secrétaire s'il a fait certaines choses. Il répond affirmativement ou négativement et utilise les pronoms **lui** ou **leur**. Jouez les rôles de Madame Saint Florent et de son secrétaire d'après le modèle.

→ téléphoner à Monsieur Carabin (non)

Madame Saint Florent: **Avez-vous téléphoné à Monsieur Carabin?**

Le secrétaire: **Non, je ne lui ai pas téléphoné.**

1. téléphoner à Mademoiselle Flanel (oui)
2. parler aux clients américains (non)
3. parler à la cliente italienne (oui)
4. répondre à Monsieur Rabane (oui)
5. répondre à nos clients belges (non)
6. rendre visite à Mademoiselle Neuville (non)

```
CARABELLI-ROZIER Jenny
  27 r Boulainvilliers 16ᵉ - - - - - -(1)45 27 39 79
CARABEN Jean-Claude
  12 r Chaussée d'Antin 9ᵉ - - - - -(1)48 24 89 04
CARABET Guillaume
  1 av Mar Lyautey 16ᵉ - - - - - - -(1)45 27 38 95
CARABEUF Violette
  16 r Lalande 14ᵉ - - - - - - - -(1)43 22 35 54
CARABEUFS Yves
  36 av Suffren 15ᵉ - - - - - - - -(1)45 66 96 64
CARABIN (Le) 6 r Dupuytren 6ᵉ - -(1)43 54 39 74
CARABIN Alice 285 r Vaugirard 15ᵉ (1)42 50 43 66
  » André 168 r Grenelle 7ᵉ - - - -(1)47 05 80 65
  » Christian 74 r Cévennes 15ᵉ - -(1)45 57 50 69
  » Christiane
    24 r Mademoiselle 15ᵉ - - - -(1)48 28 27 43
  » Henri médecin
    25 r Étienne Dolet 20ᵉ - - - - -(1)46 36 70 53
  » Henry masseur kinési
    25 r Fêtes 19ᵉ - - - - - - - -(1)42 03 08 00
  » Jules 12 r Mounet Sully 20ᵉ - - -(1)43 72 19 44
```

ACTIVITÉ 9 Avant le départ (Before leaving)

Pierre va partir en vacances. Avant son départ, Jacques lui demande s'il a fait certaines choses. Pierre lui répond affirmativement ou négativement en utilisant les pronoms compléments **l'** ou **les**. Jouez le rôle de Pierre.

→ Tu as invité Robert? (oui)   **Oui, je l'ai invité.**

Tu as invité Paul? (non)   **Non, je ne l'ai pas invité.**

1. Tu as vu Thomas? (oui)
2. Tu as vu Antoine? (non)
3. Tu as acheté ce sac? (oui)
4. Tu as vendu ton vélo? (non)
5. Tu as pris tes disques? (oui)
6. Tu as pris tes livres? (non)
7. Tu as mis ton argent à la banque (bank)? (oui)
8. Tu as mis tes livres dans ta chambre? (non)

Prononciation

Le son /ɥ/

Mot clé: l**u**i

Répétez les mots: h**u**it, c**u**isine, s**u**is, j**u**in, j**u**illet, n**u**it, S**u**isse

Répétez les phrases: Le h**u**it j**u**illet je s**u**is en S**u**isse.

The sound /ɥ/ is similar to the sound /y/, but it is pronounced very rapidly.
The sound /ɥ/ is always followed by a vowel.
Contrastez: s**u**—s**u**is; e**u**—h**u**it; min**u**te—min**u**it

Comment écrire /ɥ/: **u** (+vowel)

Pour communiquer ►

Expression pour la conversation

Ça ne fait rien. *It doesn't matter.*

—Tu viens au cinéma avec moi?
—Je n'ai pas d'argent!
—**Ça ne fait rien!** Je t'invite!

Mini-dialogue

Qu'est-ce que Brigitte et Pierre vont acheter *à* leur père pour son *anniversaire?*   for; birthday

BRIGITTE: Demain c'est l'anniversaire de Papa!
PIERRE: Tu as quelque chose pour lui?
BRIGITTE: Non, je n'ai rien!
PIERRE: *Moi non plus . . .*   Neither do I
BRIGITTE: Qu'est-ce qu'on lui achète?
PIERRE: Achetons-lui quelque chose d'original.
BRIGITTE: Une cravate?
PIERRE: Ce n'est pas très original!
BRIGITTE: Achetons-lui un pull!
PIERRE: Mais nous lui avons acheté un pull l'année dernière.
BRIGITTE: Alors, achetons-lui une *boîte* de chocolats!   box
PIERRE: Mais tu sais bien que Papa est au régime . . .
BRIGITTE: Ça ne fait rien.
PIERRE: Pourquoi est-ce que ça ne fait rien?
BRIGITTE: Parce que moi, je ne suis pas au régime . . . et *toi non plus!*   neither are you

L'art du dialogue

a) Jouez le dialogue entre Brigitte et Pierre.
b) Maintenant imaginez que c'est l'anniversaire de la mère de Brigitte et de Pierre.
Composez le nouveau dialogue. Remplacez Papa par **Maman**, et une cravate par **de l'eau de toilette**. Faites les changements nécessaires. Jouez le nouveau dialogue.

Leçon 5

Êtes-vous sociable?

La sociabilité est l'art des bonnes relations avec les gens. Avez-vous des bonnes relations avec les autres personnes? Voici un petit test très simple. Étudiez les huit situations et choisissez l'option A ou B *qui* correspond à votre attitude personnelle.

which

1. Il y a un nouvel élève dans votre classe.
   A. Vous le présentez à vos amis et vous l'invitez chez vous.
   B. Vous lui parlez . . . le jour où il vous invite chez lui.

2. Votre petit frère ne comprend pas le problème de maths.
   A. Vous l'aidez.
   B. Vous lui *dites* que vous aussi vous ne comprenez pas les maths . . . et vous ne l'aidez pas.

   tell

3. Votre meilleure amie a un problème avec sa famille.
   A. Vous lui donnez des conseils utiles.
   B. Vous lui dites que ce n'est pas votre problème.

4. Vous avez rendez-vous avec un camarade. Ce camarade arrive *avec vingt minutes de retard*.
   A. Vous ne lui *dites* rien.
   B. Vous ne lui dites rien, mais vous êtes de très mauvaise humeur pour le reste de la journée.

   20 minutes late

   say

5. Un ami prend votre disque favori . . . et le casse par accident.
   A. Vous lui dites que ce n'est pas *grave*.
   B. Vous lui demandez d'acheter un autre disque.

   serious

6. Vous êtes dans le bus. Une personne âgée monte dans le bus. Il n'y a pas de place pour elle.
   A. Vous lui donnez votre place.
   B. Vous la *regardez fixement*, mais vous ne lui donnez pas votre place.

   stare at

7. Votre oncle favori va célébrer son quarantième anniversaire.

    A. Vous lui *écrivez* une lettre de *félicitations.*   *write; congratulations*

    B. Vous ne lui écrivez pas.

8. Votre meilleur ami est malade.

    A. Vous lui téléphonez ou vous lui rendez visite.

    B. Vous lui demandez s'il est contagieux et vous ne lui rendez pas visite.

INTERPRÉTATION

Combien de *réponses* A avez-vous?   *answers*

de 6 à 8   Bravo! Vous êtes une personne généreuse et bien élevée.
             Vous avez certainement beaucoup d'amis.

de 3 à 5   Vous *avez* assez *bon caractère,* mais vous n'êtes pas toujours   *are good-natured*
             très sociable.

1 ou 2   La générosité n'est pas votre qualité principale. Faites un effort!

0   *Sans commentaire!*   *No comment!*

VOCABULAIRE

NOMS:	**un anniversaire**	*birthday*	**une journée**	*day, whole day*
	un conseil	*(piece of) advice*	**la place**	*room; seat*
	les gens (*m.*)	*people*		
ADJECTIFS:	**autre**	*other*	Où est l'**autre** magazine?	
	bien élevé	*well-behaved, polite*	Anne est une fille **bien élevée.**	
	favori (favorite)	*favorite*	Quelle est votre classe **favorite?**	
	utile ≠ inutile	*useful ≠ useless*	Le français est **utile,** n'est-ce pas?	
VERBES:	**casser**	*to break*	Qui **a cassé** le téléviseur?	
	descendre de	*to get off (out of)*	Nous **descendons du** train ici.	
	être de bonne humeur	*to be in a good mood*	Je **suis de bonne humeur** quand je sors avec mes amis.	
	être de mauvaise humeur	*to be in a bad mood*	Je **suis de mauvaise humeur** quand je n'ai rien à faire.	
	monter dans	*to get on (in)*	Est-ce que tu **montes dans** ma voiture?	

Note: **Autre** is used in the following cases:

un autre (une autre)	*another*	Voici **une autre** camarade.
l'autre	*the other one*	Je connais ce garçon, mais je ne connais pas l'**autre.**
les autres	*the others*	**Les autres** ne sont pas ici.

Let's talk about your friends again.

1. Est-ce que vous invitez souvent **vos amis** chez vous?
2. Est-ce que vous téléphonez souvent **à vos amis**?
3. Est-ce que vous **les** écoutez?
4. Est-ce que vous **leur** demandez des conseils?
5. Est-ce que vous **les** aidez avec leurs problèmes?
6. Est-ce que vous **leur** parlez de vos problèmes?

OBSERVATIONS

Reread the first two questions.

- Are the words in heavy type the *direct* or the *indirect* object in question 1?
  in question 2?

Reread questions 3 to 6. These questions contain object pronouns.

- Which pronouns are *direct* objects? Which are *indirect* objects?

NOTE CULTURELLE

La bonne éducation

En France, les parents insistent sur la «bonne éducation». Ils désirent que leurs enfants soient° «bien élevés». Qu'est-ce que c'est qu'un° enfant bien élevé? Est-ce que c'est un enfant qui est très intelligent et qui connaît beaucoup de choses? Pas nécessairement!° En France, la bonne éducation consiste à respecter ses° parents et ses professeurs, à être poli° avec les grandes personnes,° à être généreux avec ses amis. En un mot,° quelqu'un de bien élevé est quelqu'un qui pense aux autres.

Êtes-vous une personne bien élevée?

soient *be* **Qu'est-ce que c'est qu'un** *What is a* **nécessairement** *necessarily* **ses** *one's* **poli** *polite* **grandes personnes** *adults* **mot** *word*

Structure

A. Les verbes *dire*, *lire* et *écrire*

The verbs **dire** *(to say, tell)*, **lire** *(to read)*, and **écrire** *(to write)* are irregular. Here are the forms of these three verbs.

Infinitive	dire		lire		écrire	
Present	je	dis	je	lis	j'	écris
	tu	dis	tu	lis	tu	écris
	il/elle	dit	il/elle	lit	il/elle	écrit
	nous	disons	nous	lisons	nous	écrivons
	vous	dites	vous	lisez	vous	écrivez
	ils/elles	disent	ils/elles	lisent	ils/elles	écrivent
Passé composé	j'ai	dit	j'ai	lu	j'ai	écrit

Note: **Décrire** *(to describe)* is conjugated like **écrire**.

ACTIVITÉ 1 Le meeting

Les étudiants ont organisé un meeting d'information. À ce meeting, chacun dit quelque chose qui reflète *(reflects)* sa personnalité. Exprimez cela en utilisant le présent de **dire**.

→ Jeanne est brillante. **Elle dit quelque chose de brillant.**

1. Vous êtes intelligents.
2. Catherine est géniale.
3. Jacques et Henri sont idiots.
4. Nous sommes remarquables.
5. Je suis bête.
6. Tu es stupide.
7. Alain est amusant.
8. Paul est drôle.

VOCABULAIRE PRATIQUE   On lit, on écrit, on dit

on lit . . .

un journal *(pl.* journaux)	*paper, newspaper*	des bandes dessinées *(f.)*	*comics*
un magazine	*magazine*	une histoire	*story; history*
un roman	*novel*	une revue	*magazine*

on écrit . . .

un poème	*poem*	une carte	*card*
		une carte postale	*postcard*
		une lettre	*letter*

on dit . . .

un mensonge	*lie*	la vérité	*truth*

ACTIVITÉ 2   À la bibliothèque

Les étudiants suivants sont à la bibliothèque. Dites ce que chacun lit et ce que chacun écrit. Pour cela, utilisez le présent des verbes **lire** et **écrire**.

→ Jérôme (un magazine / une lettre)   **Jérôme lit un magazine.**
Après il écrit une lettre.

1. nous (un magazine de sport / des lettres)
2. Antoine (un livre d'histoire / des notes)
3. Françoise et Adèle (un article scientifique / un poème)
4. toi (une lettre / à Jacques)
5. vous (un livre de français / un mémo)
6. moi (une carte / une lettre à Sylvie)

ACTIVITÉ 3   Questions personnelles

1. Aimez-vous lire?
2. Est-ce que vous préférez lire ou regarder la télé?
3. Quels livres lisez-vous en classe d'anglais?
4. Lisez-vous des magazines? Quels magazines?
5. Quel journal est-ce que vos parents lisent?
6. Aimez-vous les romans? les romans historiques? les romans de science-fiction?
7. Quand vous lisez un journal, est-ce que vous lisez les bandes dessinées? l'horoscope? la page des sports?
8. Quelles sont vos bandes dessinées favorites?
9. Aimez-vous écrire? Écrivez-vous des poèmes? des histoires drôles?
10. Écrivez-vous souvent à vos cousins? à vos grands-parents?

11. Quand vous êtes en vacances, est-ce que vous écrivez des cartes postales à vos amis?
12. À Noël, est-ce que vous écrivez des cartes de Noël? Combien?
13. Le 14 février, est-ce que vous écrivez des cartes de Saint-Valentin?
14. Est-ce que vous dites toujours la vérité à vos amis? à vos parents? à vos professeurs?
15. Selon vous (*In your opinion*), est-ce que les journalistes disent la vérité?
16. Selon vous, est-ce que les personnalités politiques (*politicians*) disent souvent des mensonges?

ACTIVITÉ 4   Expression personnelle

Dites si vous avez fait récemment (*recently*) les choses suivantes.

→ lire un livre intéressant   **Oui, j'ai lu un livre intéressant.**
(Non, je n'ai pas lu de livre intéressant.)

1. lire votre horoscope
2. lire des bandes dessinées
3. lire un magazine français
4. écrire une carte postale

5. écrire à un ami
6. écrire un poème
7. dire un mensonge
8. dire une plaisanterie (*joke*)

B. La conjonction que

Note the use of **que** (*that*) in the following sentences:

Il dit **que** vous parlez bien français.
Paul écrit **qu'**il a des amis suisses.
Je pense **que** tu vas être en retard.
Lucie sait **que** tu es souvent en retard.
Nous trouvons **que** Marc nage bien.

He says (that) you speak French well.
Paul writes (that) he has Swiss friends.
I think (that) you are going to be late.
Lucie knows (that) you are often late.
We find (that) Marc swims well.

The conjunction **que** (**qu'**) is often used after verbs like **dire, écrire, penser, savoir,** and **trouver** to introduce a clause. In English, the equivalent word *that* is often left out.

ACTIVITÉ 5   Est-ce que les Américains sont sociables?

Est-ce que les Américains sont sympathiques? Des jeunes Français discutent de cette question. Exprimez l'opinion de chacun. Pour cela, utilisez l'expression **dire que.**

→ Robert / oui   **Robert dit que oui.**

1. Christine / non
2. Antoine et Charles / c'est vrai
3. moi / c'est vrai en général
4. toi / tu connais des Américains très sympathiques
5. nous / nous connaissons des Américains assez pénibles
6. vous / les Américains sont plus sociables que les Français

C. Récapitulation: les pronoms compléments

The direct and indirect object pronouns, together with their corresponding subject pronouns, are summarized in the chart below.

SUBJECT PRONOUNS	DIRECT OBJECT PRONOUNS	INDIRECT OBJECT PRONOUNS
je (j') tu il elle	me (m') te (t') le (l') la (l')	me (m') te (t') lui lui
nous vous ils elles	nous vous les les	nous vous leur leur

In affirmative commands, **me** becomes **moi.**

Téléphone-**moi** demain.

ACTIVITÉ 6   Une fille sociable

Stéphanie est une fille très sociable. Elle répond affirmativement aux questions d'Édouard. Jouez le rôle de Stéphanie, en utilisant le pronom complément d'objet direct ou indirect qui convient.

→ Tu invites tes amis américains?   **Bien sûr, je les invite.**

1. Tu téléphones à Jacques?
2. Tu parles à tes professeurs?
3. Tu écris à Jacqueline?
4. Tu écoutes tes parents?
5. Tu admires ta mère?
6. Tu comprends tes amis?
7. Tu rends visite à tes grands-parents?
8. Tu aimes tes cousins?
9. Tu aides ta sœur?
10. Tu connais Catherine?

ACTIVITÉ 7   Souvent?

Dites si oui ou non vous faites souvent les choses suivantes. Utilisez un pronom complément dans vos réponses.

→ acheter le journal?   **Je l'achète souvent.**
(Je ne l'achète pas souvent.)

1. lire le journal?
2. préparer les leçons?
3. regarder les programmes de sport?
4. parler au professeur?
5. parler français à vos camarades?
6. écrire à vos grands-parents?
7. lire les bandes dessinées?
8. dire la vérité?
9. aider votre mère?
10. aider vos frères?
11. perdre votre temps?
12. dépenser votre argent?

ACTIVITÉ 8 Avant les vacances

Avant de partir en vacances, Catherine a fait certaines choses pour ses amis. Exprimez cela en utilisant le passé composé des verbes suivants et le pronom complément d'objet indirect qui remplace l'expression entre parenthèses.

→ (à Pierre) donner son adresse   **Elle lui a donné son adresse.**

1. (à Suzanne) donner son numéro de téléphone
2. (à moi) donner ses magazines
3. (à Charles) vendre sa guitare
4. (à nous) vendre ses disques
5. (à ses grands-parents) écrire
6. (à vous) téléphoner
7. (à toi) dire au revoir
8. (à ses professeurs) dire au revoir aussi

ACTIVITÉ 9 Pierre et Suzanne

Pierre dit à Suzanne ce qu'il a fait le week-end dernier. Suzanne lui dit qu'elle a fait les mêmes *(same)* choses. Jouez le rôle de Suzanne, en utilisant le pronom complément d'objet direct ou indirect qui convient.

→ J'ai lu l'horoscope.   **Moi aussi, je l'ai lu.**

1. J'ai vu Jean-Paul.
2. J'ai acheté le journal.
3. J'ai téléphoné à Christine.
4. J'ai écrit à André.
5. J'ai mis mes disques.
6. J'ai parlé à mes amis.

Prononciation

Révision: les sons /ɔ/ et /o/

/ɔ/ b<u>o</u>nne, d<u>o</u>nne, b<u>o</u>tte, éc<u>o</u>le, r<u>o</u>man, <u>o</u>melette, s<u>o</u>rtir, p<u>o</u>che
   Nic<u>o</u>le a c<u>o</u>mmandé une b<u>o</u>nne <u>o</u>melette.
   Sim<u>o</u>ne, voilà deux d<u>o</u>llars c<u>o</u>mme argent de p<u>o</u>che.

/o/ b<u>eau</u>, <u>eau</u>, vél<u>o</u>, pian<u>o</u>, radi<u>o</u>, ch<u>o</u>se, nouv<u>eau</u>, idi<u>o</u>t
   Pierr<u>o</u>t a un nouv<u>eau</u> vél<u>o</u>.
   Le b<u>eau</u> Brun<u>o</u> joue du pian<u>o</u>.

Pour communiquer

Expression pour la conversation

Ça suffit! *That's enough!*

—Tu vas étudier après le dîner?
—Moi, non! J'ai étudié deux heures cet
après-midi . . . et **ça suffit!**

Mini-dialogue

Pourquoi est-ce que Paul et Alain ne sont pas de bons amis?

ALAIN: Tu connais Paul?

SUZANNE: Oui, je le connais bien.

ALAIN: Tu lui parles souvent?

SUZANNE: Je lui parle assez souvent.

ALAIN: Alors, si tu le vois, demande-lui pourquoi il ne
m'invite pas à sa boum samedi prochain.

SUZANNE: Tu *veux* savoir pourquoi Paul ne t'invite pas?   *want*
Écoute, Alain, c'est très simple. En classe, tu ne
lui parles pas. Tu ne l'aides jamais avec ses
devoirs. Tu ne le présentes pas à tes amis. Et   *homework*
quand il a besoin de quelque chose, tu ne lui
prêtes jamais rien. Alors . . .

ALAIN: Ça suffit, Suzanne! Je ne te demande pas ton *avis!*   *opinion*

L'art du dialogue

a) Jouez le dialogue entre Alain et Suzanne.

b) Maintenant imaginez qu'Alain veut *(wants)* savoir pourquoi **Hélène** ne l'invite pas.
Composez un nouveau dialogue. Remplacez Paul par **Hélène**. Faites les changements
nécessaires. Jouez le nouveau dialogue.

SECTION MAGAZINE 4

Le monde
des jeunes

Que dire?°

Imaginez que vous êtes en France.
Vous êtes dans les situations suivantes.°
Qu'est-ce que vous allez dire?

1. Quelqu'un téléphone. Vous
   répondez, mais vous ne comprenez
   pas très bien la personne qui parle.
   Vous dites:

   A. Zut!
   B. Pardon?
   C. Au revoir.

2. Vous êtes dans l'autobus. Vous
   marchez sur les pieds de quelqu'un.
   Vous dites:

   A. Après vous.
   B. Ce n'est pas moi.
   C. Excusez-moi.

3. Vous êtes à une boum. Quelqu'un
   vous offre une cigarette, mais vous
   ne fumez° pas. Vous dites:

   A. Avec plaisir.°
   B. S'il vous plaît.
   C. Non, merci.

4. Vous êtes à la plage. Un ami vous
   présente à une autre personne. Vous
   dites:

   A. Enchanté(e).°
   B. Désolé(e).°
   C. Merci.

5. Un ami vient de recevoir° une
   mauvaise note° à un examen. Vous
   dites:

   A. Imbécile!
   B. Dommage!
   C. Félicitations!°

RÉPONSES: 1-B, 2-C, 3-C, 4-A, 5-B

Que dire? *What do you say?* **suivantes** *following* **fumez** *smoke* **plaisir** *pleasure* **Enchanté(e)** *Delighted* **Désolé(e)** *Sorry* **vient de recevoir** *has just received* **note** *grade* **Félicitations!** *Congratulations!*

Soyez bon pour les PLANTES

Avez-vous une plante?
Les plantes ont beaucoup d'avantages.
    Elles décorent° votre chambre.
    Elles purifient l'air que vous respirez.°
    Elles demandent une attention minime.°
    Elles sont propres.°
Ce sont aussi des compagnons° idéaux.
    Les plantes vous respectent.
    Les plantes ne vous insultent pas.
    Les plantes ne vous parlent pas
    continuellement de leurs problèmes.

Alors, si vous avez une plante:
    Soyez° bon pour elle.
Voici quelques° conseils élémentaires:

• Donnez-lui de l'eau quand elle a soif.
• Parlez-lui souvent.
• Dites-lui bonjour et bonsoir chaque° jour.
• Dites-lui qu'elle est belle.
• De temps en temps,° dites-lui «je t'aime».
• De temps en temps, mettez-lui un disque.
  (Les plantes adorent la musique classique,
  mais détestent la musique disco!)
• Ne l'insultez pas.
• Ne la maltraitez° pas!
• Soyez toujours poli et attentif avec elle.

Si vous observez ces conseils simples, votre plante vous aimera° éternellement.

LA MARGUERITE

Vous, les filles, voulez-vous° savoir s'ils vous aiment?
Et vous, les garçons, êtes-vous sûrs qu'elles vous aiment?
Allez consulter la marguerite.

Voici une marguerite:

Il m'aime un peu . . .

beaucoup . . .

passionnément° . . .

à la folie° . . .

pas du tout!

Enlevez° les pétales un à un.
Commençons par le premier pétale.

Continuez jusqu'au dernier pétale.

---

décorent *decorate* **respirez** *breathe* **minime** *minimum* **propres** *clean* **compagnons** *companions*
Soyez *Be* **quelques** *some* **chaque** *every* **De temps en temps** *From time to time* **maltraitez** *mistreat*
aimera *will like* **voulez-vous** *do you want* **Enlevez** *Remove* **passionnément** *passionately*
à la folie *madly*

Jeanne d'Arc

Qu'est-ce qu'ils ont fait?

Voici des Français et des Françaises célèbres° . . .
Savez-vous pourquoi ils sont célèbres?

Faites correspondre° les personnes (colonne A) avec ce
qu'elles° ont fait (colonne B).

A

1. Jeanne d'Arc (1412–1431)
2. Bougainville (1729–1811)
3. L'Enfant (1754–1825)
4. La Fayette (1757–1834)
5. Napoléon (1769–1821)
6. Niepce (1765–1833)
   et Daguerre (1789–1851)
7. Pasteur (1822–1895)
8. Blondin (1824–1897)
9. Pierre (1859–1906) et
   Marie (1867–1934) Curie
10. Cousteau (1910–)

Pierre-Charles L'Enfant

Louis de Bougainville

Marquis de La Fayette

Napoléon Bonaparte

Jacques Cousteau

Pierre et Marie Curie

Charles Blondin

B

a. Ils ont inventé la photographie.
b. Il a aidé les patriotes américains pendant la guerre°
   d'Indépendance.
c. Ils ont découvert° le radium.
d. Il a été le premier homme à traverser° les chutes°
   du Niagara . . . sur une corde raide.°
e. Il a exploré les espaces sous-marins.°
f. Elle a libéré° la France de l'occupation anglaise.
g. Il a dessiné° les plans de Washington.
h. Il a visité Tahiti . . . et il a donné son nom à une
   fleur.°
i. Empereur des Français. Il a vendu la Louisiane
   aux États-Unis.
j. Il a inventé une méthode pour stériliser le lait.

célèbres famous   **Faites correspondre** Match   **ce qu'elles** what they
guerre war   **ont découvert** discovered   **traverser** to cross   **chutes** falls
corde raide tightrope   **espaces sous-marins** undersea world
a libéré liberated   **a dessiné** drew   **fleur** flower

Louis Pasteur

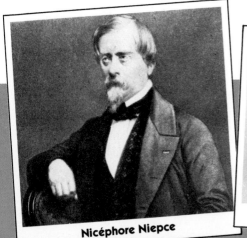
Nicéphore Niepce

Jacques Daguerre

RÉPONSES:
1-f, 2-h, 3-g, 4-b,
5-i, 6-a, 7-j, 8-d,
9-c, 10-e

353

Je rougis quand...

Est-ce que vous rougissez?
Tout le monde° rougit!
Nous avons demandé à six Français
pourquoi ils rougissaient.°

Voici leurs réponses:

Annie *(16 ans)*
Je rougis quand mes parents me posent
des questions indiscrètes.

Éric *(14 ans)*
Je rougis quand une fille me regarde.

Sylvie *(15 ans)*
Je rougis quand le professeur me pose°
une question en classe.

François *(13 ans)*
Je ne rougis jamais sauf° quand je suis
en colère°... Mais je ne suis jamais en
colère.

Thomas *(15 ans)*
Je rougis quand je dis un mensonge.

Isabelle *(15 ans)*
Je rougis quand quelqu'un me dit que
je suis jolie... ou que je suis idiote.

Tout le monde *Everyone*   **rougissaient** *would blush*   **pose** *asks*   **sauf** *except*   **en colère** *angry*

Le Skate

Est-ce que le skate est un sport dangereux? Ça dépend où, comment et dans quelles conditions on le pratique.°

Un jeune professeur d'éducation physique, Monsieur Philippe Lebagny, a eu l'idée d'introduire° le skate dans sa classe de gymnastique. Il a commencé avec 24 filles et garçons. L'expérience° a eu un succès extraordinaire! Les 200 élèves de l'école ont acheté l'équipement nécessaire. Maintenant ils apprennent l'art et la technique du skate: contrôle de l'équipement, contrôle de l'équilibre,° slalom, figures libres,° etc.

La championne de l'école: une petite fille de 10 ans.

pratique *engages in*   d'introduire *of introducing*   expérience *experiment*
équilibre *balance* — libres *free*

Une Française
qui a tout fait

Dans sa vie,° **Marie Marvingt** a été pilote.
   (Elle a établi° le premier record de distance en avion.)
Elle a été alpiniste.
   (Elle a fait l'ascension de plusieurs° sommets dans les Alpes.)
Elle a conduit° un train.
Elle a piloté un bateau à vapeur.°
En mer,° elle a nagé pendant 20 kilomètres.
À cheval, elle a fait le saut périlleux° au galop.
À bicyclette, elle a fait le trajet° Nancy-Naples (1900 kilomètres).
En canoë, elle a fait le trajet Paris-Coblence (700 kilomètres).
En ski, elle a remporté° 20 premiers prix.°
Elle a appris six langues.°

Marie Marvingt est née en 1875. Elle est morte en 1963.

Dans sa vie, Marie Marvingt a tout fait . . . ou presque!°

vie *life*   **a établi** *established*   **plusieurs** *several*   **a conduit** *drove*   **bateau à vapeur** *steamboat*
En mer *At sea*   **saut périlleux** *somersault*   **trajet** *trip*   **a remporté** *won*   **prix** *prizes*   **langues** *languages*
presque *almost*

LE SPORT, c'est la santé°

Comment maigrir?
C'est simple! Faites du sport!
Quand vous faites du sport, vous perdez des calories inutiles.
Vous exercez° aussi vos muscles, vos réflexes et votre intelligence.
Le sport, c'est la santé physique et la santé de l'esprit!°

sport	avantages
la marche 	Quand vous marchez pendant une heure, vous perdez 300 calories. Vous exercez aussi les muscles de vos jambes.
le jogging 	Quand vous faites du jogging pendant une heure, vous perdez 700 calories. Le jogging est excellent pour le cœur et les poumons.°
la natation 	Quand vous nagez pendant une heure, vous perdez 600 calories. La natation est un sport complet, parce que vous exercez tous les muscles de votre corps.°
le tennis 	Quand vous jouez au tennis pendant une heure, vous perdez 500 calories. Vous exercez aussi vos réflexes.
le vélo	Quand vous faites du vélo pendant une heure, vous perdez 600 calories. Le vélo est un sport excellent pour rester en bonne forme physique.
le ski 	Quand vous faites du ski pendant une heure, vous perdez 500 calories. Le ski est un sport fascinant° . . . mais dangereux. Attention aux accidents!

la santé *health*   **exercez** *exercise*   **esprit** *mind*   **poumons** *lungs*   **corps** *body*   **fascinant** *fascinating*

Les jeunes Français et l'argent

Est-ce que vos parents vous donnent de l'argent? Ou est-ce que vous travaillez pour gagner° votre argent?

Et qu'est-ce que vous faites avec votre argent? Est-ce que vous le dépensez ou est-ce que vous l'économisez?

L'argent est un problème pour les jeunes du monde entier.°

Nous avons interrogé° des jeunes Français sur° ce problème difficile. Voici comment ils ont répondu à nos questions:

1. Est-ce que vos parents vous donnent de l'argent?

Oui, ils me donnent de l'argent régulièrement 54%
Oui, ils me donnent de l'argent de temps en temps.° 40%
Non, ils ne me donnent pas d'argent 6%

2. Est-ce que vous travaillez pour avoir de l'argent?

Oui, je travaille régulièrement 12%
Oui, je travaille de temps en temps 30%
Non, je ne travaille pas 58%

3. Généralement, combien d'argent est-ce que vos parents vous donnent par mois?

Moins de 200 francs 20%
De 200 francs à 350 francs 50%
De 350 francs à 650 francs 25%
Plus de 650 francs 5%

4. Avec votre argent, est-ce que vous faites des économies?°

Oui 72%
Non 28%

5. Comment est-ce que vous dépensez votre argent?

Je vais au cinéma 82%
J'achète des magazines 60%
J'achète des disques 50%
J'achète des bonbons 40%
J'achète des cadeaux° pour l'anniversaire
de mes amis ou de mes parents 20%

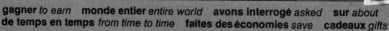

gagner *to earn*   **monde entier** *entire world*   **avons interrogé** *asked*   **sur** *about*
de temps en temps *from time to time*   **faites des économies** *save*   **cadeaux** *gifts*

Le budget d'ANNE-MARIE

Anne-Marie Pécoul a seize ans.
Combien d'argent est-ce qu'elle a?
Ça dépend! Ses parents lui donnent
  de l'argent assez régulièrement.
Quand elle a des bonnes notes en
  classe, elle reçoit° un supplément.
De temps en temps,° elle fait du
  «baby-sitting» pour les enfants de
  la voisine.°

Voici le budget d'Anne-Marie pour
  la semaine du 2 avril.

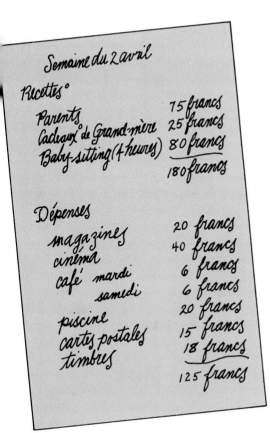

Semaine du 2 avril

Recettes°

Parents	75 francs
Cadeaux de Grand-mère	25 francs
Baby-sitting (4 heures)	80 francs
	180 francs

Dépenses

magazines	20 francs
cinéma	40 francs
café mardi	6 francs
samedi	6 francs
piscine	20 francs
cartes postales	15 francs
timbres	18 francs
	125 francs

PROJETS CULTURELS

Projets individuels

1. Prepare a poster advertising one or several vacation areas of your choice in France or in French-speaking countries. Possibilities range from the Sahara to Tahiti, from the Alps to the Gaspé Peninsula in Québec. (Source: travel agencies, travel magazines)

2. The French played an important role in the exploration of the North American continent. Illustrate a map showing the explorations of one of the following men: Jacques Cartier, Champlain, La Salle, Marquette, Duluth, Jolliet. (Source: encyclopedia, history book)

Projets de classe

1. Using pictures from French magazines (Paris-Match, Jours de France, Elle), prepare a bulletin board display about French teenagers. List the differences you notice between French and American teenagers: ways of dressing, gestures, general expressions, attitudes, activities.

2. Using advertisements from French magazines (Paris-Match, Jours de France, Elle), prepare a bulletin board exhibit of French products: motorcycles, bicycles, stereo equipment, kitchen and house furnishings, etc. List the differences between French and American products: size, shape, price, etc.

3. The Americans won the Revolutionary War with considerable help from the French. Prepare a bulletin board exhibit illustrating the French role during the Revolution, using maps, diagrams, portraits of important people. You will want to include La Fayette, Rochambeau, Admiral de Grasse, as well as Benjamin Franklin. (Source: encyclopedia, history book)

reçoit receives   **De temps en temps** From time to time
voisine neighbor   **Recettes** Income   **cadeaux** gifts

Unité 8

«La Leçon»
(un drame en 5 actes)

AU THEATRE

ON S'ECLATE

UNIT OBJECTIVES

LEARNING TO COMMUNICATE

In this unit, you will learn how
- to express what you want to do and what you are able to do
- to express an obligation
- to say where you go and where things are
- to talk about the things you do and the things you own
- to order food or go food shopping
- to talk about meals and setting the table

EXPRESSING YOURSELF ACCURATELY

You will learn how to express what you *want* to do, what you are *able* to do, and what you *have to* do by using the verbs **vouloir, pouvoir,** and **devoir.** You will learn another new verb: **ouvrir** *(to open).* In addition, you will learn expressions of quantity and the pronoun **en,** which is often used with them.

LEARNING ABOUT CULTURE

You will learn about several aspects of life in France: the lycée, the theater, the café, and French cooking.

Leçon 1

Acte 1.
Jean-Claude n'a pas de chance.

Personnages: Jean-Claude, Isabelle

Characters

Samedi, 4 avril

Dans deux semaines, le club dramatique du *lycée* Balzac va présenter une pièce. Cette pièce s'appelle «La Leçon». *À cause des répétitions*, Isabelle, l'actrice principale, est très *occupée en ce moment.* Jean-Claude, son meilleur ami, *veut* l'inviter à aller au cinéma avec lui ... mais sans succès!

high school
Because of the rehearsals
busy at present
wants

JEAN-CLAUDE:	Tu veux venir au cinéma cet après-midi?
ISABELLE:	Je suis *désolée*, mais je *ne peux pas.*
JEAN-CLAUDE:	Tu ne peux pas ... ou tu ne veux pas?
ISABELLE:	Je te dis que je ne peux pas.
JEAN-CLAUDE:	Et pourquoi est-ce que tu ne peux pas?
ISABELLE:	Parce que je *dois* aller à une répétition.
JEAN-CLAUDE:	Quelle répétition?
ISABELLE:	La répétition de «La Leçon».
JEAN-CLAUDE:	Quelle leçon?
ISABELLE:	«La Leçon»! Écoute, Jean-Claude! *Ne fais pas l'idiot!*
JEAN-CLAUDE:	Bon, bon. Est-ce que je peux aller à cette répétition avec toi?
ISABELLE:	Si tu veux.
JEAN-CLAUDE:	Et ce soir, nous allons au cinéma, d'accord?
ISABELLE:	Impossible! J'ai une autre répétition.

sorry; can't

must

Don't act dumb!

CONVERSATION

Questions sur le texte:

1. Comment s'appelle l'actrice principale?
2. Qui est son meilleur ami?
3. Comment s'appelle la pièce?
4. Pourquoi est-ce qu'Isabelle est très occupée?
5. Où est-ce que Jean-Claude veut *(does . . . want)* inviter Isabelle cet après-midi?
6. Où est-ce que Jean-Claude veut l'inviter ce soir?
7. Est-ce qu'Isabelle accepte l'invitation pour cet après-midi? Pourquoi pas?
8. Est-ce qu'elle accepte l'invitation pour ce soir? Pourquoi pas?

OBSERVATIONS

Reread questions 5 and 6 carefully.
In question 6, **Isabelle** has been replaced by a *direct object pronoun*.

- What is that pronoun?
- Does that pronoun come *before* or *after* the infinitive **inviter**?

NOTE CULTURELLE

Le lycée

Le lycée est l'école secondaire qui° correspond plus ou moins à la «high school» américaine. Généralement,° le lycée d'une ville porte° le nom° d'une personne célèbre de cette ville. Le lycée Balzac, à Tours, porte le nom d'Honoré de Balzac, un écrivain° célèbre, originaire de° la ville de Tours.

qui *that*   **Généralement** *Generally*   **porte** *bears*   **nom** *name*
écrivain *writer*   **originaire de** *native of*

VOCABULAIRE PRATIQUE   Le théâtre

NOMS:	un acteur	actor	une actrice	actress
	un auteur	author	une pièce	play
	un costume	costume	une répétition	rehearsal
	un metteur en scène	director	une représentation	performance
	un rôle	role, part	la salle	hall, (theatrical) house
			la scène	stage; scene

Structure

A. Les verbes *pouvoir* et *vouloir*

Note the forms of the two irregular verbs **pouvoir** *(to be able)* and **vouloir** *(to want)*.

Infinitive	pouvoir	vouloir
Present	je **peux**	je **veux**
	tu **peux**	tu **veux**
	il/elle **peut**	il/elle **veut**
	nous **pouvons**	nous **voulons**
	vous **pouvez**	vous **voulez**
	ils/elles **peuvent**	ils/elles **veulent**
Passé composé	j'ai **pu**	j'ai **voulu**

Uses of *pouvoir:*

Pouvoir has several English equivalents.

may	Est-ce que je **peux** jouer dans la pièce?	*May I act in the play?*
	Non, tu ne **peux** pas.	*No, you may not.*
can	À quelle heure **peux**-tu venir?	*At what time can you come?*
	Je **peux** venir à une heure.	*I can come at one.*
to be able	Jean n'**a** pas **pu** venir avec nous.	*Jean was not able to come with us.*

In general, **pouvoir** does not stand alone. It is usually followed by an infinitive or the negative word **pas**.

Peut-il sortir avec nous?	*Can he go out with us?*
Oui, il **peut sortir** avec nous.	*Yes, he can (go out with us).*
(Non, il **ne peut pas**.)	*(No, he can't).*

ADJECTIFS:	célèbre	*famous*	«La Leçon» est une pièce **célèbre**.
	occupé	*busy*	Le metteur en scène est très **occupé**.
VERBE:	jouer	*to act, play*	L'acteur principal **joue** très bien.
EXPRESSIONS:	à cause de	*because of*	Nous travaillons beaucoup **à cause de** la pièce.
	en ce moment	*at present, right now*	**En ce moment** nous avons une répétition.

Note: **à cause de** vs. **parce que**

À **cause de** means *because of:* it is followed by a noun or pronoun.
Parce que means *because:* it is followed by a clause (that is, a subject and a verb).

Isabelle ne vient pas **à cause de** la répétition.   (= *because of the rehearsal*)
Elle ne vient pas **parce qu'**elle a une répétition. (= *because she has a rehearsal*)

Uses of *vouloir:*

Vouloir can be followed by a noun or an infinitive.

Veux-tu ce livre?   *Do you want this book?*
Voulez-vous aller au théâtre?   *Do you want to go to the theater?*

When making a request, French people often use **je voudrais** (*I would like*), which is more polite than **je veux**.

Je voudrais vous parler.   *I would like to talk to you.*

Vouloir, like **pouvoir**, is rarely used alone. When accepting an offer, the French often use the expression **vouloir bien**.

Veux-tu venir avec moi?   *Do you want to come with me?*
Oui, je **veux bien**.   *Yes, I do (want to).*

To ask what something *means*, the French use the expression **vouloir dire**.

Qu'est-ce que cette expression **veut dire**?   *What does that expression mean?*
Qu'est-ce que vous **voulez dire**?   *What do you mean?*

ACTIVITÉ 1   Projets de week-end

Les amis suivants ont décidé de sortir ensemble ce week-end, mais chacun a une idée différente. Dites ce que chacun veut faire. Pour cela, utilisez le présent de **vouloir**.

→ Isabelle (aller au cinéma)   **Isabelle veut aller au cinéma.**

1. Jean-Claude (faire une promenade à la campagne)
2. nous (jouer aux cartes)
3. vous (aller en ville)
4. moi (faire du sport)
5. Sylvie et Thérèse (organiser un pique-nique)
6. toi (faire une promenade à bicyclette)
7. mes amis (aller au concert)
8. René et moi (voir une pièce)

ACTIVITÉ 2   Le coût de la vie *(The cost of living)*

Dites ce que chaque personne veut acheter. Ensuite dites si oui ou non
cette personne peut acheter cette chose avec l'argent qu'elle a. Étudiez le
modèle attentivement!

→ Pierre (une guitare / 30 dollars)
Pierre veut acheter une guitare. Avec trente dollars il ne peut pas acheter une guitare.

1. Sylvie (un pull / 26 dollars)
2. moi (une cassette / 12 dollars)
3. Raphaël (des bonbons / un dollar)
4. mes cousines (des blue-jeans / 30 dollars)
5. toi (un téléviseur / 200 dollars)

6. vous (un appareil-photo / 5 dollars)
7. mes parents (une voiture / 2.000 dollars)
8. Jean-Claude (un vélo / 15 dollars)
9. nous (un lit / 300 dollars)

ACTIVITÉ 3   Désolé! *(Sorry!)*

À cause de l'examen, les étudiants suivants n'ont pas pu faire certaines
choses. Exprimez cela en utilisant le passé composé de **pouvoir**.

→ Jean-Claude n'a pas téléphoné.   **Il n'a pas pu téléphoner.**

1. Sylvie n'a pas fini le roman.
2. Antoine n'a pas écrit à ses amis.
3. Nous n'avons pas visité le musée.

4. Vous n'avez pas rendu visite à vos cousins.
5. Je n'ai pas pris de photos.
6. Tu n'as pas fait de sport.

B. Le verbe *devoir*

The verb **devoir** *(to have to)* is irregular. Note the forms in the chart below.

Infinitive	devoir			
Present	je **dois**		nous	**devons**
	tu **dois**		vous	**devez**
	il/elle **doit**		ils/elles	**doivent**
Passé composé	j'ai **dû**			

The verb **devoir** has several English equivalents:

should
must   Est-ce que je **dois** étudier?   { *Should I study?*
to have to   { *Must I study?*
                                                    { *Do I have to study?*

The verb **devoir** is usually followed by an infinitive. It is not used alone.

Bien sûr, tu **dois étudier!**   { *Of course, you should (study).*
                                  { *Of course, you must (study).*
                                  { *Of course, you have to (study).*

ACTIVITÉ 4 Excuses!

Jean-Claude a proposé à ses amis de repeindre *(to repaint)* sa chambre avec lui, mais chacun trouve une excuse. Dites que les personnes suivantes ne peuvent pas aider Jean-Claude. Dites aussi ce qu'elles doivent faire.

→ Annette (étudier) **Annette ne peut pas. Elle doit étudier.**

1. Christophe (apprendre son rôle)
2. toi (faire les costumes)
3. Lucien (aller au théâtre)
4. moi (faire du piano)
5. Marie-Claire (rester à la maison)
6. Henri et Bernard (travailler)
7. Jacques et moi, nous (préparer l'examen)
8. Danièle et Nathalie (aller à une répétition)

ACTIVITÉ 5 Questions personnelles

1. Devez-vous beaucoup étudier pour la classe de français? pour la classe de maths?
2. À la maison, devez-vous aider vos parents? vos frères et vos sœurs?
3. Pouvez-vous utiliser *(use)* la voiture de vos parents? les disques de vos amis?
4. À l'école, pouvez-vous apprendre l'allemand? étudier la physique? jouer au tennis? faire du théâtre?
5. Cet été, devez-vous travailler? Voulez-vous voyager?
6. Voulez-vous aller en France? travailler en France?
7. Voulez-vous aller à l'université? à quelle université?
8. Voulez-vous être professeur? médecin? ingénieur? journaliste?

C. La place des pronoms avec l'infinitif

Note the position of the object pronouns in the answers to the following questions:

| Vas-tu inviter tes cousins? | Oui, je vais
Non, je ne vais pas | } **les** inviter. |
| Veux-tu parler à Stéphanie? | Oui, je veux
Non, je ne veux pas | } **lui** parler. |

In French, a pronoun which is the object of an infinitive comes immediately *before* that infinitive.

ACTIVITÉ 6   La liste de Jean-Claude

Jean-Claude a préparé une liste de choses à faire avant les vacances. Mélanie lui demande s'il va faire ces choses. Jean-Claude lui répond affirmativement et lui dit quand il va les faire. Jouez les rôles de Mélanie et de Jean-Claude d'après le modèle.

→ parler à Raymond (demain)   Mélanie: **Tu vas parler à Raymond?**
Jean-Claude: **Oui, je vais lui parler demain.**

1. téléphoner à Annette (ce soir)
2. écrire à Sylvie (mardi)
3. inviter tes cousins (samedi)
4. vendre ton vélo (ce week-end)
5. chercher ton passeport (dans deux jours)
6. chercher tes photos (ce soir)
7. rendre visite à ta tante (demain)
8. réserver ton billet (lundi)

ACTIVITÉ 7   Cadeaux d'anniversaire *(Birthday presents)*

Imaginez qu'un ami a acheté les cadeaux d'anniversaire suivants. Dites à qui il doit donner chacun de ces cadeaux. Utilisez un pronom complément d'objet indirect pour remplacer les personnes suivantes.

Les cadeaux: une cravate, des chocolats, un tee-shirt, un magazine, un roman de science-fiction, un poster, un puzzle, une photo de toi

→ à ton meilleur ami   **Tu dois lui donner la cravate (le poster . . .).**

1. à ton père
2. à ta mère
3. à ta meilleure amie
4. à tes grands-parents
5. à tes cousins
6. au professeur

Prononciation

Les terminaisons *-tion* et *-sion*

The ending **-tion** is pronounced /sjɔ̃/. Be sure to avoid the English *shun*.

atten<u>tion</u>, prononcia<u>tion</u>, répéti<u>tion</u>, présenta<u>tion</u>, représenta<u>tion</u>, ambi<u>tion</u>
Faites atten<u>tion</u> à la prononcia<u>tion</u> de cette sec<u>tion</u>.

The ending **-sion** is usually pronounced /zjɔ̃/. Be sure to avoid the English *zhun*.

révi<u>sion</u>, télévi<u>sion</u>, occa<u>sion</u>
J'ai eu l'occa<u>sion</u> de parler à la télévi<u>sion</u>.

Pour communiquer

Expressions pour la composition

cela — *that*

pour cela — *because of that, for that reason*

Comprends-tu **cela**?

Je veux voyager cet été. **Pour cela**, je dois travailler maintenant.

Rencontres

Dans *Rencontres* vous allez *faire connaissance avec* Michèle, une jeune Française. Ensuite, dans *À votre tour*, vous allez lui parler de vos projets.

Encounters; to meet Your turn

Aujourd'hui Michèle va parler de ses projets. Écoutez-la.

Bonjour, je m'appelle Michèle Martinot. J'ai quinze ans et j'habite à Annecy. Je vais au lycée. Mon lycée s'appelle le lycée Berthollet. C'est un lycée excellent, mais on doit étudier beaucoup!

high school

Après le lycée, je veux aller à l'université, mais avant, je veux voyager un peu. Je voudrais visiter les États-Unis. Je voudrais, par exemple, passer un hiver dans le Colorado. J'adore faire du ski!

Plus tard, je veux être ingénieur-chimiste. Je voudrais travailler dans un laboratoire. Cela veut dire que je dois étudier les maths et la chimie. Malheureusement, je ne suis pas très bonne en maths. Je dois étudier comme une brute!

chemical engineer

chemistry; Unfortunately

= beaucoup

Et vous, qu'est-ce que vous voulez faire dans la vie?

life

À votre tour

Maintenant, *présentez-vous* et parlez de vos projets.

introduce yourself

Je m'appelle ... J'ai ...

Mon école s'appelle ... C'est une école ... On doit ...

Après l'université, je veux ...

Avant, je voudrais ...

Je voudrais aussi ...

Plus tard, je veux être ...

Je voudrais travailler ...

Pour cela, je dois ...

Acte 2. «La Leçon»

Scène 1. Une répétition
Vendredi, 10 avril

«La Leçon» est une pièce d'Eugène Ionesco, un auteur célèbre. «La Leçon» est l'histoire d'un professeur qui *martyrise* son élève. Isabelle joue le rôle de cette élève. Pendant les répétitions, elle est toujours un peu nerveuse.

makes suffer

Le metteur en scène lui dit souvent:

«Isabelle, tu ne parles pas *assez distinctement*. Parle plus distinctement!»

distinctly enough

ou bien:

«Isabelle, tu n'es pas assez naturelle. Joue plus naturellement . . .»

Isabelle *fait beaucoup d'efforts* . . . mais est-ce qu'elle va avoir le *trac* pendant la représentation?

tries hard
stage fright

Scène 2. La représentation
Samedi, 25 avril

Finalement le jour de la représentation arrive. Il y a beaucoup de spectateurs dans la salle. Mais aujourd'hui Isabelle n'est pas nerveuse *du tout!* Elle parle distinctement et joue très naturellement. *En fait*, elle joue *brillamment!*

at all

In fact;
brilliantly

Les spectateurs aiment beaucoup la pièce et *applaudissent longuement*. C'est un très grand succès pour la jeune actrice.

applaud for a long time

CONVERSATION

Questions sur le texte:

1. Qui est l'auteur de «La Leçon»?
2. Quel rôle joue Isabelle?
3. Pendant les répétitions, est-ce qu'elle parle **distinctement**?
   Est-ce qu'elle joue **naturellement**?
4. Pendant la représentation, est-ce qu'elle parle **distinctement**?
   Est-ce qu'elle joue **naturellement**?

OBSERVATIONS

Reread carefully the questions in 3 and 4. These questions concern the manner in which Isabelle speaks and acts. The words in heavy type are called *adverbs of manner*.

- Which 4 letters do these adverbs end in?
- Which 2 letters do the corresponding English adverbs end in?

NOTES CULTURELLES

1. Le théâtre en France La France a une longue tradition théâtrale. Aujourd'hui, le gouvernement encourage les jeunes acteurs et les jeunes actrices. Il donne aussi des subventions° aux grands théâtres nationaux. Voilà pourquoi le théâtre est un spectacle° très populaire . . . et relativement bon marché.

2. Ionesco Eugène Ionesco est né en Roumanie, mais il a écrit ses pièces en français. Son théâtre est un théâtre d'avant-garde. «La Leçon» est une de ses premières pièces.

subventions *subsidies* **spectacle** *show*

VOCABULAIRE PRATIQUE La description

NOMS:	**une façon**	*fashion, way, manner*		
	une manière	*manner, way*		
ADJECTIFS:	**attentif**	*attentive, alert*	**nerveux**	*nervous*
	(attentive)		**(nerveuse)**	
	brillant	*brilliant, bright*	**rapide**	*quick, rapid*
	calme	*calm*	**sérieux**	*serious*
	distinct	*distinct*	**(sérieuse)**	
	général	*general*	**stupide**	*stupid, dumb*
	(pl. généraux)		**timide**	*timid*
	naturel	*natural*		
	(naturelle)			
EXPRESSIONS:	**d'une façon** }	*in a way*	Il parle **d'une façon** intelligente.	
	d'une manière }		Vous répondez **d'une manière** brillante.	

Structure

A. Les adverbes en -ment

The words in heavy type are *adverbs of manner*. Compare the endings of these adverbs with the endings of the corresponding English adverbs.

Isabelle parle **distinctement**.   *Isabelle speaks distinctly.*
Je travaille **sérieusement**.   *I work seriously.*

Many French adverbs which end in **-ment** correspond to English adverbs which end in *-ly*. These adverbs are derived from adjectives according to the following pattern.

If the masculine form of the adjective ends in:	the adverb is formed:		
a vowel	masculine adjective	+ -ment	**calme** → **calmement** **vrai** → **vraiment**
a consonant	feminine adjective	+ -ment	**général, générale** → **généralement** **naturel, naturelle** → **naturellement**

ACTIVITÉ 1   Tennis

Les personnes suivantes jouent au tennis d'une manière qui correspond à leur personnalité. Exprimez cela en utilisant un adverbe en **-ment**.

→ Paul est rapide.   **Il joue rapidement.**

1. Isabelle est naturelle.
2. Charles est timide.
3. Catherine est sérieuse.

4. André est stupide.
5. Jean-Marc est calme.
6. Sylvie est nerveuse.

ACTIVITÉ 2   D'une certaine manière

Le professeur dit aux élèves comment ils doivent faire certaines choses. Jouez le rôle du professeur et des étudiants d'après le modèle.

→ Travaillez d'une manière sérieuse.   Le professeur: **Travaillez d'une manière sérieuse.**
                                        L'élève: **Je travaille sérieusement.**

1. Parlez d'une manière naturelle.
2. Parlez d'une manière distincte.
3. Jouez d'une manière calme.
4. Ne répondez pas d'une manière stupide.
5. Répondez d'une manière correcte.
6. Faites vos devoirs *(homework)* d'une manière rapide.
7. Écoutez-moi d'une manière attentive.
8. Dépensez votre argent d'une manière utile.

B. Les expressions de quantité avec les verbes

In the sentences below, the expressions of quantity in heavy type modify the verbs.

Est-ce que tu travailles **beaucoup**?   Non, je ne travaille pas **beaucoup**.
Vous n'étudiez pas **assez**.   Moi, j'étudie **trop**.

When an expression of quantity modifies a verb, it usually comes immediately after the verb. Contrast the word order in French and in English:

J'aime **beaucoup** le théâtre.   *I like theater a lot.*
Tu n'étudies pas **assez** la prononciation.   *You do not study pronunciation enough.*
Vous jouez **trop** au tennis.   *You play tennis too much.*

VOCABULAIRE PRATIQUE Expressions de quantité

peu	*little, not much*	J'étudie **peu**.
assez	*enough*	Je travaille **assez**.
beaucoup	*much, very much, a lot*	Tu manges **beaucoup**.
trop	*too much*	Vous parlez **trop**.

ACTIVITÉ 3 Pas d'accord!

Un professeur fait certaines remarques à ses élèves, mais ils ne sont pas d'accord avec lui. Jouez les deux rôles d'après le modèle.

→ Vous travaillez. (pas assez / trop)   Le professeur: **Vous ne travaillez pas assez.**
    L'élève: **Je travaille trop.**

1. Vous étudiez. (pas assez / beaucoup)   4. Vous regardez la télé. (trop / peu)
2. Vous parlez en classe. (trop / peu)   5. Vous pensez à vos amies. (beaucoup / pas assez)
3. Vous jouez. (trop / pas beaucoup)   6. Vous aimez vos classes. (pas assez / beaucoup)

ACTIVITÉ 4 Dialogue

Demandez à vos camarades s'ils font les choses suivantes. Dans leurs réponses, vos camarades doivent utiliser une expression de quantité du **Vocabulaire pratique.**

→ étudier?   —**Est-ce que tu étudies?**
    —**J'étudie peu (trop, assez, beaucoup).**
        (Je n'étudie pas assez [beaucoup].)

1. travailler?   5. aimer le français?
2. voyager?   6. jouer au tennis?
3. aller au cinéma?   7. sortir avec tes amis?
4. aimer le théâtre?   8. dormir?

C. Les expressions de quantité avec les noms

In the answers to the questions below, the expressions of quantity introduce nouns. Note the forms of these expressions of quantity.

Tu as des vacances? J'ai **peu de** vacances.
Vous avez de l'argent? Nous n'avons pas **assez d'**argent.
Vous faites du sport? Nous ne faisons pas **beaucoup de** sport.
Isabelle a des amis? Elle a **beaucoup d'**amis.
Vous avez des examens? Nous avons **trop d'**examens.

When an expression of quantity introduces a noun, the construction is:

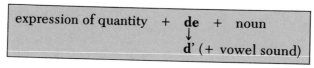

expression of quantity + **de** + noun
↓
d' (+ vowel sound)

ACTIVITÉ 5   Beaucoup ou pas beaucoup?

Lisez la description des personnes suivantes. D'après cette description, dites si ces personnes ont beaucoup de ce qui est indiqué entre parenthèses. Vos phrases peuvent être affirmatives ou négatives.

→ Annette est très snob. (des amis?)   **Elle n'a pas beaucoup d'amis.**
(Elle a beaucoup d'amis.)

1. Paul est très sympathique. (des amis?)
2. Jacqueline est très intelligente. (des idées?)
3. Henri déteste la musique. (des disques?)
4. Philippe n'aime pas attendre. (de la patience?)
5. Catherine est très malade. (de la fièvre?)
6. Mélanie est une excellente actrice. (du talent?)
7. Thomas achète des vêtements très chers. (de l'argent?)
8. Antoine ne gagne jamais aux cartes. (de la chance?)

ACTIVITÉ 6   Questions personnelles

Dans vos réponses, utilisez l'une des expressions de quantité suivantes:
assez de, peu de, beaucoup de, trop de.

→ Avez-vous des examens?   **Nous avons peu (beaucoup, trop) d'examens.**
(Nous n'avons pas beaucoup [assez, trop] d'examens.)

1. Avez-vous des amis?
2. Avez-vous de l'argent?
3. Faites-vous du sport à l'école?
4. Faites-vous des progrès en français?
5. Avez-vous des amis intéressants?
6. Avez-vous des vacances?
7. Avez-vous des projets *(plans)* pour les vacances?
8. Avez-vous des professeurs sympathiques?

Prononciation

Révision: les sons /ɑ̃/ **et** /an/, /am/, /ɛn/, /ɛm/

Contrastez: /ɑ̃/   brill<u>an</u>t, mom<u>en</u>t, pr<u>en</u>ds, <u>en</u>t<u>en</u>dre, dem<u>an</u>de, l<u>am</u>pe, p<u>en</u>d<u>an</u>t

/an/, /am/   <u>An</u>ne, <u>an</u>imal, <u>an</u>née, <u>am</u>i, <u>am</u>our, Mad<u>am</u>e

/ɛn/, /ɛm/   sc<u>èn</u>e, pr<u>enn</u>ent, compr<u>enn</u>ent, Hél<u>èn</u>e, m<u>êm</u>e

The letters **an (am)** and **en (em)** represent the nasal vowel /ɑ̃/, unless they are followed by a vowel or an **n** or **m**. When pronouncing /ɑ̃/, be sure not to pronounce an /n/ or /m/ after it.

Pour communiquer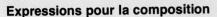

Expressions pour la composition

heureusement	*fortunately*	J'ai beaucoup d'amis! **Heureusement!**
malheureusement	*unfortunately*	**Malheureusement,** je n'ai pas beaucoup d'argent.
par exemple	*for instance,*	Je fais du sport tous les week-ends. Samedi
	for example	dernier, **par exemple,** j'ai joué au tennis.

Rencontres

Aujourd'hui Michèle vous parle des sports qu'elle aime *pratiquer*. Écoutez-la!   *to engage in*

Est-ce que vous aimez le sport? Moi, j'aime beaucoup le sport. Malheureusement, en France on ne fait pas beaucoup de sport. Au lycée, par exemple, nous faisons peu de sport. Heureusement, il y a les vacances! En hiver, je fais beaucoup de ski. Je skie assez bien! En été, je joue souvent au tennis. J'ai fait beaucoup de progrès l'été dernier, mais j'ai encore beaucoup de progrès à faire.   *still*
J'ai fait aussi un peu de voile. C'est un sport très intéressant, mais hélas trop   *alas*
cher pour moi.

À votre tour

Maintenant parlez des sports que vous aimez et que vous pratiquez.

J'aime . . . Aux États-Unis on fait . . .

À l'école, je fais . . .

En hiver, je . . .

Au printemps, je . . .

En été, je . . .

L'été dernier, j'ai . . .

Acte 3.
L'invitation de Jean-Claude

Personnages: Isabelle, Robert, Nicole, Jean-Claude

Samedi, 25 avril, onze heures et demie

La représentation est *finie*. Isabelle est dans la *salle de maquillage* avec
Robert et Nicole, les deux autres acteurs.

over; dressing room

ROBERT:	Félicitations, Isabelle! Tu as été extraordinaire!
ISABELLE:	Merci! Toi aussi, tu as été formidable. Et toi aussi, Nicole.
NICOLE:	Qu'est-ce qu'on fait maintenant?
ROBERT:	J'ai un peu faim.
ISABELLE:	Et moi, j'ai soif.
NICOLE:	Allons au Café de la Renaissance.
ROBERT:	Excellente idée! Allons-*y*.

there

JEAN-CLAUDE	*(qui vient d'arriver):* Vous ne pouvez pas y aller.
	J'*en* viens . . . Il est fermé!

from there

ISABELLE:	Zut alors!
JEAN-CLAUDE:	J'ai une idée. Venez chez moi!
ROBERT:	Tes parents sont d'accord?
JEAN-CLAUDE:	Ils sont toujours d'accord quand j'amène mes copains.
ISABELLE:	Est-ce qu'ils nous attendent?
JEAN-CLAUDE:	Mais non. Ils dorment à cette heure-ci. Alors, vous venez
	chez moi?
ROBERT:	*On y va!*

Let's go!

CONVERSATION

Questions sur le texte:

1. Quelle heure est-il?
2. Où sont Isabelle et ses amis?
3. Qui félicite *(congratulates)* Isabelle?
4. Qui a faim?
5. Qui a soif?
6. Qui propose d'aller au Café de la Renaissance?
7. Est-ce que les amis y vont?
8. Qui y est allé?
9. Qui **en** vient?

OBSERVATIONS

Reread questions 7 and 8.

These questions mean **Est-ce que les amis vont au café?** and **Qui est allé au café?**

• Which one-word pronoun is used to replace **au café** in these questions?

Reread question 9. This question means **Qui vient du café?**

• Which pronoun is used to replace **du café?**

NOTE CULTURELLE

Le café

Où rencontrez-vous vos amis? Chez vous? ou dans un autre endroit?° Généralement, quand un jeune Français veut rencontrer ses amis, il leur donne rendez-vous au café. Le café est l'endroit idéal pour passer un bon moment avec ses° amis. C'est aussi un endroit où l'on vient pour écouter de la musique, pour téléphoner, pour étudier, pour regarder les gens qui passent dans la rue°... et, bien sûr, pour commander un sandwich ou boire un jus de fruits.

endroit *place*   ses *one's*   rue *street*

VOCABULAIRE

VERBE:	**fermer**	*to close, shut*	**Fermez** vos livres!
NOM:	**félicitations!**	*congratulations*	Vous avez gagné le match de foot? **Félicitations!**

Structure

A. Le pronom y

Note the use of the pronoun **y** *(there)* in the answers to the following questions:

Allez-vous souvent **au théâtre?**	Oui, j'y vais souvent.
Vas-tu **au cinéma** ce soir?	Non, je n'y vais pas.
Est-ce que les amis vont **au café?**	Non, ils n'y vont pas.
Est-ce qu'ils vont **chez Jean-Claude?**	Oui, ils y vont.
Es-tu allé **en France?**	Oui, j'y suis allé cet été.
Habites-tu **à Paris?**	Non, je n'y habite pas.

The pronoun **y** replaces names of places introduced by prepositions such as **à, en, dans, chez,** etc.

→ Like other object pronouns, **y** comes before the verb, except when the verb is in the affirmative imperative.

—Allons au café!   —Bonne idée! Allons-y avec nos amis!

→ In negative sentences the word order is:

subject + **n'y** + verb + **pas**

ACTIVITÉ 1   Dialogue

Demandez à vos camarades si oui ou non ils vont souvent dans les endroits *(places)* suivants.

→ au cinéma?   —**Est-ce que tu vas souvent au cinéma?**
                 —**Oui, j'y vais souvent! (Non, je n'y vais pas souvent!)**

1. au concert?
2. à l'école?
3. en ville?
4. dans les magasins?
5. chez tes amis?
6. chez tes grands-parents?
7. en voyage?
8. chez le dentiste?
9. chez le pâtissier?
10. chez le marchand de disques?

ACTIVITÉ 2   Pas le week-end

Le week-end, les personnes suivantes ne font pas ce qu'elles font pendant la semaine. Exprimez cela en utilisant le pronom **y**.

→ Robert dîne au restaurant.   **Le week-end, il n'y dîne pas.**

1. Mes cousins dînent à la cafétéria.
2. Nous dînons en ville.
3. Vous êtes à l'université.
4. Les étudiants sont en classe.
5. Le médecin va à l'hôpital.
6. Nous allons à l'école.
7. Je vais à la bibliothèque.
8. Tu restes chez toi.
9. Suzanne reste chez son amie.
10. Vous restez chez vos parents.

ACTIVITÉ 3   Questions personnelles

Répondez affirmativement ou négativement aux questions suivantes, en utilisant le pronom **y.**

1. Maintenant, êtes-vous en classe?
2. Le samedi, allez-vous au cinéma?
3. Le dimanche, dînez-vous au restaurant?
4. Le week-end, restez-vous chez vous?
5. Êtes-vous allé(e) en France?
6. Êtes-vous allé(e) à San Francisco?
7. Êtes-vous allé(e) à la Nouvelle-Orléans?
8. Êtes-vous allé(e) au Canada?

VOCABULAIRE PRATIQUE   Où?

NOMS:	une fenêtre	*window*	
	une porte	*door*	
PRÉPOSITIONS:	dans	*in*	Suzanne est **dans** sa chambre.
	sur	*on*	Le chat noir est **sur** le lit.
	sous	*under*	Le chat blanc est **sous** le lit.
	devant	*in front of*	La table est **devant** la fenêtre.
	derrière	*behind*	Le chien est **derrière** la porte.
	entre	*between*	Le lit est **entre** la porte et la fenêtre.
	près de	*next to, near*	La chaise est **près de** la table.
	loin de	*far from*	Elle est **loin de** la porte.
	à droite de	*to the right of*	**À droite de** la fenêtre, il y a un oiseau.
	à gauche de	*to the left of*	**À gauche de** la fenêtre, il y a des poissons rouges.

ACTIVITÉ 4 Rangement *(Cleaning up)*

Jeannette aide Pierre à ranger *(to clean up)* sa chambre. Pierre demande où sont certaines choses. Jeannette lui répond. Jouez les deux rôles, mais avant regardez l'illustration attentivement!

→ mes disques? (la table)

Pierre: **Où sont mes disques?**
Jeannette: **Ils sont sous la table.**

1. ma radio? (la table)
2. mes chaussures? (le lit)
3. mon blue-jeans? (le lit)
4. mon vélo? (la porte)

5. ma raquette? (la porte)
6. mes livres? (le sac)
7. le sac? (la fenêtre)
8. ma guitare? (la fenêtre)

ACTIVITÉ 5 Questions personnelles

Savez-vous où sont les personnes et les choses suivantes en ce moment?
Répondez affirmativement ou négativement aux questions. Utilisez le
pronom **y**.

→ Est-ce que votre mère est chez vous?   **Oui, elle y est.**
                                          (Non, elle n'y est pas.)

1. Est-ce que le professeur est chez lui?
2. Est-ce que les élèves sont dans la classe?
3. Est-ce que le professeur est devant les élèves?
4. Est-ce que le directeur est derrière la porte?
5. Est-ce que vos livres sont dans votre sac?
6. Est-ce que votre sac est sous la table?

B. Le pronom *en* remplaçant *de* + nom

Note the use of the pronoun **en** in the answers to the following questions:

Tu viens **du théâtre**?	Oui, j'**en** viens.	*I am coming from there.*
Vous venez **de ce café**?	Non, nous n'**en** venons pas.	*We are not coming from there.*
Parles-tu **de tes amis**?	Oui, j'**en** parle.	*Yes, I speak about them.*
As-tu parlé **de la pièce**?	Non, je n'**en** ai pas parlé.	*No, I didn't talk about it.*

The pronoun **en** replaces **de** + noun or noun phrase.

→ Like other object pronouns, **en** comes before the verb, except when the
   verb is in the affirmative imperative.

Parlez de la pièce.   Parlez-en à vos amis.

ACTIVITÉ 6 Bavardages (*Gossip*)

Isabelle ne parle jamais de ce qui concerne (*what is related to*) l'école, mais
elle parle de tout le reste (*everything else*). Dites si oui ou non elle parle
des sujets suivants. Utilisez le pronom **en**.

→ des examens?   **Elle n'en parle pas.**
  des vacances?   **Elle en parle.**

1. de ses professeurs?
2. de ses amis?
3. de la pièce?
4. de sa nouvelle robe?
5. de son nouveau disque compact?
6. de la classe d'anglais?
7. de ses projets de vacances?
8. de son professeur de maths?

ACTIVITÉ 7   Questions personnelles

Répondez affirmativement ou négativement aux questions suivantes.
Utilisez le pronom **en.**

1. Avec vos amis, parlez-vous de vos professeurs? de vos parents? de vos
   problèmes? de vos projets? de musique? de sport?
2. Avec vos parents, parlez-vous de vos professeurs? de vos amis? de vos
   problèmes? de vos projets? de musique? de sport?
3. Jouez-vous du piano? de la flûte? du violon? de la clarinette?

Prononciation

Révision: les sons /u/ et /y/

/u/   vous, tout, où, sous, beaucoup, journal, bouche, nouvelle
      Avez-vous trouvé le nouveau journal?
      Combien coûte la soupe du jour?

/y/   vu, tu, eu, sur, curieux, revue, bus, menu
      As-tu entendu cette musique curieuse?
      Lucile a lu le menu.

Pour communiquer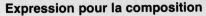

Expression pour la composition

de temps en temps *from time to time,*
once in a while

Au printemps, je vais **de temps en temps** à la campagne.

Rencontres

Aujourd'hui Michèle vous parle du week-end. Écoutez-la!

Qu'est-ce que vous faites le week-end? Moi, j'aime aller au cinéma. En général, j'y vais le samedi avec mes copains. De temps en temps, j'y vais aussi le dimanche avec mes parents... mais c'est rare.

J'aime aussi aller au café. J'y vais quand j'ai rendez-vous avec un ami. J'y vais après le cinéma. J'y vais pour écouter des disques. J'y vais aussi quand je n'ai rien de spécial à faire.

J'aime aller à la campagne, mais je n'y vais pas souvent parce que je n'ai pas de voiture. Ce week-end je vais aller à un concert de jazz avec des copains. Et après? Je ne sais pas.

À votre tour

Maintenant parlez de vos week-ends.

J'aime . . .
Je vais souvent . . .
J'y vais quand . . .
Je n'y vais pas quand . . .
J'aime aussi aller . . . J'y vais . . .
Ce week-end, je vais . . .

UNITÉ 8
Leçon 4

Acte 4. Deux toasts

Personnages: Jean-Claude, Isabelle, Robert, Nicole

Dimanche, 26 avril, minuit et demi

Scène 1. Une bonne surprise

Les amis viennent d'arriver chez Jean-Claude. Jean-Claude va dans la cuisine.
Il *ouvre* le réfrigérateur et . . . *découvre* un repas froid.

*opens;
discovers*

JEAN-CLAUDE: Dites, ma mère a préparé une
surprise!

ISABELLE: Quelle surprise?

JEAN-CLAUDE: Un repas.

ROBERT *(qui a toujours faim): Pas possible!*   *Not really!*
Qu'est-ce qu'il y a?

JEAN-CLAUDE: Il y a du rosbif, du caviar, de la
salade de tomates, des *œufs en*   *jellied eggs*
gelée, de la glace, un gâteau . . . Et
ce n'est pas tout! Il y a une autre
surprise!

NICOLE: Quoi?

JEAN-CLAUDE: Il y a du champagne!

ROBERT: Du champagne? Nous allons vraiment célébrer le succès de la pièce.

Scène 2. Le festin

(Jean-Claude passe les plats à ses amis.)   **festin** *feast*

JEAN-CLAUDE: Est-ce que tu as du caviar?

ISABELLE: Oui, merci. J'*en* ai.   *some*

JEAN-CLAUDE: Ça ne fait rien. Reprends-en! Et
toi, Robert, tu as du rosbif?

ROBERT: Oui, j'en ai, mais je veux bien en reprendre!

JEAN-CLAUDE: Tu veux des œufs, Nicole?

NICOLE: Non, merci. J'en ai déjà pris. Je n'ai
plus faim . . . mais j'ai un peu soif.

JEAN-CLAUDE: Eh bien, nous allons boire le champagne.

(Jean-Claude va chercher le champagne . . .)

JEAN-CLAUDE: Maintenant, buvons le champagne!
Je propose un toast: «Au succès de la pièce!»

ROBERT: Et moi, je propose un toast à la mère de
Jean-Claude: «À Madame Marsan, excellente
cuisinière . . . et mère extraordinaire!»

CONVERSATION
Questions sur le texte:

1. Est-ce qu'il y a **du caviar?**
2. Est-ce qu'Isabelle **en** prend?
3. Est-ce qu'il y a **du rosbif?**
4. Est-ce que Robert **en** prend?
5. Est-ce qu'il y a **des œufs** *(eggs)?*
6. Est-ce que Nicole **en** a pris?
7. Est-ce qu'il y a **du champagne?**
8. Est-ce que les amis **en** boivent?

OBSERVATIONS
Reread questions 2, 4, 6, and 8.

• Which object pronoun replaces **du caviar** in question 2?
  du rosbif in question 4? **des œufs** in question 6?
  du champagne in question 8?

NOTE CULTURELLE

La cuisine française

Avez-vous déjà° dîné dans un restaurant français?

Pour beaucoup de personnes, la cuisine française est la meilleure cuisine du monde.° C'est une cuisine fine et délicate où les sauces ont beaucoup d'importance.

Les Américains ont emprunté un grand nombre de mots au vocabulaire de la cuisine française. Connaissez-vous les mots suivants: **soufflé, filet mignon, tarte, mayonnaise, purée, mousse au chocolat?**

déjà *ever*   **du monde** *in the world*

VOCABULAIRE

NOMS:	**un plat**	*dish, course* (in a meal), *platter*	**la cuisine**	*cooking; kitchen*
	un repas	*meal*	**une cuisinière**	*cook* (female)

VERBES:	**célébrer**	*to celebrate*	Ils **célèbrent** le succès de la pièce.
	reprendre	*to have more, take seconds*	**Reprenez** du champagne!
EXPRESSIONS:	**déjà**	*already*	J'ai **déjà** bu du champagne. Et toi?
	vive ...!	*hurray for ... !*	**Vive** les vacances!

Notes: 1. **Célébrer** is conjugated like **préférer** and **espérer.**
2. **Reprendre** is conjugated like **prendre.**
3. In the **passé composé,** the word **déjà** comes between the auxiliary verb (**être** or **avoir**) and the past participle:
   Nous sommes **déjà** allés en France. Et vous?

Structure

A. Le verbe *ouvrir*

Note the forms and uses of the irregular verb **ouvrir** *(to open)*.

Infinitive		**ouvrir**	Je vais **ouvrir** la porte.
Present	j'	**ouvre**	J'**ouvre** une lettre.
	tu	**ouvres**	Tu **ouvres** une enveloppe.
	il/elle	**ouvre**	Il **ouvre** le livre.
	nous	**ouvrons**	Nous **ouvrons** le réfrigérateur.
	vous	**ouvrez**	Vous **ouvrez** la porte du garage.
	ils/elles	**ouvrent**	Ils **ouvrent** la fenêtre.
Passé composé	j'**ai**	**ouvert**	Qui **a ouvert** mon sac?

➜ Although **ouvrir** has an infinitive ending in **-ir,** the present tense forms have the endings of regular **-er** verbs.

➜ Other verbs conjugated like **ouvrir** are:

découvrir	*to discover*	Jacques **a découvert** la vérité.
offrir	*to give* (a present), *to offer*	Qu'est-ce que tu vas **offrir** à Isabelle pour son anniversaire?

ACTIVITÉ 1   L'anniversaire de Jean-Claude

Dites quels cadeaux *(gifts)* les personnes suivantes offrent à Jean-Claude pour son anniversaire.

➜ Paul: un disque   **Paul lui offre un disque.**

1. nous: des bonbons
2. Isabelle: un pull
3. ses parents: un vélo
4. toi: ta photo
5. vous: un livre
6. moi: une cassette

B. Révision: *du, de la, des*

Note the use of **du, de la,** and **des** in the following sentences.

Veux-tu **de la** glace?	*Do you want (**any**) ice cream?*
Jean-Claude mange **du** rosbif.	*Jean-Claude is eating (**some**) roast beef.*
Charles achète **des** bananes.	*Charles is buying (**some**) bananas.*

→ To express *a certain quantity of* or *a certain amount of,* French speakers use:

> **du, de la (de l')** + *singular* noun
> **des** + *plural* noun

→ In negative sentences, **du, de la,** and **des** become **de (d').**

—Tu veux **du** coca?   —Non, merci. Je **ne** veux **pas de** coca.

→ Although *some* or *any* may be omitted in English, **du, de la,** and **des** must be expressed in French.

ACTIVITÉ 2   Au restaurant

Nicole et ses amis vont commander ce qu'ils aiment. Dites ce que chacun prend d'après le modèle.

→ Isabelle aime le Coca-Cola.
   Elle prend du Coca-Cola.

1. Nicole aime la salade.
2. J'aime le rosbif.
3. Tu aimes la glace.
4. Marie aime l'eau minérale.
5. Nous aimons le thé.
6. Henri et Bernard aiment le café.
7. Liliane et Sophie aiment le gâteau.
8. Vous aimez le jambon.

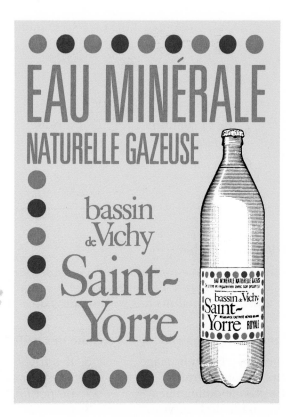

EAU MINÉRALE NATURELLE GAZEUSE

bassin de Vichy Saint-Yorre

VOCABULAIRE PRATIQUE Au supermarché

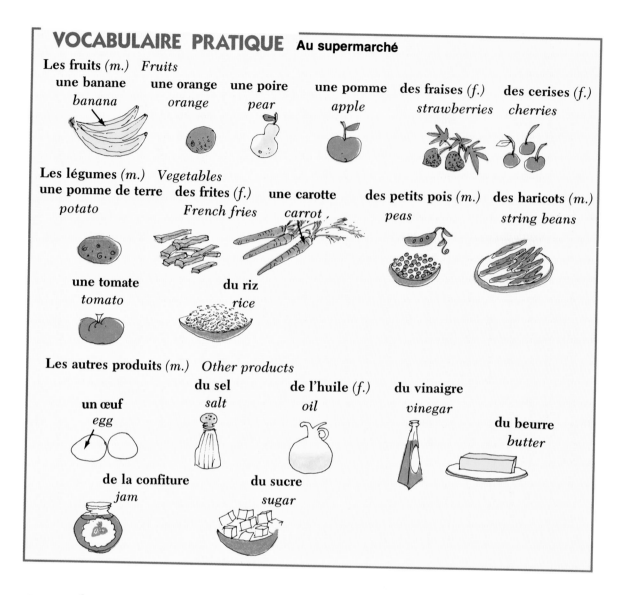

Les fruits (*m.*)   *Fruits*

une banane   **une orange**   **une poire**   **une pomme**   **des fraises** (*f.*)   **des cerises** (*f.*)
banana   *orange*   *pear*   *apple*   *strawberries*   *cherries*

Les légumes (*m.*)   *Vegetables*

une pomme de terre   **des frites** (*f.*)   **une carotte**   **des petits pois** (*m.*)   **des haricots** (*m.*)
potato   *French fries*   *carrot*   *peas*   *string beans*

une tomate   **du riz**
tomato   *rice*

Les autres produits (*m.*)   *Other products*

du sel   **de l'huile** (*f.*)   **du vinaigre**
salt   *oil*   *vinegar*

un œuf   **du beurre**
egg   *butter*

de la confiture   **du sucre**
jam   *sugar*

ACTIVITÉ 3   Le chef

Imaginez que c'est vous qui faites la cuisine. Vous voulez préparer les plats suivants. Demandez à un ami d'acheter les ingrédients nécessaires. Pour cela, utilisez les produits des vocabulaires de cette page et des pages 229 et 232.

→ une omelette au jambon   **Achète des œufs, du sel, du beurre et du jambon.**

1. une omelette au fromage
2. une salade de fruits
3. une salade de légumes
4. une soupe de légumes

5. des frites
6. un «banana split»
7. un petit déjeuner américain (*American breakfast*)
8. un repas végétarien

C. Le pronom *en* remplaçant *du, de la, des* + nom

Note the use of **en** in the answers to the following questions.

Veux-tu **du champagne?**	Oui, j'**en** veux. ⎫	
Veux-tu **de la glace?**	Oui, j'**en** veux. ⎭	*Yes, I want some.*
Veux-tu **de l'eau minérale?**	Non, je n'**en** veux pas. ⎫	
Veux-tu **des fruits?**	Non, je n'**en** veux pas. ⎭	*No, I don't want any.*
Est-ce qu'il y a **du pain?**	Oui, il y **en** a.	*Yes, there is some.*
Est-ce qu'il y a **des frites?**	Non, il n'y **en** a pas.	*No, there aren't any.*
As-tu mangé **du caviar?**	Oui, j'**en** ai mangé.	*Yes, I ate some.*
As-tu pris **des photos?**	Non, je n'**en** ai pas pris.	*No, I didn't take any.*

The pronoun **en** replaces direct object nouns introduced by **du, de la, de l'**, or **des**.

→ Like other object pronouns, **en** comes before the verb, except when the verb is in the affirmative imperative.

Prends de la glace!   Prends‿**en!**

→ **En** replaces both masculine and feminine, and singular and plural nouns.

→ In the above sentences, **en** corresponds to the English pronouns *some* and *any.*

→ There is liaison after **en** when the next word begins with a vowel sound.

—As-tu des amis français?   —Oui, j'**en**‿ai.

ACTIVITÉ 4   Un repas végétarien

Nicole est végétarienne. Dites si oui ou non elle mange les choses suivantes.

→ du rosbif?   **Elle n'en mange pas.**

des pommes de terre?   **Elle en mange.**

1. de la glace?
2. de la viande?
3. des petits pois?
4. des carottes?
5. des oranges?
6. du melon?
7. du poulet?
8. des spaghetti?
9. du jambon?
10. de la salade?

ACTIVITÉ 5   Dialogue

Demandez à vos camarades s'ils font les choses suivantes.

→ le sport   —**Fais-tu du sport?**
      —**Oui, j'en fais. (Non, je n'en fais pas.)**

1. la gymnastique
2. le piano
3. la photo
4. le théâtre
5. le tennis
6. le ski
7. le ski nautique (*water-skiing*)
8. la poterie
9. la danse

LES FROMAGES DE SAVOIE

BEAUFORT
EMMENTAL DE SAVOIE
TOMME DE SAVOIE

ACTIVITÉ 6   Moi aussi

Jean-Claude pense qu'il est absolument *(absolutely)* unique, mais Isabelle lui dit qu'elle fait les mêmes *(same)* choses. Jouez les deux rôles d'après le modèle.

→ Je fais du golf.   Jean-Claude: **Moi, je fais du golf!**
                        Isabelle: **Et alors?** *(So what?)* **Moi aussi, j'en fais.**

1. Je fais du judo.   4. J'ai des amis intelligents.
2. Je prends des belles photos.   5. J'ai des idées intéressantes.
3. Je bois du champagne.   6. J'ai de la patience.

ACTIVITÉ 7   Questions personnelles

Répondez affirmativement ou négativement aux questions suivantes. Utilisez le pronom **en** dans vos réponses.

1. À la cafétéria, mangez-vous des légumes? des fruits? du jambon?
2. Chez vous, mangez-vous de la viande? de la salade? du caviar?
3. À la cafétéria, buvez-vous du lait? du coca? du champagne?
4. Avez-vous des bons professeurs? des amis intéressants?
   des amis français? des amis en France?

ACTIVITÉ 8   Dialogue

Demandez à vos camarades s'ils ont fait les choses suivantes le week-end dernier. Utilisez le passé composé des verbes suivants. Vos camarades vont utiliser le pronom **en** dans leurs réponses.

→ manger des fraises?   **—As-tu mangé des fraises?**
                           —Oui, j'en ai mangé. (Non, je n'en ai pas mangé.)

1. manger du poisson   4. prendre de l'aspirine
2. acheter du chewing-gum   5. prendre des photos
3. acheter des bonbons   6. boire de l'eau minérale

Prononciation

Le son /p/

Mot clé: <u>p</u>eu

Répétez les mots: <u>p</u>oire, <u>p</u>omme, <u>p</u>lat, <u>p</u>etits <u>p</u>ois, <u>p</u>orte, <u>p</u>rès, <u>p</u>ièce

Répétez les phrases: <u>P</u>aul n'a <u>p</u>as <u>p</u>u <u>p</u>artir avec <u>P</u>ierre.

La <u>p</u>omme et la <u>p</u>oire sont sur le <u>p</u>lat.

The French consonant sound /p/, like the sounds /k/ and /t/, is pronounced without releasing a puff of air.

Pour communiquer ▶

Expression pour la composition

hélas *unfortunately, alas*

—Vous avez de l'argent?

—**Hélas**, moi, je n'en ai pas.

Rencontres

Aujourd'hui Michèle va vous parler du repas de midi.
Écoutez-la!

Où déjeunez-vous? Moi, je déjeune à la cantine du lycée. Ce n'est pas toujours fameux... mais, hélas, je n'ai pas le choix. Comme entrée, nous avons des radis, ou des carottes, ou des tomates, et quelquefois du jambon ou des sardines. Comme plat principal, nous avons de la viande avec des légumes... pommes de terre, petits pois, haricots... ou des macaronis. Mon plat préféré est le poulet avec des frites. Nous en avons le mercredi. Le vendredi, nous avons du poisson. Je n'en mange jamais, même quand j'ai faim. Je déteste le poisson. Quelle horreur!

Après le plat principal, nous avons de la salade et du fromage et finalement un dessert: banane, pomme, ou yogourt. Parfois nous avons de la glace, mais c'est assez rare.

Comme boissons, nous avons de la limonade, du cidre ou de l'eau. Et bien sûr, nous avons tout le pain que nous voulons...

do you have lunch
cafeteria; great
choice; first course
radishes
sometimes
main course

even

How awful!

Sometimes

À votre tour

Maintenant décrivez votre repas de midi.

En général, je déjeune . . .

Comme entrée, il y a . . .

Comme plat principal, il y a . . .

Mon plat préféré est . . .

Nous en avons . . .

J'aime . . .

Je n'aime pas . . .

Comme dessert, il y a . . .

Leçon 5

Acte 5.
Une mauvaise surprise!

Personnages: Madame Marsan, Monsieur Marsan

Dimanche, 26 avril, 8 heures du matin

Madame Marsan va dans la cuisine. Là, elle a une très mauvaise surprise!
La cuisine *en effet* est dans un désordre inimaginable.   *indeed*

Ce n'est pas tout! Quand elle ouvre le réfrigérateur, elle découvre
qu'il est . . . vide!

Les amis de Jean-Claude ont mangé le repas qu'elle *avait préparé*   *had prepared*
spécialement pour ses invités, Monsieur et Madame Charron!

Monsieur Charron est le président de la *banque* où travaille son mari.   *bank*
Quel désastre! Madame Marsan va chercher son mari.   *What a disaster!*

M. MARSAN:	Tu es malade?
MME MARSAN:	Non, je ne suis pas malade. Je suis furieuse!
M. MARSAN:	Qu'est-ce qu'il y a?
MME MARSAN:	Hier, Jean-Claude a invité des amis et ils ont mangé mon repas . . .
M. MARSAN:	Est-ce qu'il reste du caviar?
MME MARSAN:	Non, il n'en reste plus.
M. MARSAN:	Et le rosbif?
MME MARSAN:	Ils l'ont mangé aussi.
M. MARSAN:	Et la glace?
MME MARSAN:	Il en reste un peu, mais il n'en reste pas assez pour nos invités.

M. MARSAN:	Et le champagne?	
MME MARSAN:	J'en ai acheté trois bouteilles, mais les amis de Jean-Claude en ont bu deux!	
M. MARSAN:	Cherchons une solution!	
MME MARSAN:	Il n'y en a pas!	
M. MARSAN:	*Mais si!* Allons faire les courses et . . .	*Yes there is!*
MME MARSAN:	Mais c'est dimanche aujourd'hui. Les magasins sont fermés.	
M. MARSAN:	C'est vrai!	
MME MARSAN:	Quelle catastrophe!	
M. MARSAN:	Tiens! Le téléphone.	
MME MARSAN:	Qui peut téléphoner à cette heure?	

(M. Marsan va répondre au téléphone. Il revient, content.)

MME MARSAN:	Qui est-ce?	
M. MARSAN:	C'est Monsieur Charron. Il a eu un accident hier soir! Rien de sérieux, mais il ne peut pas utiliser sa voiture . . . Il *s'excuse infiniment,* mais il ne peut pas venir.	*is terribly sorry*
MME MARSAN:	Cet accident, c'est un véritable miracle.	
M. MARSAN:	Et après tout, cette histoire, ce n'est pas un vrai drame!	

VOCABULAIRE

NOMS:	**un drame**	*drama, tragedy*	**une bouteille**	*bottle*
	un invité	*guest* (male)	**une invitée**	*guest* (female)

ADJECTIFS:	**content** ≠ **triste**	*happy* ≠ *sad*	Quand mes amis ne sont pas **contents** je suis **triste**.
	furieux (furieuse)	*mad, angry, furious*	Pierre est **furieux** parce que Sylvie n'a pas téléphoné.
	véritable	*real, true*	Tu es un **véritable** ami!
	vide ≠ **plein**	*empty* ≠ *full*	Le garage est **plein** de bouteilles **vides**.

VERBE:	**utiliser**	*to use*	Je peux **utiliser** la voiture ce soir?

EXPRESSIONS:	**il reste**	*there is/are . . . left*	**Il reste** une bouteille de champagne.
	ne . . . plus	*no longer, no more*	Il ne reste **plus** de rosbif.
	qu'est-ce qu'il y a?	*what's the matter?*	**Qu'est-ce qu'il y a?** Tu as l'air triste!

Note: The expression **qu'est-ce qu'il y a?** has two different meanings:

What is there . . . ?	**Qu'est-ce qu'il y a** dans le réfrigérateur?
What's the matter?	Pourquoi pars-tu? **Qu'est-ce qu'il y a?**

CONVERSATION

Questions sur le texte:

1. Où va Madame Marsan dimanche matin?
2. Quelle est la mauvaise surprise?
3. Qui a mangé le repas?
4. Comment s'appellent les invités?
5. Qui est Monsieur Charron?
6. Combien de bouteilles de champagne est-ce que Madame Marsan a achetées?
7. Combien de bouteilles est-ce que les amis de Jean-Claude ont bues?
8. Pourquoi est-ce que Madame Marsan ne peut pas faire les courses?
9. Qui téléphone?
10. Pourquoi est-ce que Monsieur Charron ne peut pas utiliser sa voiture?
11. Pourquoi est-ce que l'accident est un miracle?

NOTE CULTURELLE

Le champagne

Le champagne est un vin d'origine française. Le vrai champagne vient de la Champagne, une région située° à l'est° de la France. Aujourd'hui les Américains ont imité les Français. On fait du champagne en Californie et dans l'état° de New York ... «Mais est-ce que c'est du vrai champagne?» se demandent° les Français.

située *situated* **est** *east* **état** *state* **se demandent** *wonder*

VOCABULAIRE PRATIQUE Les repas

NOMS:

le petit déjeuner	*breakfast*
le déjeuner	*lunch*
le dîner	*dinner, supper*

VERBES:

prendre le petit déjeuner	*to have (eat) breakfast*
déjeuner	*to have (eat) lunch*
dîner	*to have (eat) supper, dinner*

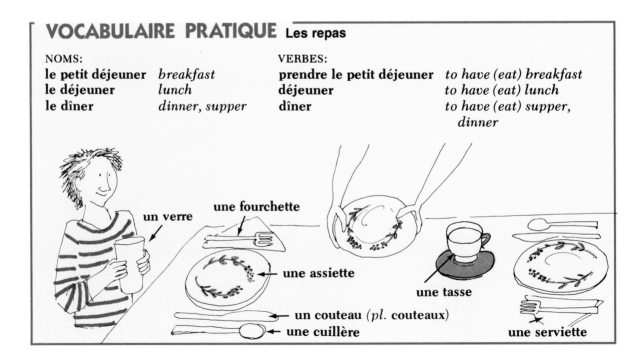

un verre
une fourchette
une assiette
un couteau (*pl.* couteaux)
une cuillère
une tasse
une serviette

ACTIVITÉ 1 Questions personnelles

1. Quel est votre repas préféré? Pourquoi?
2. À quelle heure prenez-vous le petit déjeuner en semaine *(during the week)*?
3. À quelle heure prenez-vous le petit déjeuner le dimanche?
4. À quelle heure déjeunez-vous?
5. Où déjeunez-vous pendant la semaine?
6. À quelle heure dînez-vous?
7. En général, qu'est-ce que vous mangez au petit déjeuner?
8. Qu'est-ce que vous avez mangé au dîner hier?

Structure

A. Le pronom *en* avec les expressions de quantité

Note the use of the pronoun **en** in the answers to the following questions.

—As-tu beaucoup d'argent?
—Non, je n'**en** ai pas **beaucoup.**   *No, I don't have **much** (of it).*
   J'**en** ai **peu.**   *I have **little** (of it).*

—Mangez-vous assez de fruits?
—Oui, j'**en** mange **assez.**   *Yes, I eat **enough** (of them).*

With expressions of quantity, such as **beaucoup de, assez de, peu de, trop de,** the pronoun **en** replaces **de** + noun or noun phrase.

→ Although the expressions *of it* and *of them* are usually left out in English, the pronoun **en** must be used in French.

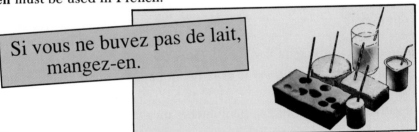

Si vous ne buvez pas de lait, mangez-en.

ACTIVITÉ 2 Critiques

Jean-Claude et Isabelle critiquent *(are criticizing)* leur école. Isabelle est d'accord avec ce que Jean-Claude dit. Jouez le rôle d'Isabelle.

> Nous n'avons pas beaucoup de vacances.
>
> Isabelle: **C'est vrai! Nous n'en avons pas beaucoup.**

1. Nous avons beaucoup de préparations.
2. Nous avons trop d'examens.
3. Nous faisons peu de sport.
4. Nous faisons peu de progrès.
5. Nous lisons trop de livres.
6. Nous n'avons pas assez de vacances.

ACTIVITÉ 3   Questions personnelles

Répondez aux questions suivantes en utilisant une expression de quantité:
peu, beaucoup, assez, trop et le pronom **en**.

→ Faites-vous du sport?   **J'en fais peu (beaucoup, assez, trop).**
                           (Je n'en fais pas assez [beaucoup]).

1. Avez-vous des amis?
2. Avez-vous des disques?
3. Avez-vous des vacances?
4. Avez-vous des projets de vacances?
5. Achetez-vous des disques?
6. Achetez-vous des magazines?
7. Lisez-vous des livres?
8. Faites-vous des progrès en français?

B. Le pronom *en* avec *un, une* et les nombres

Note the use of **en** in the sentences on the right.

Jean-Claude a un walkman.	Isabelle **en** a **un** aussi.
Jean-Claude a une guitare.	Isabelle **en** a **une** aussi.
Jean-Claude a douze disques.	Isabelle **en** a **vingt**.

The pronoun **en** replaces nouns or noun phrases introduced by **un, une,** or a number.
Contrast the French and the English sentences below.

As-tu des frères?	J'en ai **un.**	*I have one (of them).*
As-tu des cousines?	J'en ai **cinq.**	*I have five (of them).*
Combien d'élèves est-ce qu'il y a?	Il y **en** a **25.**	*There are 25 (of them).*

→ Whereas the expression *of them* is usually left out in English, **en** must be used in French.

→ In a negative sentence with **en**, the numbers **un** and **une** are not used after **pas.**

| Tu as un vélo? | Oui, j'en ai **un.** | *Yes, I have one.* |
| Tu as un ordinateur? | Non, je **n'en** ai **pas.** | *No, **I** don't have one.* |

ACTIVITÉ 4   Dialogue

Demandez à vos camarades s'ils ont les choses suivantes.

→ une guitare?   —**As-tu une guitare?**
                  —**Oui, j'en ai une. (Non, je n'en ai pas.)**

1. un vélo?
2. une montre?
3. une chaîne stéréo?

4. une radio?
5. un livre de français?
6. un appareil-photo?

7. un chien?
8. un chat?
9. un oiseau?

ACTIVITÉ 5 Les billets de théâtre *(Theater tickets)*

Imaginez que vous vendez des billets pour la représentation théâtrale de votre école. Dites combien de billets les personnes suivantes veulent. Utilisez le pronom **en.**

→ Isabelle: 1   **Isabelle en veut un.**

1. Jean-Pierre: 2
2. Marc: 3
3. Annette: 6
4. Jean-Louis: 5
5. Sylvie: 4
6. Sophie: 10
7. Bernard: 12
8. Christine: 7

ACTIVITÉ 6 Questions personnelles

→ Combien de frères avez-vous?   **J'en ai un (deux, trois, etc.).**
    (Je n'en ai pas.)

1. Combien de sœurs avez-vous?
2. Combien de disques avez-vous?
3. Combien de cousins avez-vous?
4. Combien de cousines avez-vous?
5. Combien de professeurs différents avez-vous?
6. Combien de mois de vacances avez-vous?

ACTIVITÉ 7 Vrai ou faux?

Lisez les phrases suivantes et déterminez si elles sont vraies ou fausses. Si elles sont vraies, confirmez-les. Si elles sont fausses, rectifiez-les *(correct them)*. Utilisez le pronom **en** d'après le modèle.

→ Il y a soixante minutes dans une heure.   **Oui, il y en a soixante.**

Il y a quarante états *(states)* aux États-Unis.   **Non, il y en a cinquante.**

1. Il y a vingt-trois élèves dans cette classe.
2. Il y a dix garçons dans cette classe.
3. Il y a neuf filles dans cette classe.
4. Il y a sept jours dans une semaine.
5. Il y a vingt-six jours en février.
6. Il y a douze mois dans l'année.

Prononciation

Révision: les sons /ə/, /ɛ/, /e/

/ə/ le, ce, me, petit, repas, cerises, revenir, devant
Je trouve ce petit repas remarquable.

/ɛ/ elle, belle, veste, verre, reste, terre, pièce, manière
Elle achète cette belle veste.

/e/ les, ces, mes, dîner, déjeuner, invité, célébrer, général, assez, et
Les invités vont assister à un dîner élégant.

The letter **e** followed by one consonant and a vowel is often not pronounced.
The letter **e** at the end of a word is a "mute **e**" and is usually not pronounced.
The letter **e** followed by two consonants is almost always pronounced /ɛ/.
Usually **è** and **ê** are pronounced /ɛ/, and **é** is pronounced /e/.
The letters **es** in words like **les** and **des**, and the letters **er**, **et**, and **ez** at the end of the word are usually pronounced /e/.

Pour communiquer

Expression pour la composition

donc *therefore*   Je dois travailler cet été.
                    Donc, je ne vais pas voyager!

Rencontres

Michèle parle de ses vacances. Écoutez-la.

En France, nous avons relativement beaucoup de vacances. J'ai compté le *counted* nombre de jours de vacances que nous avons. Au total, nous en avons 116.

À Noël nous avons douze jours de vacances. Nous en avons aussi douze à <u>la Toussaint</u>, douze en février et douze à <u>Pâques</u>. Les <u>grandes vacances</u> commencent le 1er juillet et finissent le 5 septembre.

All Saints' Day (Nov. 1)

Easter; Summer vacation

J'ai beaucoup de projets de vacances. Cette année je voudrais aller en Grèce avec des copains. Hélas, pour voyager, j'ai besoin d'argent. Moi, je n'en ai pas assez. Je n'ai pas de job et mes parents ne sont pas généreux. Donc, cette année je vais faire comme les autres années. Je vais passer mes vacances en Normandie chez mes grands-parents.

À votre tour

Maintenant parlez de vos vacances.

Aux États-Unis, nous . . .
À Noël, nous avons . . .
Au printemps, nous . . .
Les grandes vacances . . .
J'ai . . . (Je n'ai pas . . .)
Cette année, je voudrais . . .

Je voudrais aussi . . .
Mais pour faire cela, on doit avoir . . .
Moi, j'en ai . . . (Moi, je n'en ai pas.)
Mes parents . . .
Donc, cette année, je vais . . .

APPENDIX 1 SOUND-SPELLING CORRESPONDENCES

SOUND	SPELLING	EXAMPLES
Vowels		
/a/	a, à, â	Madame, là-bas, théâtre
/i/	i, î	visite, Nice, dîne
	y (initial, final, or between consonants)	Yves, Guy, style
/u/	ou, où, oû	Toulouse, où, août
/y/	u, û	tu, Luc, sûr
/o/	o (final or before silent consonant)	piano, idiot, Margot
	au, eau	jaune, Claude, beau
	ô	hôtel, drôle, Côte-d'Ivoire
/ɔ/	o	Monique, Noël, jolie
	au	Paul, restaurant, Laure
/e/	é	Dédé, Québec, télé
	e (before silent final z, t, r)	chez, et, Roger
	ai (final or before final silent consonant)	j'ai, mai, japonais
/ɛ/	è	Michèle, Ève, père
	ei	seize, neige, tour Eiffel
	ê	tête, être, Việt-nam
	e (before two consonants)	elle, Pierre, Annette
	e (before pronounced final consonant)	Michel, avec, cher
	ai (before pronounced final consonant)	française, aime, Maine
/ə/	e (final or before single consonant)	je, Denise, venir
/ø/	eu, œu	deux, Mathieu, œufs
	eu (before final se)	nerveuse, généreuse, sérieuse
/œ/	eu (before final pronounced consonant except /z/)	heure, neuf, Lesieur
	œu	sœur, cœur, œuf
	œ	œil
Nasal vowels		
/ã/	an, am	France, quand, lampe
	en, em	Henri, pendant, décembre
/ɔ̃/	on, om	non, Simon, bombe
/ɛ̃/	in, im	Martin, invite, impossible
	yn, ym	syndicat, sympathique, Olympique
	ain, aim	Alain, américain, faim
	(o) + in	loin, moins, point
	(i) + en	bien, Julien, viens
/œ̃/	un, um	un, Lebrun, parfum

SOUND	SPELLING	EXAMPLES
Semi-vowels		
/j/	**i, y** (before vowel sound)	b<u>i</u>en, p<u>i</u>ano, L<u>y</u>on
	-il, -ill (after vowel sound), **ll**	œ<u>il</u>, trava<u>ill</u>e, Marse<u>ill</u>e, fi<u>ll</u>e
/ɥ/	**u** (before vowel sound)	l<u>u</u>i, S<u>u</u>isse, j<u>u</u>illet
/w/	**ou** (before vowel sound)	<u>ou</u>i, L<u>ou</u>is, j<u>ou</u>er
/wa/	**oi, oî**	v<u>oi</u>ci, Ben<u>oî</u>t
	oy (before vowel)	v<u>oy</u>age
Consonants		
/b/	**b**	<u>B</u>ar<u>b</u>ara, <u>b</u>anane, <u>B</u>elgique
/k/	**c** (before **a, o, u,** or consonant)	<u>C</u>oca-<u>C</u>ola, <u>c</u>uisine, <u>c</u>lasse
	ch(r)	<u>Ch</u>ristine, <u>Ch</u>ristian, <u>Ch</u>ristophe
	qu, q (final)	<u>Qu</u>ébec, qu'est-ce <u>qu</u>e, cin<u>q</u>
	k	<u>k</u>ilo, <u>K</u>iki, <u>k</u>etchup
/ʃ/	**ch**	<u>Ch</u>arles, blan<u>ch</u>e, <u>ch</u>ez
/d/	**d**	<u>D</u>idier, <u>d</u>ans, mé<u>d</u>ecin
/f/	**f**	<u>F</u>élix, <u>f</u>ranc, neu<u>f</u>
	ph	<u>Ph</u>ilippe, télé<u>ph</u>one, <u>ph</u>oto
/g/	**g** (before **a, o, u,** or consonant)	<u>G</u>abriel, <u>g</u>orge, lé<u>g</u>umes, <u>g</u>ris
	gu (before **e, i, y**)	va<u>gu</u>e, <u>Gu</u>illaume, <u>Gu</u>y
/ɲ/	**gn**	mi<u>gn</u>on, champa<u>gn</u>e, Allema<u>gn</u>e
/ʒ/	**j**	<u>j</u>e, <u>J</u>érôme, <u>j</u>aune
	g (before **e, i, y**)	rou<u>g</u>e, <u>G</u>igi, <u>g</u>ymnastique
	ge (before **a, o, u**)	oran<u>ge</u>ade, <u>G</u>eorges, na<u>ge</u>ur
/l/	**l**	<u>L</u>ise, e<u>ll</u>e, cheva<u>l</u>
/m/	**m**	<u>M</u>aman, <u>m</u>oi, to<u>m</u>ate
/n/	**n**	ba<u>n</u>ane, <u>N</u>ancy, <u>n</u>ous
/p/	**p**	<u>p</u>eu, <u>P</u>apa, <u>P</u>ierre
/r/	**r**	a<u>rr</u>ive, <u>r</u>ent<u>r</u>e, Pa<u>r</u>is
/s/	**c** (before **e, i, y**)	<u>c</u>e, <u>C</u>écile, Nan<u>c</u>y
	ç (before **a, o, u**)	<u>ç</u>a, gar<u>ç</u>on, dé<u>ç</u>u
	s (initial or before consonant)	<u>s</u>ac, <u>S</u>ophie, re<u>s</u>te
	ss (between vowels)	boi<u>ss</u>on, de<u>ss</u>ert, Sui<u>ss</u>e
	t (before **i** + vowel)	atten<u>t</u>ion, Na<u>t</u>ions Unies, nata<u>t</u>ion
	x	di<u>x</u>, si<u>x</u>, soi<u>x</u>ante
/t/	**t**	<u>t</u>rop, <u>t</u>élé, <u>T</u>ours
	th	<u>Th</u>érèse, <u>th</u>é, Mar<u>th</u>e
/v/	**v**	<u>V</u>iviane, <u>v</u>ous, nou<u>v</u>eau
/gz/	**x**	e<u>x</u>amen, e<u>x</u>emple, e<u>x</u>act
/ks/	**x**	Ma<u>x</u>, Me<u>x</u>ique, e<u>x</u>cellent
/z/	**s** (between vowels)	dé<u>s</u>ert, Loui<u>s</u>e, télévi<u>s</u>ion
	z	Su<u>z</u>anne, <u>z</u>ut, <u>z</u>éro

FRENCH-ENGLISH VOCABULARY

The French-English Vocabulary contains active and passive words from the text, as well as the important words of the illustrations used within the units. Obvious passive cognates have not been listed. Illustrations in the Sections Magazines are glossed where used.

The numbers following an entry indicate the unit and lesson in which the word or phrase is activated. (**P** stands for **Prélude.**) Passive meanings are separated from active meanings by a semicolon.

Nouns: If the article of a noun does not indicate gender, the noun is followed by *m.* (*masculine*) or *f.* (*feminine*). If the plural (*pl.*) is irregular, it is given in parentheses.

Adjectives: Adjectives are listed in the masculine form. If the feminine form is irregular, it is given in parentheses. Irregular plural (*pl.*) forms are also given in parentheses.

Verbs: Verbs are listed in the infinitive form. An asterisk (✱) in front of an active verb means that it is irregular. (For forms, see the verb charts in Appendix 3C.) Irregular present tense forms are listed when they are used before the verb has been activated. Irregular past participle (*p. part.*) forms are listed separately.

Words beginning with an **h** are preceded by a bullet (•) if the **h** is aspirate; that is, if the word is treated as if it begins with a consonant sound.

a

a: il y a there is, there are (**2.4**)

à at, to, in (**1.1**); from, for, by **à cause de** because of (**8.1**) **à...heure(s)** at . . . (o'clock) (**P.4**) **à quelle heure?** (at) what time? (**P.4**) **à qui est/sont...?** whose . . . is it/are they?, to whom does/ do . . . belong? (**3.5**)

un **abonnement** season ticket

abord: d'abord first

absolument absolutely

un **accent** accent mark, accent, stress

accomplir to accomplish

un **accord** agreement **d'accord** okay, all right (**2.1**) **être d'accord** to agree (**2.1**)

un **achat** purchase

acheter to buy (**4.2**)

un **acteur** actor (**5.1**)

une **activité** activity

une **actrice** actress (**5.1**)

actuellement right now

adéquat adequate

un **adjectif** adjective

un **admirateur, une admiratrice** admirer

admirer to admire

adorer to love, adore (**1.4**)

une **adresse** address

un **adverbe** adverb

un **aéroport** airport

une **affaire** business, concern **des affaires** things, personal belongings

affirmatif (affirmative) affirmative, "yes"

affirmativement in the affirmative, saying "yes"

l' **Afrique** *f.* Africa (**2.4**)

un **âge** age **quel âge as-tu (avez-vous)?** how old are you? (**3.3**)

âgé old (**3.3**)

une **agence** agency **une agence de tourisme** tourist agency **une agence de voyages** travel agency

l' **agneau** *m.* lamb (**5.2**)

ah! ah! oh! (**2.1**) **ah bon!** all right! (**3.4**)

ai: j'ai I have

aider (à) to help (**7.1**)

un **ailier (gauche, droit)** (*soccer*) (left, right) wing

aimable friendly

aimer to like (**1.4**)

l' **air** *m.* air **avoir l'air** to seem, look (**6.1**)

aise: mal à l'aise uncomfortable, ill at ease

un **album** album (**3.3**)

l' **Algérie** *f.* Algeria (*country in North Africa*)

algérien (algérienne) Algerian

l' **Allemagne** *f.* Germany (**2.4**)

allemand German (**2.4**)

l' **allemand** *m.* German (*language*)

✱ **aller** to go (**3.1**) **aller à pied** to walk, go on foot (**5.5**) **aller à vélo (bicyclette)** to go by bicycle (**5.5**) **aller bon train** to go at a good pace **aller en voiture (en train)** to go by car (by train) (**5.5**)

allez: comment allez-vous? how are you? (**P.2**)

allô hello (*used to answer the telephone*)

allons! let's go (**3.1**) **allons...!** let's go (*somewhere*)! (**3.1**)

alors then, well then, so (**1.5**) **et alors?** so what? (**1.5**) **zut alors!** darn (it)! rats! (**P.4**)

un **alpiniste, une alpiniste** alpinist, mountain climber

amener to bring, take along (**6.5**)

américain American (**2.4**)

un **Américain, une Américaine** American person (**2.4**)

l' **américanisation** *f.* americanization

l' **Amérique** *f.* America (**2.4**)

un **ami, une amie** (close) friend (**2.1**) **un petit ami** boyfriend (**2.3**) **une petite amie** girlfriend (**2.3**)

amicalement love (*at the end of a letter*) (**6.5**)

405

amitiés best regards (*at the end of a letter*) (**6.5**)

amoureux (amoureuse) in love (**7.3**)

amusant amusing (**2.1**)

amuser to amuse **amusez-vous bien** have a good time

un **an** year **avoir... ans** to be . . . (years old) (**3.3**) **le Jour de l'An** New Year's Day

analyser to analyze

ancien (ancienne) former

un **âne** donkey

un **ange** angel

anglais English (**2.4**)

l' **anglais** *m.* English (*language*)

un **Anglais, une Anglaise** English person (**2.4**)

l' **Angleterre** *f.* England (**2.4**)

un **animal** (*pl.* **animaux**) animal (**3.4**)

animé: un dessin animé cartoon (**5.1**)

l' **année** *f.* year (**P.5**)

un **anniversaire** birthday (**7.5**) **l'anniversaire de (Marc) est** (Marc's) birthday is (**P.5**) **mon anniversaire est...** my birthday is . . . (**P.5**)

un **anorak** (ski) jacket, parka (**4.2**)

août August (**P.5**)

un **appareil-photo** (*pl.* **appareils-photo**) (still) camera (**2.2**)

une **apparence** appearance

un **appartement** apartment

appelez: vous vous appelez your name is

appelle: comment s'appelle...? what's . . .'s name? (**2.1**) **comment s'appelle-t-il/elle?** what's his/her name? (**2.1**) **comment t'appelles-tu?** what's your name? (**P.2**) **je m'appelle** my name is (**P.2**) **...s'appelle** . . . is called, . . .'s name is

l' **appendicite** *f.* appendicitis

un **appétit** appetite

applaudir to applaud

apporter to bring

* **apprendre** to learn (**5.5**) **apprendre à + *inf.*** to learn how to (**5.5**)

appris (*p. part. of* **apprendre**) (**6.4**)

approximatif (approximative) approximate

après afterwards, after (**6.5**) **après tout** after all (**5.1**) **d'après** according to

un **après-midi** afternoon (**4.2**) **de l'après-midi** in the afternoon, P.M. (**P.4**)

l' **arabe** *m.* Arabic (*language*)

l' **Arc de Triomphe** *m. triumphal arch in Paris, commemorating Napoleon's victories*

un **archéologue** archaeologist

l' **argent** *m.* money (**4.1**) **l'argent de poche** pocket money, allowance (**7.4**)

un **arrière (gauche, droit)** (*soccer*) (left, right) fullback **un arrière central** (*soccer*) center halfback

une **arrivée** arrival

arriver to arrive, come (**1.1**)

l' **art** *m.* art

un **artiste, une artiste** artist

artistique artistic

une **ascension** ascent

l' **Asie** *f.* Asia (**2.4**)

assez rather (**2.1**) enough (**8.2**)

une **assiette** plate, dish (**8.5**)

assister (à) to attend, be present at, go to (**6.4**)

un **athlète, une athlète** athlete

l' **athlétisme** *m.* track and field

l' **Atlantique** *m.* Atlantic Ocean

attaquer to attack

attendre to wait, wait for (**4.5**)

attentif (attentive) attentive (**8.2**)

une **attention** attention **attention!** careful! **faire attention** to pay attention, be careful (**5.4**)

attentivement attentively

au at (the), to (the), in (the) (**3.1**) **au contraire** on the contrary (**1.2**) **au moins** at least (**3.2**) **au printemps** in (the) spring (**P.6**) **au revoir** good-by (**P.1**)

aujourd'hui today (**P.5**)

aussi also, too (**1.1**); so **aussi...que** as . . . as (**4.3**) **moi aussi** me too (**P.2**)

un **auteur** author (**8.1**)

un **autobus** bus (**5.5**)

l' **automne** *m.* fall, autumn (**4.2**) **en automne** in (the) fall, autumn (**P.6**)

une **automobile** car, automobile (**2.2**)

l' **autorisation** *f.* permission

autre other (**7.5**) **d'autre** other **d'autres** other people, others **l'autre** the other one (**7.5**) **les autres** the others (**7.5**) **un autre** another (**7.5**)

une **autruche** ostrich

aux at (the), to (the), in (the) (**3.1**)

avance: d'avance ahead

avant before (**6.5**)

un **avant centre** (*soccer*) center forward **avant-garde** avant-garde (*relating to new and experimental methods in the arts*)

avec with (**1.1**)

l' **avenir** *m.* future

une **aventure** adventure

un **avion** airplane (**5.5**)

un **avis** opinion

un **avocat, une avocate** lawyer (**7.1**)

* **avoir** to have, own (**2.2**) **avoir...ans** to be . . . (years old) (**3.3**) **avoir besoin de** to need (**4.4**) **avoir chaud** to be (feel) warm (**4.4**) **avoir de la chance** to be lucky (**4.4**) **avoir envie de** to want, feel like (having) (**4.4**) **avoir faim** to be hungry (**4.4**) **avoir froid** to be (feel) cold (**4.4**) **avoir l'air** to seem, look (**6.1**) **avoir mal (à)** to be in pain, have a sore . . . (**6.1**) **avoir raison** to be right (**4.4**) **avoir soif** to be thirsty (**4.4**) **avoir tort** to be wrong (**4.4**)

avril April (**P.5**) **poisson d'avril** April fools'

le **bac, baccalauréat** *diploma given at the end of secondary school*

bain: un bain de soleil sunbath **une salle de bains** bathroom (6.2)

un bal dance, ball

un ballon ball

une banane banana (8.4)

une bande dessinée comic strip **des bandes dessinées** comics (7.5)

une banque bank

bas sur pattes short-legged

le basket, basketball basketball (3.2)

un basset basset-hound

un bateau (*pl.* **bateaux**) boat (5.5)

le bavardage gossip

beau (**bel, belle; beaux**) good-looking, beautiful (2.1) (4.3) **il fait beau** it's nice (weather) (P.6)

beaucoup (de) much, very much, a lot (1.3) (8.2)

bel (*see* **beau**) good-looking, beautiful (4.3)

belge Belgian (2.4)

la Belgique Belgium (2.4)

belle (*see* **beau**) good-looking, beautiful (2.1) (4.3)

besoin: avoir besoin de to need (4.4)

bête silly, stupid (2.3)

le beurre butter (8.4)

une bibliothèque library (3.1)

une bicyclette bicycle (2.2) **aller à bicyclette** to go by bicycle (5.5)

bien well (1.1) **bien sûr** sure, of course (1.2) **ça va (très) bien** I'm/everything's (very) well (P.2) **c'est bien** that's good (fine) (2.5) **eh bien!** well! (2.3) **être bien** to be well, feel good (6.1)

la bière beer (5.2)

le bifteck steak

un billet bill, bank note (4.1) ticket (6.4)

bizarre bizarre, strange

blanc (blanche) white (2.2)

bleu blue (2.2)

blond blond (2.1)

un blue-jeans (pair of) jeans (4.2)

* boire to drink (5.2)

une boisson drink, beverage (5.2)

une boîte box **une boîte aux lettres** mailbox

une bombe bomb

bon (bonne) good (2.3) **ah bon!** all right! (3.4) **bon marché** inexpensive (4.1) **bon voyage!** have a good trip! **il fait bon** it's fine (pleasant) (weather) (P.6)

des bonbons *m.* candy (4.5)

le bonheur happiness

bonjour hello, good morning, good afternoon (P.1)

bonsoir good evening

une botte boot (4.2)

une bouche mouth (6.1)

un boucher, une bouchère butcher

un boulanger, une boulangère baker

les boules *f.* bowling

une boum (informal) party (2.1)

une bouteille bottle (8.5)

une boutique boutique, shop

un bras arm (6.1)

brésilien (brésilienne) Brazilian

bricoler to build and fix things

brillamment brilliantly

brillant brilliant, bright (8.2)

brun dark-haired (2.1)

une brute brute **comme des brutes** like mad

bu (*p. part. of* **boire**) (6.3)

un buffet buffet spread

buissonnière: l'école buissonnière playing hooky

un bureau desk (6.2) **un bureau de tabac** tobacco shop

un bus bus (5.5)

un but goal **un gardien de but** goalie **une ligne de but** goal line

buvez drink

C

c' (*see* **ce**)

ça that, it **ça dépend** it depends (4.1) **ça n'a pas d'importance** it doesn't matter (3.1) **ça ne fait rien** it doesn't matter (7.4) **ça suffit!** that's enough! (7.5) **ça va?** how are you? how's everything? (P.2) **ça va** everything's fine (going

well); fine, I'm OK, everything's all right (P.2); good **c'est ça!** that's it! that's right! (2.1) **comme ci, comme ça** so-so (P.2)

un cadeau (*pl.* **cadeaux**) gift, present

le café coffee (5.2)

un café café (*French coffee shop*) (3.1)

une cafétéria cafeteria (3.1)

une calculatrice calculator

un calendrier date book

calme calm (8.2)

calmement calmly (8.2)

un camarade, une camarade classmate, school friend (2.1)

une caméra movie camera (2.2)

la campagne country, countryside (3.1)

le Canada Canada (2.4) **canadien (canadienne)** Canadian (2.4)

un canard duck

un canari canary

un caniche poodle

un canoë canoe

la Cantatrice chauve The Bald Soprano (*play by Eugène Ionesco*)

une cantine cafeteria, school cafeteria

une capitale capital

capricieux (capricieuse) capricious

un caractère character

un cardiologue cardiologist

le Carnaval *winter carnival celebration in Nice and other French-speaking cities, held at Mardi Gras*

un carnet notebook

une carotte carrot (8.4)

carré square **le Vieux Carré** *the French Quarter in New Orleans*

une carte map; card (7.5) **jouer aux cartes** to play cards (3.2) **une carte postale** postcard (7.5)

un cas case **dans ce cas** in that case (7.3)

un casque helmet

un casse-pieds "pain (in the neck)"

casser to break (7.5)

une **cassette** cassette (2.2)
cause: à cause de because of (8.1)
ce (**c'**) this, that, it **ce que** that **ce sont** these are, those are, they are (2.4) **c'est** that's, it's (P.1) he's, she's (2.3) **c'est-à-dire** that is to say **c'est ça!** that's it! that's right! (2.1) **c'est combien?** how much is it? (P.3) **c'est...francs** it's . . . francs (P.3) **c'est le (10 septembre)** it's (September 10th) (P.5) **qu'est-ce que c'est?** what is it? what's this? (4.1)
ce (**cet, cette; ces**) this, that, these, those (4.2) **ce...-ci** this (over here) (4.2) **ce...-là** that (over there) (4.2) **ce soir** tonight, this evening (4.2)
cela that (8.1) **pour cela** because of that, for that reason (8.1)
célèbre famous (8.1)
célébrer to celebrate (8.4)
le **céleri** celery
cent one hundred (4.1) **pour cent** percent
un **centime** centime (*1/100 of a franc*)
central center **un arrière central** (*soccer*) center halfback
un **centre** center **un avant centre** (*soccer*) center forward
cependant nevertheless
une **cerise** cherry (8.4)
certain certain **certains** some, some people
certainement certainly (5.5)
ces these, those (4.2)
c'est (*see* ce)
c'est-à-dire that is to say
cet this, that (4.2)
cette this, that (4.2)
chacun each one, every one
une **chaîne stéréo** stereo set (2.2)
une **chaise** chair (6.2)
une **chambre** room; bedroom (6.2)
un **champion, une championne** champion
un **championnat** championship
les **Champs-Élysées** *m. avenue in Paris*

chance: avoir de la chance to be lucky (4.4)
un **changement** change
changer to change
une **chanson** song
le **chantage** blackmail
chanter to sing (1.4)
un **chanteur, une chanteuse** singer
un **chapeau** (*pl.* **chapeaux**) hat (4.3)
chaque each, every
la **chasse** hunting
un **chat** cat (3.4)
chaud warm, hot (4.2) **avoir chaud** to be (feel) warm (4.4) **il fait chaud** it's hot (weather) (P.6)
une **chaussette** sock (4.2)
une **chaussure** shoe (4.2) **des chaussures de ski** ski boots
un **chef** head, chef
une **chemise** shirt (4.3)
un **chemisier** blouse (4.3)
cher (**chère**) expensive (4.1) dear (4.4)
chercher to look for (7.1)
un **cheval** (*pl.* **chevaux**) horse (3.4)
les **cheveux** *m.* hair (6.1)
chez at/to . . .'s (house) (3.2); in **chez (le pharmacien)** at/to (the pharmacist's) (4.5) **chez moi (toi, lui...)** (at) home (3.2)
chic nice; elegant, in style (4.2)
un **chien** dog (3.4)
la **chimie** chemistry
un **chimiste** chemist
la **Chine** China (2.4)
chinois Chinese (2.4)
un **chirurgien** surgeon
un **chocolat** chocolate, cocoa
choisir to choose (4.1)
un **choix** choice
une **chose** thing (6.3) **quelque chose** something, anything (7.4)
ci: ce...-ci this . . . (over here) (4.2) **ce mois-ci** this month (4.2) **ci-dessus** above
le **cidre** cider
le **cinéma** movies (5.1)
un **cinéma** movie theater (3.1)
cinq five (P.3)
cinquante fifty (P.3)

cinquième fifth (3.4)
une **clarinette** clarinet (3.2)
une **classe** class **en classe** in class (1.5) to class (3.1)
classique classical
une **clé** key **un mot clé** key word, practice word
un **client, une cliente** client, customer
une **cloche** bell
un **coca** Coke (5.2)
un **Coca-Cola** Coca-Cola (5.2)
un **cochon** pig
un **cœur** heart (6.1)
une **coïncidence** coincidence
colère: en colère angry
des **collants** *m.* tights, pantyhose (4.3)
collectionner to collect
un **collège** (**un Collège d'Enseignement Secondaire**) junior high school
une **colonne** column
combien how much (P.3) **c'est combien?** how much is it? (P.3) **combien de** how much, how many (4.1)
une **comédie** comedy (5.1) **une comédie musicale** musical comedy (5.1)
un **comédien, une comédienne** comedian
commander to command; to order (5.2)
comme like, as (4.4) **comme ci, comme ça** so-so (P.2)
commencer to begin, start (6.3)
comment how (1.3) what (2.1) **comment allez-vous?** how are you? (P.2) **comment dit-on?** how do you say? (4.5) **comment est-il/elle?** what's he/she like? what does he/she look like? (2.1) **comment s'appelle...?** what's . . .'s name? (2.1) **comment s'appelle-t-il/elle?** what's his/her name? (2.1) **comment t'appelles-tu?** what's your name? (P.2) **comment vas-tu?** how are you? (P.2)
un **commentaire** comment
un **commerçant, une commerçante** shopkeeper

commet: on commet un excès one overdoes things

commun: en commun in common

une **compagnie** company

un **compagnon** companion

une **comparaison** comparison

comparer to compare

un **complément** object

complet (complète) complete

complétant: en complétant by completing

compléter to complete

un **compliment** compliment **faire un compliment** to pay a compliment

compliqué complicated (4.5)

composer to compose

✳ **comprendre** to understand (5.5)

compris included

compris (*p. part. of* **comprendre**) (6.4)

compter to count

un **concert** concert (3.1)

conduit: elle a conduit she drove

la **confiture** jam (8.4)

un **conflit** conflict

le **confort** comfort

confortable comfortable

conjugué conjugated

une **connaissance** acquaintance **faire connaissance avec** to meet **faire la connaissance de** to meet

connaissent: ils connaissent they know

connaissez: vous connaissez you know

✳ **connaître** to know, be acquainted with (7.2)

connu (*p. part. of* **connaître**) (7.2)

un **conseil** (piece of) advice (7.5) **des conseils** advice

conservateur (conservatrice) conservative (4.3)

consister to consist

constamment constantly

consulter to consult

contagieux (contagieuse) contagious

content happy (8.5)

contiennent: ils contiennent they contain

continuellement continually

continuer to continue

contradiction: l'esprit *m.* **de contradiction** disagreeing

le **contraire** opposite **au contraire** on the contrary (1.2)

contre against, in exchange for

un **contrôle** control

convient: qui convient (that is) appropriate

un **copain, une copine** friend, pal (7.3)

le **corps** body

une **correspondance** correspondence

correspondant that corresponds

correspondre to correspond, match

un **costume** suit (4.3) costume (8.1)

la **côte** coast

la **Côte d'Azur** Riviera (*southern coast of France on the Mediterranean*)

la **Côte-d'Ivoire** Ivory Coast (*French-speaking country in West Africa*)

côté: à côté de next to

une **couleur** color **de quelle couleur?** what color? (2.2)

une **coupe** cup

courant everyday

un **cours** street, drive, parkway

une **course** race, errand **faire les courses** to go shopping (5.4)

court short (4.3)

un **court de tennis** tennis court

un **cousin, une cousine** cousin (3.2)

le **coût** cost

un **couteau** (*pl.* **couteaux**) knife (8.5)

coûter to cost (4.1)

un **couturier** fashion designer

une **couverture** cover

une **cravate** tie (4.3)

un **crémier, une crémière** dairy person

le **créole** Creole (*French dialect spoken in Louisiana and the Caribbean*)

un **crétin, une crétine** cretin, idiot

un **critique** critic

critiquer to criticize

croisé: un mot croisé crossword puzzle

un **croissant** crescent roll

une **cuillère** spoon (8.5)

la **cuisine** cooking (5.3)

une **cuisine** kitchen (6.2)

une **cuisinière** cook (*female*) (8.4)

culturel (culturelle) cultural

curieux (curieuse) curious

la **curiosité** curiosity

d

d' (*see* **de**) (1.1)

d'abord first

d'accord okay, all right (2.1) **être d'accord** to agree (2.1)

une **dame** lady, woman (*polite term*) (2.1)

dangereux (dangereuse) dangerous (5.3)

dans in (3.3)

la **danse** dance (5.3)

danser to dance (1.2)

la **date** date (P.5)

d'avance ahead

de from, of, about (1.1) **de l'après-midi** in the afternoon, P.M. (P.4) **pas de** not a, not any, no (2.2)

décembre December (P.5)

décider to decide (6.4)

décorer to decorate

découvert (*p. part. of* **découvrir**) (8.4)

✳ **découvrir** to discover (8.4)

✳ **décrire** to describe (7.5)

décrivant describing

un **défaut** shortcoming

défini definite

un **degré** degree **il fait...degrés** it's . . . degrees (P.6)

la **dégustation** tasting

dehors outside

déjà ever; already (8.4)

déjeuner to have (eat) lunch (8.5)

le **déjeuner** lunch (8.5) **le petit déjeuner** breakfast (8.5)

délicat delicate

demain tomorrow (P.5)

demander to ask (3.5) ask for (7.4) **se demander** to wonder

demi: ...heure(s) et demie half past . . . (P.4) **midi et demi** half past twelve (noon) **minuit et demi** half past twelve (*midnight*)

un **demi** (gauche, droit) (*soccer*) (left, right) halfback

une **démocratie** democracy

un **démon** devil

démonstratif (**démonstrative**) demonstrative

une **dent** tooth (**6.1**)

un **dentiste, une dentiste** dentist

un **départ** departure, leaving

dépend: ça dépend it depends (**4.1**)

dépendre to depend

une **dépense** expense (**7.4**)

dépenser to spend (**4.1**)

dernier (**dernière**) last (**6.2**)

derrière behind (**8.3**)

des some, any (**2.4**) of (the), from (the), about (the) (**3.2**)

un **désastre** disaster

descendre to go down (**6.5**)

descendre de to get off, out of (**7.5**)

désirer to wish, want (**1.4**)

désobéir to disobey (**6.4**)

désolé sorry

un **désordre** disorder

un **dessert** dessert (**5.2**)

le **dessin** art, drawing (**5.3**)

un dessin animé cartoon (**5.1**)

dessinée: une bande dessinée comic strip **des bandes dessinées** comics (**7.5**)

dessiner to draw

déterminer to determine

détester to dislike, hate (**1.4**)

deux two (**P.3**)

deuxième second (**3.4**)

devant in front of (**8.3**)

développé developed

deviennent: ils/elles deviennent they become

* **devoir** to have to, should, must (**8.1**)

les **devoirs** *m.* homework

d'habitude usually

un **diamant** diamond

un **dictionnaire** dictionary

Dieu *m.* God **mon Dieu!** my goodness!

difficile hard, difficult (**2.5**)

dimanche *m.* Sunday (**P.5**)

dîner to have (eat) dinner (**1.1**) to have (eat) supper (**8.5**)

le **dîner** dinner, supper (**8.5**)

diplomate diplomatic

* **dire** to say, tell (**7.5**)

c'est-à-dire that is to say

vouloir dire to mean (**8.1**)

directement directly

un **directeur, une directrice** director, principal

dis (donc)! say! hey! (**1.4**)

discuter to argue; to discuss, talk about (**7.4**)

disposer (de) to have to spend

une **dispute** dispute, quarrel

un **disque** record (**2.2**)

un **disque compact** compact disk (**2.2**)

distinct distinct (**8.2**)

distinctement distinctly (**8.2**)

une **distraction** leisure activity

dit (*p. part. of* **dire**) (**7.5**)

dit: comment dit-on? how do you say? (**4.5**) **il/elle dit** he/she says **on dit** people say

dites: vous dites you say, tell **dites (donc)!** say! hey! (**1.4**)

divers diverse, different

dix ten (**P.3**)

dix-huit eighteen (**P.3**)

dixième tenth (**3.4**)

dix-neuf nineteen (**P.3**)

dix-sept seventeen (**P.3**)

un **docteur** doctor (**6.1**)

doit: il doit he should **on doit** one must

un **domaine** domain, area

domestique domestic

dommage too bad (**1.1**)

c'est dommage that's too bad (**1.1**)

donc therefore (**8.5**) **dis (dites) donc!** say! hey! (**1.4**)

donner to give (**7.1**)

donne-moi, donnez-moi give me (**P.3**)

* **dormir** to sleep (**6.5**)

un **dos** back (**6.1**)

doublé dubbed

douze twelve (**P.3**)

douzième twelfth (**3.4**)

un **drame** drama (**5.1**) tragedy (**8.5**)

droit: un ailier droit (*soccer*) right wing **un arrière droit** (*soccer*) right fullback **un demi droit** (*soccer*) right halfback **un inter droit** (*soccer*) right inside

droite: à droite de to the right of (**8.3**)

drôle funny (**2.3**)

du of (the), from (the), about (the) (**3.2**) some, any (**5.2**)

du matin in the morning, A.M. (**P.4**) **du soir** in the evening, P.M. (**P.4**)

dû (*p. part. of* **devoir**) (**8.1**)

dynamique energetic

e

l' **eau** *f.* water (**5.2**) **l'eau de toilette** cologne **l'eau minérale** mineral water (**5.2**)

un **échange** trade, exchange

échanger to trade, exchange

les **échecs** *m.* chess (**3.2**)

un **éclair** eclair (*pastry*)

une **école** school (**3.1**) **l'école buissonnière** playing hooky

économies: faire des économies to save money

économique economical

économiser to save, economize

un **économiste, une économiste** economist

écossais Scottish

écouter to listen (to) (**1.4**) **écoute! écoutez!** listen! (**2.5**)

* **écrire** to write (**7.5**)

écrit written

écrit (*p. part. of* **écrire**) (**7.5**)

écrit: il/elle écrit he/she writes

un **écrivain** writer

l' **éducation** *f.* education, manners **l'éducation physique** physical education

effet: en effet in effect, indeed

efficace effective

un **effort** effort **faire beaucoup d'efforts** to try hard

égaler to equal

une **église** church (**3.1**)

l' **Égypte** *f.* Egypt (**2.4**)

égyptien (**égyptienne**) Egyptian (**2.4**)

eh! hey! (**1.4**) **eh bien!** well! (**2.3**)

l' **électronique** *f.* electronics

l' **élégance** *f.* elegance, style
élégant well-dressed; elegant (4.3)
élémentaire elementary
un **élève, une élève** (high school) student (2.1)
élevé: bien élevé well-behaved, polite (7.5)
l' **élision** *f.* elision (*in French, the dropping of a final vowel*)
elle she (1.2) it (2.2) her (2.5)
elles they (1.2) them (2.5)
éloignée: la famille éloignée distant family (3.3)
embêtant annoying
un **empereur** emperor
un **employé, une employée** employee, salesperson
emprunter to borrow (3.2)
en in, to (4.5); by **en automne (hiver, été)** in (the) fall (winter, summer) (P.6) **en classe** in class (1.5) to class (3.1) **en vacances** on vacation (1.5) **en ville** downtown, in town (1.5)
en from there, of (about) it/them (8.3) some, any (8.4)
enchanté delighted
encore still
un **endroit** place
l' **énergie** *f.* energy
les **enfants** *m.* children (3.3)
enfin finally, at last (6.3)
une **énigme** enigma, mystery
enlever to remove
un **ennemi, une ennemie** enemy
une **enquête** survey
l' **enseignement** *m.* teaching
enseigner to teach
ensemble together, at the same time (6.1)
ensuite then, after (6.2); afterward(s)
entendre to hear (4.5)
entier (entière) entire
entraider: s'entraider to help one another
entre between (8.3)
une **entrée** first course (*of a meal*)
entrer (dans) to enter, go in (6.5)
l' **envie** *f.* desire **avoir envie de** to want, feel like (having) (4.4)

épais thick
une **épicerie** grocery (4.5)
un **épicier, une épicière** grocer (4.5)
une **épidémie** epidemic
l' **équilibre** *m.* balance
une **équipe** team (6.3)
un **équipement** equipment
équitable fair
une **erreur** error
un **esclave** slave
l' **espace** *m.* space **les espaces sous-marins** undersea world
l' **Espagne** *f.* Spain (2.4)
espagnol Spanish (2.4)
l' **espagnol** *m.* Spanish (*language*)
une **espèce** kind
espérer to hope (5.1)
l' **esprit** *m.* spirit, mind **l'esprit de contradiction** disagreeing
l' **essentiel** *m.* important thing
est: il/elle est he/she/it is **est-ce que** *phrase used to introduce a question* (1.2) **quel jour est-ce?** what day is it? (P.5) **qui est-ce?** who's that? who is it? (P.1)
l' **est** *m.* east
un **estomac** stomach
et and (P.3) **et alors?** so what? (1.5)
établir to establish
un **étage** floor
un **état** state
les **États-Unis** *m.* United States (2.4)
été (*p. part. of* **être**) (6.2)
l' **été** *m.* summer (4.2) **en été** in (the) summer (P.6)
éternellement eternally
étrange strange (7.2)
étranger (étrangère) foreign **à l'étranger** abroad
un **étranger, une étrangère** foreigner
* **être** to be (1.5) **être à** to belong to (3.5) **être bien** to be well, feel good (6.1) **être d'accord** to agree (2.1)
une **étude** study
un **étudiant, une étudiante** (college) student (2.1)
étudier to study (1.2)
eu (*p. part. of* **avoir**) (6.3)
euh... er . . . , uh . . . (P.6)
l' **Europe** *f.* Europe (2.4)

européen (européenne) European
eux them (2.5)
un **événement** event (6.3)
évidemment of course (4.3)
exactement exactly
un **examen** exam, test
excellent excellent (5.3)
exceptionnel (exceptionnelle) exceptional
excès: on commet un excès one overdoes things
excuser: s'excuser to excuse oneself, be sorry **excusez-moi** excuse me
un **exemple** example **par exemple** for example, for instance (8.2)
exercer to exercise
explique: tout s'explique everything is clear
un **explorateur, une exploratrice** explorer
explorer to explore
exportation: une compagnie d'exportation export company
une **exposition** exhibit
exprimer to express
extérieur exterior, outside
extra, extraordinaire extraordinary, great
extrêmement extremely

facile easy (2.5)
une **façon** fashion, way, manner (8.2) **d'une façon** in a way (8.2)
la **faim** hunger **avoir faim** to be hungry (4.4)
* **faire** to do, make (5.4) **faire attention** to pay attention, be careful (5.4) **faire de +** *activity* to do, play, study, participate in (5.4) **faire des progrès** to make progress (5.4) **faire des projets** to make plans (5.4) **faire les courses** to go shopping (5.4) **faire un match** to play a game, match (5.4) **faire un voyage** to take a trip (5.4)

faire une promenade (à pied, en voiture) to take a walk, drive **(5.5)** **se faire** to make

fait (*p. part. of* **faire**) **(6.2)**

fait: en fait in fact

fait: ça ne fait rien it doesn't matter **(7.4)** **il fait (beau, bon, chaud, frais, froid, mauvais)** it's (nice, fine, hot, cool, cold, bad) weather **(P.6)** **il fait...degrés** it's . . . degrees **(P.6)** **il fait moins...** it's . . . (degrees) below (zero) **(P.6)** **il fait zéro** it's 0° **(P.6)** **quel temps fait-il?** how (what) is the weather? **(P.6)** **quelle température fait-il?** what's the temperature? **(P.6)**

fameux (fameuse) famous, great

familial (of the) family

une **famille** family **(3.3)** **en famille** at home **la famille éloignée** distant family **(3.3)** **la famille proche** immediate family **(3.3)**

un **fana, une fana** fan

fantastique fantastic; great, terrific **(2.2)**

fascinant fascinating

fatigué tired **(4.4)**

un **fauteuil** armchair **(6.2)**

faux (fausse) false, wrong **(2.5)**

favori (favorite) favorite **(7.5)**

favorisé favored

félicitations! congratulations! **(8.3)**

féliciter to congratulate

féminin feminine

une **femme** woman **(2.1)**; wife

une **fenêtre** window **(8.3)**

fermer to close, shut **(8.3)**

la **ferveur** fervor

un **festin** feast

une **fête** holiday, feast, party

février February **(P.5)**

la **fièvre** fever, temperature **(6.1)**

une **figure** face **(6.1)**; figure

une **fille** girl **(2.1)** daughter **(3.3)**

un **film** movie **(5.1)** **un film d'aventures** adventure movie **(5.1)** **un film policier** detective movie **(5.1)**

un **fils** son **(3.3)**

fin fine

la **fin** end

finalement finally **(6.3)**

fini over, finished

finir to finish **(4.1)**

fixement: regarder fixement to stare at

flambé flaming

flatter to flatter

une **fleur** flower

une **flûte** flute **(3.2)**

fois times

une **fois** time

folie: à la folie madly

le **foot, football** soccer **(3.2)** **jouer au football** to play soccer **(3.2)**

le **footing** jogging **(5.3)**

une **forme** form **en forme** in shape

formidable great, terrific **(2.2)**

fort strong

fou (folle) crazy

un **foulard** scarf

une **fourchette** fork **(8.5)**

frais: il fait frais it's cool (weather) **(P.6)**

une **fraise** strawberry **(8.4)**

franc (franche) frank

un **franc** franc (*monetary unit of France, Belgium, and Switzerland*)

français French **(2.4)**

le **français** *m.* French (*language*)

un **Français, une Française** French person **(2.4)**

la **France** France **(2.4)**

francophone French-speaking

un **frère** brother **(3.2)**

des **frites** *f.* French fries **(8.4)**

froid cold **avoir froid** to be (feel) cold **(4.4)** **il fait froid** it's cold (weather) **(P.6)**

le **fromage** cheese **(5.2)**

un **fruit** fruit **(8.4)**

fumer to smoke

furieux (furieuse) furious, mad, angry **(8.5)**

g

gagner to win **(6.3)**; to earn

une **galerie** gallery

le **galop** gallop

un **garçon** boy **(2.1)** waiter **(7.1)**

un **gardien de but** goalie

une **gare** train station

un **gâteau** (*pl.* **gâteaux**) cake **(4.4)**

gauche left **à gauche de** to the left of **(8.3)** **un ailier gauche** (*soccer*) left wing **un arrière gauche** (*soccer*) left fullback **un demi gauche** (*soccer*) halfback **un inter gauche** (*soccer*) left inside

géant giant

gelée: en gelée jellied

général (*pl.* **généraux**) general **(8.2)** **en général** in general

généralement generally **(8.2)**

généraliste: un médecin généraliste general practitioner

généreux (généreuse) generous **(4.3)**

la **générosité** generosity

génial! great! terrific! **(2.2)**

génial (*pl.* **géniaux**) bright, brilliant, very smart **(7.2)**

un **génie** genius

le **genre** gender

les **gens** *m.* people **(7.5)**

la **géographie** geography

géographique geographic

une **glace** mirror; ice cream **(5.2)**

une **gorge** throat **(6.1)** **avoir mal à la gorge** to have a sore throat **(6.1)**

gourmand who likes food **(7.3)**

un **gourmand, une gourmande** person who likes to eat

grâce à thanks to

grand tall, big **(2.1)** **des grandes personnes** *f.* adults **un grand magasin** department store **(4.1)**

une **grand-mère** grandmother **(3.3)**

un **grand-père** grandfather **(3.3)**

les **grands-parents** *m.* grandparents **(3.3)**

gratuit free

grave serious

la **Grèce** Greece

un **grenier** attic

une **griffe** label

la grippe flu (6.1)
gris gray (2.2)
gros (grosse) fat (4.4); big
grossir to get fat, gain weight (4.1)
la Guadeloupe Guadeloupe (*a French island in the West Indies*)
une guerre war
une guitare guitar (2.2)
la gymnastique gymnastics (5.3)

h

h. =heure(s) (P.4)
habillé dressed
habiter to live (1.1)
une habitude habit d'habitude usually
haïtien (haïtienne) Haitian
des•haricots *m.* string beans (8.4)
•hasard: par hasard by any chance
hélas too bad; unfortunately, alas (8.4)
un hélicoptère helicopter
un•héros hero
l' heure *f.* time, hour
à...heure(s) at . . . (o'clock) (P.4) à quelle heure? (at) what time? (P.4)
...heure(s) (dix) (ten) past . . . (P.4) ...heure(s) et demie half past . . . (P.4) ...heure(s) et quart quarter past . . . (P.4)
...heure(s) moins (dix) (ten) of . . . (P.4) ...heure(s) moins le quart quarter of . . . (P.4) il est...heure(s) it is . . . (o'clock) (P.4) quelle heure est-il? what time is it? (P.4)
heureusement fortunately (8.2)
hier yesterday (6.2)
une histoire story, history (7.5)
historique historical
l' hiver *m.* winter (4.2) en hiver in (the) winter (P.6)
•hm! *used to show you hear what is said, but you do not want to answer* (4.4)
le•hockey hockey jouer au hockey to play hockey

un homme man (2.1)
un hôpital (*pl.* hôpitaux) hospital (3.1)
l' horreur *f.* horror quelle horreur! how awful!
l' huile *f.* oil (8.4)
•huit eight (P.3)
•huitième eighth (3.4)
l' humeur *f.* mood être de bonne (mauvaise) humeur to be in a good (bad) mood (7.5)
un hypermarché shopping center
hypocrite hypocritical

i

ici here (1.5)
l' idéalisme *m.* idealism
une idée idea (4.4) changer d'idée to change one's mind
idiot stupid (7.2) faire l'idiot to act dumb
une idole idol
il he (1.2) it (2.2) il y a there is, there are (2.4)
une île island
illustre well-known
ils they (1.2)
imaginer to imagine
imiter to imitate
immédiatement immediately
un immeuble apartment house
l' impératif *m.* imperative (command) mood
l' importance *f.* importance ça n'a pas d'importance it doesn't matter (3.1)
impossible impossible
incomplet (incomplète) incomplete
indéfini indefinite
indiqué indicated
indiscret (indiscrète) indiscreet
indispensable necessary
indisposé indisposed, uncomfortable
individuel (individuelle) individual
infiniment terribly
un infinitif infinitive
influencer to influence
l' information *f.* information
informé informed
un ingénieur engineer (7.1)
inimaginable unimaginable
l' injustice *f.* injustice

inscrit registered
insister to insist
un instrument instrument (3.2)
insulter to insult
intellectuel (intellectuelle) intellectual
intelligent intelligent (2.1)
un inter (gauche, droit) (*soccer*) (left, right) inside
interdit prohibited, forbidden
intéressant interesting (2.1)
international (*pl.* internationaux) international
un interprète, une interprète interpreter, translator (7.1)
interrogatif (interrogative) interrogative
l' interrogation *f.* interrogation, asking questions
interroger to ask
introduire to introduce
inutile useless (7.5)
les Invalides *m.* monument in Paris, Napoleon's tomb
inventer to invent
un inventeur, une inventrice inventor
une inversion inversion, turning around
invité invited
un invité, une invitée guest (8.5)
inviter to invite (1.1)
irlandais Irish
l' Italie *f.* Italy (2.4)
italien (italienne) Italian (2.4)
l' italien *m.* Italian (*language*)

j

j' (*see* je) (1.1)
jamais never ne...jamais never (7.1)
une jambe leg (6.1)
le jambon ham (5.2)
janvier January (P.5)
le Japon Japan (2.4)
japonais Japanese (2.4)
le japonais Japanese (*language*)
jaune yellow (2.2)
je I (1.1)
un jeu (*pl.* jeux) game (3.2) les Jeux Olympiques Olympic Games
jeudi *m.* Thursday (P.5)
jeune young (3.3)
les jeunes *m.* young people (4.2)

le **jogging** jogging (5.3)

joli pretty (2.3)

joué played

jouer to play (1.1) to act (8.1) **jouer à** + *sport, game* to play (3.2) **jouer de** + *instrument* to play (3.2)

un **joueur,** une **joueuse** player (6.3)

un **jour** day (P.5) **au jour le jour** from day to day **le Jour de l'An** New Year's Day **quel jour est-ce?** what day is it? (P.5) **tous les jours** every day

un **journal** (*pl.* **journaux**) paper, newspaper (4.5); diary **chez le marchand de journaux** at the newsstand

un **journaliste,** une **journaliste** journalist (7.1)

une **journée** day, whole day (7.5)

joyeux (**joyeuse**) happy

juger to judge

juillet July (P.5)

juin June (P.5)

un **jumeau,** une **jumelle** twin

une **jupe** skirt (4.3)

le **jus d'orange** orange juice (5.2)

jusqu'à until (6.5)

juste fair

justement in fact, precisely

k

un **kilo** kilogram

un **kilomètre** kilometer

l

l' (*see* **le, la**) (2.1)

la the (2.1) her, it (7.2)

là there (1.5); here **ce...là** that . . . (over there) (4.2) **oh là là!** oh dear! wow! whew! (P.3)

là-bas over there (1.5)

la **laine** wool

le **lait** milk (5.2)

une **lampe** lamp (6.2)

le **langage** language

une **langue** language, tongue

une **larme** tear

le **the** (2.1) him, it (7.2)

le (**lundi**) on (Mondays) (5.1)

une **leçon** lesson

légendaire legendary

un **légume** vegetable (8.4)

les **the** (2.4) them (7.2)

une **lettre** letter (7.5)

leur, leurs their (3.4)

leur (to) them (7.4)

la **liaison** *linking of two words*

libéral (*pl.* **libéraux**) liberal

libérer to liberate, free

la **liberté** liberty

un **libraire,** une **libraire** bookseller, bookstore owner (4.5)

une **librairie** bookstore (4.5)

libre free

un **lieu** (*pl.* **lieux**) place

une **ligne** line **une ligne de touche** (*soccer*) touch line, side line

une **limite** limit

limité limited

la **limonade** lemon soda (5.2)

∗ **lire** to read (7.5)

lis: je lis I read

lisez read

une **liste** list

un **lit** bed (6.2) **au lit** in bed

un **livre** book (2.2)

logique logical

logiquement logically

loin de far from (8.3)

un **loisir** leisure activity

long (**longue**) long (4.3)

longtemps for a long time (6.3)

longuement a long time

une **loterie** raffle

le **loto** lotto, lottery, bingo

un **loup** wolf

le **Louvre** *museum in Paris*

lu (*p. part. of* **lire**) (7.5)

lui him (2.5) (to) him, (to) her (7.4)

lundi *m.* Monday (P.5)

la **lune** moon

des **lunettes** *f.* glasses (4.2) **des lunettes de soleil** sunglasses (3.1)

un **lycée** high school

m

M. Mr. (P.1)

m' (*see* **me**) (7.1)

ma my (3.3)

Madame (**Mme**) Mrs. (P.1)

Mademoiselle (**Mlle**) Miss (P.1)

un **magasin** store, shop (4.1) **un grand magasin** department store (4.1)

un **magazine** magazine (7.5)

un **magnétophone** cassette recorder (2.2)

magnifique great (1.1) **c'est magnifique** that's great (1.1)

mai May (P.5)

maigrir to get thin, lose weight (4.1)

un **maillot** (sports) jersey

un **maillot de bain** bathing suit, swimsuit (4.2)

une **main** hand (6.1)

maintenant now (1.3)

mais but (1.1) **mais non** of course not (1.2) **mais oui** all right; certainly (1.2)

une **maison** house (3.1) **à la maison** at home, home (1.5) **la Maison des Jeunes** Youth Center

mal badly, poorly (1.1) **avoir mal** (**à**) to be in pain, have a sore . . . (6.1) **ça va** (**très**) **mal** I'm/everything's (very) bad (P.2) **c'est mal** that's bad (2.5) **mal à l'aise** uncomfortable (ill at ease) **pas mal** not bad (3.3)

malade sick (3.1)

un **malade,** une **malade** sick person

malheureusement unfortunately (8.2)

manger to eat (5.2) **une salle à manger** dining room (6.2)

une **manière** manner, way (8.2) **d'une manière** in a way (8.2)

un **manteau** (*pl.* **manteaux**) coat (4.3)

m'appelle: je m'appelle my name is (P.2)

un **marchand,** une **marchande** merchant, storekeeper, dealer (4.5) **chez le marchand de journaux** at the newsstand

la **marche** walking

un **marché** market
bon marché inexpensive
(**4.1**) **Au Bon Marché** *department store in Paris* un
marché aux puces flea
market
marcher to work (*function*),
walk (**2.2**); to step on
mardi *m.* Tuesday (**P.5**)
Mardi Gras *m.* Shrove
Tuesday
une **marguerite** daisy
un **mari** husband
le **Maroc** Morocco (*country in North Africa*)
marquer to mark
mars March (**P.5**)
un **Martiniquais**, une **Martiniquaise** *person from Martinique*
la **Martinique** Martinique
(*French island in the West Indies*)
martyriser to make suffer
masculin masculine
un **match** game, (sports) match
(**6.3**) **faire un match** to
play a game, match (**5.4**)
les **maths** *f.* math
un **matin** morning (**4.2**) **du matin** in the morning, A.M.
(**P.4**) **le matin** in the
morning
mauvais bad (**2.3**) **il fait mauvais** it's bad (weather)
(**P.6**)
me (to) me (**7.1**)
une **médaille** medal
un **médecin** doctor (**6.1**)
les **médicaments** *m.* medicine
meilleur better (**4.3**) **le meilleur** best (**4.4**) **un meilleur ami, une meilleure amie** best friend (**3.3**)
la **mélancolie** melancholy
un **membre** member
même same, even
un **mensonge** lie (**7.5**)
une **mer** sea **en mer** at sea
les fruits de mer seafood
merci thank you (**P.3**) no
thank you (**5.2**)
mercredi *m.* Wednesday (**P.5**)
une **mère** mother (**3.3**)
mes my (**3.3**)
messieurs gentlemen
une **mesure** measurement

la **météo** weather report
une **méthode** method
un **mètre** meter
métrique metric
un **métro** subway (**5.5**)
un **metteur en scène** director (*of a play, movie*) (**8.1**)
mettez put
* **mettre** to put, place, put on,
turn on, set, take (*time*) (**6.4**)
un **meuble** piece of furniture
(**6.2**) **les meubles** furniture (**6.2**)
mexicain Mexican (**2.4**)
le **Mexique** Mexico (**2.4**)
midi noon (**P.4**)
mieux better **tant mieux**
so much the better
mignon (**mignonne**) cute (**7.2**)
mille one thousand (**4.2**)
des **milliers** *m.* thousands
un **million** one million (**4.2**)
un **millionnaire**, une **millionnaire**
millionaire
mince slim, slender, thin (**4.4**)
minérale: l'eau minérale *f.*
mineral water (**5.2**)
minime minimum
minuit midnight (**P.4**)
une **minute** minute **une minute!** just a minute! (**5.4**)
mis (*p. part. of* **mettre**) (**6.4**)
Mlle Miss (**P.1**)
Mme Mrs. (**P.1**)
une **mobylette** motorbike, moped
(**2.2**)
la **mode** fashion (**4.3**); style
à la mode popular; in fashion, fashionable (**4.3**)
moi me (**2.5**) **moi aussi**
me too (**P.2**)
moins less (**4.3**) **au moins**
at least (**3.2**) **...heure(s)**
moins (dix) (ten) of . . .
(**P.4**) **...heure(s) moins le quart** quarter of . . .
(**P.4**) **il fait moins...** it's
. . . (degrees) below (zero)
(**P.6**) **le moins** the least
(**4.4**) **moins...que** less . . .
than (**4.3**)
un **mois** month (**P.5**) **ce mois-ci** this month (**4.2**)
un **moment** moment **en ce moment** at present, right
now (**8.1**)
mon (**ma; mes**) my (**3.3**)

le **monde** world **tout le monde** everyone
Monsieur (**M.**) Mr. (**P.1**)
un **monsieur** (*pl.* **messieurs**) gentleman, man (*polite term*)
(**2.1**)
monter to go up (**6.5**)
monter dans to get on, in
(**7.5**)
une **montre** watch (**2.2**)
montrer to show (**7.4**)
mort (*p. part. of* **mourir**) (**6.5**)
un **mot** word **un mot clé** key
word, practice word
un **mot croisé** crossword puzzle
un **moteur** motor
une **moto** motorcycle (**2.2**)
* **mourir** to die (**6.5**)
la **moutarde** mustard
moyenne: en moyenne on the
average
muet (**muette**) silent
musclé muscular
un **musée** museum (**3.1**)
musical (*pl.* **musicaux**) musical
un **musicien**, une **musicienne**
musician
la **musique** music
myope nearsighted
le **mystère** mystery

n

n' (*see* **ne**) (**1.1**)
nager to swim (**1.4**)
la **naissance** birth
* **naître** to be born (**6.5**)
la **natation** swimming (**5.3**)
national (*pl.* **nationaux**) national
une **nationalité** nationality (**2.4**)
les **Nations Unies** *f.* United Nations
naturel (**naturelle**) natural
(**8.2**)
naturellement naturally (**8.2**)
nautique: le ski nautique
water-skiing
ne...jamais never (**7.1**)
ne...pas not (**1.1**) **n'est-ce pas?** no? isn't it (so)? right?
(**1.3**)
ne...personne nobody, not anybody (**7.4**)
ne...plus no longer, no more
(**8.5**)

415

ne...rien nothing, not anything (7.4) **ça ne fait rien** it doesn't matter (7.4)

né (p. part. of **naître**) (6.5)

nécessaire necessary

nécessairement necessarily

négatif (négative) negative, "no"

négativement in the negative, saying "no"

neige: il neige it's snowing (P.6)

la **neige** snow

nerveux (nerveuse) nervous (8.2)

n'est-ce pas? no? isn't it (so)? right? (1.3)

neuf nine (P.3)

neuvième ninth (3.4)

un **nez** nose (6.1)

un **niveau** (pl. **niveaux**) level

Noël m. Christmas

noir black (2.2)

un **nom** name, noun

un **nombre** number

nombreux (nombreuse) numerous, many

non no (P.3) **mais non** of course not (1.2) **non compris** not included **non plus** neither

normal (pl. **normaux**) logical **c'est normal** that's logical (normal)

la **Normandie** Normandy (province in northwestern France)

nos our (3.5)

une **note** note, grade

notre (pl. **nos**) our (3.5)

nous we (1.3) us (2.5) (to) us (7.1)

nouveau (nouvel, nouvelle; nouveaux) new (4.3) **de nouveau** again

nouvelle (see **nouveau**) new (4.3)

une **nouvelle** (piece of) news (6.3)

la **Nouvelle-Angleterre** New England

novembre November (P.5)

un **nuage** cloud

une **nuit** night (4.2) **cette nuit** tonight (4.2)

un **numéro** number

o

obéir to obey (6.4)

un **objectif** objective

un **objet** object, thing

obligatoire required

observer to observe

obstiné obstinate, stubborn

une **occasion** occasion **d'occasion** secondhand

occupé busy (8.1)

un **océan** ocean

octobre October (P.5)

un **œil** (pl. **yeux**) eye (6.1)

un **œuf** egg (8.4)

offert (p. part. of **offrir**) (8.4)

* **offrir** to give (a present), to offer (8.4)

oh là là! oh dear! wow! whew! (P.3)

un **oiseau** (pl. **oiseaux**) bird (3.4)

une **omelette** omelet (5.2)

on one, you, they, people, we (4.5) **on y va!** let's go!

un **oncle** uncle (3.3)

onze eleven (P.3)

onzième eleventh (3.4)

opposer to match up

l' **optimisme** m. optimism

optimiste optimistic

l' **or** m. gold

une **orange** orange (fruit) (8.4)

une **orangeade** orange drink, orange soda

ordinal (pl. **ordinaux**) ordinal

un **ordinateur** computer (2.2)

un **ordre** order

une **oreille** ear (6.1)

organisé organized

organiser to organize (7.3)

originaire de native of

original (pl. **originaux**) original

une **origine** origin

un **os** bone

ou or (1.1)

où where (1.3)

l' **ouest** m. west

oui yes (P.3) **mais oui** all right; certainly (1.2)

ouvert (p. part. of **ouvrir**) (8.4)

* **ouvrir** to open (8.4)

p

le **Pacifique** Pacific Ocean

le **pain** bread (5.2)

une **paire** pair

une **panne** breakdown

un **pantalon** (pair of) pants (4.2)

le **papier** paper

Pâques f. Easter

par per (7.4) **par exemple** for example, for instance (8.2) **par hasard** by any chance

un **parc** park (3.1)

parce que because (1.3)

pardon excuse me (P.3)

un **parent** parent, relative (3.3)

une **parenthèse** parenthesis

paresseux (paresseuse) lazy

parfait perfect (4.2)

parfois sometimes

un **parfum** perfume

parier to bet **je parie que** I bet that (7.2)

parisien (parisienne) Parisian

parlant talking

parler to speak, talk (1.1)

un **participe** participle

participer à to participate in

particulier (particulière) special

une **partie** part

* **partir** to leave (6.5) **partir à** to leave for (a place) (6.5) **partir de** to leave (a place) (6.5)

partitif (partitive) partitive

partout everywhere

pas not **ne...pas** not (1.1) **pas de** not a, no, not any (2.2) **pas du tout** not at all (1.2) **pas mal** not bad (3.3) **pas question!** nothing doing! no way! (3.5)

passé past

le **passé composé** compound past tense

passer to spend (time) (4.5); to take (a test) **passer par** to go by, through (6.5)

un **passe-temps** hobby

passionnant exciting (5.3)

un **passionné**, une **passionnée** enthusiast

passionnément passionately

un **patient**, une **patiente** patient

le **patin à roulettes** roller-skating
le **patinage** skating (5.3)
une **pâtisserie** pastry, pastry shop (4.4)
un **pâtissier, une pâtissière** pastry cook, baker (4.5)
pattes: bas sur pattes short-legged
pauvre poor (3.1)
payer to pay, pay for (4.4)
un **pays** country (2.4)
une **pêche** peach
une **pédale** pedal
un **pédiatre** pediatrician
pendant for (+ *time*), during (6.1)   **pendant combien de temps** for how long (6.1)
pénible annoying (2.3)
penser to think (3.5)
perdre to lose, waste (4.5)   **perdre son temps** to waste one's time (6.3)
un **père** father (3.3)
un **permis** license
un **perroquet** parrot
un **personnage** character
une **personnalité** personality
personne de nobody (7.4)   **ne...personne** nobody, not anybody, not anyone (7.4)
une **personne** person (2.1)   **des grandes personnes** adults   **des personnes** people
personnel (personnelle) personal
le **personnel** personnel
personnellement personally
petit short, little (2.1)
un **petit ami** boyfriend (2.3)   **une petite amie** girlfriend (2.3)
le **petit déjeuner** breakfast (8.5)   **prendre le petit déjeuner** to have (eat) breakfast (8.5)
des **petits pois** *m.* peas (8.4)
peu (de) little, not much (8.2)   **un peu** a little, a little bit (1.3)
peut-être maybe, perhaps (2.4)
peux: je peux I may, can   **tu peux** you can
une **pharmacie** pharmacy, drugstore (4.5)
un **pharmacien, une pharmacienne** pharmacist (4.5)
un **philosophe** philosopher

la **photo** photography (5.3)
une **photo** photograph, picture (3.3)
un **photographe, une photographe** photographer
la **photographie** photography
une **phrase** sentence
physique physical
la **physique** physics
un **piano** piano (3.2)
une **pièce** coin (4.1) room (6.2) play (8.1)   **une pièce de théâtre** play (5.1)
un **pied** foot (6.1)   **à pied** on foot   **aller à pied** to walk, go on foot (5.5)   **faire une promenade à pied** to take a walk (5.5)
piloter to fly (a plane), pilot
un **pique-nique** picnic (7.3)
une **piscine** swimming pool (3.1)
une **place** (town) square, place; seat (6.4) room (7.5)
une **plage** beach (3.1)
une **plaisanterie** joke
un **plaisir** pleasure
plaît: s'il te (vous) plaît please (P.3)
la **planche à voile** wind-surfing
une **planète** planet
une **plante** plant
un **plat** dish, course (*of a meal*), platter (8.4)
plein full (8.5)
pleut: il pleut it's raining (P.6)
la **pluie** rain
le **pluriel** plural form
plus more (4.3)   **le plus** the most (4.4)   **moi non plus** me neither   **ne...plus** no longer, no more (8.5)   **non plus** neither   **plus...que** more than, . . .-er than (4.3)
plusieurs several
poche: l'argent *m.* **de poche** pocket money, allowance (7.4)
un **poème** poem (7.5)
un **poil** hair
une **poire** pear (8.4)
un **poisson** fish (3.4)   **poisson d'avril** April fools'
un **poisson rouge** goldfish (3.4)
poli polite
policier: un film policier detective movie (5.1)

politique political
une **pomme** apple (8.4)
une **pomme de terre** potato (8.4)
ponctuel (ponctuelle) punctual, on time
un **pont** bridge
populaire popular
une **porte** door (8.3)
porter to wear (4.2); to bear
poser to ask (*a question*), lay down
possessif (possessive) possessive
des **possessions** *f.* possessions, belongings
la **poterie** pottery (5.3)
une **poule** hen
le **poulet** chicken (5.2)
un **poumon** lung
pour for (1.5) in order to (6.2)   **pour cela** because of that, for that reason (8.1)   **pour cent** percent   **pour rien** no reason
pourquoi why (1.3)
poursuit: il poursuit he pursues
pouvez: vous pouvez you can
* **pouvoir** to be able, can, may (8.1)
pratique practical
pratiquer to practice, play
préféré favorite
préférer to prefer (5.1)
premier (première) first (P.5) (3.4)
la **première** *eleventh school year in France*
* **prendre** to take, have (5.5)   **prendre le petit déjeuner** to have (eat) breakfast (8.5)
préparer to prepare
près de next to, near (8.3)
le **présent** present (tense)
une **présentation** introduction
présenté introduced
présenter to introduce, present (7.1)
presque almost
prêter to lend, loan (7.1)
principal (*pl.* principaux) principal, main
le **printemps** spring (4.2)   **au printemps** in (the) spring (P.6)
pris (*p. part. of* **prendre**) (6.4)
privé private

417

privé: être privé de to be
   deprived of
un privilège privilege
un prix price (4.2); prize
probablement probably
un problème problem (4.4)
prochain next (6.2)
proche: la famille proche immediate family (3.3)
un produit product (8.4)
un professeur teacher (2.1)
   professor (7.1)
professionnel (professionnelle)
   professional
un programme program
un programmeur, une program-
   meuse (computer) pro-
   grammer
progrès: faire des progrès to
   make progress (5.4)
un projet plan   faire des
   projets to make plans (5.4)
une promenade walk, drive
   faire une promenade to
   take a walk, a drive (5.5)
   faire une promenade
   à pied to take a walk (5.5)
   faire une promenade en voiture to take a drive (5.5)
 * promettre to promise (6.4)
   promis (p. part. of promettre)
   (6.4)
un pronom pronoun
proposer to propose; to suggest, offer (6.5)
propre clean
prudent prudent, careful
psychologique psychological
pu (p. part. of pouvoir) (8.1)
une puce flea   un marché aux
   puces flea market
puis then, besides, moreover
un pull, pull-over sweater, pull-
   over (4.2)
puni punished
une punition punishment
purifier to purify

q

qu' (see que) (1.2)
une qualité quality
quand when (1.3)
une quantité quantity
quarante forty (P.3)

quart: ...heure(s) et quart
   quarter past . . . (P.4)
   ...heure(s) moins le quart
   quarter of . . . (P.4)
quatorze fourteen (P.3)
quatre four (P.3)
quatre-vingt-dix ninety (4.1)
quatre-vingts eighty (4.1)
quatrième fourth (3.4)
que that (3.5) than, as (4.3);
   whom   est-ce que phrase
   used to introduce a question
   (1.2)   qu'est-ce que
   what (4.1)   qu'est-ce que
   c'est? what is it? what's
   this? (4.1)   qu'est-ce qu'il
   y a? what's the matter?
   what is there? (8.5)
quel (quelle) what, which
   (4.2)   à quelle heure? (at)
   what time? (P.4)   quel...!
   what a . . .! (6.3)   quel
   âge as-tu (avez-vous)? how
   old are you? (3.3)   quel
   jour est-ce? what day is it?
   (P.5)   quel temps fait-il?
   how (what) is the weather?
   (P.6)   quelle heure est-il?
   what time is it? (P.4)
   quelle température fait-il?
   what's the temperature?
   (P.6)
quelque some, a few
quelque chose (de) something,
   anything (7.4)
quelquefois sometimes
quelqu'un (de) someone,
   somebody, anyone (7.4)
une question question   pas
   question! nothing doing! no
   way! (3.5)
qui who, whom (1.5);
   that   qui est-ce? who's
   that? who is it? (P.1)
quinze fifteen (P.3)
quitter to leave
quoi? what? (2.1)

r

raconter to tell (about) (6.3)
radin stingy (7.4)
une radio radio (2.2)
un radis radish
une raison reason   avoir raison
   to be right (4.4)

le rangement cleaning up
ranger to clean up
rapide quick, rapid (8.2);
   fast
rapidement rapidly, quickly
   (8.2)
une raquette racket (2.2)
rarement rarely, seldom (1.3)
raté unsuccessful
réaliste realistic
un réaliste, une réaliste realist
une récapitulation review, sum-
   mary
récemment recently
les recettes f. income
recevoir to receive
reçoit: il/elle reçoit he/she
   receives
une recommandation recommenda-
   tion
reconnaissez: vous reconnaissez
   you recognize
rectifier to correct
réel (réelle) real
un réflexe reflex
un réfrigérateur refrigerator
regarder to watch, look at
   (1.4)
un régime diet (4.1)   être au
   régime to be on a diet
   (4.1)
regretter to be sorry
régulier (régulière) regular
régulièrement regularly
relativement relatively
relisez reread
remarquable remarkable (7.2)
remarquablement remarkably
une remarque remark
remplacer to replace
remporter to win
une rencontre encounter
rencontrer to meet (6.5)
un rendez-vous date, appointment (3.1)   j'ai rendez-
   vous avec I have a date
   with (P.5)
rendre to render   rendre
   visite à to visit (people)
   (7.4)
les renseignements m. information
rentrer to come back, go
   back, go home (1.2)
renversé reversed
un repas meal (8.4)

une **répétition** rehearsal (8.1)
répondre to answer (6.3)
une **réponse** answer
* **reprendre** to have more, take seconds (8.4)
une **représentation** performance (8.1)
représenter to represent
réservé reserved
réserver to reserve
respecter to respect
respirer to breathe
une **responsabilité** responsibility
un **restaurant** restaurant (3.1)
au restaurant at the restaurant (1.5)
le **reste** rest **tout le reste** everything else
rester to stay (3.1) **il reste** there is (are) . . . left (8.5)
retard: de retard behind, late **en retard** late
un **retour** return
une **retraite** retreat
réussir to succeed, pass (a test) (4.1) to be successful (with) (6.1) **ne réussir pas** to fail, flunk (a test) (4.1)
* **revenir** to come back (5.4)
revenu (p. part. of **revenir**) (6.5)
le **revenu** revenue, income
une **révision** review
revoir: au revoir good-by (P.1)
une **revue** magazine (7.5)
riche rich (3.1)
ridicule ridiculous (7.2)
rien de nothing (7.4) **ça ne fait rien** it doesn't matter (7.4) **ne...rien** nothing, not anything (7.4) **pour rien** no reason
une **rivière** river
le **riz** rice (8.4)
une **robe** dress (4.3)
un **rôle** role, part (8.1)
un **roman** novel (7.5)
romantique romantic
le **romantisme** romanticism
rond round
le **rosbif** roast beef (5.2)
une **roue** wheel
rouge red (2.2)

rougir to blush, turn red (7.3)
roulettes: le patin à roulettes roller-skating
la **Roumanie** Romania
une **rue** street, road
russe Russian

S

sa his, her, its (3.4)
le **sable** sand
un **sac** bag, handbag (2.2)
le **Sagittaire** Sagittarius
sais: je ne sais pas I don't know (P.1) **je sais** I know (P.1)
une **saison** season
une **salade** salad (5.2)
la **salle** inside section of a café; hall, (theatrical) house (8.1) **une salle à manger** dining room (6.2) **une salle de bains** bathroom (6.2) **une salle de maquillage** dressing room
un **salon** living room (6.2) le **salon de la voiture** car show
salut hi (P.1)
une **salutation** greeting
samedi m. Saturday (P.5)
une **sandale** sandal (4.2)
sans without (6.4)
la **santé** health
s'appelle: comment s'appelle...? what's . . .'s name? (2.1) **comment s'appelle-t-il/elle?** what's his/her name? (2.1)
sauf except
* **savoir** to know (7.3) **savoir + inf.** to know how to, be able to (7.3)
un **saxo(phone)** saxophone (3.2)
la **scène** scene, stage (8.1)
scientifique scientific
un **sculpteur** sculptor
secondaire secondary
une **seconde** second **une seconde!** just a second! (5.4)
un **secrétaire, une secrétaire** secretary
seize sixteen (P.3)
un **séjour** living room
le **sel** salt (8.4)
selon vous in your opinion
une **semaine** week (P.5) **en semaine** during the week

semblable similar
le **Sénégal** Senegal (French-speaking country in West Africa)
sénégalais Senegalese
un **sens** sense
sensationnel sensational; great, terrific (2.2)
sensible aware
sentimental (pl. **sentimentaux**) sentimental
s'entraider to help one another
sept seven (P.3)
septembre September (P.5)
septième seventh (3.4)
une **série** series
sérieusement seriously (8.2)
sérieux (**sérieuse**) serious (8.2)
sert: on sert they serve
une **serveuse** waitress (7.1)
une **serviette** napkin (8.5)
ses his, her, its (3.4)
seul alone, by oneself (6.5)
seulement only
s'excuser to excuse oneself, be sorry
s'expliquer to be clear
un **shampooing** shampoo
un **short** (pair of) shorts (4.2)
si if (3.5) **si oui ou non** whether or not **s'il te (vous) plaît** please (P.3)
si so; yes (to a negative question) (5.2)
un **signe orthographique** spelling mark
une **signification** significance, meaning
signifier to mean
s'il te (vous) plaît please (P.3)
une **silhouette** figure
une **similarité** similarity, likeness
simple simple (4.5)
simplement simply
sincère sincere (2.1)
la **sincérité** sincerity
situé situated
six six (P.3)
sixième sixth (3.4)
le **skate, skate-board** skateboarding
un **skate-board** skateboard
le **ski** skiing (5.3) **le ski nautique** water-skiing

419

skier to ski (**1.1**)

snob snobbish, stuck-up (**7.2**)

la **sociabilité** sociability

la **sociologie** sociology

un **sociologue, une sociologue** sociologist

une **sœur** sister (**3.2**)

soif: avoir soif to be thirsty (**4.4**)

un **soir** evening (**4.2**) **ce soir** tonight, this evening (**4.2**) **du soir** in the evening, P.M. (**P.4**)

une **soirée** evening

soixante sixty (**P.3**)

soixante-dix seventy (**4.1**)

un **solde** (clearance) sale

le **soleil** sun

un **sommet** summit

son (sa; ses) his, her, its (**3.4**); one's

un **son** sound

un **sondage** poll **un sondage d'opinion** opinion poll

sont: ils/elles sont they are

sors: je sors I go out

* **sortir** to go out, get out (**6.5**) **sortir de** to get out of (*a place*) (**6.5**)

la **soupe** soup (**5.2**)

sous under (**8.3**)

sous-marins: les espaces *m.* **sous-marins** undersea world

souvent often (**1.3**)

souviens: je me souviens I remember

soyeux (soyeuse) silky

soyez...! be . . . !

spécial (*pl.* **spéciaux**) special

spécialement especially

spécialisé specialized

un **spécialiste, une spécialiste** specialist

un **spectacle** show

un **spectateur, une spectatrice** spectator

un **sport** sport (**3.2**)

sportif (sportive) sportive, who likes sports, athletic

un **stade** stadium (**3.1**)

un **stage** course of instruction

un **standard** switchboard

une **station de ski** ski resort

stériliser to sterilize

la **structure** structure

stupide stupid (**8.2**)

le **style** style (**4.3**)

su (*p. part. of* **savoir**) (**7.3**)

une **subvention** subsidy

un **succès** success **avoir du succès** to be successful

le **sucre** sugar (**8.4**)

suffit: ça suffit! that's enough! (**7.5**)

suggéré suggested

suisse Swiss (**2.4**)

la **Suisse** Switzerland (**2.4**)

suite: tout de suite right away, right now (**7.1**)

suivant following

sujet subject

super great, terrific (**2.2**)

le **superlatif** superlative

un **supermarché** supermarket

superstitieux (superstitieuse) superstitious

un **supplément** supplement

supposer to suppose

sur on (**3.5**); about

sûr sure, certain **bien sûr** sure, of course (**1.2**)

sûrement surely (**5.5**)

surtout especially

sympa, sympathique nice, pleasant (**2.1**)

une **symphonie** symphony

un **système** system

---

t

t' (*see* **te**) (**7.1**)

ta your (**3.3**)

tabac: un bureau de tabac tobacco shop

une **table** table (**6.2**)

Tahiti Tahiti (*French island in the South Pacific*)

le **tahitien** Tahitian (*language*)

tant mieux so much the better

une **tante** aunt (**3.3**)

un **tapeur** leech

t'appelles: comment t'appelles-tu? what's your name? (**P.2**)

tard late (**6.5**)

une **tarte** tart, pie

une **tasse** cup (**8.5**)

te (to) you (**7.1**)

un **tee-shirt** tee shirt (**4.2**)

la **télé** TV

le **télégraphe** telegraph

un **téléphone** telephone (**6.2**)

téléphoner to call, phone (**1.1**)

un **téléviseur** TV set (**2.2**)

la **télévision** television, TV

la **température** temperature **quelle température fait-il?** what's the temperature? (**P.6**)

le **temps** time, weather **de temps en temps** from time to time, once in a while (**8.3**) **pendant combien de temps** for how long (**6.1**) **perdre son temps** to waste one's time (**6.3**) **quel temps fait-il?** how (what) is the weather? (**P.6**) **tout le temps** all the time **trouver le temps long** to be bored (**6.3**)

tenez! look!

le **tennis** tennis **jouer au tennis** to play tennis

la **terminale** *twelfth school year in France, last year of lycée*

la **terrasse** *sidewalk section of a café*

tes your (**3.3**)

une **tête** head (**6.1**) **avoir mal à la tête** to have a headache (**6.1**)

le **thé** tea (**5.2**)

théâtral theatrical

un **théâtre** theater (**3.1**)

un **thermomètre** thermometer

tiens! look! hey! (**1.2**)

un **timbre** stamp (**3.5**)

timide timid (**8.2**)

un **tirage** drawing

un **titre** title

toi you (**2.5**) **et toi?** and you? (**P.2**)

la **toilette** toilet

une **tomate** tomato (**8.4**)

tomber to fall (**6.5**)

ton (ta; tes) your (**3.3**)

tort: avoir tort to be wrong (**4.4**)

toujours always (**1.3**)

un **tour** tour, trip, trick **à votre tour** your turn **jouer un tour** to play a trick

une **tour** tower **la tour Eiffel** Eiffel Tower

le tourisme tourism, travel

un touriste, une touriste tourist

tous all **tous (toutes) les** every **(6.4)** **tous les jours** every day

la Toussaint All Saints' Day (*November 1*)

tout everything, all **(3.2)** **après tout** after all **(5.1)** **pas du tout** not at all **(1.2)** **tout de suite** right away, right now **(7.1)** **tout le monde** everyone **tout le temps** all the time **tout s'explique** everything is clear

le trac stage fright

traditionnellement traditionally

un train train **(5.5)** **aller bon train** to go at a good pace

un trajet trip

un transport means of transportation

travailler to work **(1.4)**

traverser to cross

treize thirteen **(P.3)**

trente thirty **(P.3)**

très very **(1.1)**

triangulaire triangular

un tricot sweater

triste sad **(6.1)**

trois three **(P.3)**

troisième third **(3.4)**

une trompette trumpet

trop (de) too, too much **(3.3)** **(8.2)**

un trophée trophy

trouver to think; to find **(3.5)** **trouver le temps long** to be bored **(6.3)**

tu you **(1.3)**

la Tunisie Tunisia (*country in North Africa*)

tunisien (tunisienne) Tunisian

turc (turque) Turkish

un, une one **(P.3)** a, an **(2.1)**

uni united **les États-Unis** *m.* United States **(2.4)** **les Nations Unies** *f.* United Nations

unique only

uniquement only

une unité unit

une université university

un usage use

utile useful **(7.5)**; valuable

utilement in a useful way

utilisant: en utilisant using

utiliser to use **(8.5)**

va: ça va? how are you? how's everything? **(P.2)** **ça va** everything's fine (going well); fine, I'm OK, everything's all right **(P.2)**; good

les vacances *f.* vacation **(3.3)** **en vacances** on vacation **(1.5)** **les grandes vacances** summer vacation

une vache cow

un vainqueur winner

vais: je vais I am going

la vanille vanilla

vapeur: un bateau à vapeur steamboat

vas: comment vas-tu? how are you? **(P.2)**

le veau veal

un végétarien, une végétarienne vegetarian

un véhicule vehicle

le vélo bicycling **(5.3)**

un vélo bicycle **(2.2)** **aller à vélo** to go by bicycle **(5.5)**

un vendeur, une vendeuse salesperson **(7.1)**

vendre to sell **(4.5)**

vendredi *m.* Friday **(P.5)**

* venir to come **(5.4)** **venir de** + *inf.* to have just **(5.5)**

un ventre stomach **(6.1)** **avoir mal au ventre** to have a stomachache **(6.1)**

venu (*p. part. of* **venir**) **(6.5)**

un verbe verb

vérifier to verify

véritable real, true **(8.5)**

la vérité truth **(7.5)**

un verre glass **(8.5)**

vert green **(2.2)**

une veste jacket **(4.2)**

les vêtements *m.* clothing **(4.2)**

veulent: ils/elles veulent they want

veut: il/elle veut he/she wants

veux: je veux I want **tu veux** you want

la viande meat **(5.2)**

victorieux (victorieuse) victorious

vide empty **(8.5)**

la vie life **c'est la vie!** that's life!

vieil (*see* **vieux**) old **(4.3)**

vieille (*see* **vieux**) old **(4.3)**

vieux (vieil, vieille; vieux) old **(4.3)** **le Vieux Carré** *the French Quarter in New Orleans*

une ville city, town **(3.1)** **en ville** in town, downtown **(1.5)**

le vin wine **(5.2)**

le vinaigre vinegar **(8.4)**

vingt twenty **(P.3)**

violent violent **(5.3)**

un violon violin **(3.2)**

une vipère snake

le visage face

une visite visit **rendre visite à** to visit (*people*) **(7.4)**

visiter to visit (*a place*) **(1.1)**

vive...! hurray for . . . ! **(8.4)**

le vocabulaire vocabulary

voici this is, here's, here comes **(P.1)**

voilà that is, there's **(P.1)**

la voile sailing **(5.3)** **faire de la voile** to sail **la planche à voile** wind-surfing

* voir to see **(6.3)**

un voisin, une voisine neighbor

une voiture car **(2.2)** **aller en voiture** to go by car **(5.5)** **faire une promenade en voiture** to take a drive **(5.5)**

une voix voice

le volley, volleyball volleyball **(3.2)** **jouer au volleyball** to play volleyball **(3.2)**

vos your **(3.5)**

votre (*pl.* **vos**) your **(3.5)**

voudrais: je voudrais I would like **(8.1)**

voulez: vous voulez you want

* vouloir to want **(8.1)** **vouloir bien** to want to **(8.1)** **vouloir dire** to mean **(8.1)**

voulu (*p. part. of* vouloir)
(8.1)
vous you (1.3) (2.5) (to)
you (7.1)
un voyage trip **bon voyage!**
have a good trip! **faire un
voyage** to take a trip (5.4)
une agence de voyages
travel agency
voyager to travel (1.4)
une voyelle vowel
voyons! come on! come now!
(4.2)

vrai true, right (2.5)
vraiment really (P.5)
vu (*p. part of* voir) (6.3)
une vue view

un walkman walkman (2.2)
les W.C. (water-closets) toilet,
bathroom
un week-end weekend (4.2)

y there (8.3) **il y a** there
is, there are (2.4) **on y
va!** let's go!
des yeux *m.* eyes (6.1)
le yogourt yogurt

zéro zero (P.3) **il fait zéro**
it's 0° (P.6)
zut (alors)! darn (it)! rats!
(P.4)

ENGLISH-FRENCH VOCABULARY

The English-French Vocabulary contains only active vocabulary.

a, an un, une (2.1) **a little
(bit)** un peu (1.3) **a lot**
beaucoup (1.3)
able: to be able (to) *savoir +
inf. (7.3) *pouvoir (8.1)
about de (1.1) **about
whom** de qui (1.5) **to
talk about** discuter (7.4)
acquainted: to be acquainted
with *connaître (7.2)
to act jouer (8.1)
active: to be active in *faire
de + *activity* (5.4)
actor un acteur (5.1)
actress une actrice (5.1)
to adore adorer (1.4)
adventure movie un film
d'aventures (5.1)
advice: (piece of) advice un
conseil (7.5)
Africa l'Afrique *f.* (2.4)
after ensuite (6.2) après (6.5)
after all après tout (5.1)
afternoon un après-midi (4.2)
good afternoon bonjour
(P.1) **in the afternoon** de
l'après-midi (P.4) **this afternoon** cet après-midi
(4.2) **tomorrow afternoon**
demain après-midi (4.2)
afterwards après (6.5)
to agree être d'accord (2.1)
ah! ah! (2.1)

airplane un avion (5.5)
alas hélas (8.4)
album un album (3.3)
alert attentif (attentive) (8.2)
all tout (3.2) **after all**
après tout (5.1) **all right**
d'accord (2.1) **all right!**
ah bon! (3.4) **everything's
all right** ça va (P.2) **not
at all** pas du tout (1.2)
allowance l'argent *m.* de
poche (7.4)
alone seul (6.5)
along: to take along amener
(6.5)
already déjà (8.4)
also aussi (1.1)
always toujours (1.3)
am (*see* to be)
A.M. du matin (P.4)
America l'Amérique *f.* (2.4)
American américain (2.4)
amusing amusant (2.1)
an un, une (2.1)
and et (P.3) **and you?** et
toi? (P.2)
angry furieux (furieuse) (8.5)
animal un animal
(*pl.* animaux) (3.4)
annoying pénible (2.3)
another un (une) autre (7.5)
to answer répondre (à) (6.3)
any des (2.4) du, de la, de l',
de (5.2) en (8.4) **not
any** pas de (2.2)

anybody: not anybody ne...per-
sonne (7.4)
anyone quelqu'un (de) (7.4)
anything quelque chose (de)
(7.4) **not anything**
ne...rien (7.4)
apple une pomme (8.4)
appointment un rendez-vous
(3.1)
April avril (P.5)
are (*see* to be) **there are** il
y a (2.4) **these/those/they
are** ce sont (2.4)
arm un bras (6.1)
armchair un fauteuil (6.2)
to arrive arriver (1.1)
art le dessin (5.3)
as comme (4.4) **as . . . as**
aussi...que (4.3)
Asia l'Asie *f.* (2.4)
to ask demander (à) (3.5) **to
ask for** demander (7.4)
at à (1.1) chez (3.2) **at
. . .'s (house)** chez.... (3.2)
at home à la maison (1.5)
chez (moi, toi...) (3.2) **at
last** enfin (6.3) **at least**
au moins (3.2) **at . . .
(o'clock)** à...heure(s) (P.4)
at present en ce moment
(8.1) **at (the pharmacist's)**
chez (le pharmacien) (4.5)
at the restaurant au restaurant (1.5) **at what time?**
à quelle heure? (P.4)

to attend assister (à) (6.4)
attention: to pay attention faire attention (5.4)
attentive attentif (attentive) (8.2)
August août (P.5)
aunt une tante (3.3)
author un auteur (8.1)
automobile une automobile, une voiture (2.2)
autumn: in (the) autumn en automne (P.6) this autumn cet automne (4.2)
away: right away tout de suite (7.1)

b

back un dos (6.1)
back: to come back rentrer (1.2) *revenir (5.4)
to go back rentrer (1.2)
bad mauvais (2.3)
I'm/everything's (very) bad ça va (très) mal (P.2)
it's bad (weather) il fait mauvais (P.6) not bad pas mal (3.3) that's bad c'est mal (2.5) (that's) too bad! (c'est) dommage! (1.1)
badly mal (1.1)
bag un sac (2.2)
baker un pâtissier, une pâtissière (4.5)
banana une banane (8.4)
banknote un billet (4.1)
basketball le basket(ball) (3.2)
bathing suit un maillot de bain (4.2)
bathroom une salle de bains (6.2)
to be *être (1.5) to be . . . (years old) avoir... ans (3.3)
to be able (to) *savoir + inf. (7.3) *pouvoir (8.1)
to be acquainted with *connaître (7.2) to be active in *faire de + activity (5.4) to be bored trouver le temps long (6.3) to be born *naître (6.5) to be careful faire attention (5.4) to be cold avoir froid (4.4) to be hungry avoir faim (4.4) to be in a good (bad) mood être de bonne (mauvaise) humeur (7.5) to be in

pain avoir mal (6.1) to be lucky avoir de la chance (4.4) to be present at assister à (6.4) to be right avoir raison (4.4) to be thirsty avoir soif (4.4) to be warm avoir chaud (4.4) to be well être bien (6.1) to be wrong avoir tort (4.4)
beach une plage (3.1)
beans, string beans des •haricots m. (8.4)
beautiful beau (bel, belle; beaux) (2.1) (4.3)
because parce que (1.3) because of à cause de (8.1) because of that pour cela (8.1)
bed un lit (6.2)
bedroom une chambre (6.2)
beer la bière (5.2)
before avant (6.5)
to begin commencer (6.3)
behind derrière (8.3)
Belgian belge (2.4)
Belgium la Belgique (2.4)
to belong to *être à (3.5) to whom does/do . . . belong à qui est/sont... (3.5) which belongs to de (3.2)
below: it's (five) below il fait moins (cinq) (P.6)
best: the best . . . (in) le meilleur...(de) (4.4) best friend un meilleur ami, une meilleure amie (3.3) best regards amitiés (6.5)
bet: I bet that je parie que (7.2)
better meilleur (4.3)
between entre (8.3)
beverage une boisson (5.2)
bicycle un vélo, une bicyclette (2.2) to go by bicycle aller à vélo (bicyclette) (5.5)
bicycling le vélo (5.3)
big grand (2.1)
bill (money) un billet (4.1)
bird un oiseau (pl. oiseaux) (3.4)
birthday un anniversaire (7.5) (Marc's) birthday is (May 3rd) l'anniversaire de (Marc) est le (3 mai) (P.5) my birthday is (March 2nd) mon anniversaire est le (2 mars) (P.5)

bit: a little bit un peu (1.3)
black noir (2.2)
blond blond (2.1)
blouse un chemisier (4.3)
blue bleu (2.2)
to blush rougir (7.3)
boat un bateau (pl. bateaux) (5.5)
book un livre (2.2)
bookseller un (une) libraire (4.5)
bookstore une librairie (4.5) bookstore owner un (une) libraire (4.5)
boots des bottes f. (4.2)
bored: to be bored trouver le temps long (6.3)
born: to be born *naître (6.5)
to borrow emprunter (3.2)
bottle une bouteille (8.5)
boy un garçon (2.1)
boyfriend un petit ami (2.3)
bread le pain (5.2)
to break casser (7.5)
breakfast le petit déjeuner (8.5) to have (eat) breakfast prendre le petit déjeuner (8.5)
bright génial (pl. géniaux) (7.2) brillant (8.2)
brilliant génial (pl. géniaux) (7.2) brillant (8.2)
to bring amener (6.5)
brother un frère (3.2)
brunet(te) brun (2.1)
bus un autobus, un bus (5.5)
busy occupé (8.1)
but mais (1.1)
butter le beurre (8.4)
to buy acheter (4.2)
by: by oneself seul (6.5) to go by passer par (6.5) to go by bicycle aller à vélo (bicyclette) (5.5) to go by car, by train . . . aller en auto, en train... (5.5)

c

café un café (3.1)
cafeteria une cafétéria (3.1)
cake un gâteau (pl. gâteaux) (4.4)
to call téléphoner (1.1)
calm calme (8.2)
calmly calmement (8.2)

camera un appareil-photo (*pl.* appareils-photo) (2.2) **movie camera** une caméra (2.2)

can *pouvoir (8.1)

Canada le Canada (2.4)

Canadian canadien (canadienne) (2.4)

candy des bonbons *m.* (4.5)

car une automobile, une voiture (2.2) **to go by car** aller en automobile (voiture) (5.5)

card une carte (7.5) **(playing) cards** des cartes (3.2)

careful: to be careful faire attention (5.4)

carrot une carotte (8.4)

cartoon un dessin animé (5.1)

case: in that case dans ce cas (7.3)

cassette une cassette (2.2) **cassette recorder** un magnétophone (2.2)

cat un chat (3.4)

to **celebrate** célébrer (8.4)

certainly mais oui (1.2) certainement (5.5)

chair une chaise (6.2) **armchair** un fauteuil (6.2)

cheese le fromage (5.2)

cherries des cerises *f.* (8.4)

chess les échecs *m.* (3.2)

chicken le poulet (5.2)

children les enfants *m.* (3.3)

China la Chine (2.4)

Chinese chinois (2.4)

to **choose** choisir (4.1)

church une église (3.1)

city une ville (3.1)

clarinet une clarinette (3.2)

class: in class en classe (1.5) **to class** en classe (3.1)

classmate un (une) camarade (2.1)

to **close** fermer (8.3)

close friend un ami, une amie (2.1)

clothing les vêtements *m.* (4.2)

coat un manteau (*pl.* manteaux) (4.3)

Coca-Cola un Coca-Cola (5.2)

coed une étudiante (2.1)

coffee le café (5.2)

coin une pièce (4.1)

Coke un coca (5.2)

cold: it's cold (weather) il fait froid (P.6) **to be (feel) cold** avoir froid (4.4)

college student un étudiant, une étudiante (2.1)

color: what color? de quelle couleur? (2.2)

to **come** arriver (1.1) *venir (5.4) **come on! come now!** voyons! (4.2) **here comes** voici (P.1) **to come back** rentrer (1.2) *revenir (5.4)

comedy une comédie (5.1) **musical comedy** une comédie musicale (5.1)

comics des bandes dessinées *f.* (7.5)

compact disk un disque compact (2.2)

complicated compliqué (4.5)

computer un ordinateur (2.2)

concert un concert (3.1)

congratulations! félicitations! (8.3)

conservative conservateur (conservatrice) (4.3)

contrary: on the contrary au contraire (1.2)

cook une cuisinière (*female*) (8.4)

cooking la cuisine (5.3)

cool: it's cool (weather) il fait frais (P.6)

to **cost** coûter (4.1)

costume un costume (8.1)

country un pays (2.4)

country(side) la campagne (3.1)

course (*of a meal*) un plat (8.4)

course: of course bien sûr (1.2) évidemment (4.3) **of course not** mais non (1.2)

cousin un cousin, une cousine (3.2)

cup une tasse (8.5)

cute mignon (mignonne) (7.2)

d

to **dance** danser (1.2)

dancing la danse (5.3)

dangerous dangereux (dangereuse) (5.3)

dark-haired brun (2.1)

darn (it)! zut! zut alors! (P.4)

date (*on the calendar*) la date (P.5) un rendez-vous (3.1) **I have a date with** j'ai rendez-vous avec (P.5)

daughter une fille (3.3)

day un jour (P.5) une journée (7.5) **what day is it?** quel jour est-ce? (P.5) **whole day** une journée (7.5)

dealer un marchand, une marchande (4.5)

dear cher (chère) (4.4) **oh dear!** oh là là! (P.3)

December décembre (P.5)

to **decide** décider (de) (6.4)

degrees: it's . . . degrees il fait...degrés (P.6)

department store un grand magasin (4.1)

depends: it depends ça dépend (4.1)

to **describe** *décrire (7.5)

desk un bureau (6.2)

dessert un dessert (5.2)

detective movie un film policier (5.1)

to **die** *mourir (6.5)

diet un régime (4.1) **to be on a diet** être au régime (4.1)

difficult difficile (2.5)

dining room une salle à manger (6.2)

dinner le dîner (8.5) **to have (eat) dinner** dîner (1.1)

director un metteur en scène (8.1)

to **discover** *découvrir (8.4)

to **discuss** discuter (7.4)

dish un plat (8.4) une assiette (8.5)

to **dislike** détester (1.4)

to **disobey** désobéir (à) (6.4)

distant family la famille éloignée (3.3)

distinct distinct (8.2)

distinctly distinctement (8.2)

to **do** *faire (5.4) **to do + pastime** *faire de + pastime (5.4)

doctor un médecin, le docteur (6.1)

dog un chien (3.4)

doing: nothing doing! pas question! (3.5)

door une porte (8.3)

down: to go down descendre (6.5)

downtown en ville (1.5)

drama un drame (5.1)

drawing le dessin (5.3)

dress une robe (4.3)

drink une boisson (5.2)

to **drink** *boire (5.2)

drive: to take a drive faire une promenade (en voiture) (5.5)
drugstore une pharmacie (4.5)
dumb stupide (8.2)
during pendant (6.1)

e

ear une oreille (6.1)
easy facile (2.5)
to eat manger (5.2) **to eat breakfast** prendre le petit déjeuner (8.5) **to eat dinner** dîner (1.1) **to eat lunch** déjeuner (8.5) **to eat supper** dîner (8.5)
egg un œuf (8.4)
Egypt l'Égypte f. (2.4)
Egyptian égyptien (égyptienne) (2.4)
eight •huit (P.3)
eighteen dix-huit (P.3)
eighth •huitième (3.4)
eighty quatre-vingts (4.1) **eighty-one** quatre-vingt-un (4.1)
elegant chic (4.2) élégant (4.3)
eleven onze (P.3)
eleventh onzième (3.4)
empty vide (8.5)
engineer un ingénieur (7.1)
England l'Angleterre f. (2.4)
English anglais (2.4)
enough assez (de) (8.2) **that's enough!** ça suffit! (7.5)
to enter entrer (dans) (6.5)
er . . . euh... (P.6)
Europe l'Europe f. (2.4)
evening un soir (4.2) **in the evening** du soir (P.4) **this evening** ce soir (4.2) **tomorrow evening** demain soir (4.2)
event un événement (6.3)
every tous (toutes) les (6.4)
everything tout (3.2) **everything's all right** ça va (P.2) **how's everything?** ça va? (P.2)
example: for example par exemple (8.2)
excellent excellent (5.3)
exciting passionnant (5.3)
excuse me pardon (P.3)
expense une dépense (7.4)
expensive cher (chère) (4.1)

eye un œil (*pl.* yeux) (6.1)

f

face la figure (6.1)
to fail ne réussir pas (4.1)
fall: in (the) fall en automne (P.6) **this fall** cet automne (4.2)
to fall tomber (6.5)
false faux (fausse) (2.5)
family la famille (3.3) **distant family** la famille éloignée (3.3) **immediate family** la famille proche (3.3)
famous célèbre (8.1)
far from loin de (8.3)
fashion la mode (4.3) une façon (8.2) **to be in fashion (fashionable)** être à la mode (4.3)
fat gros (grosse) (4.4) **to get fat** grossir (4.1)
father un père (3.3)
favorite favori (favorite) (7.5)
February février (P.5)
to feel: to feel good être bien (6.1) **to feel like (having)** avoir envie de (4.4)
fever la fièvre (6.1)
fifteen quinze (P.3) **3:15** trois heures et quart (P.4)
fifth cinquième (3.4)
fifty cinquante (P.3)
finally enfin, finalement (6.3)
to find trouver (3.5)
fine ça va (P.2) **fine!** d'accord! (2.1) **it's fine (weather)** il fait beau (P.6) **that's fine** c'est bien (2.5)
to finish finir (4.1)
first premier (première) (3.4) **(June) first** le premier (juin) (P.5)
fish un poisson (3.4)
five cinq (P.3)
flu la grippe (6.1)
to flunk (*a test*) ne réussir pas (4.1)
flute une flûte (3.2)
food: who likes food gourmand (7.3)
foot un pied (6.1) **to go on foot** aller à pied (5.5)
for pour (1.5) **for + *time*** pendant (6.1) **for a long time** longtemps (6.3)

for example (instance) par exemple (8.2) **for how long** pendant combien de temps (6.1) **for whom** pour qui (1.5)
fork une fourchette (8.5)
fortunately heureusement (8.2)
forty quarante (P.3)
four quatre (P.3)
fourteen quatorze (P.3)
fourth quatrième (3.4)
France la France (2.4)
French français (2.4)
French fries des frites f. (8.4)
Friday vendredi m. (P.5)
friend un ami, une amie (2.1) un copain, une copine (7.3) **best friend** un meilleur ami, une meilleure amie (3.2) **school friend** un (une) camarade (2.1)
from de (1.1) **from time to time** de temps en temps (8.3)
front: in front of devant (8.3)
fruit(s) les fruits m. (8.4)
full plein (8.5)
funny drôle (2.3)
furious furieux (furieuse) (8.5)
furniture les meubles m. (6.2) **piece of furniture** un meuble (6.2)

g

to gain weight grossir (4.1)
game un jeu (*pl.* jeux) (3.2) (*sports*) un match (6.3) **to play a game** (*sports*) faire un match (5.4)
general général (*pl.* généraux) (8.2)
generally généralement (8.2)
generous généreux (généreuse) (4.3)
gentleman un monsieur (*pl.* messieurs) (2.1)
German allemand (2.4)
Germany l'Allemagne f. (2.4)
to get: to get fat grossir (4.1) **to get off/out (of)** descendre (de) (7.5) **to get on/in** monter dans (7.5) **to get out (of)** * sortir (de) (6.5) **to get thin** maigrir (4.1)
girl une fille (2.1)

girlfriend une petite amie **(2.3)**

to **give** donner **(7.1)** (*a present*) *offrir **(8.4)** **give me** donne-moi (*familiar*), donnez-moi (*formal*) **(P.3)**

glass un verre **(8.5)**

glasses des lunettes *f.* **(4.2)**

to **go** *aller **(3.1)** **let's go!** allons! **(3.1)** **to be going (to do something)** aller + *inf.* **(3.1)** **to go back** rentrer **(1.2)** **to go by/through** passer par **(6.5)** **to go by bicycle** aller à vélo (bicyclette) **(5.5)** **to go by car, by train . . .** aller en voiture, en train... **(5.5)** **to go down** descendre **(6.5)** **to go home** rentrer **(1.2)** **to go in** entrer (dans) **(6.5)** **to go on foot** aller à pied **(5.5)** **to go out** *sortir **(6.5)** **to go shopping** faire les courses **(5.4)** **to go to** assister à **(6.4)** **to go up** monter **(6.5)**

goldfish un poisson rouge **(3.4)**

good bon (bonne) **(2.3)** **good morning (afternoon)** bonjour **(P.1)** **that's good** c'est bien **(2.5)** **to feel good** être bien **(6.1)**

good-by au revoir **(P.1)**

good-looking beau (bel, belle; beaux) **(2.1) (4.3)**

grandfather un grand-père **(3.3)**

grandmother une grand-mère **(3.3)**

grandparents les grands-parents *m.* **(3.3)**

gray gris **(2.2)**

great magnifique **(1.1)** fantastique, formidable, génial, sensationnel, super **(2.2)** **that's great** c'est magnifique **(1.1)**

green vert **(2.2)**

grocer un épicier, une épicière **(4.5)**

grocery une épicerie **(4.5)**

guest un invité, une invitée **(8.5)**

guitar une guitare **(2.2)**

gymnastics la gymnastique **(5.3)**

hair les cheveux *m.* **(6.1)**

half past (two) (deux) heures et demie **(P.4)**

hall la salle **(8.1)**

ham le jambon **(5.2)**

hand une main **(6.1)**

handbag un sac **(2.2)**

happy content **(8.5)**

hard difficile **(2.5)**

hat un chapeau (*pl.* chapeaux) **(4.3)**

to **hate** détester **(1.4)**

to **have** *avoir **(2.2)** (*food or drink*) prendre **(5.5)** **to have a (headache, sore throat, stomachache)** avoir mal (à la tête, à la gorge, au ventre) **(6.1)** **to have breakfast** prendre le petit déjeuner **(8.5)** **to have dinner** dîner **(1.1)** **to have just** *venir de + *inf.* **(5.5)** **to have lunch** déjeuner **(8.5)** **to have more** *reprendre **(8.4)** **to have supper** dîner **(8.5)** **to have to** *devoir **(8.1)**

he il **(1.2)**

head une tête **(6.1)**

headache: to have a headache avoir mal à la tête **(6.1)**

to **hear** entendre **(4.5)**

heart un cœur **(6.1)**

hello bonjour **(P.1)**

to **help** aider (à) **(7.1)**

her elle **(2.5)** son, sa, ses **(3.4)** la **(7.2)** **(to) her** lui **(7.4)** **what's her name?** comment s'appelle-t-elle? **(2.1)**

here ici **(1.5)** **here comes, here's** voici **(P.1)** **this . . . over here** ce...-ci **(4.2)**

hey! tiens! **(1.2)** eh! dis (donc)! dites (donc)! **(1.4)**

hi salut **(P.1)**

high school student un (une) élève **(2.1)**

him lui **(2.5)** le **(7.2)** **(to) him** lui **(7.4)**

his son, sa, ses **(3.4)** **what's his name?** comment s'appelle-t-il? **(2.1)**

history une histoire **(7.5)**

home, at home à la maison **(1.5)** chez (moi, toi...) **(3.2)** **to go home** rentrer **(1.2)**

to **hope** espérer **(5.1)**

horse un cheval (*pl.* chevaux) **(3.4)**

hospital un hôpital (*pl.* hôpitaux) **(3.1)**

hot chaud **(4.2)** **it's hot (weather)** il fait chaud **(P.6)**

house une maison **(3.1)** **at/to . . .'s house** chez... **(3.2)** **(theatrical) house** la salle **(8.1)**

how comment **(1.3)** **how are you?** ça va? comment vas-tu? comment allez-vous? **(P.2)** **how do you say . . . ?** comment dit-on...? **(4.5)** **how many** combien (de) **(4.1)** **how much** combien **(P.3)** combien de **(4.1)** **how much is it?** c'est combien? **(P.3)** **how old are you?** quel âge as-tu (avez-vous)? **(3.3)** **how's everything?** ça va? **(P.2)** **how's the weather?** quel temps fait-il? **(P.6)** **to know how to** *savoir + *inf.* **(7.3)** **to learn how to** *apprendre à + *inf.* **(5.5)**

hundred cent **(4.1)**

hungry: to be hungry avoir faim **(4.4)**

hurray for . . . ! vive...! **(8.4)**

I je **(1.1)** moi **(2.5)** **I don't know** je ne sais pas **(P.1)** **I have a date with** j'ai rendez-vous avec **(P.5)** **I know** je sais **(P.1)** **I'm okay** ça va **(P.2)** **I'm (very well; well; so-so; bad; very bad)** ça va (très bien; bien; comme ci, comme ça; mal; très mal) **(P.2)**

ice cream une glace **(5.2)**

idea une idée **(4.4)**

if si **(3.5)**

immediate family la famille proche **(3.3)**

in à **(1.1)** dans **(3.3)** (*a country*) au, aux, en **(4.5)** **in a way** d'une façon, d'une manière **(8.2)** **in class** en classe **(1.5)** **in front of** devant **(8.3)**

in love amoureux (amoureuse) (7.3)

in order to pour (6.2) in style chic (4.2) in that case dans ce cas (7.3) in the afternoon de l'après-midi (P.4) in the morning (evening) du matin (soir) (P.4) in town en ville (1.5)

inexpensive bon marché (4.1)

instance: for instance par exemple (8.2)

instrument un instrument (3.2)

intelligent intelligent (2.1)

interesting intéressant (2.1)

interpreter un (une) interprète (7.1)

to introduce présenter (7.1)

to invite inviter (1.1)

is (see to be) isn't it (so)? n'est-ce pas? (1.3) there is il y a (2.4)

it il, elle (1.2) le, la (7.2) it depends ça dépend (4.1) it doesn't matter ça n'a pas d'importance (3.1) ça ne fait rien (7.4) it's c'est (P.1) it's . . . francs c'est...francs (P.3) it's . . . (o'clock) il est...heure(s) (P.4) it's (fine, nice, hot, cool, cold, bad) (weather) il fait (beau, bon, chaud, frais, froid, mauvais) (P.6) it's (September 10th) c'est le (10 septembre) (P.5) it's raining (snowing) il pleut (neige) (P.6) that's it c'est ça (2.1) what time is it? quelle heure est-il? (P.4) who is it? qui est-ce? (P.1)

Italian italien (italienne) (2.4)

Italy l'Italie f. (2.4)

its son, sa, ses (3.4)

j

jacket une veste (4.2) ski (down) jacket un anorak (4.2)

jam la confiture (8.4)

January janvier (P.5)

Japan le Japon (2.4)

Japanese japonais (2.4)

jeans un blue-jeans (4.2)

jogging le footing, le jogging (5.3)

journalist un (une) journaliste (7.1)

juice: orange juice le jus d'orange (5.2)

July juillet (P.5)

June juin (P.5)

just: to have just *venir de + inf. (5.5) just a second (minute)! une seconde (minute)! (5.4)

k

kitchen une cuisine (6.2)

knife un couteau (pl. couteaux) (8.5)

to know *connaître (7.2) *savoir (7.3) I don't know je ne sais pas (P.1) I know je sais (P.1) to know how to *savoir + inf. (7.3)

l

lady une dame (2.1)

lamb l'agneau m. (5.2)

lamp une lampe (6.2)

last dernier (dernière) (6.2) at last enfin (6.3)

late tard (6.5)

lawyer un (une) avocat(e) (7.1)

to learn *apprendre (5.5) to learn + subject *faire de + subject (5.4) to learn how to *apprendre à + inf. (5.5) to learn to play + instrument *faire de + instrument (5.4)

least: at least au moins (3.2) the least . . . (in) le moins... (de) (4.4)

to leave *partir (6.5) to leave (a place) partir de (6.5) to leave for (a place) partir à (6.5)

left: there is/are . . . left il reste (8.5)

left: to the left of à gauche de (8.3)

leg une jambe (6.1)

lemon soda la limonade (5.2)

to lend prêter (7.1)

less moins (4.3) less . . . than moins...que (4.3)

let's . . . nous form of any verb (5.5) let's go! allons! (3.1)

letter une lettre (7.5)

library une bibliothèque (3.1)

lie un mensonge (7.5)

like comme (4.4) what does he/she look like? comment est-il/elle? (2.1) what's he/she like? comment est-il/elle? (2.1)

to like aimer (1.4) I would like je voudrais (8.1) who likes food gourmand (7.3)

to listen (to) écouter (1.4) listen! écoute! écoutez! (2.5)

little petit (2.1) peu (de) (8.2) a little (bit) un peu (1.3)

to live habiter (1.1) living room un salon (6.2)

to loan prêter (7.1)

long long (longue) (4.3) for a long time longtemps (6.3) for how long pendant combien de temps (6.1)

longer: no longer ne...plus (8.5)

to look avoir l'air (6.1) look! tiens! (1.2) to look at regarder (1.4) to look for chercher (7.1) what does he/she look like? comment est-il/elle? (2.1)

to lose perdre (4.5) to lose weight maigrir (4.1)

lot: a lot beaucoup (1.3)

love (at the end of a letter) amicalement (6.5) in love amoureux (amoureuse) (7.3)

to love adorer (1.4)

lucky: to be lucky avoir de la chance (4.4)

lunch le déjeuner (8.5) to have (eat) lunch déjeuner (8.5)

m

mad furieux (furieuse) (8.5)

magazine un magazine, une revue (7.5)

to make *faire (5.4) to make plans faire des projets (5.4) to make progress faire des progrès (5.4)

man un homme, un monsieur (polite term) (2.1)

manner une façon, une manière (8.2)

many: how many combien de (4.1)

March mars (P.5)

match un match (6.3) to play a match faire un match (5.4)

matter: it doesn't matter ça n'a pas d'importance (3.1) ça ne fait rien (7.4) what's the matter? qu'est-ce qu'il y a? (8.5)

may *pouvoir (8.1)

May mai (P.5)

maybe peut-être (2.4)

me moi (2.5) me (7.1) excuse me pardon (P.3) me too moi aussi (P.2) to me me (7.1)

meal un repas (8.5)

to mean *vouloir dire (8.1)

meat la viande (5.2)

to meet rencontrer (6.5) merchant un marchand, une marchande (4.5)

Mexican mexicain (2.4)

Mexico le Mexique (2.4)

midnight minuit (P.4)

milk le lait (5.2)

million million (4.2)

mineral water l'eau minérale f. (5.2)

minute: just a minute! une minute! (5.4)

Miss Mademoiselle (Mlle) (P.1)

Monday lundi m. (P.5)

money l'argent m. (4.1) pocket money l'argent de poche (7.4)

month un mois (P.5) this month ce mois-ci (4.2)

mood: to be in a good (bad) mood être de bonne (mauvaise) humeur (7.5)

moped une mobylette (2.2)

more plus (4.3) more . . . than plus...que (4.3) no more ne...plus (8.5) to have more *reprendre (8.4)

morning un matin (4.2) good morning bonjour (P.1) in the morning du matin (P.4) this morning ce matin (4.2) tomorrow morning demain matin (4.2)

most: the most . . . (in) le plus...(de) (4.4)

mother une mère (3.3)

motorbike une mobylette (2.2)

motorcycle une moto (2.2)

mouth une bouche (6.1)

movie un film (5.1) adventure movie un film d'aventures (5.1) detective movie un film policier (5.1) movie camera une caméra (2.2) movie theater un cinéma (3.1)

movies le cinéma (5.1)

Mr. Monsieur (M.) (P.1)

Mrs. Madame (Mme) (P.1)

much, very much beaucoup (1.3) beaucoup de (8.2) how much? combien? (P.3) how much is it? c'est combien? (P.3) not much peu (de) (8.2) too much trop (3.3) trop de (8.2)

museum un musée (3.1)

musical comedy une comédie musicale (5.1)

must *devoir (8.1)

my mon, ma, mes (3.3) my birthday is (March 2nd) mon anniversaire est le (2 mars) (P.5) my name is je m'appelle (P.2)

n

name: my name is je m'appelle (P.2) what's . . .'s name? comment s'appelle...? (2.1) what's his/her name? comment s'appelle-t-il/elle? (2.1) what's your name? comment t'appelles-tu? (P.2)

napkin une serviette (8.5)

nationality une nationalité (2.4)

natural naturel (naturelle) (8.2)

naturally naturellement (8.2)

near près de (8.3)

to need avoir besoin de (4.4)

nervous nerveux (nerveuse) (8.2)

never ne...jamais (7.1)

new nouveau (nouvel, nouvelle; nouveaux) (4.3)

news: (piece of) news une nouvelle (6.3)

newspaper un journal (pl. journaux) (4.5)

next prochain (6.2) next to près de (8.3)

nice sympathique (2.1) it's nice (weather) il fait bon (P.6)

night une nuit (4.2)

nine neuf (P.3)

nineteen dix-neuf (P.3)

ninety quatre-vingt-dix (4.1)

ninth neuvième (3.4)

no non (P.3) pas de (2.2) de (5.2) no? n'est-ce pas? (1.3) no longer (more) ne...plus (8.5) no thank you non merci, merci (5.2) no way! pas question! (3.5)

nobody ne...personne, personne de (7.4)

noon midi (P.4)

nose un nez (6.1)

not ne...pas (1.1) not a, not any pas de (2.2) not anybody ne...personne (7.4) not anything ne...rien (7.4) not at all pas du tout (1.2) not bad pas mal (3.3) not much peu (de) (8.2) of course not mais non (1.2)

nothing ne...rien, rien de (7.4) nothing doing! pas question! (3.5)

novel un roman (7.5)

November novembre (P.5)

now maintenant (1.3) come now! voyons! (4.2) right now tout de suite (7.1) en ce moment (8.1)

o

to obey obéir (à) (6.4)

o'clock heure(s) (P.4) at . . . o'clock à...heure(s) (P.4) it is . . . o'clock il est...heure(s) (P.4)

October octobre (P.5)

of de (1.1) because of à cause de (8.1) of course bien sûr (1.2) évidemment (4.3) of course not mais non (1.2) of whom de qui (1.5)

off: to get off (of) descendre (de) (7.5)

to offer proposer (6.5) *offrir (8.4)

often souvent (1.3)

oh! ah! (2.1) oh dear! oh là là! (P.3)

oil l'huile f. (8.4)

okay d'accord (2.1) I'm okay ça va (P.2)

old âgé (3.3) vieux (vieil, vieille; vieux) (4.3) **how old are you?** quel âge as-tu (avez-vous)? (3.3) **to be . . . years old** avoir...ans (3.3)

omelette une omelette *f.* (5.2)

on sur (3.5) **come on!** voyons! (4.2) **on Monday** lundi (5.1) **on Mondays** le lundi (5.1) **on the contrary** au contraire (1.2) **on vacation** en vacances (1.5)

once in a while de temps en temps (8.3)

one un, une (P.3)

one (*you, they, people*) on (4.5)

oneself: by oneself seul (6.5)

to open *ouvrir (8.4)

or ou (1.1)

orange une orange (8.4)

orange juice le jus d'orange (5.2)

order: in order to pour (6.2)

to order commander (5.2)

to organize organiser (7.3)

other autre (7.5) **the other one** l'autre (7.5) **the others** les autres (7.5)

our notre, nos (3.5)

out: to go (get) out *sortir (6.5) **to get out of** descendre de (7.5)

over: over there là-bas (1.5) **that . . . over there** ce ...-là (4.2) **this . . . over here** ce ...-ci (4.2)

to own *avoir (2.2)

pain: to be in pain avoir mal (6.1)

pal un copain, une copine (7.3)

pants un pantalon (4.2)

pantyhose des collants *m.* (4.3)

paper un journal (*pl.* journaux) (4.5)

parents les parents *m.* (3.3)

park un parc (3.1)

parka un anorak (4.2)

part un rôle (8.1)

to participate in *faire de + *activity* (5.4)

party une boum (2.1)

to pass (*a test*) réussir (4.1)

past: half past (two) (deux) heures et demie (P.4)

quarter past (two) (deux) heures et quart (P.4)

pastry une pâtisserie (4.4) **pastry cook** un pâtissier, une pâtissière (4.5) **pastry shop** une pâtisserie (4.4)

to pay (for) payer (4.4) **to pay attention** faire attention (5.4)

pear une poire (8.4)

peas des petits pois *m.* (8.4)

people on (4.5) les gens *m.* (7.5) **young people** les jeunes *m.* (4.2)

per par (7.4)

perfect parfait (4.2)

performance une représentation (8.1)

perhaps peut-être (2.4)

person une personne (2.1)

pharmacist un pharmacien, une pharmacienne (4.5)

pharmacy une pharmacie (4.5)

phone un téléphone (6.2)

to phone téléphoner (1.1)

photograph une photo (3.3)

photography la photo (5.3)

piano un piano (3.2)

picnic un pique-nique (7.3)

picture une photo (3.3)

to place *mettre (6.4)

plane un avion (5.5)

plans: to make plans faire des projets (5.4)

plate une assiette (8.5)

platter un plat (8.4)

play une pièce (de théâtre) (5.1)

to play jouer (1.1) **to play +** *instrument* jouer de (3.2) *faire de (5.4) **to play +** *sport* jouer à (3.2) *faire de (5.4) **to play a game, match** (*sports*) faire un match (5.4)

player un joueur, une joueuse (6.3)

pleasant sympathique (2.1) **it's pleasant (weather)** il fait bon (P.6)

please s'il te plaît (*familiar*), s'il vous plaît (*formal*) (P.3)

P.M. de l'après-midi, du soir (P.4)

pocket money l'argent *m.* de poche (7.4)

poem un poème (7.5)

polite bien élevé (7.5)

pool: swimming pool une piscine (3.1)

poor pauvre (3.1)

poorly mal (1.1)

postcard une carte postale (7.5)

potato une pomme de terre (8.4)

pottery la poterie (5.3)

to prefer préférer (5.1)

present: at present en ce moment (8.1) **to be present at** assister à (6.4)

to present présenter (7.1)

pretty joli (2.3)

price un prix (4.2)

problem un problème (4.4)

products des produits *m.* (8.4)

professor un professeur (7.1)

progress: to make progress faire des progrès (5.4)

to promise *promettre (6.4)

pullover un pull (pull-over) (4.2)

to put *mettre (6.4) **to put on** mettre (6.4)

quarter of (two) (deux) heures moins le quart (P.4) **quarter past (two)** (deux) heures et quart (P.4)

quick rapide (8.2)

quickly rapidement (8.2)

racket une raquette (2.2)

radio une radio (2.2)

raining: it's raining il pleut (P.6)

rapid rapide (8.2)

rapidly rapidement (8.2)

rarely rarement (1.3)

rather assez (2.1)

rats! zut! zut alors! (P.4)

to read *lire (7.5)

real véritable (8.5)

really vraiment (P.5)

reason: for that reason pour cela (8.1)

record un disque (2.2)

recorder: cassette recorder un magnétophone (2.2)

red rouge (2.2) **to turn red** rougir (7.3)

regards: **best regards** amitiés
(6.5)

rehearsal une répétition (8.1)

relatives les parents *m.* (3.3)

remarkable remarquable (7.2)

restaurant un restaurant (3.1)
at the restaurant au restaurant (1.5)

rice le riz (8.4)

rich riche (3.1)

ridiculous ridicule (7.2)

right vrai (2.5) **all right**
d'accord (2.1) **all right!**
ah bon! (3.4) **right?** n'est-
ce pas? (1.3) **right away**
tout de suite (7.1) **right
now** tout de suite (7.1) en
ce moment (8.1) **that's
right** c'est ça (2.1) **to be
right** avoir raison (4.4) **to
the right of** à droite de (8.3)

roast beef le rosbif (5.2)

role un rôle (8.1)

room une pièce (6.2) la
place (7.5)

S

sad triste (6.1)

sailing la voile (5.3)

salad une salade (5.2)

salesperson un vendeur, une
vendeuse (7.1)

salt le sel (8.4)

same: at the same time ensemble (6.1)

sandals des sandales *f.* (4.2)

Saturday samedi *m.* (P.5)

saxophone un saxo(phone) (3.2)

to **say** *dire (7.5) **how do you
say . . . ?** comment dit-on...?
(4.5) **say!** dis (donc)! dites
(donc)! (1.4)

scene la scène (8.1)

school une école (3.1)
school friend un (une) camarade (2.1)

seat une place (6.4)

second deuxième (3.4) **just a
second!** une seconde! (5.4)

seconds: to take seconds
*reprendre (8.4)

to **see** *voir (6.3)

to **seem** avoir l'air (6.1)

seldom rarement (1.3)

to **sell** vendre (4.5)

September septembre (P.5)

serious sérieux (sérieuse) (8.2)

seriously sérieusement (8.2)

to **set** *mettre (6.4)

seven sept (P.3)

seventeen dix-sept (P.3)

seventh septième (3.4)

seventy soixante-dix (4.1)

she elle (1.2)

shirt une chemise (4.3)

shoes des chaussures *f.* (4.2)

shop un magasin (4.1)

shopping: to go shopping faire
les courses (5.4)

short petit (2.1) court (4.3)

shorts un short (4.2)

should *devoir (8.1)

to **show** montrer (7.4)

to **shut** fermer (8.3)

sick malade (3.1)

silly bête (2.3)

simple simple (4.5)

sincere sincère (2.1)

to **sing** chanter (1.4)

sister une sœur (3.2)

six six (P.3)

sixteen seize (P.3)

sixth sixième (3.4)

sixty soixante (P.3)

skating le patinage (5.3)

to **ski** skier (1.1)

ski jacket un anorak (4.2)

skiing le ski (5.3)

skirt une jupe (4.3)

to **sleep** *dormir (6.5)

slender mince (4.4)

slim mince (4.4)

smart: very smart génial
(*pl.* géniaux) (7.2)

snobbish snob (7.2)

snowing: it's snowing il neige
(P.6)

so alors (1.5) **so what?** et
alors? (1.5) **so-so** comme
ci, comme ça (P.2)

soccer le foot(ball) (3.2)

socks des chaussettes *f.* (4.2)

soda: lemon soda la limonade
(5.2)

some des (2.4) du, de la,
de l' (5.2) en (8.4)

somebody quelqu'un (de) (7.4)

someone quelqu'un (de) (7.4)

something quelque chose (de)
(7.4)

son un fils (3.3)

sore throat: to have a sore throat
avoir mal à la gorge (6.1)

soup la soupe (5.2)

Spain l'Espagne *f.* (2.4)

Spanish espagnol (2.4)

to **speak** parler (1.1)

to **spend** dépenser (4.1) (*time*)
passer (4.5)

spoon une cuillère (8.5)

sport un sport (3.2)

spring: in the spring au printemps (P.6) **this spring** ce
printemps (4.2)

stadium un stade (3.1)

stage la scène (8.1)

stamp un timbre (3.5)

to **start** commencer (6.3)

to **stay** rester (3.1)

stereo set une chaîne stéréo (2.2)

stingy radin (7.4)

stomach un ventre (6.1)

**stomachache: to have a stomach-
ache** avoir mal au ventre (6.1)

store un magasin (4.1)
department store un grand
magasin (4.1)

storekeeper un marchand, une
marchande (4.5)

story une histoire (7.5)

strange étrange (7.2)

strawberries des fraises *f.* (8.4)

string beans des •haricots *m.*
(8.4)

student (*high school*) un (une)
élève, (*college*) un étudiant, une
étudiante (2.1)

to **study** étudier (1.2) **to study
+ *subject*** *faire de + *subject* (5.4)

stupid bête (2.3) idiot (7.2)
stupide (8.2)

style le style (4.3) **in style**
chic (4.2)

subway un métro (5.5)

to **succeed** réussir (4.1)

**successful: to be successful
(with)** réussir (6.4)

sugar le sucre (8.4)

to **suggest** proposer (6.5)

suit un costume (4.3)

summer: in (the) summer en
été (P.6) **this summer** cet
été (4.2)

Sunday dimanche *m.* (P.5)

sunglasses des lunettes *f.* de
soleil (3.1)

supper le dîner **(8.5)** **to have
(eat) supper** dîner **(8.5)**
sure bien sûr **(1.2)**
surely sûrement **(5.5)**
sweater un pull (pull-over) **(4.2)**
to swim nager **(1.4)**
swimming la natation **(5.3)**
swimming pool une piscine
(3.1)
swimsuit un maillot de bain
(4.2)
Swiss suisse **(2.4)**
Switzerland la Suisse **(2.4)**

t

table une table **(6.2)**
to take *prendre **(5.5)** to
take + *time* *mettre
(6.4) **to take a drive** faire
une promenade (en voiture)
(5.5) **to take a trip** faire un
voyage **(5.4)** **to take a
walk** faire une promenade (à
pied) **(5.5)** **to take along**
amener **(6.5)** **to take seconds** *reprendre **(8.4)** **to
take the bus, the subway . . .**
prendre le bus, le métro... **(5.5)**
to talk parler **(1.1)** **to talk
about** discuter **(7.4)**
tall grand **(2.1)**
tea le thé **(5.2)**
teacher un professeur **(2.1)**
team une équipe **(6.3)**
tee shirt un tee-shirt **(4.2)**
teeth les dents *f.* **(6.1)**
telephone un téléphone **(6.2)**
television set un téléviseur **(2.2)**
to tell *dire **(7.5)** **to tell
(about)** raconter **(6.3)**
temperature la température
(P.6) la fièvre **(6.1)** **what's
the temperature?** quelle température fait-il? **(P.6)**
ten dix **(P.3)**
tenth dixième **(3.4)**
terrific fantastique, formidable,
génial, sensationnel, super
(2.2)
than que **(4.3)**
thank you merci **(P.3)**
that que **(3.5)** ce, cet, cette;
ces **(4.2)** cela **(8.1)** **because of that** pour cela **(8.1)**
for that reason pour cela **(8.1)**

that is voilà, c'est
(P.1) **that's bad** c'est mal
(2.5) **that's enough!** ça
suffit! **(7.5)** **that's good
(fine)** c'est bien **(2.5)**
that's great! c'est magnifique!
(1.1) **that's it (right)** c'est
ça **(2.1)** **that's too bad!**
c'est dommage! **(1.1)** **who
is that?** qui est-ce? **(P.1)**
the le, la, l' **(2.1)** les **(2.4)**
theater un théâtre **(3.1)**
movie theater un cinéma
(3.1)
theatrical house la salle **(8.1)**
their leur, leurs **(3.4)**
them eux, elles **(2.5)** les
(7.2) **(to) them** leur **(7.4)**
then alors **(1.5)** ensuite **(6.2)**
well then alors **(1.5)**
there là **(1.5)** y **(8.3)** **over
there** là-bas **(1.5)** **that . . .
over there** ce ...-là **(4.2)**
there is (are) il y a **(2.4)**
there is (are) . . . left il reste
(8.5) **there's** voilà **(P.1)**
what is there? qu'est-ce qu'il
y a? **(8.5)**
therefore donc **(8.5)**
these ces **(4.2)** **these are** ce
sont **(2.4)**
they ils, elles **(1.2)** on **(4.5)**
they are ce sont **(2.4)**
thin mince **(4.4)** **to get
thin** maigrir **(4.1)**
thing une chose **(6.3)**
to think penser **(3.5)**
third troisième **(3.4)**
thirsty: to be thirsty avoir soif
(4.4)
thirteen treize **(P.3)**
thirty trente **(P.3)** 3:30
trois heures et demie **(P.4)**
this ce, cet, cette **(4.2)**
this is voici **(P.1)**
those ces **(4.2)** **those are**
ce sont **(2.4)**
thousand mille **(4.2)**
three trois **(P.3)**
throat la gorge **(6.1)** **to have
a sore throat** avoir mal à la
gorge **(6.1)**
through: to go through passer
par **(6.5)**
Thursday jeudi *m.* **(P.5)**
ticket un billet **(6.4)**

tie une cravate **(4.3)**
tights des collants *m.* **(4.3)**
time: at the same time ensemble **(6.1)** **at what time?** à
quelle heure? **(P.4)** **for a
long time** longtemps **(6.3)**
from time to time de temps
en temps **(8.3)** **to waste
one's time** perdre son temps
(6.3) **what time is it?**
quelle heure est-il? **(P.4)**
timid timide **(8.2)**
tired fatigué **(4.4)**
to à **(1.1)** chez **(3.2)** (*a
country*) au, aux, en **(4.5)**
to, in order to pour **(6.2)**
to . . .'s (house) chez...
(3.2) **to class** en classe
(3.1) **to (the pharmacist's)**
chez (le pharmacien) **(4.5)**
to whom à qui **(1.5)**
today aujourd'hui **(P.5)**
together ensemble **(6.1)**
tomato une tomate **(8.4)**
tomorrow demain **(P.5)**
**tomorrow (morning, afternoon,
evening)** demain (matin,
après-midi, soir) **(4.2)**
tonight ce soir, cette nuit **(4.2)**
too aussi **(1.1)** trop **(3.3)**
trop de **(8.2)** **me too** moi
aussi **(P.2)** **(that's) too
bad!** (c'est) dommage! **(1.1)**
too much trop **(3.3)** trop
de **(8.2)**
tooth une dent **(6.1)**
town une ville **(3.1)**
in town en ville **(1.5)**
tragedy un drame **(8.5)**
train un train **(5.5)** **to go by
train** aller en train **(5.5)**
translator un (une) interprète
(7.1)
to travel voyager **(1.4)**
trip: to take a trip faire un
voyage **(5.4)**
true vrai **(2.5)** véritable **(8.5)**
truth la vérité **(7.5)**
Tuesday mardi *m.* **(P.5)**
turn: to turn on *mettre **(6.4)**
to turn red rougir **(7.3)**
TV set un téléviseur **(2.2)**
twelfth douzième **(3.4)**
twelve douze **(P.3)**
twenty vingt **(P.3)**
two deux **(P.3)**

u

uh . . . euh... (P.6)

uncle un oncle (3.3)

under sous (8.3)

to understand *comprendre (5.5)

unfortunately malheureuse-ment (8.2) hélas (8.4)

United States les États-Unis *m.* (2.4)

until jusqu'à (6.5)

up: to go up monter (6.5)

us nous (2.5) (to) us nous (7.1)

to use utiliser (8.5)

useful utile (7.5)

useless inutile (7.5)

v

vacation les vacances *f.* (3.3) on vacation en vacances (1.5)

vegetables les légumes *m.* (8.4)

very très (1.1) very much beaucoup (1.3) beaucoup de (8.2)

vinegar le vinaigre (8.4)

violent violent (5.3)

violin un violon (3.2)

to visit (*place*) visiter (1.1) (*people*) rendre visite à (7.4)

volleyball le volley(ball) (3.2)

w

to wait (for) attendre (4.5)

waiter un garçon (7.1)

waitress une serveuse (7.1)

to walk marcher (2.2) aller à pied (5.5) to take a walk faire une promenade (à pied) (5.5)

walkman un walkman (2.2)

to want désirer (1.4) avoir envie de (4.4) *vouloir (8.1) to want to vouloir bien (8.1)

warm chaud (4.2) to be (feel) warm avoir chaud (4.4)

to waste perdre (4.5) to waste one's time perdre son temps (6.3)

watch une montre (2.2)

to watch regarder (1.4)

water l'eau *f.* (5.2) mineral water l'eau minérale (5.2)

way une façon, une manière (8.2) in a way d'une façon, d'une manière (8.2)

no way! pas question! (3.5)

we nous (1.3) on (4.5)

to wear porter (4.2)

weather: how (what) is the weather? quel temps fait-il? (P.6) it's . . . weather il fait... (P.6)

Wednesday mercredi *m.* (P.5)

week une semaine (P.5) this week cette semaine (4.2)

weekend: this weekend ce week-end (4.2)

weight: to gain weight grossir (4.1) to lose weight maigrir (4.1)

well bien (1.1) I'm/every-thing's (very) well ça va (très) bien (P.2) to be well être bien (6.1) well! eh bien! (2.3) well then alors (1.5)

well-behaved bien élevé (7.5)

what comment? quoi? (2.1) qu'est-ce que (4.1) quel (quelle) (4.2) at what time? à quelle heure? (P.4) so what? et alors? (1.5) what a . . . ! quel (quelle)...! (6.3) what color? de quelle couleur? (2.2) what day is it? quel jour est-ce? (P.5) what does he/she look like? comment est il/elle? (2.1) what is it? qu'est-ce que c'est? (4.1) what is there? qu'est-ce qu'il y a? (8.5) what time is it? quelle heure est-il? (P.4) what's . . .'s name? comment s'appelle...? (2.1) what's he/she like? comment est-il/elle? (2.1) what's his/her name? comment s'appelle-t-il/elle? (2.1) what's the matter? qu'est-ce qu'il y a? (8.5) what's the temperature? quelle température fait-il? (P.6) what's the weather? quel temps fait-il? (P.6) what's this? qu'est-ce que c'est? (4.1) what's your name? comment t'appelles-tu? (P.2)

when quand (1.3)

where où (1.3)

whew! oh là là (P.3)

which quel (quelle) (4.2)

while: once in a while de temps en temps (8.3)

white blanc (blanche) (2.2)

who qui (1.5) who is that (it)? qui est-ce? (P.1) who likes food gourmand (7.3)

whole day une journée (7.5)

whom qui (1.5)

whose . . . is it/are they? à qui est/sont...? (3.5)

why pourquoi (1.3)

to win gagner (6.3)

window une fenêtre (8.3)

wine le vin (5.2)

winter: in (the) winter en hiver (P.6) this winter cet hiver (4.2)

to wish désirer (1.4)

with avec (1.1) with whom avec qui (1.5)

without sans (6.4)

woman une femme, une dame (*polite term*) (2.1)

to work travailler (1.4) (*function*) marcher (2.2)

would: I would like je voudrais (8.1)

wow! oh là là (P.3)

to write *écrire (7.5)

wrong faux (fausse) (2.5) to be wrong avoir tort (4.4)

y

year l'année *f.* (P.5) this year cette année (4.2) to be . . . years old avoir...ans (3.3)

yellow jaune (2.2)

yes oui (P.3) (*to a negative question*) si (5.2)

yesterday hier (6.2)

you tu, vous (1.3) toi (2.5) on (4.5) te, vous (7.1) and you? et toi? (P.2) to you te, vous (7.1)

young jeune (3.3) young people les jeunes *m.* (4.2)

your ton, ta, tes (3.3) votre, vos (3.5) what's your name? comment t'appelles-tu? (P.2)

z

zero zéro (P.3) it's 0° il fait zéro (P.6)

Index

Photo Credits

Cover: Yann Arthus-Bertrand / Explorer

All photos not listed below are stills from *Ici la France*, the FRENCH FOR MASTERY Video Program.

Page 8, Palmer / Brilliant Photography; 14 t, Russ Lappa, 14 b, Peter Menzel; 15 t, Michael Hayman / Stock Boston, 15 b, John T. White / The Picture Cube; 17, Clive Russ, 17, 10 franc coin, 20, Russ Lappa; 24, 28, Peter Menzel; 29 t, Sophie Missir / Explorer, 29 c, Peter Menzel / Stock Boston, 29 b, DeHogues / Gamma-Liaison; 42 both, Beryl Goldberg; 43, Maous / Gamma-Liaison; 45, Dede Hatch / The Picture Cube; 50 all, James Casner III; 59, T. J. Basset; 72, Peter Menzel; 79, 80 t, 80, passport portrait, Henebry Photography, 80, passport interior and exterior, Russ Lappa; 81 both, Peter Menzel; 82, Yann Arthus-Bertrand / Explorer; 83 t, c, cr, Peter Menzel, 83 b, Gabor Demjen / Stock Boston; 84, Stuart Cohen; 85, Peter Menzel; 86 t, Russ Lappa, 86 b, Owen Franken / Stock Boston; 87 tl, c, K. Kummels, br, D. Forbert both from Shostal Associates, 87 bl, United Nations; 88 top row: l, Jeff Albertson / Stock Boston, r, Peter Menzel / Stock Boston; 88 second row: l, Louis Villota / The Stock Market, c, J. Pirrderburges / FPG, r, Peter Menzel; 88 third row: l, Brent Beai / TSW, r, L. Townsend / The Picture Cube; 88 bottom row: l, Bryan Donaldson / FPG, r, Dave Bartruff / FPG; 101, Palmer / Brilliant Photography; 115, Karen Morris; 133, Nogues / Sygma; 141, Michelangelo Durazzo / ANA / Viesti Associates; 151, Henebry Photography; 152, Peter Menzel; 169, 170 r, Henebry Photography, 170 l, Palmer / Brilliant Photography; 173 l, Art Resource—David: Napoleon in His Study, 1810–11, Samuel H. Kress Collection, c, The Picture Group, r, A. Tannenbaum / Sygma; 174, Henebry Photography; 176 tl, tc, Jean-Michel Valette, 176 tr, bot. row, 178 tl, Peter Menzel, 178 tr, br, Frank Roche / Animals Animals, 178 bl, Hans Reinhard / Bruce Coleman, Inc.; 213 t, Stuart Cohen, c, Ginger Chih / Peter Arnold, b, Mark Antman / The Image Works; 228, Peter Menzel; 243, Collectif Presse / JB Pictures; 257, Henebry Photography; 258, Stuart Cohen; 259, Globe Photos; 262, Stuart Cohen; 263 tl, Adam Stoltman / duomo, 263 tr, David Madison / duomo, 263 bl, Bob Martin / Allsport, 263 bc, Presse-Sports, 263 br, Rick Stewart / Allsport; 264 all Peter Menzel but bl, Stuart Cohen; 266 l, Palmer / Brilliant Photography, 266 r, Peter Menzel; 273, Pierre Valette; 279, Peter Menzel; 287, Manny Millan / Sports Illustrated; 289, Peter Menzel; 327, Hugh Rogers / Monkmeyer Press; 342, Joe Viesti; 349, Henebry Photography; 350 t, Pierre Valette, c, Peter Gonzalez, b, Palmer / Brilliant Photography; 352, t, c, Bettmann Archive, 352 bc, br, Culver Pictures, 352 cl, Bibliothèque Nationale; 353 tl, tc, bl, bc, Bettmann Archive, 353 tr, Buffalo and Erie County Historical Society, 353 cr, Culver Pictures; 355, Peter Menzel; 356 both, Roger Viollet; 358, James Casner III; 359, Peter Menzel; 367, Collectif Presse / JB Pictures; 377, Joseph Nettis / Photo Researchers, Inc.; 382, Pierre Valette.   Every attempt will be made to correct errors and omissions to this credits list in subsequent printings.